书香巅峰

刘锋讲旅游

文旅新探索

刘锋◎著

旅游教育出版社
·北京·

策　　划：赖春梅
责任编辑：赖春梅
图片提供：视觉中国　图虫网

图书在版编目（CIP）数据

刘锋讲旅游：文旅新探索 / 刘锋著. --北京：旅游教育出版社，2020.1
（书香巅峰）
ISBN 978-7-5637-4045-1

Ⅰ.①刘…　Ⅱ.①刘…　Ⅲ.①旅游文化－旅游业发展－研究－中国　Ⅳ.①F592.3

中国版本图书馆CIP数据核字（2019）第285776号

书香巅峰
刘锋讲旅游：文旅新探索
刘锋　著

出版单位	北京旅游教育出版社
地　　址	北京市朝阳区定福庄南里1号
邮　　编	100024
发行电话	(010)65778403　65728372　65767462(传真)
本社网址	www.tepcb.com
E-mail	tepfx@163.com
排版单位	北京卡古鸟艺术设计有限责任公司
印刷单位	天津雅泽印刷有限公司
经销单位	新华书店
开　　本	787毫米×1092毫米　1/16
印　　张	25
字　　数	429千字
版　　次	2020年1月第1版
印　　次	2020年1月第1次印刷
定　　价	58.00元

（图书如有装订差错请与发行部联系）

前 言

2013年《刘锋讲旅游》正式出版，历经10次印刷，如今《刘锋讲旅游：文旅新探索》终于和大家见面了。这七年间，中国旅游走过了不平凡的历程，大众旅游、转型升级、全域旅游、文旅融合……大浪淘沙，再次创作此书让我有了更深入的思考，更多的沉淀，更多的心得分享。

有人说旅游变化太快，但其实不变的正是变化本身，不变的是对旅游的追寻与热爱。从喜欢旅游，到研究旅游，再到创意旅游和产业实践，我这20余年来一不小心就过上了当代“霞客”式的生活，一年多则300余天，少则100余天游走在大江南北、山河之间，足迹遍及上千个县市，这种“八千里路云和月”的游学历练，让我时常感叹于自然之美、感动于人文之韵，使我有了一种祖国大地处处为家的情怀。久而久之，便有了“为中国旅游投智”的豪情，期望用一生来为旅游而创意，为文化而呼吸，为生态而守望。2006年更是提出了“美丽中国，巅峰智造”的宏愿。本不曾想要过这种四海为家的生活，但每到一处，又总被一种深深的责任感所系，觉得无处不是自己的家乡，无处不是美丽之中国，当尽己之力，提出一些创见。

作为一名湖南人，从小就为绿水青山所浸润，而湖湘文化经世致用的精神更是

深烙于心，湖南性格的霸蛮精神也让我对旅游无问西东、死磕到底，旅游是生命，是信仰，愿一辈子不忘初心，致力于美丽中国，创造极致芳华。敬天爱人，利他向阳，活着就是为了让旅游更美好！

我一直相信：人生是一张白纸，我们可以用污浊的笔墨令其黯然失色，也可以用最亮丽的色彩描绘最新最美的图画。人的潜能是一座沉睡的宝山，人可以克服许多困难，创造无限美好的人生，可以创造无数令自己难以置信的奇迹。就像乔布斯那样，或像马斯克那样，创造了时尚，改变了世界。

中国正处于一个伟大变革与快速发展进程当中，危与机并存，面对危机迎接挑战，用智慧创造美丽、美好、美妙，让旅游更美，让生活更好，做时代的旅游创想家，这是我一辈子的事业，能从事这样一份事业是一种幸福。

《刘锋讲旅游：文旅新探索》把近些年在文旅发展方面的理论与实践进行了集萃。二十多年文旅行业的摸爬滚打，我真真切切地看到了很多文旅行业实体从狂热激进、遍地开花到遍体鳞伤、回归理性；看到了很多文旅资本从百亿豪掷到钱袋紧闭；看到了很多跨界文旅企业由于对文旅发展规律的不熟悉，对顶层设计的不重视，对文旅操盘运营的不专业，便贸然大举进军，结果铩羽而归。当然也看到了很多专业操盘、匠心运营的典范，每一个案例背后，每一次蝶变之后都有值得我们深思的地方。为了能让更多的朋友与我一起分享，特将这些年来的所感、所悟、所讲整理出来，以期为中国旅游的发展奉上一些个人思考。

本书分为十三讲，内容涉及怎样认识旅游本质、怎样研判旅游大势、怎样当好文旅局长、怎样做好旅游规划、怎样做好旅游投资、怎样做好旅游营销、怎样认知智慧旅游、怎样做好全域旅游、怎样做好文旅小镇、怎样做好旅游景区、怎样做好乡村振兴、怎样做好夜游经济、怎样做好旅游智业。旅游的形式千变万化，但核心

本质不变，万变不离其宗，自有其内在规律。这十三讲基本没谈深奥的理论问题，每一讲都力求通俗易懂、深入浅出地谈谈自己的一些体会和心得。

本书的创作离不开众多师长、朋友和亲人的大力支持和鼓励，特别是恩师郭来喜、施祖麟和黄仰松教授，以及魏小安、戴斌、李明德、杨开忠、保继刚、吴必虎、张辉、张凌云、王刚、吴殿廷、邹统钎等大批名师们。感谢我的家人，我的爱人束盈和儿子刘雨澍给我的莫大支持和鼓励。也要感谢巅峰智业、华侨城旅投集团、中视巅峰这些卓越而富有凝聚力、战斗力、执行力的团队，感谢代晓松、刘馥馨、张萍、吕雪雪、吕南诺、章旦岳、王瑜、卢丹等对整理本书做出的贡献。还要感谢旅游教育出版社赖春梅女士的不断督促和细心修改。

旅途就是一本书，这本书中记录着各种故事，记录着各种美丽梦想。旅游是一个圆梦的舞台，创造着美丽，实践着情怀。旅游打开世界、旅游照亮人生、旅游创造美好！二十多年前，我便开启了“美丽中国，巅峰智造”的梦想，并为之上下求索，奋力前行。梁希先生说：“替河山装成锦绣，把国土绘成丹青。”美丽中国是一种梦想，因为相信，所以看见；因为热爱，所以用心。

世界依旧很大，
路途依然很远，
梦想从未熄灭，
内心依然少年。
最初的梦想，终究会到达。

刘锋

2019 年 10 月 1 日

目录

CONTENTS

文獻名邦
大理

第一讲

怎样认识旅游本质

在国家旅游局主办的“2008 年中西部旅游局长培训班”上的讲课（2008 年3 月16 日，天津）

在新旅界主办的“第三届中国文旅产业年会”的主题演讲（2019年4月11日，三亚）

有人说，旅游就是从自己活腻了的地方到别人活腻了的地方去，所以旅游本质上就是从一个地方到另一个地方的行为体验；

也有人说，旅游就是去看没看过的风景，见没见过的世面，发现不知道的自己，结识不认识的朋友，或许还能有偶遇，所以旅游本质上就是一种探索未知的过程；

还有人说，世界这么大，你总不能一辈子待在那么有限的几个地方，你得到处跑跑，向上帝证明你还一直活着，所以旅游本质上就是活着本身。

……

不管是正在旅行，曾经旅行，还是即将旅行或是想去旅行的人，对于旅游本质都会有不同的理解。这里我不想谈大的理论，就谈一些朴素的认识。

一、旅游本质，以一持万

旅游本质，以一持万。“以一持万”出自《荀子·儒效》，“法先王，统礼义，一制度，以浅持博，以古持今，以一持万”，指效法古代先贤圣王政治思想的重要性。文中“持”，即把握。“以一持万”形容抓住关键，可以控制全局。在旅游领域，旅游本质就是这个“一”，围绕这个“一”衍生出旅游“万象”。

纵观历史，古人在几千年前，就已经开始了“旅”的行为。迁徙之旅、征战之旅、传道之旅、出巡之旅、流放之旅,等等，不过这些多是些苦行之旅、使命之旅，是关乎生存、生息的挣扎过程，除了出巡的帝王还带点“风花雪月”的意图，其他多数恐怕是无暇顾及沿途赏心悦目的风景的。也就是，有意识的“游”的活动并不多。

这说明什么？说明旅游的产生是需要有大的时代背景做支撑的。

看起来古人的“旅游”，最贴近现代旅游情境的莫过于少数文人墨客的怡情之旅、探索之旅了。

例如徐霞客（1587–1641），明朝人，伟大的地理学家、旅行家和探险家。从22岁起，开始游历各方。30多年时间，他先后四次进行长距离跋涉，足迹遍及现在的江苏、浙江、山东、河北、山西、陕西、河南、安徽、江西、福建、广东、湖南、湖北、广西、贵州、云南和北京、天津、上海等19个省、市、自治区。东到浙江的普陀山，西到云南的腾冲，南到广西南宁一带，北至河北蓟县的盘山，足迹遍及大半个中国。他绝对称得上是“驴友”们的鼻祖。

那么这位超级“游客”是怎样炼成的？书上说，徐霞客出生在江苏的一个富庶之家、书香门第（有钱，经济条件具备）；考了一次童子试，不中，也无意于功名和当官（有闲，时间条件具备）；古代有“父母在，不远游”之说，而徐的父母亲皆是知识分子，开明通达，鼓励他走出去（决策过程无阻碍，推动条件具备）。如此看来，古人跟现代人一样，旅游成行同样是需要有钱、有闲、有驱动力的。

徐霞客坚持写游历日记，留下了《徐霞客游记》。他两游黄山，赞叹说："登黄山天下无山，观止矣！"又留下"五岳归来不看山，黄山归来不看岳"的名句。

其他如李白、杜甫、白居易、苏轼、柳宗元等大文豪，诗词中虽免不了带些仕宦不得意的凄凉和落寞，然而，指点山河，畅谈风景，却是天人合一、意境相通，一词一句，无不让人惊叹。"豪迈"的如李白的"黄河之水天上来，奔流到海不复回"；杜甫的"会当凌绝顶，一览众山小"；苏轼的"大江东去，浪淘尽，千古风流人物"。"唯美"的如王勃的"落霞与孤鹜齐飞，秋水共长天一色"；王维的"漠漠水田飞白鹭，阴阴夏木啭黄鹂"……还有陶渊明的《桃花源记》、柳宗元的《永州八记》、范仲淹的《岳阳楼记》、欧阳修的《醉翁亭记》等，都是游记中的经典。这些大致跟时下流行的旅游博客、微博、游记很相像。

这说明，旅游是能够直接触动心灵的，"凡走过、游过，必留痕迹，在游客的心上。"这种心灵触动响应客观环境，而又超越客观环境，以旅游者之心体会山河人文，都有了别样境界。风景吸引文人跳出个人境遇的局限，文人又因各自心灵体验，赋予风景更为人性化的气质。这与当下我们强调的旅游可以令人陶冶情操、放松身心、解除压力的功能是异曲同工的。

以上总结一下，古代"旅"多"游"少，旅游是"小众"的。而这部分小众的旅游行为，却是高质量的旅游行为，不是走马观花，而属于休闲体验（"采菊东篱下，悠然见南山"的田园诗人陶渊明，被称为最早策划创意了农家乐休闲）；这部分小众的旅游体验，还是极具影响力的，时至今日，不是还影响着当今游客的体验心境吗？

鉴古通今，我们再看看旅游的本质是什么。

可以说，现在业界基本上形成了一个共识：**旅游的本质就是一次经历、一次阅历、一次体验，也就是旅游者离开家门到达旅游目的地，然后再回去的这样一次差异化体验，是一种异地的生活方式体验。**

二、"旅游 12 头"，头头是道

旅游者在一次旅游经历体验中大多有多样化的诉求与欲望，希望自身的需求能够得到满足，这些需求概括起来大体包括审美需求、愉悦需求、健康需求、文化需求、求知需求、精神需求等六个方面。

把这些需求再通俗易懂、深入浅出地进行梳理和概括，每一个旅游者在旅游经历中无外乎希望能**“有看头、有玩头、有住头、有吃头、有买头、有说头、有拜头、有疗头、有行头、有学头、有享头、有回头”**，希望这12个方面得到满足：这便是“旅游12头”理论。

我们要从源头出发，从人性出发，换位思考，把握旅游者在旅游体验过程中多样化的需求，这便成为深入把握旅游本质的关键——每个旅游目的地都需要努力做好这12个方面，以使自身更有吸引力和生命力。“旅游12头”中，动词“看、玩、住、吃、买、说、拜、疗、行、学、享、回”指的就是有针对性的体验活动，即专门化、细分化、专业化；助词“头”表示强化，凸显吸引力，展现的是一股让游客乐于体验、愉悦体验的劲儿，即品质化、极致化。**这“12头”，单独做好哪一个方面，都会成为旅游的卖点；能全部做好，定是旅游精品。**

（一）有看头

有看头，大体对应我们常说的观光旅游，满足的是游客观赏、审美、好奇的需求。

总体来说，“看”就是要打造吸引物。观光旅游需要有标志性景观，需要打造一系列有特色、有辨识度的吸引物，以产生“锚”的效果，让游客多停留、多消费。够大、够高、够美、够绝、够奇怪、够独特、够新鲜、够前卫等，都是能引起关注的重点。

那么到底应该看什么呢？

首先是老天爷留下的有看头。传统的观光旅游目的地，大体都有其标志性景观，比如说人称“天下第一山”的黄山、“天下第一水”的九寨沟、“人间仙境”张家界、“云岭金顶”峨眉山、“绝美天池”长白山等旅游胜地，湖光山色构成绝美景色，更有标志性景观夺人眼球。**我们经常看到景区的标志性景物前，挤满了人，排着队等照相，这就是有看头。一般来说，拍照指数越高，有看头程度也越高。**

青海湖

圣彼得堡夏宫中心喷泉

其实老天爷留给我们可看的还是非常多的。比如一些景观上具有冲击力的地质地貌和水域景观，像世界上规模最大、风景最美的岩溶山水景观漓江喀斯特，国内唯一的丹霞地貌与彩色丘陵景观甘肃张掖七彩丹霞，中国最大的瀑布黄果树瀑布，中国罕见的红色碱蓬草湿地盘锦湿地，中国最美的高山湿地若尔盖湿地，中国最纯净神圣的雪域美景年保玉则等都对我们有很强的吸引力。还有一些需要碰运气或者是在固定时节才能看到的天象景观，比如绝美日出、炫彩极光、神奇佛光、逍遥云海、纯美雾凇等，极致的景象让你一生都会难忘。

对于这些老天爷赐予的美景，我们应秉承天人合一的理念，让自然成为自然，做好景观景致的保护，做好看景的配套与服务，做好融于自然的景观栈道、风景廊道、观景平台、游憩设施。**原生即是美**。

其次是老祖宗留下的有看头。这既包括古建、古遗址、石刻、石窟、古城、古镇、古村落、古廊道等文物遗存，也包括演艺、服饰、歌舞、习俗等民俗风情和宗教艺术。它们或古朴、或悠远、或精致、或神秘……我们可以看数百年积淀的故宫建筑风水、建筑格局、建筑艺术与建筑历史；我们可以看千年历史的凤凰古城特色民居吊脚楼、亮丽的民族服饰、“白加黑”的小桥流水人家，聆听沈从文笔下的歌与诗；我们可以近距离观看黎族传统纺染织绣技艺，由眼及心，感受非物质文化遗产的厚度与温度。

老祖宗留下的宝贝，历经时光的洗礼，能够保留下来成为看头，是需要有一定标准的，如建筑的完整性、风貌的特色性、风情的质朴性、文化的厚重性等，因而这类看头最重要的是要做好保护和修缮，做好打磨复兴，同时还要做好当前时代下的传承创新。因为固守千年不变的静态文化载体容易让普通人感到晦涩与乏味，只有与科技、创意、时尚等元素结合，才有活力和生命力，这就是我们说的让文化站起来，让历史醒过来。

这其中最有代表性的就是北京故宫，用科技让古老历史成为鲜活的看头。高科技互动艺术展演《清明上河图3.0》是由故宫博物院与凤凰卫视策划团队合作创制，为我们呈现了不一样的历史画卷。多媒体互动长卷采用4个移动8K高清屏幕（分辨率约为普通家用电视的140倍）动态展现北宋都城汴京的众生百态，让张择端画笔下的814个角色、83头牲畜、29艘大小客货船、13辆交通工具、180多棵树全部“活动”起来。

除了上述老天爷和老祖宗创造的有看头外，我们还可以发挥自己的想象力和创造性，打造具有无限可能的别样景观。

“看”可以是亮眼建筑。建筑是文化的集成体现，是最具魅力的人文景观。这主要说的是现代化的、人造的并且具有创意性的建筑景观，让参观者眼前一亮、心头一震。比如说北京现在最具代表性的都市景观建筑：鸟巢——国家体育场、国家大剧院、央视新台址、首都机场三号航站楼以及中华世纪坛，曾经构成了北京“新五景”之旅。迪拜的世界第一高楼——哈利法塔，也是个网红级的看点，亲密接触、创意拍照的人络绎不绝，我当时去的时候是2009年的国庆节，还没有封顶，那时候不对外宣布有多高，就担心被超过，一会儿说是818米，一会儿说是838米，最绝的是在建筑的顶部还有一根杆子，是可以往上升的，如果今后别的建筑超过它，杆子就往上升，从而继续保持世界第一高，这就是它的杀手锏，一定要能够保证高度是世界第一，这样做到极致，形成了强劲的旅游吸引力。

“世界第一高楼”哈利法塔（图片来源：视觉中国）

同时迪拜的风中烛火、摇摆大楼、十星级钻石海岸餐厅等，也通过创意与科技的结合打造了现代奇景。这类看头或是有特殊的造型，如悉尼歌剧院、台北101；或者有极致科技与体量，如迪拜建筑、帝国大厦；或者有奇妙的色彩，如圣托里尼蔚蓝色的屋顶与纯白色的建筑；抑或是有打动人心新的故事与设计，譬如阿那亚的孤独图书馆，都成为人们打卡的必选地。

"看"要有养眼画面。人是视觉动物，有发现美的眼睛，我们就要多提供美的事物，美的场景。例如，现在的大地景观，一整片的油菜花，一整片的薰衣草，即刻就点燃了游客心中的热情，随手一张发到朋友圈就是各种的赞。日本的田舍馆村为了振兴当地经济，从1993年开始作稻田画，每年的题材不同，既有日本著名的古代武将雄姿，也有蒙娜丽莎、拿破仑、梦露、嫦娥等国外文化经典，还有哆啦A梦等丰富多彩的卡通形象，画面感极强。田舍馆村每年在7月都举办"稻田艺术节"，吸引来自日本各地乃至全球的游客，同时各种消费的拉动给村子带来了巨大的收益。

除了白天的有看头，全国各地也越来越重视夜间的有看头。比如说《印象刘三姐》《长恨歌》《宋城千古情》《水舞间》《印象丽江》《印象西湖》《禅宗少林音乐大典》《天仙配新传》等一系列的实景演出，都是人们所称道的经典，其中"印象"系列、"山水"系列以及"宋城千古情"系列三分天下，引领发展。

据统计，实景演出在全国不下300场，这些演出不少都做到了美轮美奂，它们能够提升地方品牌，实现土地溢价，带动周边就业，提振地方经济。《印象·刘三姐》在开演后3年便使当地年旅游收入由2.4亿元增长到6亿多元，让阳朔景区和县城土地增值平均达5倍以上，带动阳朔当地GDP增长5%，成为桂林甚至广西旅游的一张名片。但是由于对场地、时令、人员、场景的高要求，实景演出往往会耗费大量的资金与人力，目前全国大体是80%亏损、11%持平、9%盈利，所以能够始终保持品质并实现持续运营是关键。

除了实景演出外，剧场演出也是夜间看头的一个重点。剧场演艺主要分专业剧场演艺和主题公园演艺。宋城的"千古情"系列是其中的佼佼者，仅《宋城千古情》一台演出，票房总收入已经破百亿元，创造了世界演艺史上的奇迹。杭州宋城，占地60亩，年收入7亿，年游客量1000多万人次，有两个剧场，最多的时候一天演17场，单日最高7万人，为杭州平均延长游客停留0.32天。"千古情"系列深挖当地文化亮点，丰富多彩的艺术形式，多元化科技植入，让人大呼过瘾。在《最忆是杭州》的全息影像演出技术出现后，宋城马上对"千古情"演出剧目进行了改良，导入该项技术，快速反应，令人感到惊异。同时宋城从编剧、服装、道具到舞美等所有环节都是自己把控，可以保证各个环节的顺畅和细节的品质。

《宋城千古情》剧照（图片来源：图虫网）

“看”要有耀眼科技。相比实景演艺的高运维成本，运用声光电、水雾火、全息投影、激光特效等技术，科技化、艺术化演绎的5D沉浸式魔幻光影秀无疑成为投资运营商们乐于去打造夜间亮点的新方式。光影秀因为可以基本不涉及人员和实景场地的大维护，所以在投入成本、建设周期、演出内容、演出成本、运维成本方面都有很强的优势，能够深度植根当地文化创意故事、设计内容，也更容易让人有带入感。巅峰智业旗下的中视巅峰是5D光影秀的创始者，打造了“巅峰震撼”系列光影秀，成为拉动地方经济、提升地方品牌、引爆地方消费的强引擎。其在连云港老街打造的《巅峰震撼——天海传奇》光影秀，夜间场场爆满，再加上餐饮和小演艺等的配合，初期短短1个月的时间，就让这条沉睡的老街成为备受关注的爆品。在张家口打造的夜演《巅峰震撼——西游归来》是又一大夜间亮点爆款，其以下花园故事为载体，以西游故事进行包装，依托废旧厂区的高塔，通过水塔激光秀+精心布局的水面舞台+旖旎多姿的水上光影大秀，为观众构建了一个全方位、立体化、沉浸式梦幻光影世界，让观众感受极致绚烂的音与色、光与影、震撼与神奇，不仅让废旧厂区复活，更成为北京周边游的新亮点。

“看”还要能结合IP。作为旅游主力的80、90后，他们的消费很任性，但也很理性，对于自己喜欢的，豪掷千金也不心疼，并且追求个性与品质。所以有看头打造也要充分顺应市场需求，对于年轻人喜爱的IP要适度结合。哈尔滨冰雪大世界与腾讯旗下电竞IP《王者荣耀》结合，打造了“王者荣耀冰雪专区”，结果游客量较往年有了激增。IP的力量不可忽视。

"看"还可以主打小清新。有一些人造看点，虽然没有那么高大上，投资额度不大，但是因为小创意、小功能的植入而吸引游人停留拍照，四两拨千斤，成为拉动整体消费的重要力量。丽江某地打造的一个小看点，优美的大自然因为有了这些随风飞舞的五彩布条而变得生气勃勃，这也成为众多文艺青年朋友圈传播的必选项。

热传朋友圈的小众看点（图片来源：图虫网）

无论是老天爷、老祖宗留下的，还是老百姓以现代人工手法打造的有看头，都是观光旅游的基础吸引力所在。

（二）有玩头

有玩头，大体对应我们常说的休闲旅游。休闲旅游是以乐为本的，要满足旅游者愉悦的需求，形形色色的休闲活动、康体娱乐活动都成为旅游中不可忽视的内容。过去我们不认为这些内容是旅游，都认为要看名山大川才叫旅游，现在就不同了。旅游的内涵与外延都在快速扩展。现在的年轻人，不仅在乎好看，更在意是否好玩。

挖掘特色资源的"好玩"之处。依托冰雪、温泉、河流、沙漠、山野、田园等资源开展的滑雪、泡温泉、漂流、露营、骑行、滑草等休闲娱乐活动带火了国内一批知名的旅游目的地和品牌。休闲旅游正在向规模化和品牌化的方向发展，也更进

形形色色的休闲康体活动（图片来源：图虫网）

一步融入人们的生活方式，形成旅游业发展的强大推动力。

如滑雪旅游。2001年，黑龙江省人民政府举办了首届国际滑雪经济论坛，请我作为唯一中方主讲嘉宾前往演讲给他们打打气。因为，当时有很多人质疑搞滑雪旅游，认为开展滑雪旅游太超前了，是吃饱了没事干。当时我把自己演讲的题目取名为《变皑皑白雪为滚滚白金》，我对各国滑雪产业的发展历程与GDP进行了关联分析，最后得出结论是中国发展滑雪旅游的时机已成熟。果不其然，只过了2年，到2003年，全国冬季旅游就呈现为“火两头：北有黑龙江，南有海南岛”的格局。现在滑雪旅游无疑已经成为黑龙江旅游当之无愧的一大支柱、亮点和特色，习总书记更是明确提出冰天雪地也是金山银山。

滑雪相关的度假区和目的地越来越多，除了老牌的亚布力、南山等，松花湖度假区、长白山国际旅游度假区也后来赶超，还有因为冬奥会而崛起的张家口滑雪胜地。现在崇礼的滑雪在市场中是很火的，因为北京人就要去找这样的一种体验，崇礼距离近、品质高、专业强，受到了市场的热捧。也有越来越多专门的滑雪爱好者涌现，看似高端玩票式的旅游方式进入寻常百姓家，这说明，现代休闲旅游已经扎扎实实地步入了人们的生活。但是滑雪旅游并不只是大家一般认识中的滑雪场，有这样的印象是因为国内滑雪旅游普遍表现为以粗放低级的滑雪场和度假村居多，产品单一，消费盈利单一。其实滑雪旅游是一个综合性的体验产品，不仅要做好专业的滑雪内容和服务支撑，还要做好滑雪游乐、餐饮、住宿、节庆和文化的发掘，从初级滑雪消费向深度体验消费转变。

再比如温泉旅游，我们过去也没太重视。记得1991年我大学实习去南京野外考察，徒步10里路兴冲冲前往大名鼎鼎的汤山泡温泉，结果到了以后才发现居然就是一个大澡堂子，一大堆人在一个大屋子里像“下饺子”一样，不过也不奇怪，要知道国内第一个大型户外温泉地是1998年才在广东清远市出现，大家还没有把温泉旅游当回事。但是现在哪里要是发现了温泉资源，哪里就好像发现了聚宝盆。不少地方，为了发展旅游，甚至不惜“掘地3000米”也要挖出温泉，可见其吸引力有多大。目前我国的温泉旅游已经有了更进一步升级，不仅形成了天沐、柏联、海泉湾等知名的温泉度假品牌，还有樱花浴、冰火浴、芭蕾浴等各种创意泡浴方式，是深受市场喜爱的休闲度假产品。日本是最具代表性的温泉旅游目的地，泡浴方式的创新设计，品质服务的及时跟进，消费盈利点的有力补充，节庆活动的多元配合，健康美容的全面融入等方面都是值得我国借鉴的。

还有漂流，过去也被认为没多大意思，但实际上漂流已经是很多地方的火爆的项目。像我去调研过的陕西安康市平利县，当年政府号召各部门集资搞漂流旅游，大家都不响应，觉得很偏远、没人来，结果后来是旅游局自己筹资搞起来，当年就收回了投资，其他部门眼红也想参与时已经没门了。又如江西资溪的大觉山漂流，现在仅旺季一天的收入就有400万元。现在的漂流，在体验方式上也在不断创新，平缓看景的、跃动激情的、架空玻璃的，让游客目不暇接。漂流一般不会单独存在，多是和景区、度假区、乡村等人流量大的产品结合，品质内容很重要，“傍好大款”也很关键。

发掘主题运动的好玩之处。依托滑翔、攀岩、飞行翼、溜索、蹦极、跳伞、骑行、徒步、越野、骑马、高尔夫、马球、垂钓、拓展等主题运动开展的休闲活动成新趋势，大大丰富了旅游活动的体验度，拓展了有玩头的活动空间。

形形色色的主题运动（图片来源：图虫网）

探索极限运动主题公园discovery第一个项目坐落于湖州的莫干山，将探索频道中的“科普知识、户外运动、生态旅游”等项目落到线下。这里基于真实地理环境、顶级户外运动拓展设施、国际安全标准和专业教练团队，形成丛林滑索、高空网阵挑战、地面障碍、徒步探索和荒野求生等户外深度体验项目。这类运动拓展产品的关键在于课程体系的研发、迭代与运营，满足高层次企业团建和一些户外运动拓展探险爱好者的消费需求。

发掘亲子娱乐的好玩之处。一些注重互动体验的户外亲子类娱乐项目就很受市场的欢迎。

成都的“田园乐翻天”做得非常有味道，比如稻草人艺术节，真正地让小朋友和自己的世界有一个对话和交流，成年人可能会觉得没意思，但是对于过家家的小孩子来说特别有趣，进去可以一待就是半天，所以项目方就在旁边给家长修了一个亭子，让他们在那边聊天、上网，各取所需。这种模式都值得学习。

台湾飞牛牧场打造的鸭BB大游行，是很受欢迎的一个项目。这个项目做起来也很简单，就是养一群鸭子，把它们训练好，饲养员一摇铃铛，它们就排着阵列走过来，等游客喂完了解散，这些鸭子又排着阵列摇摇摆摆地走了，看得小朋友高兴得不得了。成群的鸭子还可以和孩子们亲密互动，大人随手拍几张照片发到朋友圈，亲朋好友纷纷点赞，顿时幸福感就爆棚了。小朋友们喂一次鸭子的鸭食是10块钱，一包不够又得买一包，一个小孩的消费就得20元钱，游客要在这里停留半个小时。多停留半个小时就意味着他有可能要在景区里吃一顿饭，吃了这顿饭又有可能来不及回去了，就直接留宿住一晚。旅游有一个重要的经验值，叫**三小时一顿饭，六小时住一宿**。通过一系列的活动设置给游客非住一晚不可的理由，这样人均消费至少是千元以上，远不止区区的门票经济了。

台湾飞牛牧场的鸭BB大游行

海南呀诺达，是我非常喜欢的景区之一，成功地结合海南的热带雨林资源打造了一个沉浸式娱乐体验景区，体验项目多样，溜索、索桥、挂锁、跳舞、看表演、溯溪、拓展等项目层出不穷，可以说是用三流的资源做出了一流、甚至是超一流的效果，不仅成功吸引了亲子市场，对于家庭、情侣市场也有很强的吸引力。

郴州小埠的绿心童乡也是一个很有特色的亲子类项目，小朋友们到了那里就觉得特别地好玩，一待就是半天，他们比赛掰玉米、穿辣椒（看两分钟之内谁穿的辣椒多）、画草帽、画T恤、射箭、骑马、坐小火车、骑羊驼、钻网……各种娱乐活动让他们玩得乐不思蜀。还有小猪赛跑等等各种各样的类型。所以对游客来说，只要项目更加有特色、有个性，就是有吸引力的。

呀诺达多样化的娱乐活动

郴州绿心童乡的多元娱乐活动

巅峰智业为重庆云阳龙岗景区策划设计打造的高空悬挑玻璃桥，也是非常有体验感的，仅2015年一年就收回了投资的3000万元成本。我们看到云台山、张家界、北京玻璃台的玻璃桥或栈道也都火得一塌糊涂，北京玻璃台就是因为搞了一段玻璃栈道，一年居然有5000万的收入。

挖掘主题公园的好玩之处。主题公园体验一直备受年轻人和家庭群体喜爱，迪士尼、环球影城、默林集团的杜莎夫人蜡像馆、六旗集团的过山车园等都是这一类的领先代表，在产品体验、管理服务与盈利模式方面很值得我们借鉴。比如环球影城开辟的哈利波特专区，让全世界的《哈利·波特》的书迷和影迷实现了在一个主题公园里亲身体验神话般世界的梦。游客可以在破釜酒吧里吃饭，在霍格莫德村的商店里购买巧克力蛙、黄油啤酒，在对角巷购买魔杖。再比如六旗集团的过山车，经常出科技体验爆款，吸引大量游客关注体验。

哈利波特主题公园的情景体验（图片来源：视觉中国及自有版权图片）

随着中国市场的壮大，这些国际主题公园相继进驻中国，上海迪士尼更是取得了开年实现盈利的好成绩；国内的一些一线主题公园也在日益壮大，长隆珠海乐园年游客量直追迪士尼，方特由于过硬的IP塑造和硬科技研发实力异军突起，国内主题公园行业老大、第一品牌华侨城依然具有很强的综合实力。

还有一块我们往往比较易忽略的，就是夜晚的文化娱乐活动，夜晚是激情释放的有玩头的重要时段，唱歌跳舞、美食购物、养生spa、观演看戏等皆可精彩纷呈，我们在后面《怎样做好夜游经济》一章中将会有详细的阐述。

当前，各种各样的休闲活动都成为旅游的重要内容，这些需要我们解放思想、好好琢磨，把多元化的好玩纳入大旅游的范畴中理解和把握。做旅游，眼睛不能只盯着名山大川、人文胜迹，很多有玩头的也很能吸引人。

（三）有住头

有住头，大体对应我们常说的度假旅游。观光旅游看重的是景区和景点，休闲旅游看重的则是活动和设施，而度假旅游最看重的是服务、环境以及氛围，特别是多样化、多层次的住宿设施。能让游客住下来、留下来，度假酒店的创意和设计很重要。高端的度假酒店、大众的青年旅馆、特色的乡村客栈、品质的田园民宿等，服务于不同细分群体的多样化客房都可以对应“有住头”的概念。

讲到“有住头”，我要特别强调一个观点，就是**旅游的住宿设施要去城市化**，一定不要钢筋水泥化，要做到景观化、人本化、自然化和绿色化，天人合一、以人为本，营造消隐的建筑，大地生长出来的建筑。但我们看到，还是有很多旅游目的地把酒店做成了城市酒店，缺乏休闲度假本应具备的美好体验感。酒店一定要有休闲

各种类型的有住头

度假感，有强主题性，很多小朋友看到装饰浪漫、富有童趣的花园城堡酒店，里面还有滑梯，就哭着喊着说爸爸妈妈我们就是要住这个酒店，住进去觉得就是置身于童话王国。而目前中国旅游住宿大都是城市酒店、商务酒店，有的游客大老远飞过去，结果还不如住北京的星级酒店，所以要住就住有度假感的酒店。这就是旅游的本质，一种差异化的体验，差异就是吸引，差异越大吸引越大。

花园式城堡酒店（图片来源：视觉中国）

要么就是极致奢华体验。迪拜的七星级酒店——帆船酒店，外立面和内部的设计非常有震撼力，里面用了22吨黄金装修，连厕所的把手都是镀金的，极致的奢华，置身其中，有一种当皇帝的感觉。还有空中网球场、空中停机坪，住这样的酒店会让人很有面子，很有尊荣感，很有独一无二的体验感。它最便宜的客房一晚要800美元，最贵的要10000美元，就连进去参观也必须买自助餐券，相当于几百元人民币，餐饮口味一般，但里面的环境体验一流。

迪拜风帆酒店（图片来源：视觉中国）

内部奢华装修（图片来源：图虫网）

要么就是融入环境真正的天人合一。比如非洲曼塔度假村的海底酒店，房间距离水面13英尺(约3.9米)，拥有8个大型亮窗，游客可透过窗户清晰地看到各种鱼类和头足类动物，还有天梯通往日光浴平台和休息室：真是绝佳的纯净休闲体验。

非洲曼塔度假村的海底酒店（图片来源：The Manta Resort授权使用）

要么就是营造主题场景。德国童话城堡新天鹅城堡，又名“白雪公主城堡”，位于阿尔卑斯山脉之中，美得如诗如画，宛如人间仙境，是德国的象征之一。置身其中，犹如置身童话仙境世界，飘飘欲仙。

德国新天鹅城堡（图片来源：视觉中国）

台湾妖怪村的妖怪酒店，不仅房间内部有萌萌的妖怪装饰，还有双层巴士滑梯、妖怪投靶、忍者舞剑等小游戏，孩子住了之后都舍不得走。

妖怪酒店

长隆主题乐园里的企鹅酒店，从建筑外观、空间设计、内部装饰到餐具碗盘等都是萌萌的企鹅元素，也是让小朋友们心动不已。

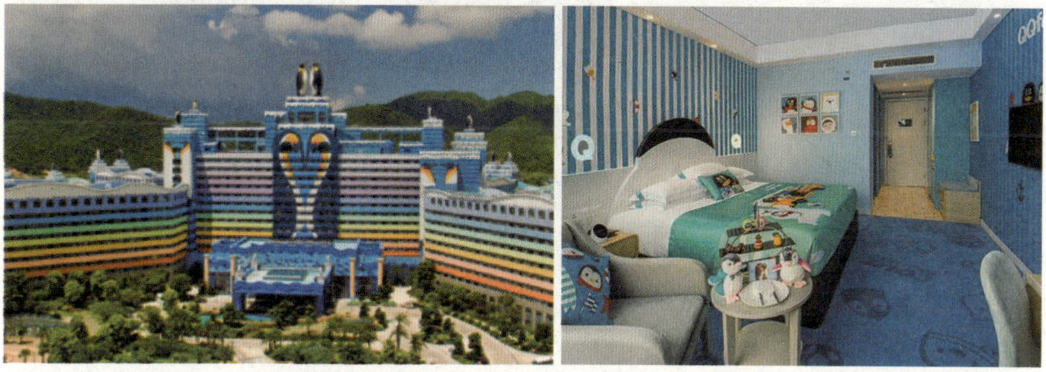

企鹅酒店（图片来源：长隆企鹅酒店官网授权使用）

要么就是有创意、有点子。斐济的海底世界，是一个独一无二的酒店，一个酒店一晚上要10000美元，而且要提前一个月才能预订得上，床位数量有限，在全球供不应求。它的整个设计非常独特，客房像一个个的直升舱沉到海底，客人可以跟海洋生物零距离接触。

三亚的亚特兰蒂斯则在酒店房间里打造了海洋世界，你睡觉的时候海洋动物就围绕在你身边，感觉非常棒，当然这样客房的价格也很耀眼，一晚上要5–11万。

上海佘山世茂酒店，创新性的利用废弃的矿坑，打造了令人震惊的深坑酒店，被国家地理誉为“世界建筑奇迹”，荣获全球人工海拔最低五星级酒店的世界纪录（海拔负88米），拥有41项业界专利，建造时间长达12年，2018年竣工。该酒店建筑格局地上2层、地平面下16层，共有336间客房和套房，房价多在4000元左右，处于深水区的客房房价则上万元。所有客房均设有观景露台，全程微信小程序服务，并配有儿童乐园。

斐济海底世界酒店（图片来源：斐济海底世界酒店官网授权使用，http://www.poseidonresorts.com/）

三亚亚特兰蒂斯波塞冬水底套房

上海佘山世茂深坑酒店（图片来源：视觉中国）

湖州的月亮酒店也是很有创意和代表性的，这是我国首家七星级酒店，因为形似马桶盖，夜晚非常吸睛，因而被广泛传播，知名度很高。

湖州月亮湾七星级酒店（图片来源：视觉中国）

要么就是够品位，有格调。杭州的安缦法云酒店，不仅保持了杭州原始村落的木头及砖瓦结构，连所有服务员的所谓制服都使用了与村落极为合拍的土黄色。酒店房间里几乎所有的家具都是木头的，床架、写字台、茶几、衣橱、椅子、字画框、房梁、立柱……几乎所有的房间里都是不会特别准备电视的，那44台电视都在酒店的仓库里，如果你需要可以在预订时提出。安缦始终认为，电视永远没有鸟叫虫鸣有价值！

杭州安缦法云酒店

我还一直很欣赏新加坡的悦榕庄系列酒店。例如，香格里拉的悦榕庄，整个外立面原汁原味、土色土香，跟周边的环境一同构成天然的香巴拉画卷，内部则非常现代、时尚、温馨，对藏文化元素也体现得很好，既满足了游客对原始自然和文化的向往，同时又满足了当代人对现代物质文明的需求，外土内洋、外古内新，两者实现了完美的融合，形成很好的差异化体验感。所以我把这个叫做“外面五千年，里面五星级”，我们的景区也要打造这样的酒店，大家会喜欢的不得了。

香格里拉悦榕庄

丽江的悦榕庄也做得非常成功，其造型外立面按照纳西族建筑的风格建设，在屋顶有露台，有晚宴，还有乐队进行表演，客人可以一边品尝美食，一边遥望玉龙雪山，那感觉真得棒极了。即便他们在曼谷的悦榕庄，即便是城市里面的，也做到了“有住头”。在楼顶上，配备有乐队，美食，游客可以一边品味美食，一边俯瞰曼谷城市夜景。

香格里拉的松赞系列度假酒店做得也很有特色。整个外立面是当地的藏民居，古色古香，与周围环境完美地融合在一起，构成了一幅天然的画卷，而里面做得非常有品质，藏文化元素非常鲜明。

香格里拉的松赞系列度假酒店

浙江莫干山的裸心谷，是可以裸心的地方，在市场上火的一塌糊涂，现在不住宿都不让进去参观，一个晚上住宿费用在4000–5000元，旺季需要提前1–2个月才能够预订得上。很多世界500强企业都会选择在裸心谷开年会，觉得那才有面子，做得真的很成功。现在三期的裸心堡酒店又上了一个水平，古典的贵气又很吸引一众各方游者。

还有像北京长城脚下的公社，潘石屹请了12位世界顶级设计大师设计了不同的建筑，现在是凯宾斯基酒店在管理，也充分体现了差异化的体验感……这些酒店都

深山中的裸心谷（图片来源：视觉中国）

北京长城脚下的公社（图片来源：图虫网）

营造出鲜活、明快的主题，外立面都力求旅游化、景观化、特色化，是非常有旅游体验感的。

千岛湖的开元度假村也是一个具有代表性的酒店。20世纪90年代中期，千岛湖提出要向休闲度假旅游进军，因为坐拥庞大的长三角市场，但是这个口号喊了10年也没有成功，直到这个酒店落成，一下子明晰了千岛湖度假旅游目的地的概念。这里面还有一个小花絮：开元度假村酒店项目确定下来后，自然成了淳安县的一号工程，当时县委书记亲自督阵，隔三岔五就亲临指导工作，一开始总是批评：“你们太不懂搞旅游了，五星级的酒店怎么能盖得这么矮！”他认为五星级酒店怎么都得要20—30层（而这个才7层），而且他认为酒店应该紧挨着湖面，前面那么大一片空地太浪费土地和资源。直到这个酒店建成，他是一拍脑门说：“哎呀，我现在总算知道什么是度假旅游了！”这里的湖景房都是落地窗，可以看到整个湖景、人工泳池、人工沙滩和绿化小品，景观非常美，确实有如在三亚度假的感觉。这个度假酒店引领了千岛湖度假酒店开发建设的理念和模式。度假旅游目的地氛围就这样形成了，杭州、宁波、上海的客户都到这里来开会，到了旺季时得提前预约才能订上房，该酒店也得到了时任国务院副总理吴仪的高度评价。

千岛湖开元度假村酒店（图片来源：图虫网）

要么够野奢、够原始。非洲肯尼亚、坦桑尼亚的Mara BushTops是野奢帐篷酒店的代表，强调与自然的融合、野奢、有品位。Mara BushTops提供特色帐篷酒店住宿，在那里住一次就有机会邂逅非洲大草原的野生动物，同时享受到了“原生态居停”的野奢体验，价格约1480美元/人·天。

国内还有一个很有名的酒店，叫鸟巢酒店，在三亚亚龙湾热带天堂森林公园里，很典型的热带建筑树屋酒店，推开门，面朝森林，躺在床上也可以欣赏美景，实在惬意。因为电影《非诚勿扰2》中主演葛优和舒淇住过的一间木屋，结果每年去住的客人特别多。这间木屋在春节有多火呢，一间房要卖60000一晚，而且还得要有领导的批条，为什么呢，因为中国的土豪太多了，大家都想来体验一下这样的新、奇、特，想感受下有特色、标杆化的住宿体验。

三亚鸟巢酒店（图片来源：图虫网）

当然，还可以玩跨界。时尚品牌加酒店住宿，让住也成为一种时尚。入住有戏电影酒店，体验“电影+酒店”的戏剧魅力；入住上海H12艺术酒店，体验“艺术+酒店”的清新文艺；入住网易云音乐·亚朵轻居“睡音乐”主题酒店，体验时尚年轻一代的音乐细胞；入住YSL圣罗兰美妆快闪酒店，体验一次不美不成的高颜值居所；入住迪拜的阿玛尼酒店、范思哲宫殿酒店、马尔代夫白马酒店、兰博基尼酒店……体验非奢华不入住的高品质。

迪拜范思哲宫殿酒店（图片来源：图虫网）

亚朵音乐酒店（图片来源：图虫网）

有戏电影酒店（图片来源：有戏酒店官网授权使用）

马尔代夫白马酒店（图片来源：图虫网）

也可以花很少的钱，照样做出来有住头。一些乡村酒店在澳大利亚、美国、欧洲都是很多的，外观设计了与当地乡村环境融合的茅草屋顶、花花草草一点缀，就会觉得很有味道，很有情调，很有感觉，然后游客就想要住一晚。

爱尔兰乡村驿站（图片来源：图虫网）

桂林山谷里的云庐民宿也是别有一番味道，古朴但充满设计感，简约但不乏高品质，它在第一届中国文旅产业巅峰大会上获评十佳民宿，我也有幸见到了才华横溢的老板娘，相谈甚欢，她也赋予了这个民宿更深的内涵。

此外，悬崖古堡酒店、崖壁酒店、冰宫酒店、树屋酒店、帐篷酒店、洞穴酒店、星空酒店、音乐酒店、熊猫酒店、大理丽江的民宿，也出来了很多明星的民宿，都是把“有住头”做到了极致。

云庐民宿

古堡酒店（图片来源：图虫网）

奥地利冰屋酒店（图片来源：图虫网）

崖壁酒店（图片来源：图虫网）

洞穴酒店（图片来源：视觉中国）

蛋居住宿（图片来源：图虫网）

帐篷酒店（图片来源：视觉中国）

星空酒店（图片来源：图虫网）

树屋酒店（图片来源：视觉中国）

总之，有住头一定要有主题、有创意、有体验，设计上要做到自然化、景观化、绿色化，与环境融为一体。

（四）有吃头

俗话说“民以食为天，游以食为先”，但我们以往在旅游体验中忽略了“有吃头”，经常只是安排非常廉价的团餐。事实上餐饮在旅游中的附加值非常大，在2017年旅游大数据调查中，有一个很惊人的发现，吸引游客去一个地方的因素，排名第一的是有震撼的景观，占到37%，第二排位的就是美食，占到了36%。现在出行旅游的年轻人选择旅游目的地，第一个看是不是网红地，第二就是查一个地方有没有好吃的。为一顿饭赴一个地是常有的事。

首先，吃的环境很重要，美食与美景要相得益彰。

可以在湖边悠然就餐，比如西湖边的龙井草堂餐厅，整个外部的环境非常自然，很有田园气息，并且建筑也很有特色，营造的概念是“让请客的人和被请客的人都倍儿有面子”。在这里吃一顿价格不菲，同样的菜品，价格是外面的好几倍。比如其招牌菜“阿呆土鸡”一斤就要50块钱，而且供不应求。这个名字取得也很巧妙，“阿呆”一听就是笨鸡、土鸡，是原生态的。龙井草堂把“有吃头”做出了彩，做出了吃的高附加值。

西湖龙井草堂餐厅

也**可以在蔚蓝纯净的海边就餐，**墨西哥卡波圣卢卡斯蒙娜丽莎落日餐厅，在这里吃饭，太平洋的美景一览无遗，让人心醉。

可以在悬崖峭壁就餐，法国埃兹金山羊堡，一侧是古老的费拉角圣让镇，而另一侧则是悬崖峭壁下波光粼粼的地中海。

西班牙马累餐厅（图片来源：图虫网）

金山羊堡悬崖餐厅（图片来源：图虫网）

可以在景致优美的雪山顶就餐，瑞士阿拉林旋转餐厅，是世界上最高的旋转餐厅，就餐者可以在阿尔卑斯雪山环抱中浪漫旋转。

阿尔卑斯雪山酒店

可以在幽静有品的岩洞里就餐，意大利的岩洞餐厅，一面是面朝大海，一面是背依洞穴，非常独特。

岩洞餐厅

可以在云海崖壁就餐，北海道的云海咖啡厅，被称为“离天国最近的咖啡厅”，看着脚下的滚滚白云，犹如置身云海，“在云端喝咖啡”美妙体验真是无与伦比。

可以在摩天轮上就餐，新加坡的摩天轮晚餐，从游客登上摩天轮开始就慢慢地旋转，俯瞰整个城市的夜景，在过程中会有侍者为就餐者上三道精美西餐，非常适合恋爱中的小情侣。

可以在沙漠里就餐，迪拜的日出餐厅，就在沙漠里面，一个人的套餐要几百块钱，吃得很简单，主要是组织看日出，有专门搞摄影的老师指导如何拍日出，游客就觉得是很高大上的一个产品。

北海道云海咖啡厅

新加坡摩天轮餐厅

其次，大江南北，横贯东西，吃得丰富。

各种各样的美食街、美食排档、美食工厂让人应接不暇，比如评选出的中国十大美食街如上海城隍庙、南京夫子庙、成都锦里、厦门中山路、西安回民街、丽江四方街、南宁中山路美食街、武汉户部港、北京簋街以及重庆解放碑等都成为游客们趋之若鹜的目的地。不知道大家去过几个，我是全都去过、吃过，感觉还是很爽的。中国有名不虚传的八大菜系，千姿百态的各色小吃，哪一个做好了都能成为吃货们的下一站选择。

有一个因美食而爆红的乡村旅游现象级“网红”袁家村，投资2亿元，其每天仅餐饮业的日营业额已超过200万元，同时旅游综合收入达到**十几亿元**，成为真正依托美食而发展起来的旅游目的地。袁家村主打关中美食，匠心经营，严格把控品质，所有的原料统一由村里的作坊供应，不得私自外采，一旦发现，取消经营资格；袁家村把美食的工艺口味做到极致，每一道小吃，村民都按照传统工艺制作，没有添加剂，几百种小吃，几百个商铺，每一类只选择制作最精、品质最好、口味最佳的。纯正的地道美食，健康的品质保证，用良心做美食，谁不爱呢。

袁家村的关中特色美食

天津的粤唯鲜餐厅很有特色，其包装的概念是“能吃的博物馆”。老板是个收藏家，餐厅里面全部用文物古董做装潢，都是石雕、石梁、石像，桌椅等都是明清古家具，在这里面用餐会很有感觉，吃的不仅是美食，还是文化与品位，当年这家特色餐厅在当地火爆一时。

天津粤唯鲜餐厅

通过创意完全可以让吃成为一种新奇的体验。

比利时的空中餐厅就是其中的代表。餐厅依靠起重机吊动，距离地面50米，世界顶级厨师服务，做出来的饭菜无论是卖相还是味道都是数一数二的，来此吃饭不仅要提前预约，花销也是非常大的，一顿下午茶的花销是1888元，午餐收费是3888元，晚餐的价格最高，达到了8888元。最关键的是每次只能上去10个人，其他人得在下面排着长队，仰着头、眼巴巴地、流着口水看着上面。游客吃完再拍几张照片一发微信，真是很牛掰，大家都想来看看。

空中吊臂餐厅

东京光影餐厅也是大受欢迎。当盘子放在桌子上时，风景秀丽的世界就会通过光影被从菜肴里释放出来，花草树木从盘子里伸展出来，鸟儿随即也从餐盘里飞出，并随着食客的动作智能的变幻，如果把手放在桌上，小鸟会飞过来，落在你的手上；但如果你突然移动，小鸟就会受惊飞走。科技与创意的结合，只有你想不到，没有做不到。

东京光影餐厅（图片来源：图虫网）

另外各种类型的主题餐厅也是很受欢迎的，比如航空主题餐厅、马桶主题餐厅、机器人主题餐厅、Hello Kitty梦幻主题餐厅、红色主题餐厅、冲绳树屋餐厅、德国过山车餐厅等，只要把主题特色做绝，就有热衷的粉丝。

Hello kitty 主题餐厅（卢丹拍摄）

冲绳树屋餐厅（图片来源：图虫网）

日本大阪的环球影城，有一间僵尸主题餐厅，不仅餐厅环境设施被打造成恐怖片的氛围，连里面的食物都是仿照眼球、断手、断腿而制作，在你吃饭的时候旁边还有一群极其逼真的僵尸演员，这个饭吃的真是心惊肉跳。就是这样一间餐厅也让喜欢刺激的年轻人争相前往。

还有可以吃的书、喝完咖啡可以吃的杯子、麻将一样的蛋糕、可以吃的毛笔、可以吃的土等，这些创意都是值得借鉴的。

总之，做好“有吃头”需要注重文化与饮食的结合，注重在美食中融入创意、融入特色、融入体验，在类型上丰富，在品质上提升，将美食变为旅游吸引物。

（五）有买头

我们常说购物经济要成为旅游经济的重头，而中国在这方面一直做得不好。在法国、美国、日本这些国际旅游胜地，购物收入占到旅游总收入的60%–70%。而我国内地很多地方只能达到20%左右，大多数地方基本还是在靠门票收入，还是有很大的提升空间。

想要做好有买头，一定要有走心的文化或故事，有精美精致的外表，有多样多元的销售渠道，有得到市场认可的品牌创意……只有系统化地提升才能做到高附加值、高收益的“有买头”。

国外非常重视旅游购物，旅游宣传品、纪念品都做得非常有特色，比如美国通过故事包装使得驴皮枕头热卖。这个故事很棒，说的是据说美国一支队伍在西部探险时，忽然驴发起倔劲来了，就是不肯走，大家只好就地安营扎寨，后来就在驻扎的河边发现了黄金，大家为了纪念这头驴，在驴死后把驴皮做成枕头，枕着这样的枕头寓意着美梦成真，这时候导游只要问你们想不想美梦成真，大家就纷纷掏腰包买了。这个商品包装的故事是只要枕着驴皮枕头就能“美梦成真”，这样的概念让驴皮枕头成为美国西部标志性的旅游纪念品。

台北故宫的文创商品很受大家青睐，其中最受欢迎的一款是“朕知道了”的纸胶带，就是封箱子用的胶带纸，一小卷可以卖到40元，后来一度被炒到98元，还断货，高峰时期一款难求。为什么这么火呢，就是因为一个小小的文化创意。台北故宫收藏的圣旨里有乾隆皇帝御批里的一句话，就是“朕知道了”，台北故宫把这个文化元素提炼出来印到了胶带纸上，大家就觉得这个创意很酷、很有调性，皇帝范儿十足，非常有意思。同时这么一小卷胶带纸又方便携带，所以很多人一买就是七八卷，送亲朋好友还显得比较有文化，可谓一举多得。

北京故宫文创系列，更是人气爆棚，通过深挖文化塑造的IP，每一个都堪称经典。比如萌萌哒系列，高高在上的皇帝皇后变得Q萌可爱，整套的表情包让你爱不释手；有千里江山系列，霸气恢弘的千里江山图印在了手机壳、丝巾、睡衣、钥匙扣上面等；还有女士彩妆系列，华贵美腻的帝王范儿，让你欲罢不能，剁手不止；还有如朕亲临行李牌、手机链、胶带、盆栽、书签、钥匙扣等，故宫的文创商品可以说是火得一塌糊涂。单霁翔（前）院长说过，“千万别买故宫商品，买了就容易丢”。2017年北京故宫文创商品收入保守估计超过15亿元，而一年门票总收入只有

千里江山镇纸

千里江山手机扣

千里江山手机壳

千里江山书签

千里江山便利贴

千里江山折扇

10个亿，这相当于用文创的方式再造了一个故宫，这是一个很好的趋势和导向。

除了这些赚人眼球的文创商品外，故宫还开创了中国博物馆体验式购物的先河。他们把丝绸店、服装店变成可看、可做、可买的丝绸馆，把玉器馆、陶艺馆等变成可赏、可玩、可制、可买的体验馆，把古朴书院变成可览、可读、可学、可品的各年龄层的书香天地，把故宫别院变成可享受、可休闲的时尚咖啡馆。故宫咖啡馆现在可是超级网红，千里江山图的华贵背景，古朴又不失现代的文化装饰，再来一杯康熙都爱喝的热巧，人生无憾啊！

故宫还有一批儿童粉，“去故宫当一天皇帝”的游玩方式，深受小朋友和家长们的喜爱，亲手做个玉玺，领略一下皇帝工作的状态，在多媒体互动中学习历史知识……故宫早已不再是高高在上、大众无法亲近的博物馆，而是孩子们可游玩、可做手工、可学习的文化创意体验生活馆和科技体验馆。

巅峰智业通过发掘北京欢乐谷第五期香格里拉乐园的民族文化，打造出了五个具有地域特色的文创人物，并形成了童趣化、生活化的延伸产品，掀起了北京欢乐谷旅游购物的小高潮。

北京欢乐谷五期香格里拉文创商品

每一个产业元素，经过IP产品的设计、研发、制造和流通，都有可能成为畅销旅游商品，进而持续带动产业的活力。比较有代表性的是德国卡尔斯草莓农庄，这是一家有着几十年种植历史专营草莓的农庄，他们不断改良技术，强化销售渠道建设，其草莓销量在德国名列前茅，每年5至10月，5个月草莓售卖可达400多万欧元，每天卖不完的鲜果，回收本部则做果酱，形成了全产业链的草莓商品。随着时代的发展，他们开始做起了草莓产业链的延伸，生产出草莓酒、草莓拖鞋、草莓肥皂、草莓爆米花、草莓巧克力、草莓蛋糕等各种与草莓相关的衍生产品和创意品，当然也不会缺了草莓主题的农庄嘉年华和趣味的品牌营销活动，这里已经成为了德国最受欢迎的产业农庄。

台湾桐花做的也是非常好，由一朵桐花衍生出了无数的商品、商家和品牌营销活动。客家桐花祭人尽皆知，拉动了无数消费；卓也小屋、郭家饼铺、美家酱菜等一批以桐花为主题的体验店红红火火；近400种桐花商品，近60家桐花餐厅，多个桐花旗舰店，再加上统一的品牌营销，说是百亿产业毫不夸张。

精致多样的桐花商品

还有台湾梅子酒庄，他们用杨梅做出了很多富有创意的商品，男士喝的酒就叫“狂野男人”、女士喝的酒就叫“柔情女人”，其他的命名还有“拼命三郎”“小米唱歌”“青梅竹马”等等，大家过去了吃一点、买一点、带一点伴手礼，都觉得特别有意义。

《海角七号》马拉桑《赛德克·巴莱》太阳旗

专属定制：狂野男人、柔情女人

拼命三郎

小米唱歌

长老说话

青梅竹马

当然美食也可以变成商品。美食不仅可以在当地吃，还要实现处处可以吃到正宗特产美食。台湾的凤梨酥、武汉的绝味鸭脖、东江湖的小湖鱼等都是代表性的旅游美食商品，这类商品的品质保鲜、包装品牌以及便携程度都非常重要。台湾的凤梨酥通过质朴但不失精美的包装，保留了美食原本的味道，并且易携带，因而成为很多游客到台湾必带的伴手礼。

把美食变成商品

中国还有很多技艺传承也可以变成商品。比如说非遗传承的糖人制作，一勺看着普通的糖水，在传统手工艺人的手下就变成了惟妙惟肖的十二生肖、各种小动物，让游客们排队等着来买。比如剪纸、雕刻、手绘、丝织、陶艺等传统技艺都可以打造成游客喜爱的旅游商品。要讲好传统技艺的故事，展示好传统技艺的绝学，方能让游客接受传统技艺的文化商品。

把非遗技艺转化成旅游商品（图片来源：图虫网）

总之，把商品做出设计感，充分应用创意加生活美学，提高附加值，做到有特色、有创意、有颜值、又实用，那么自然就会“有买头”。

（六）有说头

旅游业界有一句名言是“祖国山河美不美，全靠导游一张嘴”。这不仅说明了导游的重要性，也说明了导游词、解说系统的重要性。语言文字交流是能直接拨动游客心灵的琴弦，透过“有说头”传递的地方情感更有内涵，更有生命力。

“说头”是旅游地的重要卖点之一。一段打动游客的导游词、一则能够广为流传的传奇故事、一段创意包装的情感故事、一句引人入胜的宣传语，甚至一首家喻户晓、久唱不衰的歌曲，都可能成为这个旅游地最大的“说头”。而且越是本土的越是有卖点，也越是游客想听到的。

比如贵州的导游一般会这样介绍：贵州旅游的资源特色就是“三个一”——一栋房，是遵义红楼，给你洗脑；一棵树，是黄果树瀑布，给你洗肺；一杯酒，是茅台美酒，给你洗胃，到贵州旅游可以说是“三洗之后尽开颜”。我们听了，呵呵一笑，回来还记得很清楚，人家有“三个一”。以这样的方式拉近了导游与游客的距离，也让人对贵州旅游的特色留下了深刻印象。

贵州导游口中的三个一（图片来源：左图、中图为图虫网，右图为视觉中国）

我现在到了一个地方最怕当地领导给我介绍当地资源怎么丰富，怎么好，有12345678910JQK，还有A，这样就一个也记不住了。**所以提炼出一地的“拳头”与王牌说头是很重要的。**

说头的内容也可能是打动人心的。日本大王山葵农场就是用一段爱情故事打动游客，讲故事的人本身就是故事的男主角。在农场里有一位老者，为寻找初恋情人而前往农场做义工，询问每一位来农场的游客，并讲述他的爱情故事，很多游客都潸然泪下，可以说故事在打动人心的同时也成了农场最大的卖点。

我们还需要关注说的主体，就是谁来说。可以是专业导游，也可以是本地人，还可以借力外来有影响力、自带话题流量的人来说。

伊根町，日本京都一个坚持不修路的传统渔业小镇，通过延伸特色旅游产业，成为日本最美村庄和著名旅游胜地。在这里政府推出了全面的人才培养计划，使得村民人人都成为导游。比如**本村漫步计划，就是**由一个专家带着当地老人转，讲解

手持初恋照片在讲自己爱情的老者

当地历史，一直讲到每个人都能当讲解员；**观光模拟计划**，让年轻人带着去转，把自己假想成游客，发现要改进的地方，会及时记录并调整；**骄傲伊根百选计划**，让孩子们选出一百个景点，每个人都怀有以自己的家乡为自豪的情感来讲。人人皆导，岂有不兴之理。贵州丹寨万达小镇则通过在全球招募“轮值镇长”，轮值镇长人选国内外皆有，职业覆盖主播、导演、模特、企业人士等，其在任期间通过自己的资源和影响力，根据自己的关注点为小镇实施创新型“政策”，持续制造话题热点，不断扩大小镇的知名度、美誉度。

伊根渔村当地人在讲解

丹寨轮值村长直播小镇

不过通常来说，在“有说头”中，导游还是非常重要的主体，因此对导游的培训非常重要。管理部门可以通过培训和选拔激励等措施，促进导游人才的成长。比如福建的泰宁县，他们把当地导游进行分级，分为一般级、秀才级、进士级、状元级四级，根据游客的抽样调查和上级的考核，最后评出不同的层级。一般级导游，导游费用的提成是20%；秀才级导游，导游费的提成是50%；进士级导游，导游费的提成是80%；状元这一级的导游，导游费的提成到了100%。通过这样的激励手段，形成了很好的导游选拔和晋升的机制，大家你追我赶，都想成为状元级，从而有力地提高了当地导游服务的整体水平。

让每一位导游，甚至每一位服务人员、当地人都当成旅游地的代言人、宣传员，要培养他们“能说会道”的技能。

（七）有拜头

宗教文化是旅游重要的组成部分，在大自然面前，人们感到自己很无助、很渺小的时候，需要精神上的依托和宣泄渠道，因此“有拜头”便有了广阔的市场，各个地方都做了很多“有拜头”的内容。

当然也有些不好的趋势，建大佛、造高佛，你88米高，我就建108米高，还有建更高的，如果高度无法比，就用数量来竞争，这就走向了偏差。对于“有拜头”，真正需要做的是深入挖掘宗教文化，以及借助各种祭祀大典，做好节庆活动，带旺人气。有拜头不要过多着眼于做形式，一进寺庙，烧香拜佛，到处烟熏火燎，这还是针对观光客的做法，而是要真正思考现代人所面对的问题、压力、茫然，要思考他们需要的是什么，做好针对性供给。

虔诚的宗教信仰（图片来源：视觉中国）

现代禅修是目前市场上比较受欢迎的产品，既能够和休闲度假结合起来，也能够和健康养生结合起来，让游客在这里住下来，减压、放松，吃素餐、清肠胃，参禅、读经，参加宗教仪式，进而得到心灵的宁静等，很多地方也都在打造禅修寺院、禅修农园、禅修社区等。如日本，就有非常清静的“寺庙旅馆”，游客在这里“短暂出家”，希望通过别样的旅途和别样的住宿，重新审视自己的人生，并从中获得深深的哲思和别具一格的乐趣。这种方式特别受都市白领，尤其日本女性的推崇。中国的拈花湾也是将禅意休闲修心做得很透，从建设理念、建筑形态、内容活动等方面都是禅意满满。再比如台湾农禅寺的水月道场，整个佛堂全为清水建筑，没有烧香的地方，仅点灯替代，“空中花，水中月”，镂空的佛经墙壁，光影的时间变幻、典雅的水池造景，静心的僧人打坐，让神圣的信仰落了地，前来参观、学习、禅修的人络绎不绝。

“有拜头”关键在走心，要从效仿形式到向关注内心转变，要从饮食、行为、修

台湾法鼓山农禅寺（图片来源：图虫网）

为、心理和精神等多个方面引导，要从设计、内容、产品的内涵进行深入发掘打造，真正抓住游客的心。

（八）有疗头

有疗头，大体对应现在很时髦的健康养生旅游。

随着中国人均GDP跨越10 000美元的门槛，城市病愈发明显，70%–80%亚健康消费群体的存在，使人们对于“双H消费”（Happy+Health)的关注和追求达到了前所未有的高度。国家主席习近平也一再强调，要把人民健康放在优先发展的战略地位，加快推进健康中国建设。我国政府也陆续出台了《关于促进健康服务业发展的若干意见》《关于推动养老服务业的指导意见》《国家康养旅游示范基地标准》等文件，以规范和推动我国健康产业的发展。在发达国家，健康产业已经成为带动整个国民经济增长的强大动力，美国的医疗服务、医药生产、健康管理等健康行业增加值占国内生产总值比重早已超过15%，加拿大、日本等占国内生产总值比重也早已超过10%，而我国仅占国内生产总值的6.2%，我国的健康产业还有很大的发展空间。

出于增强体质、延长生命、抗防衰老、防治疾病、修复保健、修身养性、体验文化等目的的多样化养生诉求，养生旅游或健康旅游方兴未艾。健康已不仅仅要保证没有疾病，还要强健体魄、愉悦身心、修身养性、陶冶情操，快乐每一天才是当下人的追求，这决定了健康养生成为社会生活的一种趋向。

今天不养生，明天就养病，养生的内容极其丰富。山水养生，森林养眼，宗教养心，修炼养气，文化养神，运动养性，物产养形，气候养颜，学习养成，生活养情，依托于清新的生态环境，多元的地域文化，深厚的中医疗法，先进的现代医疗，时尚的水疗按摩等，都可满足游客不同层次的养生需求。

康养旅游一般与休闲、文化、房地产、医疗、创意等多个产业联动发展，养生酒店和养生度假区是比较常见的形式。

各种健康养生方式（图片来源：图虫网）

三亚珠江花园酒店，针对俄罗斯游客专门推出了“八日中医保健套餐”，非常受欢迎。因为在严寒地带生活的俄罗斯人很多都患有风湿和关节炎等疾病，他们觉得在这里既能休假还能进行身体的理疗，性价比很高，物超所值。这个“八日中医保健套餐”包括：八次针灸、七次推拿、六次足底按摩、一次面膜、一次裹肤，等等，再配合现代化理疗设施，很有“疗头”。

这里也有一个小花絮：烟台有一个旅行社的老板，一看这个项目很好，而且烟台也有很多俄罗斯的游客，于是就把这个项目复制过来。但有一个环节他没有把握好，结果游客纷纷投诉。哪个环节没有把握好呢？原来他把游客直接拉到了中医院，而不是健康理疗中心，所以游客就不干了：“我们又不是病人，怎么拉到中医院来了？”你看，同样的内容，不同的体验，就会有完全不同的效果。所以旅游的一个重要本质就是差异化体验。

说到养生度假区那就不得不说一下它的鼻祖——泰国华欣Chiva-Som，这个堪比准医疗机构的封闭式养生度假村名气颇高，希拉里、小贝夫妇、张曼玉等都是这儿的回头客。Chiva-Som的理疗室和客房数比率1：1，都是54间，属世界第一，提供多达230种健身、spa、水疗、瑜伽、气功、物理治疗、体能活动等多元化健康疗法，提供3-28晚周期不等的疗程，以其特色的疗法及疗程位居世界前三疗养胜地。所以做精产品，做足品质，塑造品牌对于康养旅游还是非常重要的。

Chiva-Som的健康疗养（图片来源：图虫网）

疗养旅游中还有一类特殊的群体，就是老年人。我国已经进入老龄化社会，截至2017年底，我国60岁以上老年人约有2.41亿人，占总人口17.3%，老年人有更多的时间、金钱和出游意愿。老有所养，对于老年人来说，康养环境的品质很关键，康养度假绝不是养老院，除了有必备的医疗保健设施，还要为老年人创造新的生活空间、休闲空间和人际社区。老年人身老心不老，特别期盼能够发挥余热，需要通过一系列内容和活动的策划设置，激发他们的内心和活力。比如，养老度假村里每家分一块菜地，老人养养花、种种菜；办个老年大学，老人年轻时没有实现的兴趣，这会儿来补上。这类项目一方面要学习日本和美国的先进理念，在老年人的设施服务方面做细做透，另一方面也要丰富产品内容，同时还需明确整体的盈利模式，是通过地产盈利还是产业导入运营获利。老年人的康养是一个系统工程，更加需要通盘考虑。

旅游过程融入饮食养生、运动养生、中医养生、温泉养生、宗教养生等，符合现代人的生活需求，将是休闲度假旅游的重头戏。

（九）有行头

我们过去只关注旅游目的地的可进入性和畅通性，而忽略了交通工具本身也是旅游吸引物，因此要注重对交通工具本身旅游化、景观化、休闲化和人文化的打造。

在这方面，有很多值得借鉴的例子。如伦敦的红色双层观光巴士，就是伦敦城市形象的代表；威尼斯的水上交通工具“贡朵拉”同这座城市一样古老，是威尼斯城市生活的标志；日本水上旅游的设施，不仅有特色，还很时尚。这些交通工具凭借独特的外观，让人产生想去体验一下的冲动。

越南下龙湾的游船都是双层的，一层可以吃海鲜，二层可以躺在椅子上吹海风，晒太阳，非常惬意；新加坡的“郑和号”游船上，可以一边就餐，一边看乐队现场表演，还有人免费帮游客拍照、作画。而我们去周庄、乌镇，不坐一坐手摇的乌篷船，又怎么算是去过江南水乡呢？

各种各样的出行工具（图片来源：视觉中国）

还有很多地方推出的观

越南下龙湾游船美景（左图来源于视觉中国）

光小火车，虽然内部构造和火车差不多，外观上进行“穿衣戴帽”的改造后，就有吸引力了，特别是小朋友，都吵着要坐一下，这一坐就是每人20块、30块，附加值一下就有了，这可比门票经济来得快。巅峰智业运营的原生态绿心童乡小火车，车头是红色拖拉机，车厢是五颜六色的油漆桶，跟大自然的环境非常契合，小朋友喜欢的不得了。

丰富多彩的游行小火车（图片来源：图虫网）

经过图画、色彩装饰的旅游飞机，更能吸引人。德国航空曾经推出了一款将运输机改成天鹅造型的飞机，机头就是天鹅的大嘴，运输机庞大的身躯就成为天鹅的大肚子，再加上卡通图案的描绘，真是太萌了；还有日本全日航空推出的飞天熊猫号，也是很能吸引人眼球的。

旧金山的渔人码头，仅仅一个商业街区就有十几种各式各样的交通工具，有双轨电车、情侣车、自行车、电动车、双层的观光巴士、游艇、邮轮，让你觉得体验很丰富，感觉很休闲，这也是目前我们需要学习的，避免那种清一色的巴士、电瓶车，应该做出一点有味道的旅游行头。

创意造型飞机

旧金山各式各样的交通工具

房车旅行也越来越受欢迎，很多人认为这是一种很酷的出行方式，既有房子的功能，又能够移动，对于拥有一颗“动荡”心的人来说简直完美。但是由于国内交通环境对于房车车型上路和停车的限制，房车在中国的普及率与国外比有很大差距，

房车自驾露营出行（图片来源：图虫网）

目前房车旅行的主要产品还是以房车营地或房车联盟为主，有组织、有服务、有标准，对于周边环境，配套体验内容的要求会比较高。

说完了陆路旅行方式，我们再来看看各种各样的空中游览方式，热气球、直升机、滑翔伞、低空飞行等成为旅行体验新宠。例如空中跳伞看迪拜、拉斯维加斯的低空看城市、尼亚加拉大瀑布的高空观赏等。在科罗拉多大峡谷很火的事情就是坐直升飞机看大峡谷，门票是230美元一个人，上百架的飞机供不应求，真的是非常火爆。

科罗拉多大峡谷直升机巡游（图片来源：左图为图虫网，右图为视觉中国）

还有一些游轮、游艇也都能体现出“有行头”的特征，体现了差异化体验本质的要求。目前，天津、青岛等沿海城市都开始兴建一批与国际接轨的游艇码头，游艇旅游将逐步普及。

游轮及游艇基地（图片来源：视觉中国）

“有行头”改变了“行”与“游”的时间比，将可游憩性、可体验性贯穿到了旅行的全过程。

（十）有学头

在古代，旅游也说成是游学，期间有文化艺术的享受和体悟，也有知识上的收获。旅游很重要的一点就是增长见识，这也成为了人们的共识。

澳大利亚悉尼边上的国家公园——蓝山公园的观景台，从每一个角度看出去的景观都有一个解说牌，能够诠释这个角度看到的岩层的地质构造和历史遗迹等情况。比如介绍姐妹峰是怎样形成的解说牌。通过解说牌游客可以了解到：姐妹峰是在河流上溯下切、自然风化、重力崩塌的共同作用下，经过千万年大自然的鬼斧神工，变成了现在所能看到的样子。解说牌图文并茂地将姐妹峰形成的原理诠释出来，这都是“有学头”的内容。

澳大利亚蓝山国家公园标识牌

国外的游客中心，虽然都很小，但是功能很齐全。而中国的游客中心大部分成为了一种摆设，缺乏内在的功能。比如国外的一个小型游客中心，其中间有一个小沙盘，可以360度展示这个地方立体的地形地貌；放置的岩层标本能告诉你这里有什么时代的岩石；还有一些树木的年轮切片，能告诉你这里的树木到底有多大岁数；再通过多媒体图文并茂地展演，很形象、很全面地演绎了整个景区一年365天、四个季节、各个角落的所有景观。

国外某游客中心（图片来源：图虫网）

优胜美地国家公园内没有单独的科普馆，而是把科普功能融入访客中心。在游客刚进入公园的时候，用最简单的手法、最通俗的表达让访客尽快地了解优胜美地的自然特色和形成的地学与生物学的原理。其主要用“立体地形模型”“矿物标本对照”“大幅照片”和“全景画”

优胜美地国家公园游客中心展示

以及“半实景画”等形象化手法，把专业的地学原理和自然过程说清楚，而不是依靠文字和专业术语讲解，直接把情景呈现给访客。

新加坡滨海湾公园，在雾林的底层空间，利用多媒体的方式对地球变暖等生态知识进行了数据和图表化的演示。关于地球变暖将给全球带来的灾害，这里采用的是时间推进的讲述方式，每过一年，地球的哪些东西就会不存在，巨大的投影画面，让人印象深刻。

另外青少年和儿童的有学头非常热门，尤其是在国家大力推广研学旅行的背景下，其发展空间就更大了。据统计，我国游学人次由2014年的140万增长至2017年的340万，境外游学人数则由2014年的35万增长至85万。境内游学收入由40亿增长到101亿，而境外则从120亿增长至273亿。仅2018年国内研学旅行人数达到了400万人次，市场规模达到了125亿元，人均消费3117元/次，未来5年内有可能突破千亿规模，这与当下人们对于教育的重视及精神食粮的丰富供给都是有关系的。

研学旅行产品的综合联动性很强，可以和各种旅行产品结合，目前我国的研学产品主要集中在以下几个类型：自然研学，主要包括围绕地学资源、科学资源、场馆资源等通过各种创新科技手段开展的研学，比如西双版纳的植物研学，科技馆的科技研学等；农业研学，以现代化农业示范基地、农业研究院、农业示范园等为代表的农业研究型载体，以农庄、田园综合体等为代表的田园体验型载体；文化研学，主要包括博物馆、纪念馆、文化村等传统文化型，纪念馆、教育基地、伟人故居等红色文化型，民族园、少数民族村寨、民族节庆等民族文化型，比如现在比较流行的笔墨徽州研学、贵州民俗遗产研学之旅等；拓展研学，通过室外拓展训练等活动，达到磨练意志、增强自信、完善人格、团队协作等教育目的。

拓展研学是比较具有代表性的研学产品，通过**在大自然中**进行科学观察、健身训练、军事规范等活动方式提升自然生存技能，**行军、操练、野营、野炊、拓展、晚会等内容丰富多彩，可以**开阔参加者对自然的认知，加强互动协作能力，活动多由童子军与学校、社会团体、大企业共同举办，**地点多在森林、湖泊、山区、海滨或著名风景区。这类产品在设计内容的同时一定要确保活动组织安全、科学，**多数科普是孩子自己参与，没有家长跟随，因此明确活动主题，保障活动安全是非常重要的前提，一般需要有正规的专业组织举办。

旅游的过程就是见多识广的过程，研学旅游的前景灿烂。

（十一）有享头

沙滩上舒适的躺椅，懒洋洋地往上一躺，听听音乐，看看书，睡睡大觉，真是一种享受；国外旅游城市随处可见的户外咖啡吧，坐在那看看人来人往，发发呆，也是一种惬意的体验；森林氧吧的吊床里，看着满眼的绿意，听着满耳的鸟鸣虫乐，人间至味皆在此；坐在阿那亚的孤独图书馆里，面朝大海，沉心阅读，涟漪无限……

烛光餐

日光浴

运动

（图片来源：图虫网）

旅游经济也是享受经济，我们要营造享受感、意境感、氛围感，让游客能够漫游乐享，身心自在，有精神按摩的感觉。

自然、自由、自在、自得、自知……

怡然、陶然、悠然、跃然、欣然……

那么如何才能为游客营造出这种意境和氛围呢？品质是核心，服务是关键。

许多地方将优质的旅游产品和服务体验作为金色招牌，其旅游发展始终保持着旺盛的生命力和活力。有着“乡村的度假天堂”之称的裸心谷，提倡与自然融为一体、回归本心、简单生活的理念，在这里可享受到马背骑乘、湖边垂钓、山林骑行、裸叶水疗、阳台大浴室、采茶、spa、茶艺馆、竹艺馆、清晨瑜伽、露天剧场演出等多元休闲体验精品，附加大面积经过精心培育的草坪、让人动心的多个无边泳池、高级套房的特色美食、与自然融合设计感十足的外部空间等高级度假标配，兼备24小时贴心的管家服务，让裸心谷成为了“有享头”的典范。

环球影城的贵宾服务也是做好有享头的重要典范。环球影城为VIP提供独家外

裸心谷的极致“有享头”

景场地游览、独家主题公园礼遇、专人导游服务等“有享头”的服务，宾客可享受到乘坐专属电车游览影城内最繁忙的摄影棚，一睹非开放区域的畅快；也可以无限次通过快速通道进入包括哈利波特禁忌之旅在内的所有过山车和景点，体验到纯玩的酣畅；还有私人导游带领穿越好莱坞环球影城外景场地的过去、现在和将来，享受非同一般的服务体验。

环球影城的畅快贵宾服务

所以说，现在的旅游，比的不仅仅是好的旅游资源、好的旅游产品，还要比好的旅游服务。

旅游的本质是差异化的体验，产品是消费者体验的直接载体，要创造极致体验首先要做精产品。为此需要换位思考，善于倾听消费者的诉求，注重为游客提供高质量的旅游产品体验，满足甚至超出游客的期望。用最专业的规划设计和研发生产创意产品内容，优化场景设计，完善体验体系，真正下狠功夫把产品做出彩，做出不同。内容为王、文化为魂、创意为本、科技融入、体验至上，将理念与实践结合，将用心与品质结合，用匠心精品打动游客的心。

旅游服务能够渗透到消费者旅行的各个环节，令人印象深刻的服务会直接影响到旅游口碑，关系到重游率和新市场拓展，因而提供感动游客的品质服务是旅游发展持续盈利的关键。第一方面要做好服务接待的标准化，这涵盖了服务工作的所有程序，要遵循行业标准和规范做好、做到位。第二方面要提供品质化的服务，结合消费者的需求做精、做深，可以是温暖的体验，也可以是王者的荣耀；可以是设施的高端，也可以是软性服务的升华，内外兼修，软硬兼顾。第三方面也要有个性化的情感服务，即使是最简单的服务也有故事可讲，要从游客心理出发，关注细节，创造感动。东京迪士尼乐园用极致的服务惊艳了全世界，迪士尼的清扫人员都是扫地僧，能够现场用清扫工具为小朋友绘制可爱的卡通人物；游客丢失物品会不计成本找回，给人带来惊喜和温暖。

“金杯银杯不如游客的口碑，金奖银奖不如游客的夸奖”，旅游开发一定要营造让游客满意的体验氛围，提供让游客舒心的服务品质，让游客得到真正的放松和享受！

（十二）有回头

一个地方做到了以上的11个头，就会让游客对这个地方流连忘返，便可以做到“有回头”。很多都市中央游憩区（RBD）、休闲街区，往往成为游客扎堆的地方，像北京的什刹海、深圳的欢乐海岸、阳朔的西街、成都的宽窄巷子和锦里、上海的新天地、丽江的古街巷等都成为“有回头”的典型区域。还有天下第一镇——乌镇，习总书记去过多次。乌镇把前面的11个头都很好地体现了出来，所以它的回头客是很多的。乌镇成功后，陈向宏团队在北京又打造了一个北方乌镇——古北水镇，把北方水城的悠闲生活打造得淋漓尽致，回头效果也很好。

有回头是对旅游产品吸引力的一个重要检验，有没有把体验做到游客心里头，回头率就是风向标。

三、万有感应，直指人心

总之，这12个头都是想说明一个大道至简的道理：“打动游客的心。”越是简单的道理越靠近真理，我们做旅游就是要化繁为简，直指核心，直面要点。

搞旅游说难很难，难是涉及的领域非常广泛、博大精深，产业链条长、涉及环节多、投资回收慢、经营要求高，真的是千山万水，千变万化，千罗万象，千头万绪，要干好旅游就得千思万想，千方百计，千言万语，千辛万苦；但旅游说容易也容易，只要真正把握它的本质和规律，就比较好认知。旅游肯定是千变万化的，但是这个背后不变的东西是人的需求，也就是人对美好生活、美好旅游的正当需求。自然界的规律有万有引力规律，这是力与力的互动，对于旅游而言，它的规律又是什么呢？我认为旅游更在于心与心的链接，创造一种打动人心的感动，创造一个激动人心的梦想和故事，所以旅游是一种心的体验，这就是我提出来的旅游界的万有感应定律：打动游客的心。

我很崇拜美国的马斯克，他有很多创举，比如特斯拉电动车、火箭回收等，他特别善于找事物第一性原理，也就是事物的本质、核心或是最根本的逻辑。做好旅游第一性原理就是打动游客的心，用同理心换位思考，找到游客的甜点、痛点和兴奋点，想游客所想。他想看什么，玩什么，吃什么，住什么，买什么，说什么，学什么，行什么，拜什么，疗什么，可以享受什么，做到这11个“头”才可能真正地“有回头”，这是我在2008年提出的旅游12头理论。在多年的文旅行业摸爬滚打过程中，我才意识到其实这12个头，归根到底就是一个头，就是游客的心里头。如果能够真正打动人心，走进游客的心里头，就能感动游客，就能更好地解决很多问题。抓住了游客的心，就抓住了市场卖点，抓住了市场消费点，也就找到了经济的盈利点，就能够形成很好的旅游效益。

旅游经济从本质上说就是体验经济、乐享经济。旅游产业是快乐产业，旅游生活是乐享生活，旅游是幸福生活追求的所在。旅游12头能够满足旅游者多元化的需求，让游客在行程中获得快乐和享受。做好旅游就要力求做到：**看有绝色、玩有喜色、住有暖色、吃有绿色、买有特色、说有亮色、疗有起色、行有个色、学有真色、拜有灵色、享有本色、回味无穷**。如果做好这12头，能让游客把心留下，这个地方的旅游经济就可以较好发展起来。我们要做好12头，做好新时代的旅游。

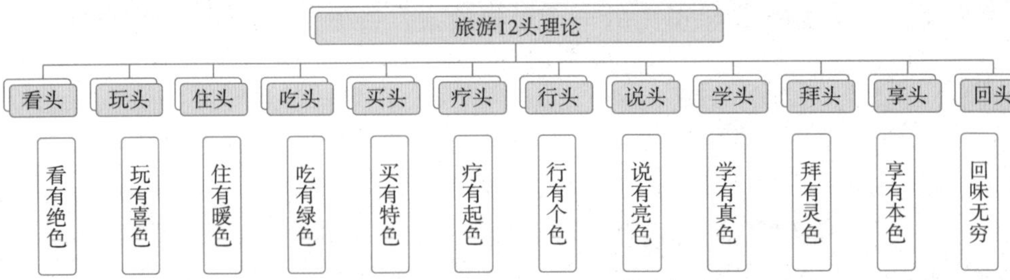

不过，每个地方都有自己的特色，不一定12头全部齐头并进，而是可以先筛选出最有优势的“三个头”，比如有吃头，有玩头，有买头，先做好“三头六臂”。

旅游进入门槛低，内涵外延广，但做精做优做强特别不易。因此认识和把握旅游本质是关系着从“能做事”到“能成事”的核心环节。但旅游同时也是一个需要情怀和温度的产业，更是一个需要实力、耐力和内力的产业，是一个需要系统升级，匠心运营的产业，欢乐谷、长隆、乌镇、袁家村、北京故宫、宋城千古情、呀诺达等都是匠心打造的成功典范，以万达文旅城、各种鬼城空城等为代表的昙花式文旅项目则有些急功近利。文化不是光靠钱砸出来的，不仅仅是用钱用力，更要用心用情。现在是所谓的概念太多、所谓的创新太多、所谓的IP太多，整个行业还是缺乏沉下心来，十年如一日，打磨精品，匠心铸造经典的精神，缺少以触动旅游者心灵为目标的深度思考和极致追求。

由此，遵循旅游本质，匠心创造精品，专心提升品质，打动游客的心，方能做好旅游！

第二讲

怎样研判旅游大势

在2011年国家旅游局党组中心组第四次集体学习会上的讲座（2011年12月15日，北京）

在国家文化和旅游部产业发展司主办的主题党日学习中的讲座（2019年9月27日，北京）

古往今来，欲成事者，不外乎将势、道、术三者相统一结合。取势、明道、优术，三者的结合往往会产生强大的推动力。“势”往往无形，却具有方向，顺势而上则事半功倍，逆势而动则事倍功半。要想读懂旅游走势，就要高瞻取势，跳出旅游看旅游，要从宏观经济形势视角研判旅游发展大势。

一、从宏观经济看旅游经济

首先，我们来看一看国际经济形势。

全球经济触底回升给旅游发展带来利好，但不确定性依然突出。一方面，自金融危机以来，全球经济整体开启新一轮复苏和增长周期。联合国发布的报告指出，2017年全球经济增长速度达到3%，世界经济触底回升，2018年全球经济增长仍将保持3.1%。可以说，世界经济延续温和增长，但动能有所放缓，并且出现分化明显、下行风险上升、规模调整加快的特点。2018年美国的GDP增速是2.9%，欧洲领头羊德国的GDP增速仅为1.5%，创5年来新低，日本的GDP增速则下降到0.7%，今后两年还将持续放缓。但新动能的探寻也给旅游发展带来了机会。**另一方面，**全球经济面临的不稳定性仍然突出，深层次的结构性矛盾尚未得到根本解决，逆全球化思潮继续发展并发挥作用，全球主要国家可能开始推出量化宽松货币政策，美国贸易战可能带来全球经济损失，英国“无协议脱欧”可能带来经济动荡……诸多因素都有可能触发全球经济下行。

新兴经济体保持强劲增长，对全球经济增长带动性更强。美日欧经济依然是世界经济的重要引擎，但新兴和发展中经济体对世界经济增长贡献率不断上升，成为世界经济增长的主要动力。相关数据显示，新兴市场国内生产总值（GDP）已占全球的50%，贸易量占40%，外汇储备占70%。但是面对日趋严峻的全球经济和金融形势以及地缘政治冲突等外部环境因素的影响，新兴经济体也遭遇到前所未有的挑战。经济全球化的今天，全球性的危机需要全球来应对。正如世界银行行长佐利克所主张的，我们需要一种包容发达国家、新兴经济体和发展中国家，灵活高效的“新多边主义”。联合国报告指出，新兴市场和发展中国家经济体2018年经济增长加快至4.7%，新兴经济体和发展中国家成为拉动全球经济强劲复苏的主要力量。国际咨询机构麦肯锡公司发布一份名为《表现优异者：高增长的新兴经济体和推动它们的企业》的报告称，**从长远看，新兴经济体仍将是世界经济增长引擎。**国际货币基金组织公布的最新预测也认为，新兴经济体和发展中国家仍将继续保持增长。

东亚和南亚仍将是世界上最具经济活力和增长速度最快的区域。联合国发布的

《2018世界经济形势与展望》指出，2017年东亚和南亚经济增长占到全球近一半，区域GDP增长为6.0%，高于世界其他区域。仅中国对全球经济增长的贡献就约占三分之一。报告预测，在强劲个人消费和稳健的宏观经济政策的驱动下，南亚经济前景仍然维持稳定和乐观。在适度通货膨胀压力、低利率和健康劳动力市场条件的支持下，个人消费仍将是东亚经济增长的主要推动因素，旅游消费将在其中发挥比较重要的作用。最新的世界旅游经济报告显示，2017年亚太地区旅游人次占全球总人次的66.6%，增长率1.6%，旅游经济规模持续扩大。

总的来看，不管全球经济形势怎么变，各主要经济体旅游需求稳步增长，跨国旅游基础设施不断完善，旅行成本持续降低，各国签证便利化程度日益提高，在此背景下，**旅游将发挥的动力越来越大。**鉴于全球增长动能已走过巅峰期，经济增速适度放缓，面临下行风险增大，旅游作为传统优势消费产业，对于满足民众消费诉求，提升消费意愿，振兴经济发展也会产生重要的带动作用，**甚至成为世界经济复苏和再次腾飞的重要引擎。中国作为世界上最大的境外旅游消费国，作为“一带一路”对外开放的发起者，作为人类命运共同体的倡导者，在其中也会有更广阔的发展空间。**

其次，再来看一看中国经济形势。

“十九大”提出，“我国经济已由高速增长阶段转向高质量发展阶段，正处在转变发展方式、优化经济结构、转换增长动力的攻关期”，转型升级、高质发展、优化供给成为关键。

一是经济换挡迫切需要推进创新创意创造。中国经济发展进入换挡期，正进入从高速增长向中速增长过渡的阶段，年增长率从8%左右逐步调换到6%左右，转型换挡、结构调整带来了发展的阵痛。传统工业产品产能过剩，迫切需要新产业、新动能的全面注入；快速城市化进程带来的大城市病迫切需要生态型产业、文化型产业、创意型产业的有效缓解；资本积累的速度大大放慢，固定资产的投资不再是经济最强有力的驱动，需要通过内需消费供给的持续升级与创新实现新一轮的增长。

二是国际形势变化倒逼新旧动能加速转换。随着全球贸易战打响，国家更加重视核心竞争力的打造，更加重视开放、创新和共赢，中国的发展不仅要保持自身发展阶段的特色，也要重视全球贸易，多边合作，加速建设更加强大和有竞争力的中国。我国相继提出的“一带一路”建设、人类命运共同体战略、文化自信与文化输出战略、中国制造2025、改革创新战略等，对内强调新技术、新科学、新模式的研发和推广，对外不断打开合作格局，这为文化、旅游等文化创意创新型产业的发展提供了良好的土壤，作为全球化的产业，旅游也将在全球贸易格局中发挥重要的作用。

那么，这样的时代发展格局对国内旅游发展具有怎样的影响？有利因素居多，共有五大有利因素，**一是房地产严控一定程度上释放了居民的消费潜力**，高房价、严政策让很多人捂好了钱袋子，当前形势下，房地产不再是好的投资手段，旅游消费也在一定程度上成为了居民收入释放的渠道；**二是消费结构升级进入加速期**，美好生活已经不再是高高在上的，而是进入了寻常百姓，每个人都有旅游休闲、改善生活品质的消费诉求，如能得以释放将产生巨大动能；**三是围城效应的加剧**，雾霾、拥堵、高温、亚健康、H7N9等大城市病更加凸显，大家喜欢出去放飞身心和养生，逃出钢筋水泥的包围，过放养式的生活，尤其是像北京这样有564万辆（2017年）汽车尾气包围的笼养状态，围城之外，类似裸心谷、悦榕庄、山里寒舍等一批文旅产品成为城市居民向往的打卡地；**四是基础条件跨越改善**，我国高速铁路、高速公路、民航等交通基础设施的建设和汽车产业发展为旅游业的发展提供了良好的基础条件，比如《厉害了我的国》中展现的射电望远镜FAST、高铁里程、高速里程等，进一步为旅游的可进入性提供了坚实后盾；**五是世界互联互通的深化**，更多中国游客走出去，文化走出去，产品产业走出去将成为常态，而国际发展的先进理念和思想，国际贸易经济的深化，国际化游客的增多，也将促进中国入境旅游的进一步发展，让中国真正成为一个国际旅游大国、强国。

二、全球旅游经济发展前瞻

旅游业是全球公认的朝阳产业，即便全球经济增速放缓，旅游依然保持较为强劲的增长势头，发展潜力巨大。

全球旅游经济增长保持上涨，增速略有放缓。当前，全球经济正处在缓慢回升发展期，旅游业逆势上扬，经济形势持续向好。世界旅行和旅游理事会(WTTC)发布最新《2018旅行和旅游全球经济影响报告》显示，2017年旅游行业为全球GDP做出了10.4%的贡献。根据《世界旅游经济趋势报告（2019）》统计，2018年全年全球旅游总人次达121.0亿人次，增速5%，较上年增加5.8亿人次；全球旅游总收入达5.34万亿美元，增速为3.1%，相当于全球GDP的6.1%，连续多年跑赢全球经济指标。虽然增速有所放缓，但旅游依然是世界经济体系中的重要驱动力，成为世界各国高度重视的经济发展领域，发展旅游业也成为许多国家的战略决策。

全球旅游区域格局呈现三足鼎立态势，亚太旅游比重最大。旅游总收入方面，亚太、美洲、欧洲分别占比32%、31%和30%。旅游总人次方面，亚太占比最高，占到66%以上。亚太地区是全球旅游的新星。亚太地区的入境旅游与国内旅游双增

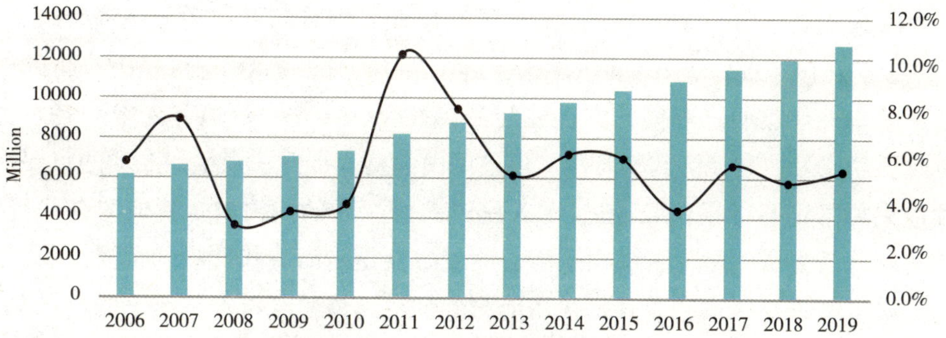

全球旅游总人次及其增速（2006—2019）

资料来源：世界旅游城市联合会（WTCF）《世界旅游经济趋势报告（2019）》

全球旅游总收入及其增速（2016—2019）

资料来源：世界旅游城市联合会（WTCF）《世界旅游经济趋势报告（2019）》

长，且其旅游经济相当于地区GDP的比例在全球名列首位。其国内旅游人次增速遥遥领先于其他地区，同时接待了全球22.7%的入境旅游者，入境旅游收入占全球比重不断上升。更加值得关注的是，亚太地区旅游经济相当于GDP的比例上升很快，从7.3%提高到10.6%。相比其他地区而言，旅游对于亚太地区经济发展更为重要，而且越来越重要。亚太地区也是全球旅游投资规模最大的地区，占全球的38.7%。

毋庸置疑，中国在亚太乃至全球的旅游发展中都有着举足轻重的意义。改革开放40年来，中国的旅游行业一直持续发展，正在进入大众旅游新时代、全域旅游新方位和品质旅游新阶段。我国已经形成了55亿出游人次、5万亿消费规模的世界最大国内旅游市场和1.4亿出游人群，1200亿美元的世界第一大出境旅游消费市场，已经成为世界旅游市场最为活跃的主体之一。

中国的旅游发展也并非一蹴而就，而是经过了不断的成长、迭代和更新，在时代浪潮的洗礼中不断前行。

中国旅游业经历了新中国成立后的外交事业，到改革开放后的经济型产业，再到国民经济休闲产业，美好生活的民生产业，经历了关注政治—经济—民生的历程，呈现出从单一注重经济功能转向关注经济、社会、文化、环境、人本等多元功能，旅游业已经成为加速经济转型升级、促进国民消费、提升民众生活品质的重要途径。**中共中央总书记习近平曾经说过，"人民对美好生活的向往就是我们的奋斗目标"。**经济发展的最终目的是为了幸福生活，而旅游业是生活方式转型的重要产业，是体现生活质量的重要标志，尤其是在当前服务经济、体验经济浪潮袭来的背景下，旅游业愈发成为幸福生活的标志。

当然对于民众来说，旅游产业的供给也在变化，20世纪80年代旅游是种特权，旅游供给只针对外交使节和国外客人；20世纪90年代旅游是种奢侈，旅游是有钱人的消费；21世纪00年代旅游是种荣耀，海鸥相机成标配，在标志性景点的合影成为象征；而现在旅游是种生活，成为生活方式的选择，成为生活品质的象征，成为美好生活的追求，从走马观花到下马赏花再到养马种花，不管是旅游还是文旅，都已经成为加速经济转型升级、促进国民消费、提升民众生活品质的重要途径。

从单一产业发展到多元产业融合发展和多元功能融合创新的重要变革，旅游的带动力和渗透力在中国经济转型发展中所体现出的作用愈加强大。时代的脚步不会停止，时代的步伐依然向前，随着国际经济形势的不断变化，随着国内产业的快速升级，随着科学技术的日益进步，随着民众需求的全面提升，旅游仍将不断创新，持续变革，继续发挥其在中国经济转型关键期的重要作用，发挥其在民众生活改善中的强大力量。

三、中国旅游发展的五个判断

我们将从以下五个方面来看一下旅游业发展将呈现的趋势，为提升旅游发展的综合贡献率起到一定的推动作用。

（一）旅游发展将成为经济转型升级的持续动力

新时代，中国正处于增长速度换挡期、结构调整阵痛期、前期刺激政策消化期三期叠加的转折点，后工业化时代已经来临。2019年政府工作报告中指出："坚持推动高质量发展，坚持以供给侧结构性改革为主线，统筹推进稳增长、促改革、调结构、惠民生、防风险工作，增强人民群众获得感、幸福感、安全感。持续释放内需潜力，充分发挥消费的基础作用、投资的关键作用，发展壮大旅游产业。"产业结构的优化升级，产业发展的创新高质，产业开放的持续推进，发展惠民的长期国策，对于经济发展的持续动力提出了要求。

当前中国经济发展呈现“L型”，从高速增长转为高质量增长；工业化发展已近峰值，钢铁、水泥、建材、船舶等十几种传统工业制造品出现大规模产能过剩，房地产发展受控、对于经济增长的带动性减弱，投资固定资产的拉动作用已经很有限，迫切需要通过转型、创新、变革实现新旧动能转换以及发展质量的提升。文化、旅游等一批新动能、新民生产业将在其中发挥重要作用。

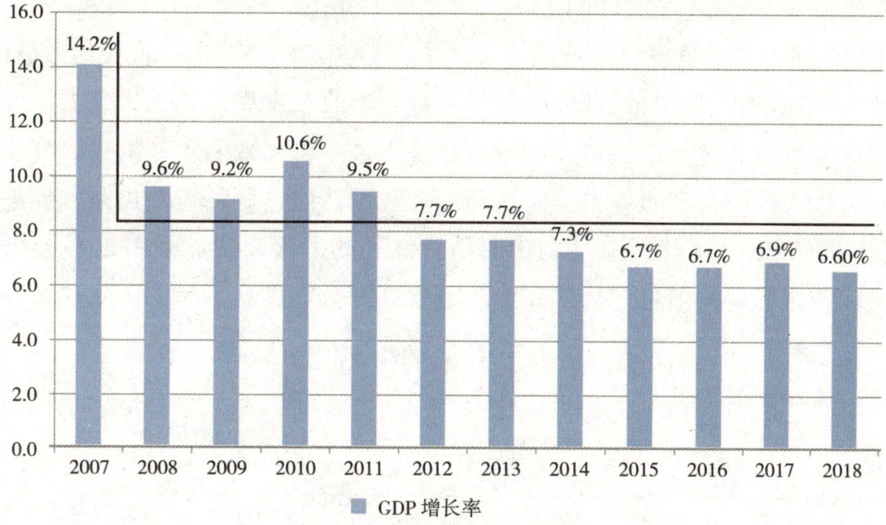

中国经济“L型”发展趋势

从2012年开始，中国产业结构开始发生根本性变化，服务业超过工业成为中国经济的新引擎，2018年中国的第三产业占GDP比重达到56.5%，服务经济时代全面到来。“服务业是中国经济长期持续健康发展与优化升级的新引擎、新动力，是扩大就业的最大容纳器，要大力发展服务业。”根据国外发达国家的发展经验，随着中国经济的快速发展，服务业的占比与贡献还将持续提升。作为服务业重要组成的文旅业，资源消耗低、带动系数大、就业机会多、综合效益好，仅旅游业就关联110多个行业，涉及第一、二产业，涵盖第三产业的大部分领域，因而文旅资源被称为无烟囱“工业”、无校舍“教育”、无广告“宣传”、无会场“外交”，是优化产业结构的动力产业，深化市场改革的先导产业，推进城乡统筹的民生产业，强化科技支撑的创新产业，也是具有高成长性、高去化性、高带动性、新动能性的典型“三高一新产业”。

原国务院副总理汪洋分管旅游的时候总结了六句话，旅游是“稳增长的重要引擎、调结构的重要突破口、惠民生的重要抓手、生态文明的重要支撑、繁荣文化的重要载体、对外交往的重要桥梁”。所以旅游的功能和重要性是多种多样的，不仅仅是经济民生方面的，还有外交方面。外国人对中国游客有一个很形象的比喻，那就是“会走路的钱包”，他们一看到中国游客来了，真的是笑逐颜开，中国游客的购买力超级强大，从名牌包包到马桶盖，买遍全球，走到哪里都受欢迎。当然这是一句玩笑话，但我们也可以看到旅游产业被很多地方誉为窗口产业、先导产业、活力产业、龙头产业、富民产业、文明产业、绿色产业、协作产业、和平产业等，可以跟国家战略的方方面面完美融合，无论是对外的“一带一路”，还是对内的美丽中国，生态文明，绿色崛起，旅游产业都发挥了重要的作用。

国民经济的战略性支柱产业的地位，“中国旅游日”的确定，《国民旅游休闲纲要》的出台，《旅游法》的出台，《国家关于促进旅游改革发展的若干意见》，《国家促进旅游投资和消费意见》以及最新的中央经济工作报告和政府工作报告，都明确了以文旅业为代表的综合型服务产业将成为缓解我国产能过剩的重要出路、促进产业转型升级的重要抓手以及制造红利转向消费红利的手段。文旅业将处在彰显期扮演异军突起的主力军的角色，为国民经济的发展壮大和民众生活的有效改善发挥重要作用。

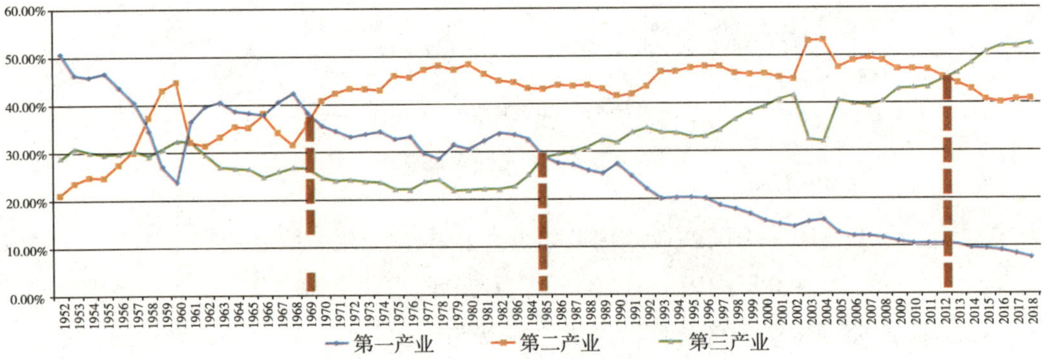

国内第一、二、三产业历年发展态势

（二）消费升级将依然是美好生活的重要抓手

随着我国经济社会发展和居民收入增加，我国的旅游消费群体不断扩大，居民旅游消费能力和旅游消费需求均呈现大幅度持续增长态势，虽然2018年整体消费增速呈现放缓趋势，但是并不影响消费对于国民经济巨大的带动作用以及消费供给升级对于人们生活的改善，消费仍将在强大国内市场的打造中发挥重要作用。

2019年6月14日，我有幸在中南海参加了孙春兰副总理主持的座谈会，作为文旅行业领域的唯一发言代表，我发言主题就是促进文旅消费，谈了“一个判断、两个探索和三点建议”。

一个判断是文旅消费意义重大，是当前国民消费的重点、热点和亮点。从整体大环境看，中国经济已从外需导向转向了内需驱动。消费将更多贴近服务、回归生活、用于旅游，因而文旅消费必然是拉动内需的重点。旅游已经从过去少数人的享受走进人民群众的日常生活，成为美好生活的重要组成部分。

两个探索是各方文旅发展探索中的两个重要典型。其中一个是文旅央地混改企业的探索。2017年，华侨城集团战略重组了云南世博集团和云南文投集团两大地方国企，力求打造央地混改的典范；并且在积极推进与辽宁鞍山的千山5A景区、本溪水洞5A景区等的混改，把理念、资金、人才、标准、品质服务植入地方，进行全面赋能，进而以龙头景区带动当地全域旅游发展，持续助力东北振兴。另外一个探索是甘肃文旅厅与美团开展合作，推进“互联网+旅游扶贫”，充分利用美团的550万商家，凭借“快驴进货平台”强大的供应链网络，通过285万名快递骑手，从原产地直接配送到餐饮商户手中，连接千家万户。其具体做法是采取年初向农户预付定金，按照订单种植，多方采购甘肃土特产，让农民既增产又增收。

文旅消费的核心是满足人民日益增长的美好生活需要，理应坚持以人民为中心，推进高质量发展 ，为此，我又提出了三点建议。第一，进一步推进市场化机制改革。要深化资本、土地、技术等要素的市场化配置改革，优化文旅企业发展的制度环境，培育和壮大一批真正懂文旅、爱文旅的高质量市场主体。第二，进一步丰富高品质文旅内容。特别强调了重视文旅夜消费和文旅人才的培养。第三，进一步促进“文旅+互联网+科技”的融合。整合各类文化场馆、文化旅游等资源，打造线上线下特色文创产业平台。

2019年8月23日，国务院又发布了《国务院办公厅关于进一步激发文化和旅游消费潜力的意见》国办发布【2019】41号文件，这是2009年41号文件发布10年之后的又一个41号文件，目的是提升文化和旅游消费质量水平，增强居民消费意愿，以高质量文化和旅游供给增强人民群众的获得感、幸福感。国家每在发展的关键节点出台政策激励，是基于文旅消费利国利民，能够真正地满足人民对美好生活的向往的。

“十九大”上习总书记高屋建瓴，明确人民对美好生活的向往就是我们的奋斗目标。时代是出卷人，我们是答卷人，人民是阅卷人。这就需要我们把握内需、拉动消费，做好文旅。

其一，从消费能力看旅游消费。据世界旅游组织研究，当人均GDP达到2000美元时，休闲游将获得快速发展；当人均GDP达到3000美元时，旅游需求出现爆发性需求，旅游形态以度假游为主；当人均GDP达到5000美元时，就步入成熟的度假旅游经济，休闲需求和消费能力显著增强，并出现多元化趋势；当人均GDP达到8000美元，全民品质旅游时代到来，全民出游浪潮涌现，对于复合型产品消费的品质需求提升，个性化、分层化特征鲜明。2018年，我国人均GDP突破9000美元，中等收入人群、新中产阶级快速发展，全民的品质旅游、大众旅游时代已然到来，以文化

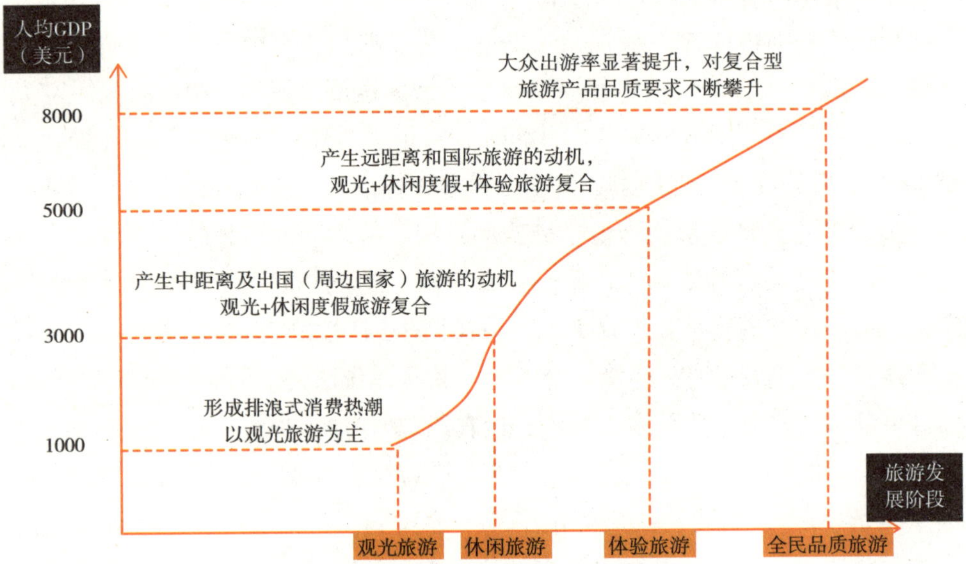

人均GDP与旅游发展阶段关系图

资料来源：国家统计局《中国统计年鉴》2011

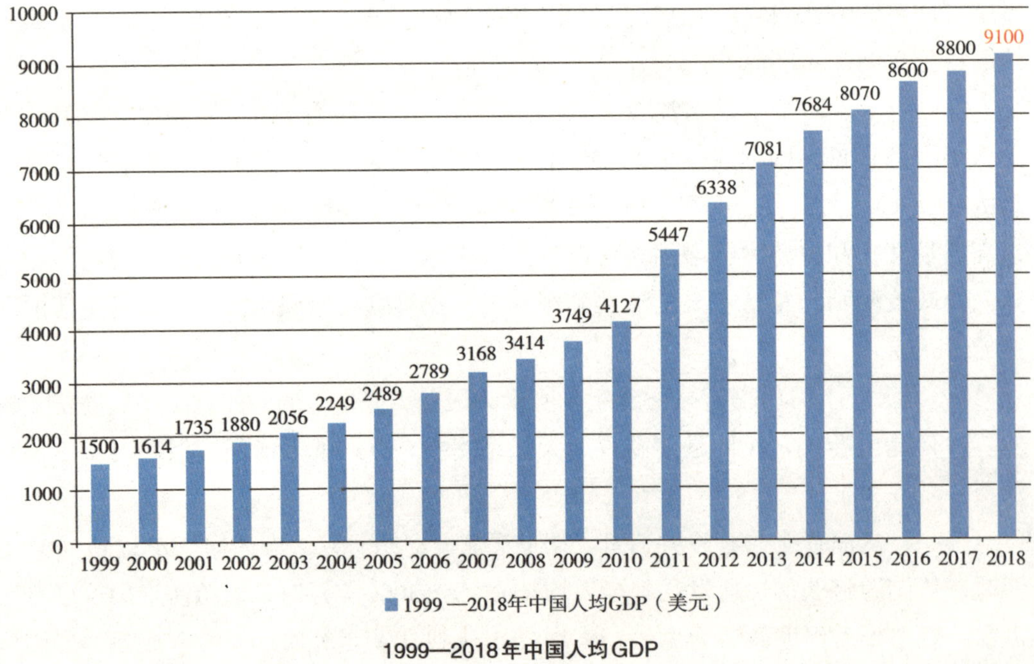

1999—2018年中国人均GDP

旅游为代表的精神文化消费将持续扩张。同时，国内城镇居民和农村居民家庭恩格尔系数均呈现逐年下降态势，它反映了消费结构的升级，也说明人们对休闲、旅游、文化、娱乐、教育等消费需求的增大，文化休闲消费将持续上升。

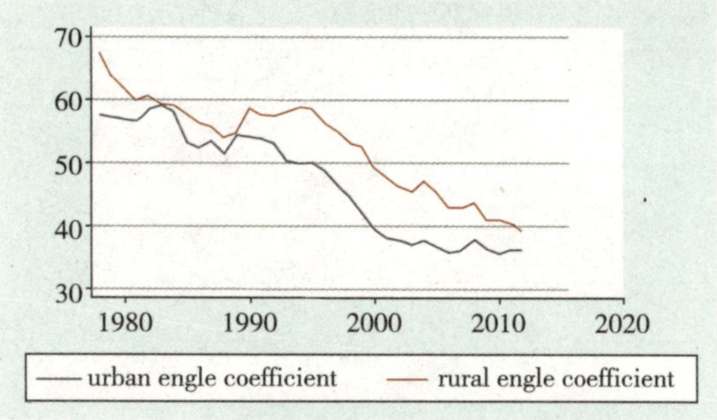

中国历年城镇、农村家庭恩格尔系数变化及预测示意图[①]

与此同时，中国的城镇化进程也在不断加速，2018年中国的城镇化率已经达到60%，未来还将持续提升，城镇化强大的增长动力为旅游消费提供了巨大的成长空间。不论是城镇还是乡村，人们不仅仅要求有良好的经济生活，还要有更好的生态生活、文化生活和社区生活，这就促进了城乡由生产型向消费型和生活型的转型升级，旅游消费将在其中扮演重要角色，也为旅游的发展提供了广阔的空间。

中国历年城镇化率（%）

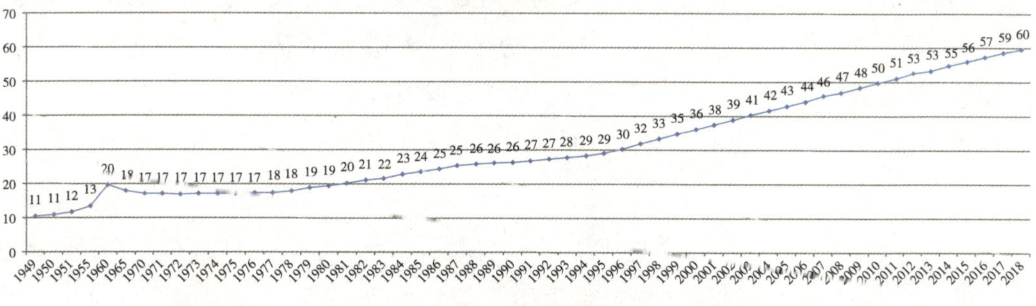

中国历年城镇化率

资料来源：原国家旅游局、国务院发展中心产业经济研究部

其二，从消费结构看旅游消费。我们可以看到，伴随着中国经济的快速成长，消费结构也在不断升级。从新中国成立以来到20世纪90年代初，总体上是以吃饱、穿暖为主导的温饱消费阶段，我们经历了以自行车、手表、缝纫机为代表的第一次消费结构升级和以彩电、冰箱、洗衣机为代表的第二次消费结构升级，从嫁女儿送嫁妆的老三件，到基础电器的新三件，人们记忆犹新。到了工业化阶段，即20世纪

① 陈玉宇．扭转经济增长质量降低的势头．北大光华，2015（5）.

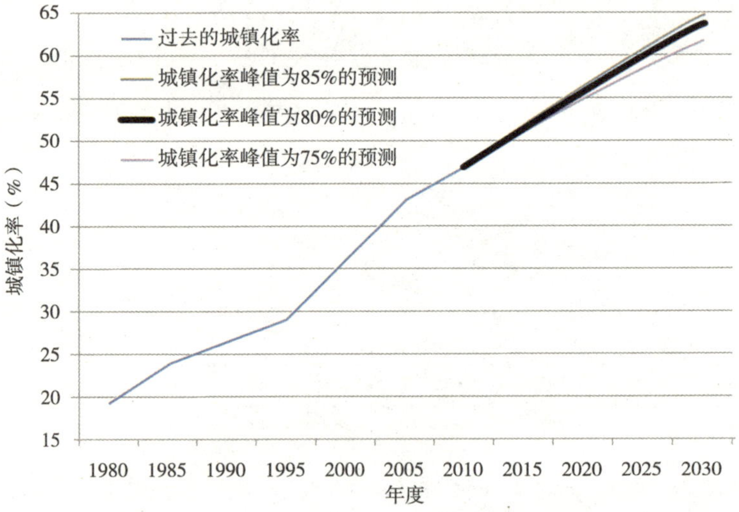

中国旅游城市由生产型向消费型和生活型转型升级

90年代后，特别是2002年以来，进入了以“住和行”为主导的小康消费阶段，人们追求住好房、开小车，买房子和买车子成为推动消费升级最重要的两个领域，房地产业涉及97个行业，汽车领域涉及70 多个行业，这两个领域上下游产业链非常长，带动了建材、能源、轮胎、玻璃等相关产业的发展，这是促进工业化、城市化两个最主要经济驱动轮子向前发展的很重要的内在动力。而现在我们已经进入了一个以康、乐、游、学、美这样以人为本、全面发展的美好生活消费为主导的阶段，住房可能有一两套就够了，汽车有一两辆就满足了，但康、乐、游、学、美是无止境的，文化和精神方面的消费是无止境的，而且是可以重复消费的。以文化和旅游为代表

消费结构向追求美好生活升级

的精神消费是美好生活的重要组成，而人们追求美好生活的步伐永不停止，这也意味着文旅消费仍将是消费升级的主战场。

我国正在由生存型消费向发展型、享受型消费转变，民众的消费理念和消费内容在不断升级，多样化、个性化、分层化的消费特征显现，品质化、全程化、智能化的服务需求增加。让生活更美好，会引领和推动第四次消费结构升级，高质量发展成为时代的命题，文化和旅游也应该适应这样的变化，来加速提高质量、内容和服务的供给。

其三，消费体验趋向复合化。过去的旅游是观光旅游主导，上车睡觉，下车拍照，走马观花，那是常态。而随着人们消费需求的升级，旅游正在从“观光旅游”向“观光+休闲+度假+养生+文化体验”等复合型旅游快速转变。部分欠发达地区的观光旅游大概还能维持在80%左右，而发达地区观光游约占60%–70%，甚至低至50%。消费体验空间不断拓展，从最初的传统景点，到现在特色小镇、美丽乡村、田园人家、休闲街区、生活社区、博物馆以及各种旅游功能区等都有旅游者消费体验的足迹；消费体验的内容更加多元，依托于温泉、山地、森林、海洋、草原、沙漠等丰富资源开展的看头、玩头、住头、吃头、买头、学头、享头等方面的内容，都成为人们追求与向往的体验，艺术表演、红酒品鉴、游船晚餐、冰川直升机等复合型、创新型的旅游消费已经成为市场主流。旅游已经从原来拉练式的走马观花，逐步到下马赏花，甚至还会在某个好地方买个第二居所、度假地产，变成养马种花的复合化深度体验生活模式。

其四，消费等级趋向分层化。当下有个热门词叫消费降级。其实消费降级并不准确，应该是部分消费升级，部分消费降级，总体是消费分级。一二三四线城市以及乡村地区对应的旅游偏好、消费力、出游率等都是有差异的，所以说消费分级更为准确。总体来说，一二线城市的消费能力相对较高，对于度假产品、艺术产品或新奇时尚产品的消费能力较高；而三四线城市多以传统出行方式和传统旅游消费为主；到了乡村，旅行团模式仍然非常受欢迎，这一部分群体的存在蕴含着消费升级的巨大潜力。

其五，消费群体趋向个性化。年轻一代已经成长为消费主力军，80后、90后，甚至00后都开始18岁了。他们跟过去一代群体的消费特征很不一样，原来我们都是要好看，要名山大川，而现在他们更在意不仅仅是好看，还要好吃，好玩，好住，还要好晒，以显示他们独特的个性标签，我很酷、我很爽、我很嗨、我很萌、我很炫、我很有趣。他们也乐意为喜好买单，为了一部动漫、一款游戏、一个IP、一份美食、一间房而赴一座城，因粉而爱，为爱打call。

还有一类消费群体就是“老少女”。“老”是指2.41亿老龄化的客群，也就是银发旅游市场，跟医养结合，品质康养产品是他们的消费重点，如果能够形成体系化、品质化、社群化的产品，还是有很大市场潜力的。“少”是指青少年，也有2.47亿人群，中国的父母为了孩子可是非常舍得付费的，在整体经济形势不好的背景下，青少年教育依然非常火爆，各种游学体验赚鼓了钱包，国家也在大力推动研学旅游，这类群体更关注玩好与学好并重，主题化的研学线路内容产品更受欢迎。还有妇女半边天，6.8亿人群，一般来说，一个家庭在玩的方面主要是女性做决定，抓住了女性消费就抓住了家庭消费，同时女性也是具有绝对购买力的群体，家庭品质化的旅行消费产品会更打动这类市场人群。

另外大量的康养、亲子、研学需求也在加速释放，如何顺应市场需求，提供相对应的产品服务是我们需要认真考虑的。

消费升级，尤其是文旅消费的升级顺应了人们对美好生活的向往和追求，随着经济社会的快速发展，这个趋势仍将延续，不同的是消费升级将倒逼行业供给，中国的文旅行业供给质量将得到进一步提升。

（三）文旅融合成为产业升级的加速器

上元之夜，故宫刷屏，一票难求，千年古建与绚烂灯光交相辉映，熠熠生辉；古韵西安，时尚西安，抖音集结，十三朝古都成为著名旅游打卡地；成都的宽窄巷子历史文化街区、北京的798文创产业园、天津的滨海网红图书馆、广州的小蛮腰电视塔、G20峰会的最忆杭州、最富艺术气息的芳草地购物中心……文化与旅游的融合正在焕发时代风采。

文化是灵魂，旅游是载体，没有文化的旅游是灵魂出窍，没有旅游的文化是魂不附体，二者相辅相成，共融共生。国家文化和旅游部部长雒树刚明确提出，要坚持“**宜融则融，能融尽融，以文促旅，以旅彰文**”。文化资源是旅游发展的核心资源，文化的创意是提升旅游产品质量的重要途径，文化的生产传播和消费与旅游活动密切相关；而旅游又是文化建设的重要动力，是文化传播的重要载体，是文化交流的重要纽带。文化和旅游双向促进，发展潜力巨大，发展前景广阔。

文旅融合是满足人民美好生活的重要内容，让人们在追求远方的时候更有诗意；文旅融合是实现国家战略的重要举措，能够持续推进服务业规模壮大和质量提升，能够直接有效地促进绿水青山转化为金山银山，能够更加和平地坚持文化自信和深化对外开放，能够在快速发展的城市化进程中保证城乡转换的品质和效率。文化体现的是国家情怀，旅游体验的是人间烟火，文旅融合能让文化更接地气，更有旅游味，又能让旅游更有内涵，更有文化感。

国家也出台了一系列包括《关于促进文化与旅游结合发展的指导意见》《文化旅

游提升工程实施方案》等在内的50多部文化和旅游的相关政策，从方向、领域、落实、补贴等方面都给予了高度的重视和支持。

最新出台的41号文件，明确要推进“文化和旅游消费设施更加完善，消费结构更加合理，消费环境更加优化，文化和旅游产品、服务供给更加丰富”，并提出了推出消费惠民措施、提高消费便捷程度、提升入境旅游环境、推进消费试点示范、着力丰富产品供给、推动旅游景区提质扩容、发展假日和夜间经济、促进产业融合发展、严格市场监管执法九大任务，强化政策保障和加强组织领导两大保障。其中不乏亮点，比如推动旅游景区的提质扩容，过去说的比较少，实际上是解决供给侧的结构性短缺问题，为人民提供更优质的景区产品和服务；比如夜间经济，也是第一次正式提出来，契合了人民群众的消费需求。

文化产业包罗万象，包括了以满足人们文化需要作为目标，以生产和提供精神产品为主要活动的新闻出版发行、广播电视电影、文化艺术、文化信息传输、文化创意和设计、文化休闲娱乐、工艺美术品、文化设备等方方面面文化产品的生产，可通过旅游进行传播和拓展；旅游产业也是多元延伸，其本身是一个无边界的产业链和产业族群，包括旅游过程消费的各个环节，涉及110多个行业，是围绕旅游者需求的一次经历、一次阅历、一次体验，往往都会涉及精神文化方面的感受，每一个要素与相关产业融合都需要文化的注入，丰富消费内涵和产业内容。

文旅融合的本质是如何服务好人民的精神消费，服务好人民的美好生活，服务好中国巨大的国内市场，从而实现供给侧质量的升级和经济结构的转型，因此做好文旅融合不仅对文化产业和旅游产业会有巨大的促进作用，对于整个经济升级和产业供给都会有很强的带动性。

（四）智慧科技将带来旅游体验的持续变革

大概在10年前，我曾经提出过发展智慧旅游是大势所趋，其发展将引领中国服务品质的升级。智慧旅游突出强调“五个化”，具体指的是泛在化、网络化、互联化、移动化、智能化。“五化”对旅游产业格局、经营方式、发展模式都会带来根本性变化、革命性的影响。目前由于互联网技术以及AI技术的快速发展，智慧旅游的应用也得到了变革式的发展，极大地提升了中国旅游产品体验与旅游服务体验的水平。

一场说走就走的旅行得益于智慧旅游的全程服务。雄安规划纲要提出推进数字化、智能化城市规划和建设，拟运用物联网无线组网技术对路灯集中控制，做到按需亮灯。未来还将垃圾箱、窨井盖监测检测设备纳入体系。数字城市的推进，大幅改善城市公共服务，这样的智慧城市为全域旅游、自主出行提供了保障。“一部手机游云南”开创了中国省域智慧旅游应用的先河，为游客提供了全程规划，用户在滇旅程，从机票、住宿、门票到购物的全程服务，建立了数字身份、数字消费、数字诚信、投诉服务、AI服务等全方位服务体系。北京故宫则开创了景区智慧旅游的先河，率先实现了景区门票全部网上预约，智慧导览、数字博物馆、游戏APP等，让游客全程沉浸。巅峰智业智慧旅游事业部围绕“景区＋互联网”，推进市域或县域的“一部手机游”项目，为景区增收。**未来的智慧服务仍将聚焦人的消费体验需求，全程服务的各个环节都会在技术升级和消费驱动的带领下进行进一步的提升。**

一次令人尖叫的体验得益于智慧黑科技的全面应用。葡萄牙的圣保罗之家，运用扫描实景成像技术，只要把手机屏幕对准你感兴趣的文物或画像，你就能听到和看到围绕这个物件的故事和影像，非常生动。运用全息投影、动感影像、环幕装置、VR互动等技术的各种博物馆、实景剧或是沉浸式演出，给人感官上的刺激和心灵的震撼；海底捞的无人场景式餐厅，阿里的无人全景刷脸酒店，百度首款智能AI双层旅游观光车……当黑科技渗透到旅游体验，服务也变得不一样。

当然，一个管理高效的城市，一个运营发达的景区，一场铺天盖地的营销都离不开智慧旅游鼎力支持。

习近平总书记指出：“加快数字中国建设，就是要适应我国发展新的历史方位，全面贯彻新发展理念，以信息化培育新动能，用新动能推动新发展，以新发展创造新辉煌。”智慧科技的应用作为数字中国战略的重要组成，将随着战略的深化持续改善消费体验，提升管理效率。科技正在重新定义着生活方式，也在刺激着旅游的“二次发育”。之于目的地，数字智能化的全程、全域覆盖成为着力点；之于消费者，人工智能的全产品、全服务创新成为新方向。但旅游终究要以消费者思维为导向，为了防止人工智能走向“人工智障”，未来科技旅游更要个性化、人性化。

（五）旅游产业将进入提质增效的关键期

改革开放40年来，中国的旅游行业一直持续发展，正在进入大众旅游新时代、全域旅游新方位和品质旅游新阶段。但快速发展过程中往往伴随着诸多问题，这里有整体宏观经济形势的影响，也有旅游业自身发展所存在的问题。中共中央总书记习近平反复强调，我国经济将由高速增长转向高质量发展，这是必须迈过的坎，每个产业，每个企业都要朝着这个方向坚定往前走，文旅行业亦不例外。经济下行期和换挡期恰恰就是文旅发展由量到质的发展关键期，文旅业也必将从依赖投入转向依赖创新，依赖效率提升以及产业运行质量提升。

四、中国文旅发展面临的四大问题

文旅发展红红火火，但是我们也要深刻地认知所面临的挑战和困难，同质化、低端化、季节性、盈利难、找钱难、人才缺、内容缺、科技弱、口碑差、零负团费等等，这些问题还是广泛存在。20多年文旅行业的摸爬滚打，我真真切切地看到了很多文旅行业实体从狂热激进、遍地开花到遍体鳞伤、回归理性；看到了很多文旅资本从百亿豪掷到钱袋紧闭；看到了很多跨界文旅企业由于对文旅发展规律的不熟悉，对顶层设计的不重视，对文旅操盘运营的不专业，便贸然大举进军，结果铩羽而归。旅游确实是听起来很美，说起来很好，但干起来很难。所以旅游想说爱你并不容易。

归纳起来，我国文旅产业存在的问题主要集中在以下几方面。

（一）文化产品结构性供给短缺

主要表现在品质化产品供不应求，而低端化产品供给过剩，有统计表明，4A和5A级景区以32%的数量创造了83%的旅游收入，5A级旅游景区中前5名的累计收入占全部收入的60%以上，旅游精品的供给显然不能满足消费者的需求；休闲度假产品及复合型旅游供给依然不足，观光型产品有待提质，目前自然景观、乡村旅游等观光型旅游景区占比超过70%，休闲度假、主题游乐等旅游景区占比不足20%；满足不同消费群体的个性化产品供给严重不足，缺乏针对性的同质化产品供给过剩，年轻群体的炫酷，老年群体的社交，青少年的研学，女性的品质消费等缺乏针对性的供给，对于心灵游、遗产游、原始森林游、低空游、越野游、星空游等小众产品的供给也缺乏数量和品质；淡季门庭冷清，旺季人山人海，旅游淡旺季的问题依然困扰着旅游发展，如何打造更多反季精品，打造更多室内精品，形成四季产品服务也是需要考虑的。

（二）文旅产业人才供给依然短缺

从文化产业人才看，从业人口稳步增长，但文化创意、数字创意等新兴产业人才仍供不应求。《中国文化产业蓝皮书》数据表明，发达国家创意产业就业人数所占比例普遍偏高，纽约为12%，伦敦为14%，东京为15%，而**我国却不足1‰，作为我国创意产业发达城市代表的上海亦不足1%**，且大多数为技能型创意执行人员，而以自主知识产权为核心，以“头脑”服务为特征，以专业或特殊技能为手段的真正意义上的创意人才不能满足不断发展中的文化创意产业的需求。**从旅游产业看，人才总量普遍不足，专业人才需求缺口较大。**据统计，2018年旅游直接就业人数2826万人；《“十三五”旅游人才发展规划纲要》指出，到2020年旅游业直接就业人数要达到3300万人，这表明今后两年每年还需新增237万人。而同期全国开设旅游及相关专业类课程的招生人数不超过30万，存在巨大的人才缺口。

（三）低水平开发同质化竞争激烈

近几年，中国文旅行业宏观报喜，微观报忧。旅游上市公司普遍业绩不佳，特别是A股上市公司景区板块增长疲软，这固然有宏观大环境的影响，但是民众对于景区品质的强烈需求，政府通过门票降价措施对景区服务的倒逼升级都对景区发展提出了挑战；网红项目持续不断，但更多的是昙花一现，缺少持续耕耘的沃土，难以保持旺盛的生命力；精品民宿数量陡增，但盈利空间持续收窄，对专业化发展、规模化运营提出了要求；特色小镇经过前几年的狂飙猛进，整体操盘运营能力的欠缺给不少项目结结实实地泼了冷水；而全域旅游和乡村振兴，则是从上到下总动员，但是盈利模式的不明晰使其更多沦为政府工程，缺少落地样板；OTA依然在红海厮杀，除了行业龙头，二三线企业随时面临被并购和被颠覆的危机。究其原因，是旅游行业门槛偏低，低水平同质化竞争过热，导致很容易进入红海厮杀，加上企业人工等成本逐年上涨，着实不易。

（四）文旅企业素质能力整体不高

经过40年发展，文旅企业也在经历着不断的变革，从最初的饭店业、旅行社业激情蓬勃的发展，到国有企业的快速崛起，OTA的加速发展，新业态企业的不断涌现，旅游企业的行业重构特点突出；而到了现在旅游企业在行业领域重构的同时也在加速分化，相关领域的龙头崛起引领，低水平、同质化的企业逐步被淘汰，国有企业在激烈的市场竞争条件下也在积极寻求变革，但总体上看，我国龙头企业的市值规模与国外相比还是有很大差距，粗放式的发展面临转型升级，而大部分企业的经营意识和理念较为落后，经营的手段也不够与时俱进，对于旅游行业的规律认知不足，仍需不断学习和成长。

这些年死掉的文旅项目不在少数，以特色小镇为例，甚至有人归纳总结了特色小镇的若干死法，无外乎是选址不准、业态不精、动线不畅、主题不明、运营不专等，最终导致资金无法回笼，投资打了水漂。特色小镇不仅仅是个例，乡村振兴、全域旅游、新造景区以及各类文旅综合体等都存在这种情况。乡村旅游、民宿、文创等往往面临难以规模化而更多是卖情怀，OTA面临线上流量红利消失的巨大挑战，全产业链业务开展面临着能力不足而力不从心的挑战。

五、中国文旅发展的四大要点

面对问题，出路何在？总体看，思想是灵魂，平台是基础，人才是根本，项目是关键。思想是产业发展的灵魂，有什么样的产业认知，就会有什么样的产业形态。文旅业是一个资本密集型、资源密集型、文化密集型、人力密集型以及创意密集型的“五密产业”，是一个综合性、复杂性、季节性、创意性超强的行业，与消费者的食、住、行、游、购、娱、康、养、学等需求紧密关联，与健康、体育、研学、娱乐、金融、农业、林业、通航、房地产、商业等产业也密切相关，产业链非常长。同时文旅自身运营也是一个庞杂的体系，这意味着文旅发展需要整合多元化的诉求，积聚多方面的能力，实现系统的综合运营，并在此基础上持续创新，因而用传统思维和单向力量都很难把文旅做好。

很多企业误认为旅游好玩也好干，诗和远方，听起来多美，多么有趣和有意思。殊不知，做文旅其实有点像去西天取经，这其中有太多的坑和坎需要跨过。仅从各方发展诉求而言，资本追求的是资金的快回报，政府追求的是急功近利、大干快上的政绩体现，这与旅游业本身投资规模大、回收周期慢形成了“两快一慢”的矛盾，这是一个非常大的难题。有数据显示，从2012年开始旅游地产的增长率呈直线下降趋势，这预示了假旅游真地产的模式已经越来越不被市场所接受。房地产卖资产，赚的是快钱大钱，但是持续发展难度会越来越大；文旅业是经营资产，赚的是慢钱小钱，却是未来可持续的长钱久钱。因此文旅行业的发展必然不是浮于表面的，浮躁与快进只能形成粗放式的旅游产品。旅游投资界有句话叫做三分投，七分管，只有沉下心的长远运营才会成就流芳百世的精品。

面对新的时代背景，面对新的市场需求，文旅行业升级赋能迫在眉睫。而升级赋能的关键则在于用系统化的理念对文旅发展进行整体升级，基于清晰的市场研判，做好科学的顶层引领，做好对路的旅游产品，做好专业的运营支持，做好精益且走心的管理服务，四个做好，综合统筹、运营落地、苦练内功、提质发展，方能做好文旅，创造价值。**为人服务的服务是最难的服务，服务人的企业是最不易的企业，**这其中又尤以让旅游更美好的服务和企业为甚。

要做好文旅，以下四个方面要点是需要认真把握的。

（一）文旅发展离不开科学的策划规划的引领

策划规划是最佳结果的第一步，策划规划的高层次才是真正的高层次，没有好的策划规划就难有好的发展，关键如何把策划规划做好。要做落地导向的规划、营销导向的规划、投资导向的规划、运营导向的规划，要从“规划规划，纸上划划，墙上挂挂”向“划得好才能建得好”转变，要从“教科书”式的规划转向“操作手册”式的规划。规划再也不能是提一个口号，做一个文本，讲一套概念，而是真正解决文旅发展所存在的关键问题。当前，新型城镇化、乡村振兴、区域重构、资源型城市转型、生态文明建设、“一带一路”、全域旅游、“十四五规划”等都为文旅发展提供了政策新动能，都需要以文旅融合为引领的多规合一的新的科学顶层设计。

（二）文旅发展离不开打动人心的产品

“人最重要的追求不是在消费文旅产品，而是让他的收获变得更加多元和更加精彩及美好。”有什么样的发心和初心，有什么样的价值追求，对于文旅发展是一个首要问题。文旅发展就是要让生活变得更美好，为此，我们要贯彻落实好以人为本、以人民为中心的发展理念，要遵循游客至上、服务至诚的旅游业核心价值观，以同理心来持续提高游客获得感。为此，要从游客需求出发，要从业态经营创新出发，做能够吸引流量的令人尖叫的产品，做能够转化流量的打动人心的产品。

文旅融合实际上拓展了文化和旅游发展的边界和形式，可以在很多传统的景区、乡村、特色小镇、主题公园中产生更多有生命力的IP，这就需要通过创意、科技、美学、生态、时尚等的植入与联动打造不一样的创新产品，不仅能够引爆流量，也能够激活流量。所以我们可以看到永兴坊的摔碗酒，重庆洪崖洞的打卡，国宝会说话，故宫口红等爆款。

文化的主题化是核心，要充分发掘在地化的人文、地景、产业、节庆等，提炼具有市场需求的文化主题，形成文化图腾，策划包装、创新打造。主题的情境化是血肉，需要围绕文化主题做空间，丰盈内容，空间皆为场景，业态皆为剧情，要围绕主题图腾，进行情感设计、仪式设计、氛围设计、活动设计，做好感官营造、角色塑造、实景演艺、虚拟再现、情境演艺、主题沉浸等多种场景体验方式，做好有看头、有玩头、有住头、有吃头、有买头、有说头、有拜头、有疗头、有行头、有学头、有享头、有回头这12头的多种业态消费内容，最终形成个性化的情境消费承载空间。情境传播化是形象，要通过全媒体营销方式，强化IP，做靓品牌形象、做火节庆事件、做足分享营销（抖音等新媒体传播渠道），让产品人人尽知，皆可体验。

（三）文旅发展需要专业的运营来提质

匠心运营，做到极致！你用几成的心思，市场就会给几成的反馈！做运营是要用心、用情的，造个壳是远远不够的，得下苦功夫！细功夫！慢功夫！中国有很多传统景区一直以资源为依托，以门票为盈利手段，故步自封，不考虑游客的需求，不考虑如何在新时代下创新发展模式，殊不知景区如要保持可持续发展的活力是需要大大提升运营管理的专业化程度的。首先需要真正跳出门票经济，做好产业经济。真正围绕游客的需求，整合各方赋能内容和产品，实现共生共赢；其次需要深化标准化、智能化的管理，这是中国90%以上景区的短板，多年的粗放发展需要得到规范和提升，人事、行政、质量、财务、安全、工程、园务、技能岗位等需要形成规范制度；覆盖游客体验全流程的IT信息化管理、智能导览、专项小程序等需要得到深度应用和普及，提升游客满意度和景区的管理效率。再是需要精准精彩营销，卖出去是王道，从线上营销、线下营销、品牌设计和品牌推广到围绕全程对客服务建构一套营销体系，这是非常重要的。可以有主打的四季节庆活动，可以有啤酒节、鲜花节、电音节、体育节、乡村节等，活动既有引爆式的，也有常规式的组合，如果再和品牌设计、业态体系及对客服务等有机结合起来，就会是完全不一样的效果。

（四）文旅发展需要精益走心的服务

在遵循行业标准和规范，做好标准化的精益管理、提升效率的同时，还要做好服务的品质化，结合消费者的需求，做精、做深，可以是温暖的体验，也可以是王者的荣耀；可以是设施的高端，也可以是软性服务的升华，内外兼修，软硬兼顾。要做好情感的个性化，即使是最简单的服务也有故事可讲，也有温度可感，要从游客心理出发，关注细节，创造感动。

千淘万漉虽辛苦，吹尽狂沙始到金。志合者，不以山海为远；心恒者，不以经年为久。文旅风起云涌，携手同行，共同抵达“诗和远方”，让远方更有诗意，让诗更有远景！

第三讲

怎样当好文旅局长

在甘肃省旅游局长培训班上题为《怎样做好基层旅游局长》的讲课（2012 年6月19日，兰州）

在中央文化和旅游管理干部学院组织的全国文化和旅游厅局级干部学习中的讲课《家国情怀 人间烟火 新时代文旅融合创新发展》（2019年8月26日，北京）

2018年3月，国家文化和旅游部正式成立，文旅融合新时代的帷幕正式拉开。这次改革也被形象地比喻为“诗与远方走到了一起”，文旅从此不分家。实质上，文化和旅游从来就是相生相伴、相互交融。那么，新一轮机构改革下，也诞生出一批新的文旅局长，新时代、新机遇、新平台下，文化和旅游工作站在了新的起点，面临新的任务，如何以新理念、新思维、新路径当好文旅局长，应该说是责任重大，使命重大，意义重大。不管外部形势如何变化，我们都需要练好内功来做好自己，尤其对我们文旅人，上接家国情怀，下接人间烟火，更是要不忘初心，牢记使命。

虽然文旅机构合并，但其本质落脚点还是以人为中心。旅游工作不好干，原来有人说旅游局长就是拉客的，要自己搭台，给别人唱戏；有人说旅游局长是“5+2”“白＋黑”的工作，别人休息我们加班，别人上班我们还是忙乎；有人说旅游局就是一个清水衙门，手中无权，兜里缺钱，出门求人，脚下没地盘，可以说“没有枪，没有炮，手里只有冲锋号”……这些说法也不无道理，这里头也反映了旅游工作的一些性质或者说了一些问题。作为新时期的文旅局长，我们应该怎样履行我们的职责呢？

国家文化和旅游部部长雒树刚明确提出要“宜融则融，能融尽融，以文促旅，以旅彰文”。尤其是基层的文旅融合工作非常重要，在地方经济社会发展中发挥着重要作用，也是支撑全国文旅工作这座大厦的柱础和基石。正因为此，对于文旅工作起到中心协调作用的文旅局长，就至关重要。

基层文旅局长既是提高地方文旅经济发展水平和提升文旅知名度的导演，也是区域文旅发展项目落地的推手。我本人也曾有过在基层分管旅游的工作经历，再加上这么多年在规划实践中经常与各级领导交流，也很荣幸结交了一群满怀热情、兢兢业业、踏踏实实推动文旅发展的基层工作者。从他们身上，我学习到了很多东西，所以在这一讲里头，我非常乐意将这些体会与大家进行分享。

我将从正念——热爱文旅工作、正知——把握本质、正行——艺术工作以及正觉——实践体会四个方面来谈谈如何当好文旅局长。

一、正念：热爱文旅工作

正念，就是讲要热爱文旅这个领域。我们常说，兴趣是最好的老师，兴趣是最大的动力。作为基层文旅领导和工作者，我们首先要相信文旅产业是诗与远方，是永远的朝阳产业，要让自己爱上这个行业。**文旅是播种机，播下文明；文旅是宣传队，宣传美好；文旅是摇钱树，创造财富。**文旅工作是创造美的事业，只要是真心热爱她，然后要勤走、多看、善学、常思，就一定会越干越有劲头，越干越多心得，越干越多快乐。于光远说“玩是一门学问”；魏小安说“好玩，玩好”。从基层文旅局长的角度来看，我认为热爱文旅、看好文旅、做好文旅要基于三个“有”，这三个“有”越充实，干好文旅工作就越有底气，越有信心，越有奔头。

第一个“有”是文旅发展有意义。

文旅融合是发展所需、大势所趋，是基于我国国情的必然结果。习近平总书记曾指出：“旅游是修身养性之道，中华民族自古就把旅游和读书结合在一起，崇尚‘读万卷书，行万里路’。”而我们纵观五千年历史长河，文旅早已相伴相生：文化繁衍与传播伴生着帝王将相、文人墨客的旅行游历；旅游的产生则是在朝代的更迭、文化的发展中孕育壮大。在未来的发展中，文化和旅游也势必同路而行。

文化需求是旅游活动的重要动因，文化资源是旅游发展的核心资源，文化创意是提升旅游产品质量的重要途径，文化的生产、传播和消费与旅游活动密切相关。旅游是文化建设的重要动力，是文化传播的重要载体，是文化交流的重要纽带。发挥旅游的产业化、市场化优势，能够丰富文化产品供给方式、供给渠道、供给类型，带动文化产业发展、文化市场繁荣。

文旅融合，让文化不再孤独，旅游不再空洞；让文化更接地气，旅游更有内涵；让文化更加产业化，旅游更好事业化；让地下的东西走上来、书本上的东西走出来、死的东西活起来、静的东西动起来；让世界更好地认识中国，让人民更好地享受生活，让市场更加地焕发活力，从而也让文化自信与中华文化传扬世界，深入人心。

文化是根基，旅游是载体。文旅不止是眼前的“诗”和“远方”，更要让旅游搭载着文化这一叶方舟，航向更远的星辰大海，抵达我们还未发现、仍在探索却充满幸福与诗意的远方。

第二个“有”是对文旅发展有信心。

一是资源上，我们有深厚的文化底蕴。我国历史悠久，文化深厚，数千年的发展，56个民族，在这片土地上创造了人类史上灿烂辉煌、多姿多彩的中华文明，与不同的气候、地形等自然条件组合，形成了各具特色的文化景观。万里长城和秦始皇陵兵马俑气势恢弘，被称为世界奇迹，万里长城更成为了中华民族精神的象征；北京故宫被称为世界五大宫之首，是中国皇家宫殿建筑的典范；苏州园林以其独特的造园理念、方式和特色景观成为中国园林的典型代表；“天地之中”历史建筑群构成了中国乃至世界独一无二、融“佛、道、儒”等不同文化价值于一体的东方宗教文化景观；世界上开凿最早的中国大运河见证了我国古代伟大杰出的水利技术文化。此外，我国还拥有不同特色的地域文化，从东部传统农业文化区到西南少数民族农业文化区，从沙漠游牧文化区到青藏高原游牧文化区，它们共同构成了当今多姿多彩的中国文化，在此基础上形成了不同类型的文化遗产。对于中国这样一个有着五千年文明史，一个文化没有断代的国家而言，文化是发展旅游无比丰厚的资源。同样文化也需要旅游为其更好地增加影响力和效益力。在美好生活新时代、文化自信新要求和产业发展新格局背景下，文旅融合的意义是不言而喻的。

二是时间上，休闲时间在逐步增加。我国法定假日调整后，国民拥有45个周末，5个小黄金周，2个黄金周，再加上5—15天的带薪休假，总计休闲时间已超过了全年1/3时间。可以说，在旅游产品层出不穷、旅途舒适度不断提高、旅行时间距离逐渐缩小等重重诱惑下，节假日的增多是满足人们出游欲望的甘露，这不仅为旅游经济带来了更加广阔的发展空间：短、中、长线旅游进入全面发展时期，也不断地刺激着永不满足的休闲旅游消费需求。与此同时，我国国内的出游率逐年上升，与欧美等发达国家出游率的差距也在不断缩小。

三是市场上，文旅市场需求持续升级。改革开放40年来，中国的旅游行业持续快速发展，旅游从少数人的特权成为百姓的刚需，成为人民生活必需品。国民不仅越来越有时间，而且越来越有钱。据统计，2018年中国人均GDP已近10000美元，国民经济消费中有12%都是文化休闲消费，这意味着国民文化旅游将真正成为满足人们美好生活需求的必需品，且精神文化消费不断升级，并渗透到生活的各个角落，休闲度假以及深层次的文化体验持续升级，因此，未来文化旅游市场的纵深发展潜力巨大。

第三个“有”是对文旅工作有决心。

我国区域经济发展大体经历了一个“三部曲”的历程，即从农业起家，到工业发家，再到文旅旺家。抓好文旅工作已经越来越成为当前各级政府的重点任务。

第一个阶段是新中国成立以后到改革开放前。这是农业起家的时期，各个地方都强调产量。主要看粮食产量高不高，在那个时期会抓农业的领导就是好领导，我们可以看到，全国各地都在学大寨，是因为这时候中国总体处在农业起家的年代。

第二个阶段是改革开放后。全国各地进入了工业发家的阶段。这个时期各个地方强调的是比总量——GDP，比余量——地方财力。这时候，会抓工业、会抓园区建设、会招商的领导就是好领导，我们看到苏州和广东都出了一大批的干部。

第三个阶段是进入21世纪后。可以看到越来越多的发达地方进入文旅旺家的阶段，越来越强调比生活质量，比生态环境，比民生事业，文旅战略性地位越来越明显。这个时期会抓服务业、会抓文旅、会抓民生的领导，我们说才是真正有眼光、有能力、有水平的好领导。

新常态下，文旅融合也更加成为新旧动能转换的重要抓手和突破口，国家高度重视。从时间轴看，2009年国家旅游局发布《关于促进文化与旅游结合发展的指导

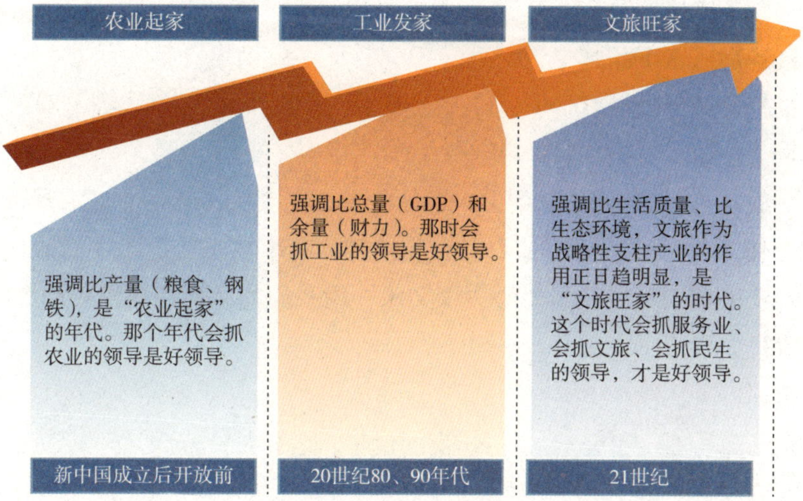

区域经济发展"三部曲"

意见》；2013年"十八大"报告提出"建设美丽中国"，并提出要推动文化产业快速发展；2014年《关于促进旅游改革发展的若干意见》中提出创新文化旅游产品；2017年《"十三五"时期文化旅游提升工程实施方案》正式出台，明确补助标准，提出"原则上东、中、西部地区中央投资补助比例为30%、60%和80%"；2018年，国务院发布了《中共中央国务院关于实施乡村振兴战略的意见》，提出放宽市场准入、鼓励民宿、特色小镇等乡村文旅项目健康发展；2019年国家出台《关于进一步激发文化和旅游消费潜力的意见》。除中央宏观政策外，截至2018年底，已有北京、广东、浙江、江苏、福建、云南、江西、重庆、陕西、甘肃、青海、新疆、吉林、西藏等25个省市地区就文旅产业的发展给出了相关的指导意见以及配套的措施，并陆续出台具体细化的地方性文旅产业政策，扶持行业发展。

有了如此雄厚的基础、机遇和发展平台，接下来就是各位文旅局长大显身手的时候。我们要下定大决心，坚定大信心，要深刻认识到抓文旅的"12抓"效应：

抓文旅就是抓美好生活

抓文旅就是抓产业升级

抓文旅就是抓美丽中国

抓文旅就是抓招商引资

抓文旅就是抓就业工程

抓文旅就是抓文化建设

抓文旅也是抓五位一体的建设

抓文旅也是抓城市功能建设

抓文旅就是抓扶贫致富

抓文旅就是抓城市品牌

抓文旅就是抓带动消费

抓文旅就是抓乡村振兴

发展文旅责任重大，任务艰巨，使命光荣，应该从讲政治、顾大局的角度重新认识岗位责任，树立强烈的事业心和奋斗精神。凡事就怕认真，不管眼前是否困难重重，我们要坚信：只要我们用心去谋文旅，用我们的激情和热情带动大家做文旅，就一定能取得成果。

二、正知：把握本质

文旅局长要成为文旅行家里手，有两个方面非常重要，就是要关注文旅融合的本质，以及文旅融合的六个领域。

第一，关注文旅融合的本质。

这里有五个规律需要大家把握。

规律一：文旅经济是心灵经济，要打动人心。旅游的本质就是一次经历、一次阅历、一次体验、一次真正意义上的心灵释放与感动，而文化的注入会让旅行更富有意义，更富有内涵，更震撼心灵，更丰盈内心，更深入生活，只有文化能够让心灵不寂寞。因而，做文旅不仅要带着眼睛，更要带着心灵，真正以“同理心”去理解并发展文旅经济，最大化营造沉浸式的情感体验，使得游客获得深层次的旅游心灵享受。

规律二：文旅经济是快乐经济，要以人为本。这个在我前面讲到的“旅游12头”理论中阐述得非常充分，比如住有暖色、玩有喜色、吃有绿色、买有特色、看有绝色、疗有起色、行有个色、享有本色、学有真色等等，说的都是要以人为本，为旅游者创造快乐新生活，让旅游者享受愉悦的旅游体验。在这里不再详述。

规律三：文旅经济是环链经济，要全链设计。有关研究表明，旅游业涉及29个部门，110个行业，广泛涉及一、二产业，涵盖第三产业的大部分领域，旅游业成了一个名副其实的复合产业、融合协同产业，是一个无边界的产业链，产业族群。去到某地旅游，一般要去当地知名的旅游景区，所以得有景区发展；得坐交通工具，所以得有交通运输业；得吃，所以得有餐饮业；得住，所以得有宾馆饭店业；过程中还得买点土特产，所以得有商业；晚上加点娱乐体验，还得有夜间娱乐产业；如果有闲钱，可能还会买个第二居所，所以旅游地产也发展起来了。另外我们的宣传、体育、农业旅游、会展、特色小镇、步行街休闲等等，在一趟旅游过程中都会或多或少涉及到，并产生交集，所以旅游有一个非常长的产业链。大体上可以按照这样一个链条纵向延伸，旅游区——运输——餐饮——宾馆饭店——商业——房地产——文化娱乐——宣传广告——旅游媒体——旅游教育——体育——观光农业——工业旅游——节庆——会展——旅游商品等加工业——中央游憩区——步行街——小城镇建设（特色城区）——城市名片与城市营销。

那么这样一个产业链条我们又该如何去打造呢？首先应该按类型构建产业链，然后按产业链构建集群要素，最后按集群要素来培育龙头。按照这样一个思路，我们的观光旅游、休闲度假旅游、商务会奖旅游等都可以衍生出不同的吸引链、配套链、延展链和运营链，从而做大旅游这个无边界产业，这样也可以改变旅游业长期停留在“初级收入模式”的现状，也就是一票（门票）、二道（索道）、三餐（内部餐饮）、四购（购物亭）的传统观光收入模式，由此向由“12头”构成多个消费点、盈利点的“综合旅游收入模式”转变，改变门票经济的模式。

规律四：文旅经济是融合经济，要协同推进。文旅产业关联度高，涉及面广，这是业界都已经形成的共识。对于融合经济，我们要系统的推进，所以现代文旅所涉及的要素已经远远不只我们常说的六要素了，除了食、住、行、游、购、娱，还包括康（康疗）、体（体育）、教（教育）等“12头”要素，还可以延伸商业的特色街区，文化的博物馆剧院，会议的会展中心、大型专业会议组织，医药的理疗中心，教育的研学旅游等，都可以与文旅产生关联。

正因为关联度高，所以融合、协同、集聚发展是旅游经济发展的一条重要路径。集群经济的概念对应的就是文旅的综合性，也就是要把旅游的多个要素以空间集聚的形式展现出来，经营起来，像我们前面一讲里讲到的第三种生活方式“旅居”的出现就是对发展集群经济需求的一种体现，因为城居缺乏环境要素，郊居缺乏商业配套要素，这些都不能满足现代人的多样化需求。因此特色小镇也好，乡村振兴推动的一批乡村文旅新业态也好，都为我们提供了更多的可能，这里就不详细展开。

规律五：文旅经济是创意经济，要创意驱动。在中国发展文旅经济，不缺资源，缺挖掘、缺创意；不缺流量，缺经济、缺效益。所以，文旅部门要正视这样一个事实：文旅卖的不是资源而是创意，创意的力量正在颠覆文旅业界；要转变观念：穷经济更需要富规划，否则永远穷！规划的节约就是最大的浪费！比如由著名的设计师安德鲁设计的国家大剧院，规划设计费占造价的11%，达3亿多元人民币。鸟巢、水立方的设计费一般也都占到了10%左右。同质化的资源，通过异质化的创意，错位的开发，便可焕发新的活力。

第二，关注文旅融合的六个领域。

结合文化和旅游自身特性、市场特性以及双向促进的关系，需要把握好“理念契合、机构组合、资源整合、产业融合、服务切合、资本聚合”文旅融合**“六合”**的六脉神剑。

文旅融合的第一个领域就是理念契合。

在美好生活新时代的大背景下，我们要从思想上坚定文旅融合，观念上认同文旅融合，认识上吃透文旅融合，路径上深化文旅融合，层层递进，不断深入。

文旅融合并不是一个新命题，它一直伴随着中国旅游业的成长，并更多集中于产品融合层面，比如形成了成都、西安、杭州等一批文化旅游网红目的地城市，形成了一批文化特色商场、文化旅游演艺、文化主题公园、文化建筑地标、文化建筑场馆、文化创意产业园、历史文化街区、历史文化古镇、文化主题节庆、文化美食产品、文化住宿旅游产品等。国家文化和旅游部合并以后，文旅融合才真正从机构、行政、主体方面开始推进，产业的融合也逐步开始得到推进，是典型的先发展，后规范。

文化让旅游不再浅薄，旅游让文化不再高冷。旅游当中蕴含着丰富的历史文化知识和民族民俗风情，但是往往利用和发掘不够，导致发展浮于表面，深度不够；而文化有很多内容是非常有趣和有魅力的，但只是因为缺乏更好的与市场对接的呈现方式，从而导致了文化看起来孤独和高冷。文化和旅游只有形成互促互利、相辅相成的发展关系，才是对文化资源的最好保护，对旅游内容的最好丰盈，促进文化发展的市场化，提升旅游在公共服务供给方面的事业化。

文以载道，旅以致远；化文入旅，以旅载文；主客共享，美好生活，真正通过文旅融合让人民生活更美好！

文旅融合确实意义重大，目前融合的进展也很好，但是对于文旅融合到底“融什么？怎么融？谁来融？”还缺乏具体的指引。在2019年中国旅游科学年会上，雒树刚部长亲临会场，在会上我提出了文旅融合的“五个一”，即编制一个文旅融合的发展战略规划纲要，用顶层设计更好地指引；举办一个文旅融合发展大会，真正整合文化和旅游及相关的产业主体、产业资源，搭建一个资源嫁接、跨界融合的平台；举办一系列培训班，现在文旅融合中最大的不足就是缺人才，需重点培养一批文旅融合人才，特别是创新创意人才和运营管理人才；编写一套教材和经典的成功案例；资助更多文旅融合的研究课题。这“五个一”也得到了雒树刚部长的肯定。

文旅融合一定要有科学的顶层谋划，只有画得好，才能建得好，只有全盘统领，一张图、一盘棋、一条心，才能高效有序，打造作品。文旅融合应上升为一把手工程，构建综合管理机制，齐抓共上，实现小马拉大车，同时对应龙头企业、龙头产业和重点领域，形成系统化的整合打法，真正做到顶天立地，落到实处。

文旅融合的第二个领域就是机构组合。

强有力的机构组合是实现文旅融合的关键，国家层面的机构调整大体完成，主要是以文旅融合为主基调，其中完全重合机构合并的有5个，分别是办公厅、政策法规司、人事司、财务司、国际交流与合作局（港澳台办公室）；保留原文化部的机构有2个，分别是艺术司、非物质文化遗产司；整合原有机构后新设置的机构有6个，分别是公共文化司、科技教育司、产业发展司、资源开发司、市场管理司、文化市场综合执法监督局。文化和旅游个性特色的部门保留，其余大部分实现职能融合。各省机构调整基本遵循全国的架构，并保留自身特色，比如吉林省文旅厅专门设立了航线开发办公室，更好地促进了对外的交通和链接；贵州省新设了乡村文化旅游处和运行监测处，这也表明了贵州在乡村旅游方面的优势和重视程度，同时贵州省也意识到了过去其他地方因市场监管不够而带来的问题，所以特别强化了运行监测处；甘肃省根据自身资源特性，特设立了资源规划与乡村旅游处（红色旅游处）、科技信息处、节会与宣传推广处，更好推进省域文旅资源和节会活动的融合带动。还可以看到各省文旅部门的命名也因地制宜进行了保留，像海南省旅游和文化广电体育厅，旅游排在了文化广电体育的前面，这也说明作为国际旅游岛，旅游毫无疑问是海南省的战略性抓手和统领；对于西藏自治区，考量文化敏感性因素，单独设立了旅游发展厅，可以更好地发展旅游而不受很多条条框框限制。

新时期应做好文旅融合机构的落实调整，真正统一思想，打破壁垒，总体统筹，一盘棋，一股劲，从上至下全面推动。真正做到整合资源，凝心聚力，优势互补，更好地破除各种藩篱，更好地发挥战斗力，在高效的机构组合下，文旅融合亦将更有可为。

文旅融合的第三个领域是资源整合。

文化资源包罗万象，如文艺作品、文化场馆、文化园区、遗产资源、主题文化谱系等；旅游资源万紫千红，如自然资源、人文资源、载体资源、产业资源、节庆资源等。文旅融合，需整合有形资源与无形资源，做到文化资源的旅游化利用，旅游资源的文化化拓展。

巅峰智业组织编制福建全省旅游规划，基于资源整合提出了“清新福建”，当时有很多专家反对，说清新就能全部代表福建吗，我说是不能完全代表，但是福建不仅有清新自然、清新人文，还有清新政风，更有清新生活，在福建生活就是一种艺术，清新不仅是代表空气的清新，它是我们众多资源在精神意象上的高度提炼。所以资源的整合是要树立更好的文化标志、形成更好的文化共识。

文旅资源整合是一个与时俱进的体系，要做好特色资源的重新盘点。每个城市

整合凝练清新福建精神意向

都有自己的特质，每个村镇景点也都有自己的特质，可尝试打造一批文旅融合的名镇、名村、名景、名区、名街、名馆、名园、名业、名节、名剧等示范项目，变产区为景区、变田园为公园、变劳作为体验、变农房为客房，让新资源焕发新光彩。

文旅融合的第四个领域是产业融合。

旅游产业的本质是一个无边界的产业集群，涉及到了方方面面，农业围绕文旅提升，工业支撑文旅做强，艺术联姻文旅做活，研学融合文旅做深，森林结合文旅保育，水利依托文旅发展，百姓发展文旅致富……方方面面都可以进行文旅+的融合互动。

“文旅+艺术”，用心创造美感。文化场馆是文旅融合很重要的一个方面，可活用文化场馆（博物馆、剧院、纪念馆、图书馆、美术馆等），做到外观艺术化、场景艺术化、体验艺术化、消费艺术化，文化空间即是享受空间。

现在很多图书馆都成为了网红打卡地，无论是阿那亚的孤独图书馆，还是天津的滨海图书馆，高晓松的晓书馆等，外观与场景的艺术化让人眼前一亮，确实很受年轻人的欢迎。

同时要变博物馆为体验馆，打造沉浸式体验旅游，通过文化感设计、沉浸式体验、新科技植入、产业化迭代，建设活态、动态文化场馆体系，实现产业化运营，让文化产品更有生命力和传播力。比如日本拉面博物馆、比利时薯条博物馆、韩国泡菜博物馆等，都将主题化体验做得深入人心。

同时在文化场馆内部也可以通过一些艺术与科技结合的沉浸式演出让场馆体验更丰富。比如故宫全国首个《千里江山图》沉浸式演出，让文物跃然眼前，视听与体验融合，回溯历史，身临其境；《梦回牡丹亭》将音乐、舞蹈、艺术、戏剧与全息影像、人机互动、动态捕捉等技术手段充分结合，堪称中国版的莎士比亚戏剧；安仁华侨城打造的《今时今日是安仁》将穿越时光的故事情境展现进行了唯美演绎。

碧山书局

晓书馆

滨海图书馆

东莞覔书店

北京 page one

阿那亚三联孤独图书馆

扬州钟书阁

西西弗书店

上海图书馆嘉定分馆

代表性的中国网红书店（图片来源：图虫网）

这些都可以成为文化场馆活化的重要内容。

《千里江山图》沉浸式演出

《梦回牡丹亭》沉浸式演出

《今时今日是安仁》沉浸式演出（图片来源：君看众妙（天津）文化传媒有限公司授权）

老瓶装新酒，老瓶装老酒，新瓶装新酒，新瓶装老酒，文化设计、时尚内容、休闲氛围、科技创新的跨界混搭会产生不一样的化学反应。

还有一些网红打卡地通过艺术的演绎方式也让不少原本不知名的地方成为了名胜。比如青海的茶卡盐湖，一系列网红打卡的宣传营销，使得景区年游客量超300万，创造了偏远旅游地高游客量的奇迹。巅峰智业托管的东江湖景区也因为雾漫小

红砖美术馆

婺源晒秋

雾漫小东江

罗红摄影艺术馆

拈花湾人

茶卡盐湖

网红艺术打卡点（图片来源：图虫网）

东江的走红而成为人们竞相打卡的热门旅游地。

“文旅+农业”，把心交给大地。乡村振兴，文旅先锋。要做好“五好乡村”，“好吃吃好，好玩玩好，好看看好，好住住好，好买买好”；要做好产业载体，发展休闲农庄、国家农业公园、现代农业庄园、田园综合体、农业文化景区、文化乡村等，构建产业载体，延长产业链条。形成一批真正的产业小镇，从传统种植到文创升级；打造一批特色文化人家，让乡村旅游宜居、宜留、宜生活；打造一批田园野趣的乡村采摘游玩节，让田园闹起来，让游客乐起来，让乡民富起来。巅峰智业在乡村振兴中做了很多探索，提供了从顶层设计、专题培训、旅游大学、创意产品到招商落地的一站式、一条龙服务。

“文旅+工业”，创心点燃火花。让静态的工厂、工业遗址、产业园区参与到动态的工业观光、创意衍生、旅游活动体验中。做好业态导入的多元化与休闲化，实现场景体验的主题化，空间设计的氛围化，体验活动的高频化，创客人才经营的产业化。北京的798文创园、景德镇的陶溪川文创街区等不仅成功聚集了产业人才，也成为城市旅游休闲的打卡地。

“文旅+演艺”，潜心精演绎。文化剧团也是旅游化的重要阵地，目前很多剧团都在进行市场化改革，而景区其实是剧团走向市场特别好的载体，景区需要内容来丰盈活力，而剧团需要空间展现魅力。文化剧团走向景区，需要结合地区文化打造一批优质的文化IP，演绎好文化故事，丰富演出内容和形式，通过流动队加上固定的常态化演出，让剧团焕发新生。巅峰智业投资运管的江西赣州郁孤台历史文化街区，跟当地的文化剧团合作，定期表演，效果非常好，剧团有了施展空间，景区也有了人气，有了内容，相得益彰。

"文旅+非遗"，用心激活体验。非遗传承创新也是中国树立文化自信的重要一环，建立好非遗传承人的队伍，做好非遗传承的演艺，设计好非遗体验的流程，研发好非遗主题商品，与现代研学旅游有机结合，非遗文化出内容，旅游发展出场景、做推广。通过科技加持、游客DIY、文创商品开发等多种体验形式，让可持续性的非遗文化在旅游中焕发生命力，传承弘扬与发展。杭州G20将全息投影与文化艺术完美融合，非遗在折扇里的演绎让人心醉，即便在峰会后，也依然受到市场的欢迎。杭州也有很多的非遗体验馆，将一个个的非遗项目做成可以亲身体验的工坊，DIY的一把纸扇，一个陶壶，一张水墨画就让游客爱不释手。这样的模式可以应用到乡村振兴上，实现一村一品，一村一业，既能带动扶贫也能带动乡村旅游。还有很多地方采用前店后坊的模式，将非遗文化的生产、销售、加工、体验融为一体，经济效益、文化效益双丰收。巅峰智业在运管周村历史文化街区时，将非遗的表演融入到乡村空间，每天26场小演艺，比如踩高跷、皮影戏、木偶戏，有气功表演、比武招亲等，深入群众，拓展业态，托管运营前3年就实现了收入25倍的增长，让千篇一律的老房子有了灵魂。

文旅融合的第五个领域是服务切合。

对服务切合最简单的理解就是文化设施怎样旅游化，旅游设施怎样更有文化味。可以让村史馆更有设计感和创意感，让村史的展示、村民的活动更有逼格；可以让接待站、服务中心更加休闲，让民众生活与旅游休闲融为一体，万科良渚文化村的社区空间已经成为游客争相体验的新景点；可以为乡村民居注入休闲功能，猪圈咖啡、牛栏咖啡打造不一样的品位体验。

乡村文化设施的旅游化

可以让游客服务中心更有文化内涵，龙虎山的游客中心包括了道文化博物馆和世界地质遗产博物馆，是一个很好的文化教学及旅游体验基地；可以让城市文化地标成为旅游设施，像广州小蛮腰、上海东方明珠，旅游设施蕴含了深厚的文化味道；可以让旅游标识更有内涵，龙门石窟的标识牌将微缩的石窟造像作为基底展示，文化设计感顿显；可以让旅游智慧服务更有内涵，西班牙巴塞罗那的圣保罗之家，运用扫描实景成像技术，只要把手机屏幕对准你感兴趣的文物或画像，你就能听到和看到围绕这个物件的故事和影像，非常生动。

龙虎山游客中心

上海电视塔（东方明珠）

广州新电视塔（小蛮腰）

（图片来源：视觉中国）

文旅融合的第六个领域是资本聚合。

文旅项目投资大、周期长、回收慢，因此找到长期的钱，找到便宜的钱，找到赋能的钱是关键。现在银行贷款往往时间都很短，这样往往不利于文旅产业的发展，同时文化产业往往都是无形资产更多，如何抵押，如何设立创新融资机制，设立引导基金和创新模式，都需要在实践中很好地探索创新，先行先试。

投资文旅不仅需要有资本，更需要有懂旅游的资本，要专业的人干专业的事才能事半功倍。要支持有实力的企业通过投资、兼并、并购等方式进入文旅行业，引导社会资本成立专项文化旅游发展基金，综合利用财政基金、产业基金、风险投资等多种方式整合社会资本投入相关领域。同时要积极引导预期收益好、品牌认可度高的文化旅游景区，探索通过相关收费权、经营权抵（质）押等方式进行融资筹资，鼓励符合条件的文化旅游企业上市融资，综合运用股权众筹、网络众筹、产品众筹等方式开展项目融资。对于大投入的项目，可采取先期引导投入、配套支撑投入和奖励补贴投入等多种方式，大力吸引社会资本投入文旅项目开发、建设和运营，对获得融资的文旅融合企业，采用“投贷奖”政策进行支持。

三、正行：艺术工作

各行各业都有着各自不同的工作方式，文旅局长也不例外。好的工作方式方法是一种艺术，能够事半功倍，文旅局长如何艺术化地开展工作呢？我将其概括为16个字，“上纲上线，两手皆备，善思妙行,运筹帷幄”。

（一）第一，上纲上线

在我们当上文旅局长第一天起，就应该明确一个观点就是，**领导是第一生产力**，也就是我们要“规划”好领导资源，要善于“上纲上线”，引发领导重视，纳入主流，服务中心，争取在政府主导下高位推动文化旅游的发展。这是我国文旅发展当前阶段的实践要求。地方、党委、政府要管的方面很多，涉及领域很广，工作头绪很多，文旅部门要理解领会，树立大局观和全局观。

何谓上纲上线？就是要善于抓住机遇、抓住政策、抓住条件，乘势而上，高端对接，高点切入，高位推动，高效整合，在以市场为基础配置资源的前提下，政府全面发动整合社会力量，加强调度，加大文旅发展力度，加快文旅发展的速度，使文旅为经济、社会、文化、环境发展做出更大的贡献。通俗点讲，“上纲上线”的核心就是让党政一把手等主要领导上手抓文旅，形成本地区各有关方面齐抓共上的文旅工作格局。

2019年我在查干湖所在地前郭县考察座谈时提出，要抓住总书记提出的“保护生态和发展生态旅游相得益彰，这条路要扎实走下去”的重要指示，把握这个千载难逢的机会，上纲上线，高举总书记大旗。所以我提出了当地发展的总目标和纲领，要擦亮称号，高举大旗，当仁不让，舍我其谁，做成中国最佳生态旅游县，做好中国最美渔村、几十万亩有机稻米、风情草原、候鸟迁徙、壮美花海五大支撑，实现保护和发展最佳结合的绿色生态道路，这也得到了当地的高度认可。

（二）第二，两手皆备

一只手是政府这只闲不住的手，另一只手是市场这只看不见的手。文旅发展关乎政府诉求和市场行为，关键是将二者有机结合，相得益彰，不可偏废。政府主导是什么？或者说政府如何主导文旅？首先我们必须明确**政府主导不是政府包办，我们要重点抓好规划、形象营销、公共服务体系建设、市场主体培育和人才队伍建设五个方面的主导工作。其中政府主导市场培育，则指的是政府这只闲不住的手与市场这只看不见的手联动发展，体现综合效益。**

一是主导规划。规划是文旅产业发展的基础，规划水平的高低，影响和决定着文旅产业发展水平的高低。在这里头需要强调两点。

第一点是**文旅规划要与多项规划相衔接，推进多规合一。**“多规”是指国民经济与社会发展规划、城乡规划、土地利用规划、环境保护规划四大规划体系，本质是一种空间规划的协调工作，多规合一不仅是规划部门的事情，更需要政府主导、多部门、多层面的紧密配合。文旅的综合性要求其规划要与其他多项规划相辅相成，不仅文旅规划要充分结合其他规划的思路、理念和要求，其他规划在推进过程中也需要充分考虑文旅用地、文旅项目开发、文旅建设推进等，需要充分衔接已有规划，融入其他规划，引导联合规划。推进多规合一，形成一本规划做到位、一张蓝图绘到底。

第二点是**文旅规划要与运营相衔接。首先是规划要与政府运营结合起来。**通过对政府经营产业与经营城市的需求和理念、社会投资人的投资热点的深度研究，除了要有区域文化旅游形象定位、功能布局、项目设计、游线安排等基本规划内容外，还要设计落实公共工程、招商引资、营销促销、目的地及产业管理等具体运作的策划方案。

二是主导形象营销。政府主导城市营销就是要从“让人知”到“让人来”。也就是说我们要分两步走，不同的阶段采用不同的营销方式。“让人知”就是负责城市文化旅游总体形象的推介，要整合市县区文旅企业的资源和资金优势，共同开展城市营销。这一阶段我们可以采取联合推介等营销方式，在这方面山东做得比较好，它请专家策划设计了“好客山东”旅游形象品牌标识，形成了具有山东地域和文化特色、内容完整的文化旅游形象体系，并取得了很好的效果。“让人来”主要是负责产品的营销，市县区和企业联合出资，直接向国内外大旅行社推介产品，争取客源。这一阶段比较实用的方式是捆绑营销，比如香港在城市营销的过程中与内地和国外旅游企业的对接做得比较好，确实达到了“让人来”的效果。在城市整体形象营销上，我们要根据财力情况确定旅游促销经费，并根据每年财政增长的幅度适当增加。

事实上，旅游经济发展较好、旅游形象鲜明的城市，每年投入的经费也较多，如杭州每年投8000万，山东、北京每年投上亿元到旅游营销中。

三是主导公共服务体系建设。旅游公共服务体系的建设水平不仅反映了旅游开发的深度，也是城市文化的反射镜，它是“木桶效应”里面的那块短板，决定文旅容量的深度。当前优质旅游目的地的建设不仅要满足游客不断升级的市场需求，更重要的是要考虑游客在过程当中的体验和感受，每一个环节服务的好坏都会影响游客对于旅游目的地的印象和口碑，因此政府应当高度重视旅游公共服务体系的建设，提炼文化元素注入公共服务设施，不断完善和提升城市旅游功能，将公共服务体系的建设纳入目的地的区域发展，在文旅质量和价值上满足甚至超出游客的期望。就旅游公共服务体系的内容来说，应从旅游信息咨询系统、旅游交通服务系统、旅游公共设施系统、旅游安全救援系统、旅游投诉处理系统等五个方面落实，应做到信息及时有效、交通畅行无忧、设施便捷全面、安全立体保障、纠纷常态解决。其中旅游交通是我们最关注的，要形成到达主要景区和度假地的快速旅游通道，类似城市的快速通道，快速分散旅游流，这对城市居民生活和旅游者的旅途感受都非常有益。就旅游公共服务体系的运行来说，要推进部门联动，高效服务；要推进资源整合，强化服务；要推进市场融合，针对服务；要推进区域联合，综合服务；要推进资金支持，全力服务。旅游公共服务体系是财政开支的一个大头，在这里头就要大力争取国家政策支持。文化和旅游部系统有文化创意产业基地、生态旅游示范区、休闲度假旅游示范区等方面的政策；国家发改委有现代服务业示范区和旅游特色小镇方面的政策；农业农村部有乡村振兴方面的政策和资金支持；生态环境部有生态文明旅游示范区方面的政策和资金的支持等，这些都需要我们积极地去争取纳入到大旅游圈的开发中。总之要以最完善的旅游公共服务让游客愿来，让游客乐享，让游客回头。

四是主导市场主体培育。文旅产业与其他产业一样，建设和发展必须找市场，游客从哪来，招商从哪来；企业怎么壮大，项目怎么落地；功能如何齐全，要素如何配套；等等，都必须通过市场运作来解决。有了大的市场主体，才会有大市场。有了中小微企业，服务才会齐备。政府要重视培育市场主体，加强对文旅企业的服务和扶持，推进文旅企业市场化和现代化改革，支持大型文旅企业的集团化和品牌化、中小文旅企业特色化和专业化、新型文旅经济体多元化和高效化发展，当然也要鼓励民营企业和外资企业积极参与文旅产业发展，扩展文旅市场的开发领域。大的文旅企业是旅游市场的关键主体之一，事实上，我们可以看到旅游大国无一不是由旅游大企业支撑，如美国运通公司、德国途易集团、日本交通公社。怎么来着手培育文旅大企业呢？

第一条路径就是改革重组。要借事业单位改革的契机，迅速完成改制，实行企业化经营，要整合国有旅游、住宿、餐饮、购物、交通、文化、娱乐等资源，组建文旅集团。如首旅集团、新燕莎集团、全聚德集团、东来顺集团、古玩城集团合并成北京首旅集团，旗下涵盖旅行社业、酒店业、餐饮业、汽车服务业、旅游商业、景区景点业、会展业、旅游培训业。上海锦江国际集团也涉足酒店、旅游、客运物流、地产、实业、金融等多个产业。国家每年都会评选旅游的20强企业，其中绝大部分是国有企业。目前全国绝大部分省份都已经组建了本省的旅游集团，各地市也紧跟其后，他们成为了文旅发展的重要力量。

第二条路径是转型升级。要出台扶持政策或资金，支持有条件的一、二、三产业中的大企业，从做旅游板块开始逐步做大做强文旅产业，实现企业的转型升级。在这方面长隆集团比较具有代表性，长隆集团作为中国顶尖、世界著名的主题公园企业，从动物园的开发建设起家，旗下共拥有广州长隆旅游度假区和珠海长隆国际海洋度假区两大世界顶尖综合旅游度假区，创造了无数世界第一和行业奇迹。但是长隆发展的过程并非一帆风顺。1989年，苏志刚开设香江酒家；1997年，苏志刚在广州建立了长隆野生动物世界前身——香江野生动物园。当时，像苏志刚这样的民营企业家要办野生动物园简直是天方夜谭。从动物来源、专业人才、法规审核、检疫报关、长途空运、通关入境到安全饲养、科普展览、营运管理，一个个难题都需要解决，他们积极寻求政府主管部门和专家的支持。2003年，"非典"肆虐，长隆动物园每天只有十几名游客，但数万动物的食物和员工开支并未减少，当地政府提供了几百万元的贴息贷款帮苏志刚熬过了"寒冬"。现在回忆起来，苏志刚依然感慨，"没有政府的支持和对民营企业的关心呵护，长隆绝对走不到今天。对于当时濒临破产的我而言，这种关怀的力量甚至比资金还重要"。

第三条路径是引进。引进大的文旅企业入驻。按国际标准将待开发的旅游资源包装，面向国内外招商。现有文旅企业要按股份有限公司改造，搭建引进国内外战略投资者的平台。营造环境，出台优惠政策。

五是主导人才队伍建设。人才是第一要素，是最活跃的因素，人才队伍是我们工作保质保量的关键。要配好班子，抓好现有人才培训，抓好高端人才引进。这里头班子应该围绕"五支队伍"来建设，一支行政管理人员队伍、一支经营人员队伍、一支科教人员队伍、一支创意研发人才队伍和一支服务人员队伍，这样才是一个比较完整的文旅班子。我们可以看到，很多文旅做得比较好的地方，它的人才队伍绝对都是质量比较高的，比如泰宁县，它在发展旅游过程中就倡导优秀人才向旅游集聚、旅游干部优先提拔，最终成就了"泰宁路径"。

在政府主导这方面做得比较好的例子有很多，比如焦作现象，它之所以能够成功转型，领导重视是关键。焦作市委、市政府每年都要多次召开常委会和政府常务会议，专题研究旅游工作；每年初都要召开由市委书记和市长及各县市区党政一把手参加的高规格旅游工作会议；每个“黄金周”过后，市委、市政府都要及时召开会议总结经验、查找问题，明确下一阶段发展目标。在景区景点的开发建设中，深度挖掘地方文化，围绕“焦作山水”的旅游定位，坚持高标准规划、高起点建设；在市场营销上，每年市财政都拿出专项经费用于旅游宣传促销，而且还带动了旅游系统广大干部群众的工作激情。还有同样引起业内共鸣的“栾川模式”“四川经验”“泰宁路径”等等，他们都是在党政一把手重视旅游的基础上统一认识、凝聚力量、树立形象、招商引资、增加经费、重视人才等，齐心协力做大做强旅游。当然我们也绝不能闭门造车，外来的和尚好念经，我们要借专家口洗脑，解决认识、战略、资源整合方面的大问题。

（三）第三，善思妙行

基层文旅要做大做强，做出成绩，必须坚定信心、下定决心、大力践行。要做到善思妙行，顶天立地，一方面应勤思善学，全面谋划，科学规划，找准定位，明确目标，清晰战略，做好顶层设计；另一方面应妙行力行，深入了解基层情况，务实落实，切实推进特色化、精品化、智慧化建设，真正能落地可操作。具体来说有以下“四要”

一要创新创意。当前文旅发展如火如荼，各地都非常重视。如何实现地区突围，提升发展水平？就需要突破传统，敢于创新，精心创意，走出一条符合地区发展实际情况的文旅创新之路。要换位思考，挖掘文化图腾，寻找差异，突出特色，以差异产生吸引，以特色打造亮点。大家都知道乌镇的旅游很火爆，与之具有同等品质的水乡资源很多，但是乌镇的旅游知名度与经济效益有着绝对的优势。究其原因，乌镇就是在钢筋与水泥的包围中，在烦躁与浮华的缠绕中，在文明与传统的碰撞中，打造怀旧—回归—自然的传统水乡古镇游，成为中国较早的水乡旅游目的地，也引领了中国的古镇水乡游。因此将同质化的资源以创新创意错位开发是非常有助于目的地引爆的。

二要协调高效。文旅是一个关联性极强的产业，涉及到交通、城建、园林、环保等多个部门，更是与地区的整体决策密不可分，协调好与文旅相关的各层面关系，也是基层领导面临的非常关键的问题。**协调上和下的关系**。上要对中央、省和市等上级出台的政策进行研究，了解政策的主要内容和精神实质；下要结合本地区实际，了解区域内的自然资源和人文资源状况，掌握区域内社情民意，清楚地方特色和发展优势，制定既符合上级政策又切合当地实际的发展措施。**协调面和点的关系。“面”要求我们要开阔视野，开拓思维，把整个工作放在全市、全省，乃至全国的大局中去谋划；“点”要求我们自身作为一个整体，处理好与横向部门的关系。**协调远与近的关系**。“远”要求我们必须立足长远发展的战略高度和战略思维制定长远规划；“近”要求紧扣实际来思考和谋划，必须立足于当前的经济社会发展情况来调整文旅发展思路、拟制发展政策和工作措施。**协调实与虚的关系**。“实”要求我们拟制的政策和措施必须是在深入调研中得出的科学结论；“虚”要求积极开展文旅专题调查研究，大胆提出解决突出问题的建议性措施和对策，以为文旅决策提供依据。

三要勤学多思。文旅是一个涉及文化艺术、建筑、园林等多门类的综合性学科，作为基层领导必须要多走、多看、多学、多问、多查、多读、多思，练好基本功，打开大视野，拓展大思路，践行优举措。读万卷书，不如行万里路；行万里路，不如阅人无数；阅人无数，不如高人指路。要多向行业内的专家学习请教，把最新、最先进的旅游发展理念应用于地区的文旅开发实践中。

四要立体推进。文旅开发是一个系统性的工程，要立体推进，做到宏观有高度——谋略，中观有格局——思路，微观有项目——落地。在这方面，贵州的做法很值得借鉴。贵州政府为了突破守着青山绿水却贫穷落后的局面，举全省之力发展旅游，贵州省政府聘请巅峰智业为主持编制单位和项目管理人，科学推进项目选择、项目规划与落地实施，实现了旅游项目投资领域的多项创新。

宏观层面，全省上下发动起来做规划，制定《贵州省生态旅游发展规划》。响应国家建设文化旅游发展创新区要求，建设“国家公园省”（后因“国家”文字限制，由时任贵州省委书记陈敏尔改为“山地公园省”）。

中观层面，总体目标与地区经济发展相结合，在空间格局、产品体系、品牌营销等方面全面铺开。

微观层面，围绕总体目标做到**项目化**（万亿项目库，1522项目体系）、**实物化**（对应到具体的有品牌的旅游服务供应商、旅游产品供应商）、**落地化**（落到空间上、地块上，可招商、可对接、可考核、可操作）。

（四）第四，运筹帷幄

有了上述的觉悟和准备后，文旅工作就要真正开始落实下去。这时候就需要文旅局长运筹帷幄。要有一个符合地方实际的实施方案，将文旅工作进一步落实到各市、各县、各镇、各村等，统一进行盘点和梳理，制定差异化发展方向，从而解决市县怎么做、示范怎么抓、品牌怎么建的三大实际问题。

首先，解决市县怎么做这个问题。各市县在做文旅的时候，首先要对自己进行

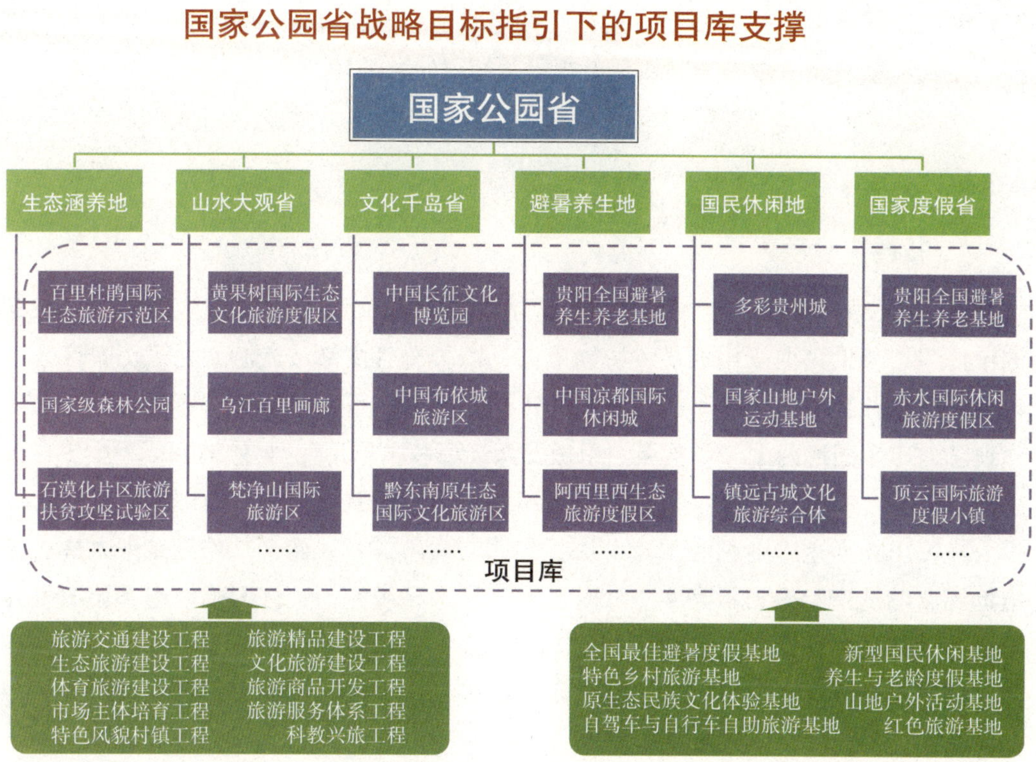

一个摸底，要梳理盘点各市在文化旅游融合方面的资源特质、产业特质和市场特质“三特”，摸清各地可融合的家底、找到好融合的接口，凸显各地差异化优势和有机结合点，制定各市及重点区县的行动计划和操作路线图。

其次，解决示范怎么抓这个问题。明确发展方向后，就要根据核心优势、重点产业去推出一批示范项目。示范项目可以多种多样，这里我总结了“十名”工程，即“文旅名镇、名村、名景、名区、名街、名馆、名园、名演、名节、名剧”。

名镇，是要打造文态、生态、形态、业态“四态合一”的有机体文化旅游特色小镇，多维度、有生命力的示范体；名村，是要进行“陪伴式”乡建，让创意设计飘出泥土芬芳，用文创复兴乡村，打造文旅乡村示范；名景，即对景区进行景观、场景、氛围营造，创造情境体验和消费感动文化，打造旅游景区示范；名区，即要打造与自然有机结合的文化旅游度假区示范；名街，即要打造文旅街区示范，形成文化基因浸泡式的城市名片；名馆，即文化旅游场馆示范；名园，包括文创、非遗、传统工艺、动漫影视产业园等示范；名演，即文化旅游演艺示范；名节，即节庆赛事活动示范；名剧，即送剧进景进村示范。

最后，解决品牌怎么建这个问题。要充分转化好风土资本，提炼并塑造当地的名品IP，对自己的优势产业进行图腾化再创造和再演绎，形成文旅融合的撬动标杆，树立重点品牌示范。比如福建省这点就做得非常到位，将茶、瓷、香、雕艺等充满福建文化气息的元素做出“三颜色十八彩”的福建名品IP。

四、正觉：实践体会

2008年9月至2009年11月期间，作为中组部第九批博士团成员，我在江西省鹰潭市挂职市长助理兼党组成员，协助书记、市长分管鹰潭市旅游和龙虎山景区，一年多的锻炼让我终生难忘。我在鹰潭的工作情况总体可以概括为**“紧紧遵循一条工作理念，牢牢围绕两个工作重点，积极发挥三项基本作用”**。具体而言，一个工作理念就是树立**“有为才有位，有所为有所不为，为则做到位”**的工作理念，全身心的投入，突出旅游这个专长和重点，深扎实抓，力求成效；**两个工作重点即龙虎山申报世界自然遗产和全市贯彻实施旅游发展年**。来到鹰潭，正好面临申遗和旅游发展年两件大事，由此，二者就成了我的工作主线；**三项基本作用就是发挥好“科技参谋、桥梁渠道和人才培养”这三项作用**。积极出谋划策，引智聚力，整合资源，带动团队成长，促进科学发展。

在这里我结合自己的实践经历来谈谈我的六点经验和体会。

第一点就是要形成工作主脉络。以“旅游发展年”为主线，着力营造旅游发展氛围，大力优化旅游发展环境。首先是要强化组织体系。当时鹰潭市成立了高规格的旅游产业发展委员会，市委书记任委员会主任，市长任第一副主任，市人大、市政府、市政协分管领导任副主任，全市65个相关部门主要负责人为成员，把旅游产业放在全市经济社会发展的突出位置来抓。其次是精心制定方案，明确了2009年是鹰潭市旅游发展年。我们出台了《关于进一步促进旅游产业发展的若干意见》，下发了《鹰潭市2009旅游发展年活动实施方案》，明确了一系列扶持旅游发展的政策措施，要求各级、各部门、各行业打破区域、部门、行业界限，积极关心和大力支持旅游产业发展，努力营造全社会关心、重视、支持旅游发展的浓厚氛围，形成推进旅游发展的强大合力。第三是系列扶持政策。在资金保障上，从2009年起，市财政每年安排500万元旅游发展专项资金（此前只有40万元经费），主要用于补助和奖励景区景点建设、旅游规划编制、旅游宣传促销等方面。在土地政策上，旅游建设项目享受工业园区同等待遇，大型旅游项目列入全市重点建设项目予以调度和安排用地；旅游企业收购、兼并、重组涉及存量土地、房产转让的，权属变更有关费用依法予以减免。在财税政策上，旅游建设项目在财税政策上享受工业园区同等待遇；降低星级旅游饭店用电、用水、用气价格和有线电视收视费；根据旅行社组接团实得收入计征营业税。在奖励政策上，成功创建品牌的旅游景区、提升等级的旅游饭店和进入年度全国100强、全省50强的旅行社，组织专列、旅游大巴车队、旅游包机的旅行社，分别给予一定资金奖励。第四是要全面动员部署。春节上班后第三天，鹰潭市委、市政府召开高规格、大规模的全市旅游产业发展大会，市四套班子领导和全市各级、各部门主要负责同志260余人参加会议，市委书记、市长亲自讲话、亲自部署、亲自动员，全面吹响了鹰潭旅游产业大发展的号角。这些举措获得了省政府的高度评价，被誉为是积极应对金融危机，**见势早，行动快，措施准，并由省政府发文将鹰潭促旅游的做法转发给其他地市。**

第二点是突出工作主抓手。以龙虎山申报“世界自然遗产旅游区”为抓手，围绕申遗龙头工作，做了很多事。2010年成功申报“世界自然遗产”，确保贵溪白鹤湖景区成功创建“全国农业旅游示范点”和“国家3A级旅游区”，余江血防纪念馆成功申报“全国爱国主义教育基地”。宣传促销上，积极推动，大手笔在中央电视台《朝闻天下》《大好河山》和江西《天气预报》展开形象宣传，在中央电视台发布“水浒开篇地，仙境龙虎山”的宣传口号，推动与中央电视台《走遍中国》《走进科学》《最美中国》等节目开展了合作，大力宣传旅游品牌、旅游形象；开发建设旅游宣传品“六个一”工程；积极引进旅游专列、旅游包机和大型团队来鹰潭旅游，并实施奖励政策，出台地接社、组团社年终业绩奖励办法和鼓励企业创品牌、上等级等奖励措施；精心举办第十一届中国·鹰潭道教文化旅游节、龙虎山道文化高峰论坛、龙虎山国际溪流钓和国际帐篷节、环龙虎山国际自行车邀请赛、国际鸬鹚捕鱼表演大赛、十万青少年畅游龙虎山、龙虎山宋代风情万人交友赏春会、《水浒传》开机仪式等大型旅游节庆活动，积极联合周边景区和各大旅游协作组织，开展联合促销，推出组合线路，借势发展鹰潭旅游业，基本做到了**“季季有高潮，月月都精彩”**。这些活动先后在**中央电视台《新闻联播》《江西卫视》《江西日报》等各类媒体头版头条或专栏大篇幅予以报道**。

第三点是以重点规划为主指引，努力保障旅游可持续发展。整个鹰潭市从全局和整体出发，高标准、高起点建立旅游产业发展支持体系、保障体系，着力形成指导性、针对性、操作性强的全市旅游产业规划体系。在产业规划方面，重点修编了《鹰潭市旅游产业发展总体规划》，编制贵溪、余江旅游产业发展规划。在景区规划方面，重点调整龙虎山景区功能区规划，编制景区控制性、修建性详规，编制《白鹤湖风景区旅游规划》《樟坪畲族民俗风情旅游规划》等。

第四点是以项目建设为主引擎，全力推进旅游建设。在景区设施建设上，我们围绕提升景区旅游品位，重点抓好旅游服务中心、旅游交通、产品升级改造、生态工程、数字化工程等一批重大项目建设。其中游客中心得到了世遗专家的高度好评。

在城区设施建设上，突出完善观光、休闲、购物、餐饮、娱乐功能。重点做到“五化”，即城区环境建设功能化、城区基础设施景观化、城区文化氛围个性化、城区旅游服务体系配套化、城区人际环境亲情化。与此同时，我积极推荐和引进了一批国内顶尖的专家和团队，解决了实践中的不少难题，为保障申遗进度发挥了重要作用。

第五点是以体制机制创新为手段，全面增强旅游发展活力。首先是整合行政管理。根据旅游发展形势要求，龙虎山景区管委会与市旅游局交叉任职。其次是调整门票体制。加强分析、测算和比较，充分考虑游客因素，科学制定门票价格，实施宫观与景区统一的大门票管理模式。最后是调整宫观体制。进一步理顺宗教与旅游的关系，按照有利于发展、兼顾各方利益的原则，实现了天师府、上清宫、正一观、兜率宫等道教宫观管理体制理顺，门票与香火分别管理。避免了分头卖票，构建了互利共赢的机制，一举解决了困扰7年的历史遗留问题，**获得了省民族宗教管理局的高度评价。**

第六点是以惠民富民为根本，着力提升人民幸福指数。为官就是要为民。积极参加领导接待上访活动以及市长专线，以更好了解地方实情和帮助老百姓排忧解难；积极推动全市农家乐的发展，提出来了**建设“十百千”工程，**即在全市树立十个旅游示范村、建立百户农家乐网络、形成千名农民就业的格局；积极联系市信息化办公室为农家乐开通网络宽带、开通网络专栏；发动捐赠图书等。

在鹰潭，我虽然付出了很多，也学到了很多。龙虎山成功申报成为了世界自然遗产，其意义不仅在于打造了一个世界级的金名片，关键的是当地确实有了翻天覆地的变化，老百姓得到了实惠。旅游经济主要指标明显增长，旅游人次和收入同比分别增长了40%多，创历史新高。江西省委书记、省长等都对鹰潭市的申遗和旅游工作给予了高度评价，提出了表扬。我也获得了龙虎山“荣誉山民”的称号。

第四讲

怎样做好旅游规划

在国家旅游局主办的“2012中西部旅游局长培训班”上的讲课（2012年5月21日，南京）

在山西省旅游规划培训班上讲授《新时代山西省全域旅游规划创新发展》（2019年7月24日，贵阳）

旅游规划是一项复杂的系统工程，也是一门内涵丰富、博大精深的学科。不仅涉及从顶层设计到项目落地的过程，也涉及旅游发展前沿理念的全面融入。这里不谈专业的技术规范和标准，而是想结合我多年来在旅游规划行业中的一些思考，以及在全国各地调研过程中的心得体会，对当前旅游规划中的创新理念和经验做法做一概括和归纳，总结出旅游规划的“十个化”。

规划是龙头，是最佳结果的第一步，规划的高层次才是真正的高层次。2014年，习近平总书记在北京市规划展览馆视察时特别指出：“规划科学是最大的效益，规划失误是最大的浪费，规划折腾是最大的忌讳。”规划的重要性不言而喻。旅游规划可以统一认识、整合资源、树立形象，又可以策划项目来招商引资，同时还可以保护资源和富民，所以旅游规划确实很重要。

但一直以来，基层文旅局长经常会有这样一个错误的认识，就是不重视规划。这种观念必须转变，我们再穷也不能穷规划，甚至要做到穷经济、富规划，这样才能更好地抓文旅工作。

我们往往对规划有很多错误的认识：一是规划的浪漫主义，动不动就国际化旅游大都市、世界旅游名城，好高骛远，不切实际；二是规划的虚无主义，认为规划规划全是鬼话，其实不然，像北京故宫、巴黎、华盛顿等世界经典作品都是经过精心规划的结果；三是规划的单边主义，很多甲方没有真正关心规划，老认为：“我找了一个单位来做规划，那就是他们的事儿了。”其实规划做得好一定是甲乙双方精诚合作的结果，它需要地方主管领导和规划专家的合力，规划专家优势在于有宏观视野，了解外界的变化和趋势，但对于地方的了解比不上地方主管。我们在做贵州省的规划时就是大家合力做规划，召开了大大小小上百场的座谈会，提出来国家公园省的总体定位，形成了一系列的项目支撑体系，设立了上百个景区办公室，制作大量的招商手册，建设一批项目库，现在每年贵州省旅游招商投资的落地项目都会超过1000亿元，这些成果得到了省委常委会的高度评价。

当然，规划的理念和方法也需要与时俱进，不断更新，特别是在文旅融合的时代背景下，旅游规划需要关注到如下几个方面。

第一就是严格遵循国土空间规划，以确保规划在空间上的可落地性。国家已经非常明确规划的总思想就是要从过去的规划各自为政转变为实现多规合一，真正一张图贯穿。无论何种规划，生态优先、绿色发展是前提，生态红线千万不能碰，要权衡好资源环境保护与开发的关系。另外文旅规划一定要和其他规划相互衔接，相互协同，要在遵循国土空间总体规划的前提下进行，并具体到空间的开发、保护和利用。

第二就是关注和推动“十四五”规划的专题和融合研究。新时代的“十四五”规划关注的议题会更多元，文旅融合、科技创新、全域旅游、乡村旅游、区域合作、多规合一等都将有所涉及，前期的很多专项研究也都应该提早展开，为规划开局做好基础和铺垫。

前段时间我在厦门提出了文旅融合的六大路径。一是文旅空间整合，推进文化元素向生活空间渗透，文旅产业向休闲空间布局，实现主客共享的全域发展文旅格局。二是文旅产业赋能，通过造龙头、铸链条、建集群，推进“文+旅”，即文化产业与旅游产业深度融合，同时也要促进“文旅+”，即文旅产业与工业、农业、教育、动漫、科技等其他产业渗透融合。三是文旅产品培育，鼓励建设一批文旅融合示范点、示范区以及展会、活动、文创等创新业态。四是文旅品牌塑造，通过在地化或创意化的文旅节庆、文旅地标引爆，结合传统媒体营销、新媒体营销，实现陆军、海军、空军全面推广。五是文旅市场融合。引导市场供给主体和资本深度融合，并加快监管体制和职能的融合。六是文旅公共服务渗透，促进旅游服务设施文化性与共享性改造，文化服务设施旅游化与体验化升级。这些路径有很多创新的想法和做法，在“十四五”规划中都是可以进行深入思考。

第三就是全域创建的示范性和推广性。2019年8月23日下午3时举行国务院政策例行吹风会，提出参加首批验收认定的示范区单位**在文旅融合创新示范、旅游扶贫富民创新示范、景城共建共享创新示范、景区带动创新示范、生态依托创新示范、休闲度假创新示范、资源枯竭转型创新示范、边境开发开放创新示范**等领域形成了许多可复制可推广的经验做法。首批71家全域旅游示范创建单位在一定程度上代表了某一方面的示范。

第四就是重视规划的评估和落地。《文化和旅游规划管理办法》文旅政法发〔2019〕60号，提出了对立项和编制、衔接和论证、报批和发布、实施和责任等方面的要求，重视多规合一，重在过程管理，强调规划实效。这也明确了我们要重视规划的评估和后期的落地实施。我们从2012年开始为贵州全域旅游规划服务，到2018年总共有六年的时间，持续服务了四任省委书记；我们也为内蒙古伊金霍洛旗提供了四位一体规划服务，从顶层设计到运营管理到品牌营销再到投资招商库，形成了全链条、一站

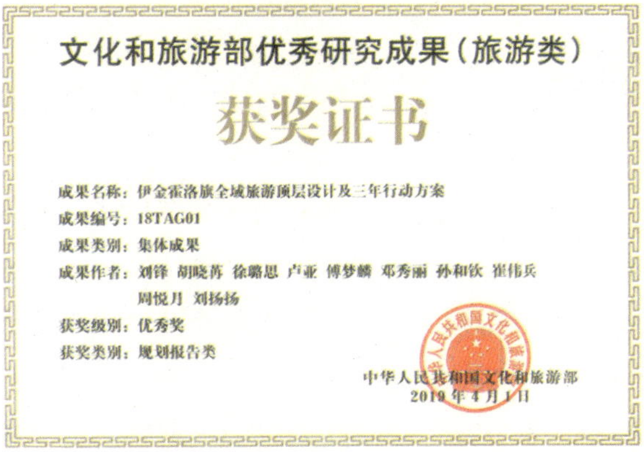
文化和旅游部优秀研究成果（旅游类）

获奖证书

成果名称：伊金霍洛旗全域旅游顶层设计及三年行动方案
成果编号：18TAG01
成果类别：集体成果
成果作者：刘锋 胡晓苒 徐璐思 卢亚 傅梦麟 邓秀丽 孙和钦 崔伟兵 周悦月 刘扬扬
获奖级别：优秀奖
获奖类别：规划报告类

中华人民共和国文化和旅游部
2019年4月1日

国家文化和旅游部优秀成果奖证书

式服务，我们也因此获得了国家文化和旅游部优秀规划成果的第一名。

同时，我也提出规划要从“教科书”变为“操作手册”，“规划规划，纸上划划，墙上挂挂”的时代已结束，“划得好才能建得好”成为我们的指导准则。规划的关键还是要落地，要有落地的项目和产品，要能够把规划项目化，项目招商化，招商落地化，这样就形成了层层递进的操作指南式规划手册，而不是原来教科书式的规划。比如乡村振兴，不仅要有规划设计，更要提供专题培训、论坛宣传以及创意产品的落地和协助招商。我们专门成立了产业资源的整合中心，有一批产业联盟单位和战略合作伙伴，也专门成立了招商中心，来帮助各个地方更好地对接产业资源。

那么可落地、切实可行的规划应当怎么做？我认为，应该按照“十个化”标准，高起点、大视野、新思维、强落地，切实帮助地方解决旅游发展中的问题。接下来，我们就详细地谈一谈旅游规划的“十个化”。分别是：**全城全域旅游化、多种资源旅游化、各行各业旅游化、区域营销旅游化、天人合一化、产业集群化、开发创意化、项目落地化、场景体验化和旅游民生化。**

一、全城全域旅游化

全城全域旅游化不是说城市的每一个点都要遍地开花搞旅游，而是要以战略性的思路，把整个城市作为一个大景区，要把区域整体作为一个旅游吸引物，把所有能为旅游所用的资源和要素都整合进来。也就是说，把旅游作为一个统领性的理念，来思考区域性经济发展的新模式。**全城全域旅游化的理念，是要把城市做成最大的景区、最好的产品、最美的旅游目的地。也即城市即旅游。**

这是我在2000年就提出的理念，在当时也算是城市化进程中的新思想，现在来看也并不过时，与当下全域旅游的发展思想不谋而合，考虑的是怎样把旅游的功能和作用更好地注入城市化进程，是在有条件的旅游城市和目的地提出的一种具有战略性和前瞻性的发展理念。

对于一些旅游资源特别有优势的地方，实际上是可以跨越工业化发展阶段，直接迈入服务主导经济结构的发展阶段。对于中国这样的大国，工业化阶段不可逾越，但是对于局部的地方，可以直接进入到以旅游业为龙头、现代服务业为主导的发展路子。全城全域旅游化要求我们用旅游的理念来进一步提升城市的整体发展思路，更好地经营城市。过去的城市规划主要是借鉴苏联模式，重物质生产，轻精神生活。以前重视工业园区的规划，对于休闲旅游功能的规划程度比较低，实际上在“世界上最有名的城市规划宪章——《雅典宪章》”中，已经明确提出城市最重要的四大主体功能就是生活、工作、交通以及休闲旅游。过去我们对休闲旅游都不太重视，城市中缺乏对旅游功能区的规划，现在我们要在这个方面重新补课。可以看到，像杭州市、成都市、青岛市、大连市都很重视旅游功能在城市中的建设和完善。比如，成都市提出的定位是“世界现代田园城市”，把田园城市概念全方位融入到城市发展中，包括生活空间、绿地空间、活力的特色城区、交通体系等等，因而成都的生态田园氛围营造得非常好。

像我们曾经服务过的桐庐、湖州在全域旅游发展方面的做法也非常值得参考。桐庐位于浙江西北部，处于钱塘江中游，曾先后荣获国际花园城市、国家园林城市、全国美丽乡村示范区等殊荣。桐庐县在2011年提出“一个目标、五大桐庐”的发展方向。其中一个目标就是“建设中国最美山水型现代化中等城市”，五大桐庐就是要建设“风景桐庐、低碳桐庐、人文桐庐、开放桐庐、幸福桐庐”。2012年桐庐县委在制定《振兴旅游休闲产业五年行动计划》中明确提出了“全域旅游”创建计划。这里他们做了四大方面的努力。

首先是体制机制改革创新。包括完善县、乡两级的领导体系，创新考核办法，改善旅游配套执法体系，进行专项资金拨款，加强综合政策保障。

其次是全景化打造。“坚持以景区的理念规划全县、以景点的要求建设镇村，打造处处有风景、时时见风景的县域大景区”。具体来说，首先是**生态为基，改善环境**。因此他们在全国率先完成了农村生活污水处理设施的行政村覆盖，农村垃圾分类处理也做到了全覆盖。可以说桐庐在乡村人居环境改善方面做得非常领先。接下来开始做美丽城乡，尤其注重**规划先行，统筹发展**。为了确保做好全县统筹规划，他们编制了20多项“风景桐庐”建设子规划，包括水系景观、天际线、绿道等规划，并深化美丽乡村的覆盖，做到“一村一品”，推进公路建设，这样分散的景点就被串联了起来。旅游吸引物做好了，桐庐开始完善旅游基础设施建设，比如游客接待中心、旅游标识系统、生态停车场、WIFI全覆盖等，不断深化旅游服务。

再次是全产业融合。桐庐并没有就着旅游谈旅游，而是推进全产业的融合，让产业围着旅游“+”。这里很值得注意的就是现在经常说到的多规融合，其实桐庐早已经开始做了，他们把旅游规划与县域总体规划、产业规划、城市规划、交通规划、生态规划等融合在一起，并且不仅限于规划，更是推进一些产业平台的建设发展，最终落实到一批“旅游+文化”“旅游+工业”“旅游+农业”“旅游+城镇”等项目上。

最后，桐庐积极推进旅游转型。让单一的景区旅游，转化成为全地、全时的全域旅游，形成了山水观光、乡村旅游、休闲度假、商务会议、康体养生立体化旅游生态格局。旅游产业的壮大，也带动了整个县域经济的转型。

湖州的全域发展则通过建设10大乡村旅游集聚示范区、3大示范区创建国家4A级景区，3个省级特色小镇、1个乡域4A级景区、一批度假群落、一批旅游综合体以及各类不同性质的景区，联合各区县多元化、特色化的旅游资源，在空间上实现以点带面、以面联网的有效联动，打造全域景区化空间格局。同时在区域服务上注重以景区化的标准要求提供景区化服务管理。以乡村旅游集聚示范区建设为例，湖州市以“十个一”基础设施工程建设为载体，深化推进“五水共治”“四边三化”“外整内提”和“厕所革命”等工作，同时在咨询配套、交通改善、标识提升、智慧服务、要素升级、品牌创建、业态丰富、人员培训等方面也取得了很大的成效。

除了桐庐、湖州以外，像海南岛，提出建设国际旅游岛，也是一个全岛全域旅游化的思路,并且提出了一套区域发展的新路径和新模式，叫做“以旅游业为龙头，以现代服务业为主导的特色经济结构”。这样一种模式，是跨越工业化直接迈进服务业为主导阶段的模式。

另外在全城全域旅游化里面，很重要的一点就是规划要先行，要通过规划手段和载体把各个方面的资源、力量和认识统合在一起。

其中，第一位是要规划领导资源。在中国的国情下，领导就是第一生产力。政府是经济火车头，企业是一节节的车厢。在旅游业发展中，尤其是在初期阶段，政府主导确实扮演了很重要的角色。

我在鹰潭挂职时分管旅游工作，对政府主导这一点感受很强烈。国内很多旅游目的地典范的成功，政府在主导旅游发展中都发挥了很大作用。像焦作现象，我于2001年主持编制焦作旅游发展总体规划；还有栾川模式，也是我参与倡导；以及四川经验、泰宁路径等。这些地方旅游成功的一个很重要的经验是党政一把手亲自上手抓旅游。如四川省连续开了多届全省旅游发展大会，九寨沟开发效果也非常好，这都与党政一把手的领导和推动密不可分。特别是中西部地区，旅游总体仍然处在初中期发展阶段，尽管我们说市场运作、企业主体，但这个阶段仍然离不开政府主导。旅游需要领导支持，要让旅游更好地挤进党委、政府的议事日程和工作盘子。

第二就是要科学引领，规划全局。之前我参加了“青岛凤凰岛国际旅游岛”的国际竞标评审会，大家都认为：必须高度重视规划，规划可以创造价值，可以生出钱来，规划做好了可以使整个城市价值大幅提升。要科学引领，通过旅游规划引领城市规划，通过旅游规划促进相关产业和部门的配合，推进多规融合、统分结合，构建“1+N”规划体系，以旅游规划统领联动交通规划、城市规划、产业规划、土地规划等，有序推进全域旅游全环节、全步骤的扎实落地。

全域旅游规划应包括从战略规划到功能区规划，再到示范县/区规划，以及与其

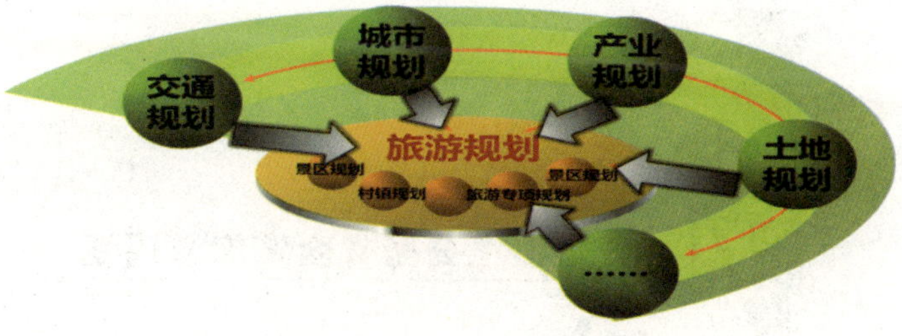

全域旅游中以旅游规划引领多规合一

他经济社会等专项规划的融合规划，层层递进，以解决全域旅游发展过程中存在的统筹管理体制机制问题、产业融合问题、产品创新问题。全域旅游规划是创建规划，按照前国家旅游局的创建指导要求，有相对具体的工作目标和规定动作，结合各市县实际情况，明确具体目标任务、工作计划，并对工作任务进行分解，落实到各委办局。各部门一定积极参与，与规划单位协同推进规划编制，保证规划的因地制宜和可操作性，真抓落实。对于全域旅游规划编制的目标、指标、行动计划等还要严格进行考核，确保规划执行力度，实现规划效果。

像我主持的贵州省生态文化旅游产业规划，就是一次统领性的规划，就是用旅游规划统领贵州省的交通规划、产业规划、城市规划和土地利用规划。用旅游规划牵头省级规划，这在全国还是第一次。当时规划领导小组负责人是时任贵州省省委书记栗战书和省长赵克志，到现在我们已经服务了四任省委书记。

贵州规划在全国非常具有代表性，高位做规划、全面做规划、持续做规划、落位做规划。

高位做规划。规划最重要的工作是规划领导资源，需要党政一把手抓。贵州成立了旅游改革小组，省长亲自抓规划，这成为贵州旅游发展成功的重要机遇，历任领导真正重视规划，主要领导亲自上手抓规划，一绘到底，一届接一届，连续落实。我们当时在规划里提出来“国家公园省 多彩贵州风”的总品牌，但是因为在中央电视台打广告，说“国家”两个字不能用。后来在兴义国际山地旅游大会上，陈敏尔书记听了我关于贵州山地旅游的演讲，当场就开了现场办公会，说干脆就改成“山地公园省 多彩贵州风”作为全省的统一品牌，全球全面深入持续的推广，这个品牌快速地在全国刮起了“贵行天下”的风潮。

山地公园省·多彩贵州风

生态涵养地
山水大观省
文化千岛省
避暑养生地
国民休闲地
国家度假省

持续做规划。贵州的规划不是上一任做过的规划，下一任再来一遍，

而是有一个持续性，我们后期又持续做了《贵州省山地全域旅游规划》以及很多个地市州的发展规划。

落位做规划。规划不是墙上挂挂，纸上画画，而是要能够真正落下来，因此我们规划的思路就是要**规划项目化，项目招商化，招商落地化**。所以当时专门成立了一个百个景区推进办公室，省长做组长，办公室设在旅游局，专门落实这一百个项目，包括了详规实不实，招商书是不是做了，推进到哪一步了，开工程度怎么样等。88个县都是要督导考核打分的，完成得不好，可能摘帽子。这种全程督办也使得项目达到了很好的落地效果。我们当时提出的一个中心、六条走廊、七大旅游区和八个枢纽节点、2000个项目支撑的全域旅游规划也是得到了很好的落实。

全面做规划。贵州省规划是真正全省、全部门、全民都来参与，在全国非常少见。对我们来说，贵州的规划可以说是百人大会战，我们去了50多次，和各个地州市都进行了广泛交流，非常不容易。2012年第一次举行厅局级交流会的时候，大多都只派了一个科员参加，只有一个市是派了一位副处，但是到后面每次都是厅局级领导亲自参会，这说明对旅游规划的重视也都是有一个过程。我们在规划过程中相关工作做得比较深入，在旅游+方面与交通厅、旅办、农业厅等紧密互动，从一开始互相不搭理，到后来我们就是一家子，相互服务，相互交流。规划真正起到穿针引线的作用，成果双方都认可。

这个规划也得到了时任贵州省委书记赵克志和省长陈敏尔高度评价，省委常委会听取汇报的当场就追加了1.2亿元旅游发展资金，此后贵州每年旅游招商突破1000亿元，年旅游人数增长了30%多，旅游人次排名从全国倒数跃居全国第一方阵。

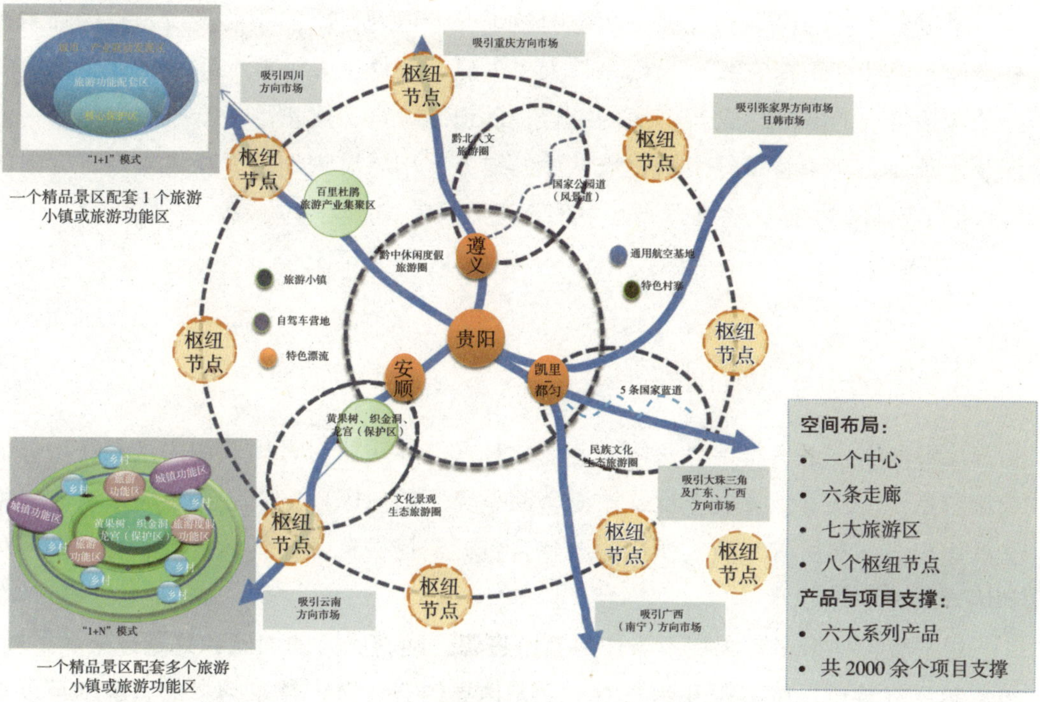

贵州生产力布局图

7月13日与农委交流会　7月14日与体育局交流会　7月17日与机场交流会　7月27日与住建厅交流会　8月12日、13日省局领导及专家至达沃斯研讨

7月27日与旅游局沟通会　8月1日与文化厅交流会　8月1日与林业厅交流会　8月2日与民委交流会

8月3日与交通厅交流会　8月6日与文化厅交流会　8月6日与金融办交流会　8月9日与旅行社交流会　8月7日与六盘水市沟通会

7月12日与贵阳市沟通会　7月17日与遵义市沟通会　7月18日与毕节市沟通会　7月19日与安顺市沟通会　8月3日与黔东南州沟通会

8月4日与铜仁市沟通会　8月5日与黔南州沟通会　8月8日与黔西南州沟通会　8月24日省旅游局讨论会　8月27日省旅游局讨论会

通过贵州省的谋划和发展，我想明白了一个道理，既然旅游是贵州省的强力支柱产业，为什么不把它真正当作一件大事来抓，像抓工业一样来重视，用超常规的办法、超常规的举措，进行资源的统合、认识的统合，真正形成全省一盘棋、一张图、一条心。对于有条件发展全域旅游的地方，用旅游规划统领相关规划，党政领导一把手亲自上手抓，这样规划才可能真正见成效，产生好效果。

二、多种资源旅游化

旅游的本质是一次差异化体验，所以凡是能够被旅游者体验的内容都有可能成为旅游资源。从这个意义上讲，旅游资源是无限的，因此，发展旅游需要有拿来主义的思想。不求所有，但为所用，要整合资源，挖掘资源，创新资源，将其转换和利用形成旅游产品。

过去我们把很多资源都不当作是旅游资源，随着旅游的内涵和外延越来越扩展，越来越泛旅游化，旅游业开始成为一个无边界的产业链，越来越多的资源都可以转化为旅游资源。

美国旧金山湾区是很典型的代表，其社会资源吸引力远远高于景区。比如谷歌总部，就是一个依托生产型资源而形成的旅游吸引物，其大楼、雕塑都具有观光价值，同时也可以在露天阳伞下聊天喝茶、体验员工自行车等。再比如渔人码头，是一个依托生活型资源而形成的旅游吸引物，游客不仅可以看码头风景，感受休闲生活氛围，也可以去渔主题农庄品尝海鲜。此外，还有斯坦福大学，是依托教育型资源而形成的旅游吸引物。总之，旅游吸引物不一定要依赖于传统景区，很多社会资源也可以转化成旅游资源，为旅游提供服务。

谷歌总部

渔人码头

（图片来源：图虫网）

斯坦福大学（图片来源：图虫网）

国内比较有代表性的城市是杭州，他们的做法是把100个城市社会资源转化为国际性旅游产品，把美术学院、国医馆、社区、农贸市场、监狱、法院、邮局、幼儿园等都变成了旅游产品选项，这些富有生活场景创意的旅游项目非常受游客欢迎。一些外国游客最喜欢去幼儿园，因为小朋友很天真、很可爱，可以一起开心地做游戏，于是他们到了幼儿园就会说："很久没有这么开心了，只要去西湖和幼儿园就可以，其他的地方都不用去了。"其实，外国游客们也想了解中国幼儿园小朋友如何成长，这样的本地生活体验既能够找到差异化内容，也能找到快乐。

大连市则通过整合全市可利用资源提炼旅游品牌形象，发展全域旅游。我主持编制的《大连市旅游发展总体规划》，提炼出了"浪漫之都、时尚大连"。其实大连

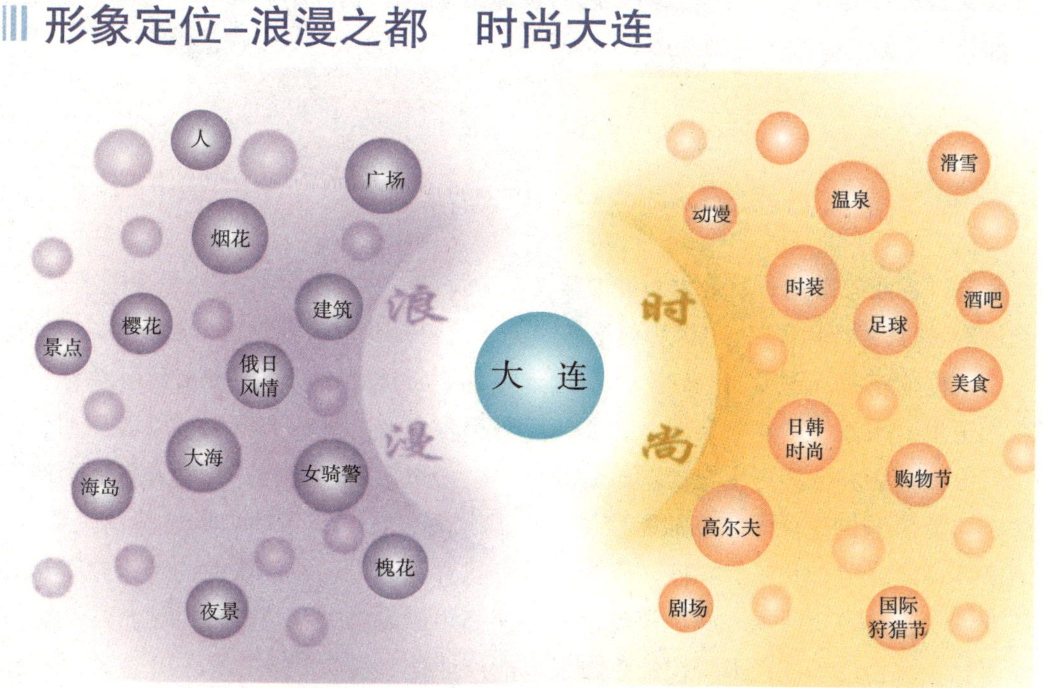

本来没有太多浪漫元素，我们通过对樱花、俄式风情、建筑、女骑警、夜景、大海、海岛、贝壳博物馆、南北极海洋动物馆等元素的梳理提炼出浪漫主题；然后通过对动漫、时装、足球、美食、温泉、滑雪等元素的梳理提炼出时尚元素。这实际上是超越传统旅游资源的创新，是一种超旅游资源观，大连传统的旅游资源没有像张家界、黄山等这样顶级和独一无二的，但有很多时尚资源、休闲资源，这些最能够对应当代人生活消费需求。发展休闲度假旅游的资源种类非常多，但是一定要转变观念，会挖、会用，转化到旅游上。就像前一阵子在长治市，我提了一个打造“滋润之都”的理念。长治市有这么大的城市湿地，这么好的避暑气候，水很多，给人很滋养、很滋润的感觉，有中国最好的小米，小米又是最滋养人的，“滋润”的感觉跟旅游很贴合，很有滋有味，又很滋润。5年前我在宜春靖安给中心党组讲课的时候提出了“有一种生活叫靖安”，因为它的极致生态、它的厚重文化、它的悠闲韵致，是一个可以让心留下的地方，现在这个理念已成为了靖安广为流传的形象口号，前段时间我再次去宜春时，在此基础上我又加了一句：“有一种春天叫宜春”。

旅游资源无极限，要有超资源观，新资源观，要有拿来主义的思想，善于嫁接，善于创新，善于融合，各种各样的资源都可以旅游化。总之，旅游既要有拿来主义，更要有创新融合。特别是中西部地区，资源很丰富，但老习惯于盯着传统的观光旅游资源，高度同质化的老三样产品，对于当下的年轻人来说并不太感冒。而且在经济学里面有一个很重要的定律就是“资源诅咒”：我们往往会形成一个路径依赖，资源越富集反而越会陷入资源陷阱，越容易缺乏创意。资源的利用需要创意化思维，这部分在后面我会进行单独阐述。

三、各行各业旅游化

各行各业旅游化，就是我们过去常说的大旅游、大产业，这已经是一个大趋势，文旅融合时代大幕开启，也将加速这种趋势。这也是我们现在常说的旅游+，+旅游。

在传统旅游六要素的基础上，现代旅游业不断延展，广泛涉及文化、教育、体育、卫生、宗教、城建、环保、会展、商务等各领域，基本上我们可以看到和想到的各方面都能和旅游产生交集。旅游业是一个无边界的产业链，或者说是一个产业集群。从旅游的景区景点到旅游交通运输、旅游餐饮、宾馆饭店、旅游商贸购物、旅游地产、文化、娱乐、媒体、广告、旅游教育、观光、休闲农业、工业旅游、节庆会展、中央游憩区、旅游小镇建设等等，都跟旅游有关联。因此，旅游是一个链条很长、综合带动性很强、拉动系数很大的产业链，覆盖一、二、三产业，又超越

一、二、三产业，诞生了很多的新业态，像会展旅游、邮轮游艇、旅游小镇等，可以说一业兴百业旺。

各行各业旅游化，也就是说旅游要与各行各业进行产业的融合与协调，这也是旅游业发展的一条重要经验和规律。各部门、各行业通力协作，推进旅游资源产品、基础设施向满足旅游需求以及实现旅游功能转化，真正构建综合的旅游产业集群。比如，过去A级景区的申报，国家不少相关部委联合发文制止下级部门申报；而现在越来越多的部门对发展旅游的兴致高涨，开始联合推动A级景区的申报，因为他们明白了要想发展经济、产生效益，一定要和旅游挂钩。像农、林、牧、渔业和旅游交集，产生了观光农业、休闲农业、乡村旅游、农家乐、森林旅游等。过去樱桃卖2块钱一斤，变成现在的采摘20块钱一斤，既让人家帮你打工来采，人家还买得很高兴。旅游还可以与农产品的深加工、手工艺制作发生关联，还可以和农家乐、有机绿色食品结合，旅游和农业的结合非常紧密。同样，旅游跟文化、体育、教育等产业也有很多结合点。我曾到苏州市的常熟进行过调研，他们的商旅融合做得非常好。有一个服装城是购物旅游目的地，通过跟旅行社合作，带游客到那里购物，在那里游客不仅购物，还可以休息，并能享受到一系列配套的休闲服务内容等。

在业态融合方面，我觉得做得最成功的就是杭州市。这里我想先说说杭州的原市委书记王国平，他对杭州旅游业发展做了很大贡献，也有很多名言。他说："旅游业是杭州人民的摇钱树，是杭州城市的金名片，是杭州科学发展的发动机。"还有一句值得推广："在杭州，一个不抓旅游的领导是一个不清醒的领导，一个不会抓旅游的领导是一个不称职的领导。"这两句话说得很好，很到位，对杭州旅游起到很大的促进作用。在他的推动下，杭州旅游确实迈上了很大的台阶。我们中西部地区有很多的好资源，确实需要这样的大魄力来抓旅游。

杭州的文旅融合做得很好，尤其是在文化演出方面，杭州的《宋城千古情》把原本杂烩的演出内容，做成了精品，非常了不起。还有《印象西湖》《最忆杭州》都非常吸引人，将其夜间旅游做得非常丰满。

另外杭州的农旅结合、工旅结合以及商旅结合也都做得不错。最有特色、最值得推崇的是杭州市培育发展了十大特色潜力行业，有一些大家能想到，如美食、演艺、茶楼、理疗休养；有几类大家不太能想到，如化妆，白天你可以游西湖、上雷峰塔，晚上可参加交流培训，有化妆讲课，可以了解化妆知识、试用化妆品及购买物美价廉的化妆品。另外，杭州纺织、服装业比较发达，将服装展示、展览、T台秀、服装交易等与旅游结合，使旅游更加有质感。杭州整体的思路是把和旅游、休闲、度假相关的产业都有机串联起来，通过找到嫁接点和融合点，使双向都提升附

《宋城千古情》演艺

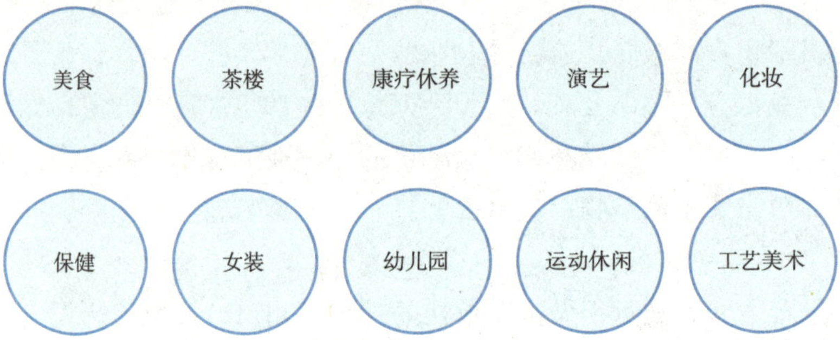

杭州十大特色产业

加值，从而形成多项特色潜力行业。

现在各地发展乡村旅游、做农旅结合的很多。这里再多说一点，现在的新农村建设，说是要与旅游结合，其实走的又是反旅游的路子，很多是千篇一律，全是像火柴盒一样的建筑，房子盖的也都一样。他们觉得现代化了，觉得像城里了，很有成就感；其实这反而跟城里面一个样，失去了休闲感。要用景观的观念建设新农村，可以学习成都的花舞人间，学习莫干山的洋家乐，要真正做得有味道，实现生态美、生产美、生活美，三生三美。比如一个小院子，绿化不能太整齐，要有树篱，要有点散落，有点野生状态。不能规规整整，每个房子都刷得一模一样，全部一样，没有差异性，那就失去了味道，所以我们的理念一定要正确。要用旅游的理念经营农业，而不是用单纯的城市规划思路建设旅游新农村。

在这里再说一下旅游的内在经济学原理。旅游经济是链条经济，我们要按照旅游产业链打造，旅游是完整的体验过程，旅游者有“12头”方面的需求。我们要按照旅游产品类型构建产业链，然后按照产业链来集聚要素，同时按照要素培育龙头。现在的旅游产品不外乎有三大系列：观光旅游、休闲度假旅游、专项旅游。每一个

类型的旅游都可以顺着其吸引链、配套链、延展链、运营链不断丰富内容，把产业链做长，产业群做大。

第一大系列是观光旅游。现在很多地方还是处于观光旅游主导阶段。观光旅游的思路，就是搞景区景点，好像这才是做旅游。其实不然，景区景点只是观光旅游产业链里的一部分，观光旅游的逻辑是什么？它基本是由吸引链、配套链、延展链、运营链构成。中国目前有3万多个景区景点，其中A级景区10 000多家，5A级景区只有259家，还有风景名胜区、历史文化旅游区、博物馆、宗教寺庙、人文建筑、标志性建筑等等，这都是观光旅游的传统吸引物，即吸引链。配套链是吃、住、行、购等要素，包括了酒店、特色餐馆、商店、交通等内容。延展链是娱乐、体育等，比如说大型演艺晚会、科普旅游等等。运营链中最重要的是中介系统，过去运营的主体是大型旅行社，旅行社在传统观光旅游中的作用和地位比较高，需要依赖旅行社招徕客源，现在运营链包括旅游集团、OTA网站、游客咨询中心等。新时代的景区景点还需要有更加专业的运营能力，可以是高效的景区管委会，也可以是市场化的景区管理机构，通过标准化的管理、热门的二次消费产品的植入、专业的营销活动等实现观光旅游的价值放大。

第二大系列是休闲度假旅游。与观光旅游相比，休闲度假旅游的吸引链开始变

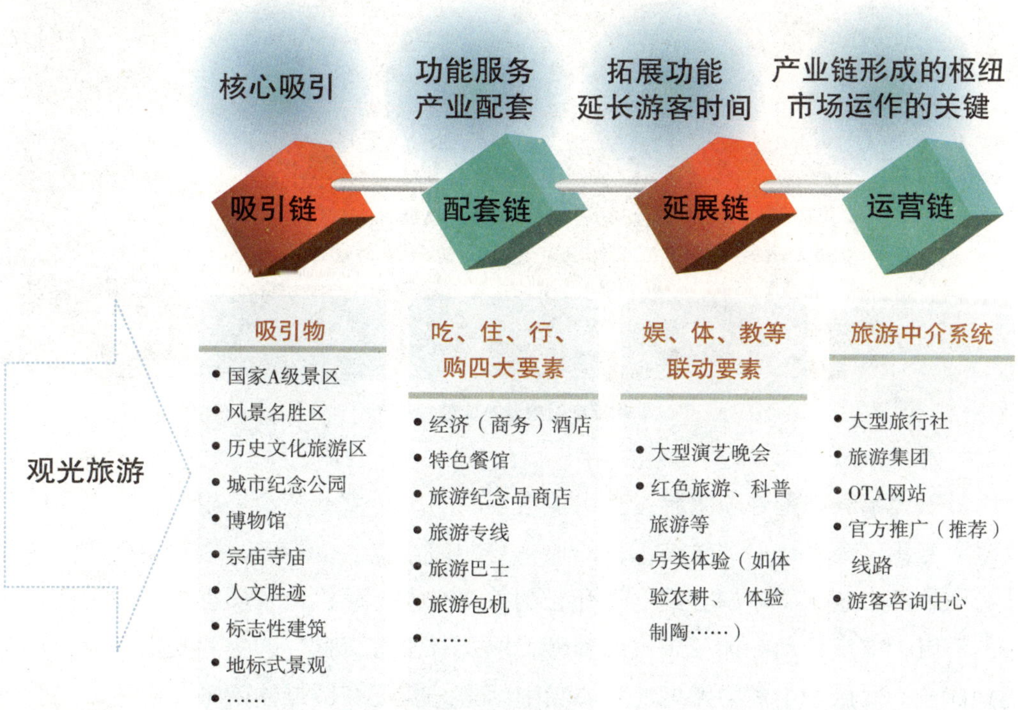

观光旅游产业链图解

为度假区、高尔夫、温泉、滨海、山岳、森林、旅游小镇、休闲街区、文化创意休闲区、美食城、嘉年华等，这些是休闲度假旅游的吸引物。比如广州的长隆、欢乐谷、珠海海泉湾是吸引链的重要构成，是吸引主体。配套链变成比较时尚的休闲业态或者是服务业态，如酒吧、画廊、歌厅、剧院、康体娱乐、spa、露营地、租赁服务体系。延展链就扩展到节日活动、体育赛事、文化创意产业、奖励旅游、会展旅游等等。休闲度假旅游中，运营企业的主体也发生了变化，大旅游集团如携程、艺龙等大的电子商务运营商，品牌连锁度假酒店，大型会展组织公司，国际邮轮公司，度假区管委会等，已经开始成为这个产业中很重要的运营主体和重点，运营链的关注点和支撑点都发生了变化。

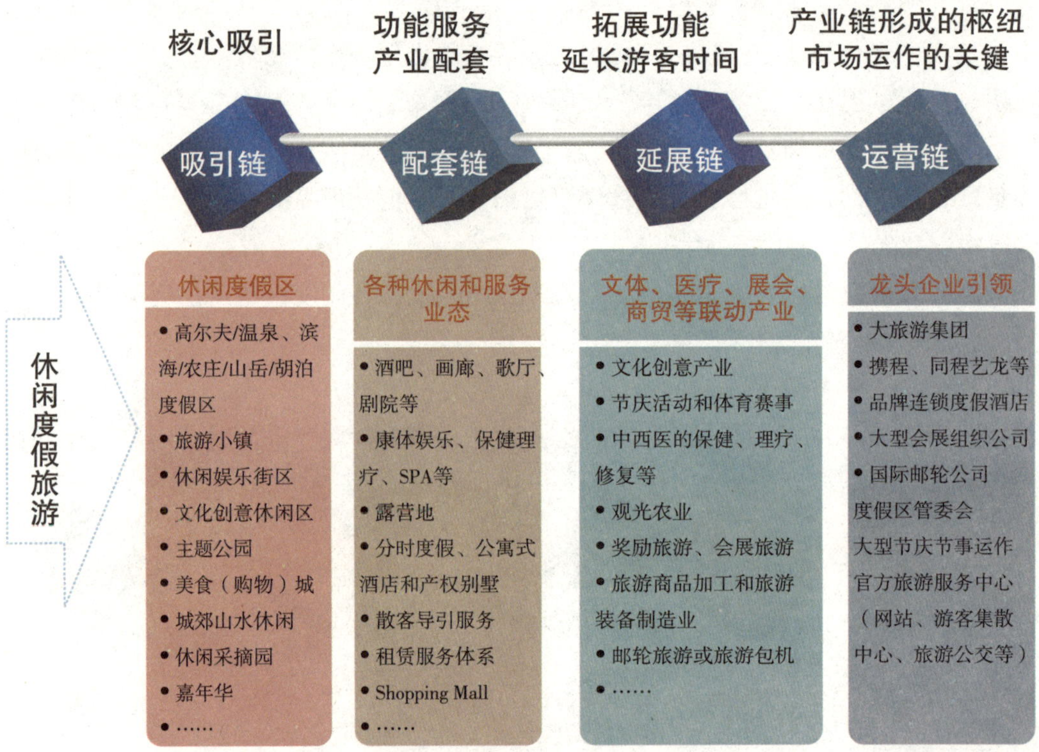

休闲度假旅游产业链图解

第三大系列则是专项旅游。其中很重要的一类是商务和会奖旅游。其吸引链又发生了变化，吸引链的关键在于目的地本身的商业机会多不多，能不能赚钱，客源才考虑来不来这旅游；游客到这里开会则关注有没有商机，有没有会展的设施、高端的酒店、节庆活动和体育相关的赛事，以及有没有美食、购物、娱乐等等，这些都是商务会奖旅游中需要考虑的核心吸引因素。其配套链是休闲服务设施，还有旅游的景区景点。延展链也发生了变化，能够延长游客时间的保健、康疗服务以及一

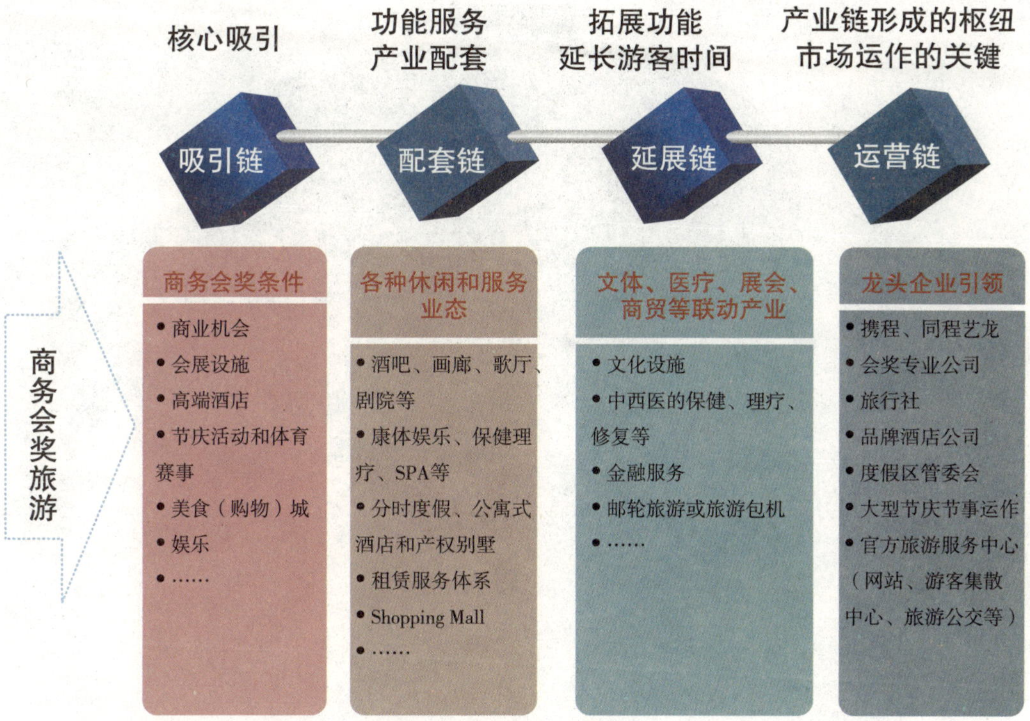

商务会奖旅游产业链图解

些文化服务设施成为重点。运营链的关键是专业的会奖旅游公司等。

针对不同的旅游类型，产业链的构建不同，集聚的要素也不一样，要在每一类旅游类型里打造龙头项目，培育龙头企业，这样产业链就能够构建起来。如果要发展休闲度假旅游，例如有很好的温泉资源，就可以对应去找做得很好的温泉开发公司或集团，如御温泉、天沐、柏联、日月谷等。通过找专业的旅游投资开发公司，可少走弯路，对接高端，实现找龙头、招商引资、招才引智，加快发展。

具体到一个地区，围绕这些配套就会形成旅游产业链条的环链结构，也会形成这个区域相关产业经济和区域经济。综合带动关联产业发展，带动人气提升，再带动这个地区土地价值提升，然后最终使区域的综合价值得到提升，这是区域旅游经济发展的逻辑，而不是传统的景点和门票经济。真正认识到旅游环链经济模式，旅游的发展空间就会一下子打开。

总之，旅游经济是环链经济，是协同经济，是融合经济，产业协同融合是旅游发展的根本规律，以此满足旅游者“12头”多元化的需求，所以旅游规划要很好地和地区发展战略、产业规划、城市规划紧密衔接互动。

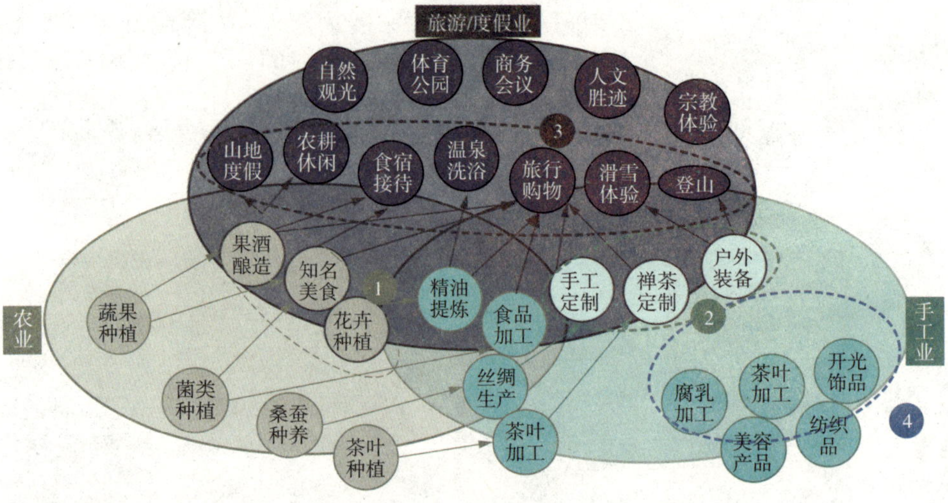

区域旅游产业环链结构

四、区域营销旅游化

近年在中央电视台“朝闻天下”等栏目，经常有旅游形象宣传广告在播放，这已经成为一种现象。这说明旅游宣传是区域形象传播的重要渠道，旅游资源和产品是区域形象传播的重要载体。

旅游是营销一个地方最好的金名片，这也是很多地方特别重视旅游营销的原因。领导们推广旅游责无旁贷，也最恰当不过，谁不夸俺家乡好，推广其他资源，好像都不太妥当，这就是旅游的妙处。

旅游是眼球经济、注意力经济。“内抓精品，外抓营销”，一定是旅游两件核心的事情，所以做旅游要内外兼修，把营销做好了。总结下来，最有效的方式是三管齐下或者说三板斧，要有一个节事活动引爆，制造话题，形成传播点；重视网络营销，即空军，因为它可以全天候、全世界覆盖；我们也还需要传统的媒体来响应和支撑，海、陆、空结合就会达到很好的营销效果。

这里重点谈几点旅游营销的要点和法则。

第一个是品牌营销。任何一个地方，一定要有一个好的品牌。企业提供的是产品，但消费者买的是什么？他们消费的是品牌。“金牌银牌不如品牌”，品牌是最具持久力的资产！我一直很推崇香港的旅游品牌营销，花了不少钱，得出了四个字“动感之都”，就觉得很贴切，很符合香港的特色，很形象、很生动，香港的旅游宣传画也充分体现了“12头”。

香港旅游宣传画

现在国内很成功的一个案例是“好客山东”，用整体品牌统合了很多资源。“好客山东”出来之后，很多省份纷纷效仿。比如四川提出了“四川好玩”；受四川的影响，重庆提出了“重庆好耍”，也还不错；最后四川和重庆两家一协商，在西部旅游论坛上推出了“玩耍川渝”，一下子把这两个地方都对接上。还有山西，我曾作为评委帮山西选了一个很好的品牌口号，就是“晋善晋美”。2003年，我主持编制了《山西省旅游振兴规划纲要》，提出了一个口号，叫“华夏古文明，山西好风光”，将文化与风光结合起来。我一直认为，山西不能只做文化这一方面的文章，要把得天独厚的自然风光和文化一起做响。这个口号叫了很多年，现在找出一个更好的了，或者可以将两者组合起来，就是“华夏古文明，山西好风光——晋善晋美”。实际上，我觉得这样更理想，像一副对联，加了一个横批。

还有像我们给青海提的“大美青海”，给福建提的“清新福建”，以及贵州的“山地公园省，多彩贵州风”，都是目前得到市场认可的品牌。大连的“浪漫之都，时尚大连”也是我们提出，现在央视、中国旅游报还是推这八个字。

山西旅游品牌口号策划创意

成都的形象口号是张艺谋提的，

叫“一座来了就不想离开的城市”，有时候也说“来了就走不脱的城市”，确实非常好。乌镇，一个非常好的古镇旅游地，他们的口号叫“来过，便不曾离开——梦枕水乡”，他们的旅游形象大使找的是刘若英，这很对路，因为乌镇的主要市场是长三角，特别是上海人，而上海人比较喜欢这种知性美女。所以一个地方找旅游形象大使，不是随便找个明星，找个美女就行，一定要考虑目标客源市场对其的认知度和认同度，是不是跟这里的旅游特质相符合。每一个地方，每一座城市都有自己的旅游气质，或者说旅游特质，我们应该找准这种特质，找准独特性卖点，找到差异化才最有市场。

营销里面第二个很重要的是节事活动营销，这个是营销的引爆点。我在鹰潭挂职市长助理期间，就很重视活动营销。当时大家还有一些分歧，总觉得龙虎山在江西大家都知道，不需要做广告，在南昌做广告也是白做。其实不然，虽然大家都知道龙虎山，知道鹰潭，但这只解决了“我是谁”，而品牌是由知名度、美誉度、向往度、忠诚度四个度构成，龙虎山只是在省内有了知名度，如何让游客关注、向往、想来很重要，解决“我要来”。通过节事活动配上服务才能真正吸引客流。

针对节事活动，我们提出了一个理念：“季季有高潮，月月有活动，天天都精彩。”每个月都设计一个主题活动，结合主题活动进行营销推广，效果很好，因为单纯只推品牌，没有新鲜感，但是配合这些活动和内容，别人就会觉得有新花样，这个活动以前没玩过，就想去看看。比如龙虎山，春节有趣味过大年，3月份有万人交友大会，4月份有鸬鹚捕鱼大赛，5月份有环龙虎山自行车大赛，7月份有露营帐篷音乐节，8月份还有千万师生畅游龙虎山等等。每个月都要有活动，结合活动在《江西日报》、江西电视台、大河网进行联动性推广，效果非常好。活动促使出游欲望产生，事实证明，来的人很多。所以通过一定的活动产生新的、叠加的吸引力，这是很有效的办法。

第三，新媒体营销。一些新的营销手段像微博、小视频、网络直播等非常有传播效果。2016年巅峰智业给满洲里冰雪节做网络直播活动，采用网红互动、微博联动、落地活动的整合营销手段，实现直播总浏览量311.9万，新浪微博旅游类话题榜第一、总话题榜第三，线上传播总量6260.6万次，媒体发布覆盖100+网红目的地，全民全网互动，传播量火箭式增长。还有像重庆的洪崖洞，其实在日本动画《千与千寻》播出的时候，它就因为神似里面的“洗浴中心”火了一次。2017年抖音上大量的小视频，也让这个巴渝特色传统建筑群再次火了一把。2018年“五一”期

间，国内游客量突破1亿人次。抖音确实可以算是一种营销新力量。广西文旅厅主办的“让广西旅游抖起来”一天的点击量就超过10亿人次，这个数目确实是很震撼的，一个杂志能发行50万份那都很不错了。所以一定要紧跟时代变化前行，如果说现在做旅游还不知道抖音，还不知道马蜂窝，你可能就out了。网络时代一些新手段可以很快地抓人眼球，起到四两拨千斤的传播效果。

第四，影视营销也很有效。杭州的西溪湿地过去没那么火。因为《非诚勿扰》，一下子火爆得一塌糊涂，甚至这部电影还把北海道带火了。张家界景区借势美国科幻大片《阿凡达》，将“南天一柱”更名为《阿凡达》“哈利路亚山”，利用“哈利路亚山”进行造势宣传，向外界传递一个重要信息：张家界不仅属于世界，也已经走向世界。由此掀起一股“哈利路亚山”旋风，旅游市场大火一把。

总之，旅游经济是眼球经济，也是一种吆喝经济，所以要敢吹、会吹，但要经得起吹。中西部在敢吹方面可以打七八十分，会吹也就是六七十分，经得起吹可能大部分地方不及格。很多地方还是要包装，找准独特性的卖点。这不仅是软实力，有时候是巧实力。营销还有一句很经典的话，“金杯、银杯，不如口碑”，这也非常重要。我们做过大量市场问卷调查，其中有一个问题是：“你是通过什么途径了解这个地方，到达这个目的地的？”过去排在第一位的是通过亲朋好友的推荐，基本占到了40%以上。现在市场调研中排名上升很快的是网络介绍，已抢占到了第一名，网络推荐主要也是口碑，所以说口碑在营销中很重要。

五、天人合一化

过去我们老说要以人为本，但旅游的开发不能简单以人为本，人的欲望无止境，往往会带来破坏性开发建设和过度利用，所以这句话有两方面意思，即旅游开发要以天为本，旅游服务要以人为本。

以天为本就是要尊重自然，对大自然有敬畏感，要真正的多利用、少开发；强体验、软开发，保护优先，要做到天人合一。我曾在丽江看了一场《印象丽江》，确实非常感慨，因为那天的运气非常好，刚开始演的时候乌云笼罩，随着剧情的演进，特别是到了高潮部分——情侣跳崖殉情时，很神奇，一束金光拨开云雾照在玉龙雪山上，很震撼！当时很多人都很感动。《印象丽江》给我印象很深的是一句台词：“我们是上天的儿子，我们是自然的兄弟。”这句话也是我们发展旅游的核心理念和哲学，所以我特别强调在旅游的建设中要做到天人合一。

天人合一很重要的一点就是建筑上的天人合一。建筑应该像从大地中生长出来一样，是消隐的建筑，且建筑本身就应该是一种景观。我们看新西兰的草原房子就很有天人合一的代表性，感觉房子如同从地里头长出来，一点也不突兀，与周边环境很协调，跟自然完美融合。目前有很多旅游建筑都是垃圾建筑、厕所建筑，但经营者却觉得很好、很现代化，实际上我们离开城市到另一个地方旅游，就是希望获得真正的差异化、自然化、人本化的体验，所以旅游建筑或景观要做到自然化和生态化的感觉。

像从地里长出来的景观建筑

与自然融合的各类树屋（图片来源：图虫网）

旅游建筑要尽量反城市化，一定不要把城市搬到景区来。因为旅游的本质是差异化的体验。中西部地区做旅游经常的误区就是以为要搞现代化，总认为要跟城里一样，跟东部地区一样，才是赶超。其实不然，旅游者花了上千元，跑了几千里，看到跟北京、跟东部沿海地区一样的景观，会大失所望。游客希望看到的是土色土香、原汁原味，有当地生命力的文化元素，有当地语言表达的建筑物，是与自然更加和谐的建筑物，而不是贴着白瓷砖的垃圾建筑。

国外很多景区的建筑非常注意人本化、景观化、自然化、绿色化。比如美国大峡谷的服务中心，从外面看很符合西部的特色，外立面是木质材料，土色土香；里面却很时尚，很温馨，又很有当地的元素，这种感觉很好。美国国家公园都很注重原生态

美国大峡谷游客服务中心

美国黄石国家公园（图片来源：视觉中国）

景观环境，里面的公园道路，落叶落在哪里，就留在哪里，形成天然的地毯，很自然。

再比如台北的北投图书馆，与自然融合的理念展现得淋漓尽致，按照绿色、健康、节能、减排四大类别九项指标来进行打造，已经成为了台湾第一个钻石级的绿建筑，成为众多建筑师学习的样本。

台北北投图书馆（图片来源：图虫网）

但是在中国，我们景区的园林工人非常勤劳，掉下一片叶子立马扫干净，因为我们的理念跟人家有差异。武夷山市市长曾经说过一句话：“让木头烂在山里就是文化，鱼儿在水里畅游就是生态。”以前发生了灾害，倒了的树木，不一定要锯掉，因为倒在那里的树木，让人更生出一种关爱感、一种生态保护感，反而是更加自然、生态的。怎么在这上面做文章，怎么做到更生态化，是我们要很好把握的。

再比如说这个森林木屋，外立面和周边环境很和谐，巧妙打开窗户，里面又很现代，很符合当代人的需求，可以上网，也有很好的卫生间，但是外立面很生态，这才是我们所说的在开发上以天为本，真正做到了天人合一。还有基础设施、露营地等都要体现以天为本的理念。

在服务上，则要做到以人为本，真正做好“12头”。要想游客所想，吃什么，

玩什么，买什么，住什么等等，把这些真正把握好，就真正把旅游做得有特色了。

举个经典的案例。新西兰的牧羊犬表演，还有剪羊毛，是他们传统的经典项目。在新西兰皇后镇的瓦卡蒂普湖，这是拍摄《指环王》的地方，在这里看表演首先要坐船到对岸的半岛。大家都会有这样一个同感，一般乘船，前3分钟还有一点新鲜感，3分钟之后两岸景观差不多，就会觉得很枯燥、乏味，但是这里却能把很枯燥、乏味的旅程做到非常有体验感。船上面有三大卖点：第一个卖点是“有吃头”。甲板上有自助餐，有当地的精美小吃，非常美味可口，吃后会觉得这个票钱值；第二个卖点是“有学头”。甲板上挂了很多标识牌，把这个游轮的发展历史都诠释出来，告诉你当年船废旧要卖掉，有人提出可以搞旅游，然后对船进行改造，然后介绍怎么烧煤形成蒸汽，怎么带动游船前行；第三个卖点是“有唱头”。客舱中间摆着一架钢琴，有位老太太在这儿弹奏，座位上都放着五线谱，大家可以跟着合唱。你可以跟不同国籍的人一起哼唱不同国家的名曲，这个感觉很好，特别是当放到中国的名曲《茉莉花》时，你会觉得有宾至如归的感觉。船到岸时，还意犹未尽，依依不舍，还在感叹《莫斯科郊外的晚上》还没唱呢！

这里旅游的整个过程做得很精心，上岸后又有免费点心和咖啡提供，然后看牧羊犬的表演，还可以和绵羊零距离接触，再到木屋大堂看老大爷剪羊毛。当时我很奇怪为什么都是老太太和老大爷，原来人家要表达的就是：这里是好山、好水、好环境、好健康，是个长寿之乡。当老大爷把几百斤的羊举起来，更让你感觉老大爷的健壮，而且老大爷很有亲和力，一边表演一边跟你互动交流，讲一些段子："今天天气很冷，大家是不是可怜一下绵羊，就只剪一点羊屁股的羊毛？"逗得大家很开心。

看完剪羊毛表演就是压轴的一项必备内容，绕到大堂后面的购物厅购物，这里面有各种各样的羊制品、化妆品等纪念品，当看完表演后游客心情大好，再看到这些琳琅满目的纪念品后，就很有购物的欲望。其实，旅游购物的欲望是和体验满意度成正比的，越开心掏腰包的力度就越大。中国旅游的流程设计往往不太注意这些服务细节，我们经常很郁闷，你还没到景区的大门，沿途是小摊小贩"十里夹道欢迎"的强买强卖，这感觉就很糟糕。同样的旅游活动，精心安排和随意安排带给游客的感觉差异是非常大的。越是从游客角度思考，游客满意度就越高，体验效果就越好。

瓦卡蒂普湖的游船

牧羊犬表演

剪羊毛表演（图片来源：图虫网）

六、产业集群化

旅游经济是集群经济，产业的集聚是旅游经济很重要的规律。现在很多地方出现了一系列的旅游综合体、旅游产业集聚区，也有叫旅游经济区、旅游功能区、旅游特区，本质都体现了把旅游休闲度假作为主体功能，然后配套美食、养生、娱乐、居住、地产、购物等业态，集中在一个区域中的“1+N”模式。

广东梅州市是一个地级市，居然把整个市域范围划成了旅游经济特区，并设有一个管委会。其他很多地方也都在创新运营管理模式。

旅游发展到这样一个阶段，需要大集团、大投入、大片区整体开发，直接做一个涵盖“12头”的旅游目的地，在这里吃喝玩乐及相关的要素全都配置齐全。

在旅游产业集聚中，广东省无疑走在前面，也做得最好。在全国，我所看到旅游产业集群化做得最好的是长隆集团。长隆集团2014年就开始进入全球主题公园排行榜前十名，近5年来保持两位数的高速增长。2018年长隆集团年游客接待量远超3400万人，其中长隆海洋王国主题公园游客量排名全球第10，长隆水乐园游客量排名全球第一。我2016年去过两次广州长隆，很有感触。老板苏志刚本身也是很有传奇色彩的一个人物，原来是每天早晨5点，给各个餐馆去送猪肉，送着送着就开始养猪、养动物了，然后转行做了大型的旅游集聚区。原来最早就是香江野生动物园，现在已经做到第三代动物园了。第一代，是动物关在笼子里，人走着看；第二代，是人在笼子里，坐在观光车里看；第三代，动物和人都不在笼子里，人还可以自己开着自驾车观赏。在动物园里，能够看到大草原上才有的长颈鹿、斑马、火烈鸟，各种各样的动物都在自由地漫步；几百头老虎和狮子，用巧妙的方式如界河、无形的电网等隔离开，让人感觉上很亲近，可以和老虎对视，实际上又很安全。老板每年有一段时间到国外去，去寻找最火爆的项目，引进主题公园。项目总体上虽然有点杂乱，但是很受欢迎。比如号称是世界上垂直高度最高的过山车，我也忍不住坐了一把，真是让人有“过把瘾就死”的感觉。夜间的长隆国际大马戏，也是国内排在前10名的一个演出，清一色的都是老外在表演，确实很惊艳，声、光、电等也表现得淋漓尽致，让人有一种自豪感——现在是“老外为中国人卖艺了”。在欢乐世界里，“尖峰时刻”项目是把好莱坞的那些替补演员、退休演员都拉过来做表演，很精彩。主题酒店做得也很好。在长隆酒店白虎餐厅吃饭，落地玻璃外面就是真老虎，一开始以为是模型，后来老虎慢慢走过来了，还拿眼睛注视着你，才恍然大悟“原来是真的”。长隆把多元化、多业态都集聚在度假区内，我觉得做得很棒，我也曾推荐给很多旅游系统的人去考察，他们都觉得很好。

2014年，长隆集团在珠海横琴大手笔投资的横琴度假区也开业了，一开业就荣获5项吉尼斯纪录：有最大的水族馆、最大的水族箱、最大的亚克力板、最大的水族馆展示窗和最大的水底观景穹顶。2015年全球最大的5D影院也落户珠海长隆。可以说非常“有看头”。而且珠海长隆本身也非常有集聚的代表性：拥有1个海洋王国、1个马戏城和3个酒店。像企鹅酒店还与腾讯进行联动，推出了QQ Family主题客房，也是很与时俱进、很吸引亲子市场。

还有就是杭州市提出打造100个国际综合体，像西溪湿地、南宋御街、湿地博物馆等；西安的曲江综合体也做得很不错，充分联动 4个国家级文物保护单位（大雁塔、青龙寺、汉宣帝陵、唐长安城遗址），3个省级文物保护单位（秦上林苑宜春宫遗址、曲江池遗址、唐城墙遗址），3个国家4A级景区（大慈恩寺、大雁塔景区、曲江海洋世界），1个国家5A级景区（大唐芙蓉园）等资源全面发展，很有当代盛世的自豪感；常州在三线城市打造了多个主题公园，如中华恐龙园、嬉戏谷、春秋淹城都很有特点；安徽芜湖的方特欢乐世界做得也很成功，创造了一个主题公园在四线城市也能成功的奇迹，方特欢乐世界基本达到了迪士尼雏形的要求，暑假一个月就有40万学生来游。现在泰安、沈阳、成都、株洲都打造了方特。

长隆国际旅游度假区

南宋御街旅游综合体

西溪湿地旅游综合体

（图片来源：图虫网）

曲江综合体

方特欢乐世界

常州嬉戏谷

（图片来源：图虫网）

还有像华侨城的欢乐谷系列、东部华侨城、欢乐海岸等都很有参考和借鉴意义。东部华侨城的生态旅游产业集聚区，集中了两个主题公园、三座旅游小镇、特色酒店集群、两座18洞山地球场、主题地产、主题佛教园区、主题演艺……这些也是现在各个地方都在学习和借鉴的模式；华侨城的欢乐海岸集中了城市的生态休闲、娱乐、餐饮、活动、住宿、购物、亲子等板块，被称为**都市商业娱乐新天地**。

东部华侨城

华侨城欢乐海岸

旅游经济是集群经济，通过集聚，可以产生更好的效果。中西部地区往往是景点多，旅游综合体少，缺乏强大的综合吸引力，旅游产业集聚区的模式可为中西部地区发展旅游提供有益的借鉴。

七、开发创意化

设计师常说："创意来源于自然，自然充满了创意，大自然的事物能给我们独特的灵感。设计师将灵感付诸实践，做出一件件创意作品。"创意的设计总是区别于普通设计，融入更多的奇思妙想，其绝美的设计给我们带来不同的视觉感受。

旅游经济也是创意经济，是点子经济，创意对于旅游的重要性不言而喻。创意犹如旅游的空气，旅游如果没有创意，旅游人还不如回家卖红薯，因此搞旅游一定要有创意。创意实际是把科学、艺术、文化有机地交融起来，让理性和感性交织。

旅游满足的是不同人群的体验需求，这种需求多种多样，千变万化，很多很感性，所以必须要同艺术和文化结合，只有这样的结合，旅游才能做得好。过去以为搞旅游找几个规划专家就能解决问题，其实不然。现在的古镇要做得好，还要专门找一些叫做“艺术痞子”的人来做参谋。让这些人做就很有感觉，很有时尚感，很能应对80后、90后的诉求。

下面举一个例子，世界创意旅游之都——迪拜，做到了用创意让世界为迪拜买单。迪拜过去是沙漠戈壁中的一个小渔村，由于1969年发现了石油，才开始发达起来，到了20世纪90年代它的经济已经很不错了，但这时候面临一个难题：石油总有挖完的一天，怎么办？当时预测是2016年石油会耗竭，所以要寻找替代产业。大家就讨论，有人说发展金融，有人说搞出口加工业，也有人说发展贸易，而酋长穆罕默德力排众议，提出要搞旅游业，因为周边有中东这么好的高端旅游市场。由此，迪拜开始无中生有搞旅游。

迪拜成功在于找准了自己的核心竞争力，它的核心竞争力是什么？就是有钱。跟我们不一样，我们是有资源。他们有钱就能打造世界第一。迪拜把“有钱”做了非常成功的转换，就是利用创意打造了一大批的世界第一，这个酋长有一句名言叫做：“人们永远只记得住第一，记不住第二 。”搞旅游就是要打造一批世界第一。于是迪拜就有了一批世界第一。

世界第一家七星级酒店——风帆酒店，它的定位是七星级酒店，事实上这也是我见过的最好的酒店。

七星级风帆酒店（图片来源：图虫网）

世界最大的人工岛——棕榈岛，岛上有3000多套别墅，世界不少明星大腕都在这买了房。岛上还有一个八星级的亚特兰蒂斯酒店，做得很有艺术感，整个酒店以水作为主题，装修富丽堂皇，里面有很大的水族馆，精品的购物店，内部的装修用了很多黄金，但是会让你觉得很有美感。

世界最大的人工岛—棕榈岛（图片来源：图虫网）

八星级的亚特兰蒂斯酒店（图片来源：图虫网）

目前三亚引进了亚特兰蒂斯酒店，其中包含了酒店、海洋馆、水乐园、演艺剧场，将豪华酒店与游乐业态相结合，打造出以海洋为主题，白天游乐+夜间秀场的全时、全季人工乐园，最低2000元一晚的消费，与迪拜的高端创意如出一辙。

三亚亚特兰蒂斯酒店

在迪拜最高楼旁边是世界最大的购物中心——迪拜Mall，这里面有3000多个精品购物店，非常的壮观。在商场中还有世界最大的室内滑雪场、世界最大的室内水族馆。商场都能做到“12头”，有买头，有看头，有玩头，有吃头，整个旅游做到了极致。

世界最大的购物中心——迪拜Mall（图片来源：图虫网）

世界最大的室内滑雪馆（图片来源：图虫网）

世界最大的室内水族馆（图片来源：图虫网）

迪拜周边地区还有世界上最大的清真寺，投资了36亿美元，所有材料都是用花岗岩大理石，清真寺里面有世界最大的地毯、世界最大的水晶吊灯等。另外迪拜还有世界最大的金街，最大的金戒指，最大的沙漠奇迹花园。

世界上最大的清真寺（图片来源：视觉中国）

世界最大的金街

最大的金戒指

世界最大的沙漠奇迹花园

最近迪拜又斥资折合人民币3个亿打造了一个世界最大的金相框——迪拜之框。它不仅仅是个网红，每个去到的人都用各种方式取景，同时还是一个展示迪拜前世今生的地方。在相框下面是一座小型历史博物馆，馆里用逼真的3D技术，展示了迪拜如何从一个小渔村发展为全球惊艳的土豪国，这就是迪拜的过去；想看迪拜的现在，那就去乘坐两侧的电梯去顶部的观光长廊，站在顶端就能把迪拜的全景尽收眼底；他们还用模拟技术展现了50年后的迪拜，那时城市里再也没有轻轨和马路，所有的交通工具都是在天上飞，就像科幻大片里看到的那样。

世界最大的金相框——迪拜之框（图片来源：图虫网）

除了这些世界之最，还要求所有新建的建筑风格都尽可能做到创意化。例如规划中的“风中烛火”，ANARA旋转餐厅就很震撼，在这样的餐厅请女朋友吃饭，再向她求婚还有不成功的道理？

风中烛火

ANARA餐厅大楼

在一些很平常的地方，很一般的地方，因为有了创意，也会变腐朽为神奇，化平凡为非凡。创意建筑对旅游来说很重要，现在很多大型市政设施也在往旅游化、景观化的方向发展，在造型上要形成独特的效果，做到旅游化和景观化。

形形色色的创意建筑

再举一个例子是科罗拉多大峡谷的项目——空中天桥。它也有一个很有意思的故事：一个华裔美国人，他专门经营从洛杉矶到拉斯维加斯的旅游线路，他经营这条游线挣钱后买了直升飞机在大峡谷盘旋，有一天盘旋时突然有了灵感，他想，别人没有直升机看不到这么美的景观，能不能有观景台让所有游客观赏到这些景色呢？于是他带着这个想法和当地土著进行交流谈判，最后双方达成共识，他用这个创意来入资，共同经营空中天桥项目，合作期是20年。现在空中天桥门票已经涨到32美元，原来是25美元，每年游客有50万人次，整个收益的一半金额要给这个创意师。空中天桥的玻璃地板有几米厚，可以看到下面1200多米深的景色，确实很震撼。空中天桥的整个运营也很有创意，大家猜猜开幕庆典是请的谁来剪彩？是第一个登上月球的宇航员阿姆斯特朗，让他在空中天桥走一圈，说一句话："在这里有月球漫步的感觉。"一下子就让空中天桥在全美国推广开来，所有人都来找上月球的感觉。空中天桥现在还成了新人蜜月旅游、举办结婚典礼的地方，为此推出了婚庆服务，而且它有一句很打动人的口

重庆云阳龙缸地质公园玻璃栈道（巅峰智业策划设计）

号："在这里的新婚誓词，上帝听得最清楚。"现在国内也有很多玻璃栈道,形状各有不同，还有3D效果等等，看起来都非常刺激，像我们给重庆云阳龙缸地质公园做过玻璃栈道的设计,**从创意策划到设计落地，一站式全程服务。2016国庆期间接待21万人，游客量名列重庆前茅，成功创建国家5A级景区，市场热度非常高。**

创意对于旅游确实非常重要。所以说旅游是创意经济，卖的不仅是资源，更重要的是通过创意的力量使高附加值释放出来。特别是在当今时代，应该说各地发展旅游的资源条件基本是同质化，现在基本上不存在哪个地方还能发现像九寨沟、黄山这种天生丽质的资源，该发现的都发现完了，现在大家推向市场的资源和产品大体差不多，大体也是同质化。你说搞温泉，现在已经有了很多温泉；你要搞养生，大部分也是同质化。这时候你怎么样在市场上有一席之地？就是要搞创意。要想把同质化的资源做出差异化的产品，就需要有错位的开发和定位，找准自己的"蓝海"，找准自己的核心竞争力，然后强化自己的独特性卖点，这样才能在市场上有一席之地。在中西部地区更要有创意思维，洋人想吃土菜，土人想吃洋菜。反差越大，吸引力越大。所以说"资源有限，创意无穷"，在大同世界里我们要创造大不同，要有错位的创意。

八、项目落地化

创意要经典，关键更要能落地。我们做了很多策划、规划，无外乎希望能够帮地方找到发展方向，争取支持政策，促进招商引资等。因此要以落地导向思维、目标导向思维去做规划，才有可能落地产生价值。文旅项目同时具有资产属性和经营属性，可以说是风口上的产业。文旅项目同样重运营，但是一个一二线文旅项目的落地何等不容易！

1999年，我们做了《宁夏回族自治区旅游发展总体规划》，当时总结了"塞上江南，神奇宁夏"这一总体形象口号，规划了空间布局，提出十大重点工程、十条旅游精品线路。当时还专门召开了一个高规格的评审会，有很多院士参加。评审会后，以评委会的名义，给当时分管旅游的钱其琛副总理写信，呈述专家们认为宁夏旅游大有发展潜力，然后提出了六条发展建议。提出的六条建议，后来在国家发展政策中慢慢基本都实现了。例如，把六盘山设为我国第一个扶贫旅游示范区等，符合国家区域支持政策，为改变六盘山地区的落后经济状况提供了推动力。

举个规划促进招商引资方面的例子。我们给攀枝花市做了旅游发展总体策划方案，一开始当地并不太认可"阳光花城"这个总定位，但是到了2011年底，他们已经完全接受，并在北京举行了大型推介会，招商引资很成功。现在，攀枝花整个城市都是按照“阳光花城”这个理念和定位进行全面推广和建设，攀枝花市委书记也认为整体效果非常好，而且特别认同“阳光花城”的品牌。过去把这套方案给他们时，还不太完全被接受，经过一段时间的消化和实践后，他们越来越觉得“阳光花城”总的品牌定位非常符合攀枝花特色。

攀枝花旅游形象口号

因为攀枝花在四川的西南角，日照时间特别长，同时很适合花的种植，“阳光花城”的定位是有具体支撑结构的，即“花是一座城，城是一朵花”。攀枝花是一座花城，三角梅是他们的市花，同时有3个万亩级的花海，有12个水果基地，整体城市的意向可以形成“阳光花城”的品牌概念，同时形成“别样攀枝花”的形象口号，整体打造中国健康养生城。

“阳光”是最核心的内涵，同时体现与众不同、别样的感觉。过去的攀枝花给人的概念是工业城市，是钢铁之都，所以我们要打破这样的惯性思维，要大大强化“攀枝花不仅是钢铁之城，还是香格里拉境内的阳光花城”的概念。四川人最懂生活，四川人冬天度假休闲都要跑到攀枝花，因为成都冬天潮湿、阴冷，用这样的理念烘托攀枝花的概念。同时还要体现它的太阳城、凸显它阳光的内核。

“阳光常在　别样攀枝花”解读

整个城市各个地方都来推这一理念和概念，同时要使本地人认同这样的理念、这样的概念，各个地方都强化“阳光花城 别样攀枝花”的思路。在大品牌上，各方面都要强化和支撑“阳光花城 别样攀枝花”。比如吉祥物要体现阳光，以及引入水果的概念，进行一系列的扩充，因为它也是“水果之城”。

还有我们给贵州做的《贵州省生态文化旅游产业发展规划》，提出过系列的措施，其中像成立贵州省旅游发展和改革领导小组、设立省级旅游产业基金、开办旅游产业发展大会等等，以及我们提出的口号“山地公园省，多彩贵州风”也都实现落地。上面说的攀枝花、贵州都是一些宏观规划的落地，此外还有一些地块项目，

长白山池北区商街项目效果图与实景图

比如我们做的长白山池北区商业街的规划，还有昆明寻甸凤龙湾度假城的规划、江油李白诗仙故里小镇、安吉云上草原等也都很好地落地建设，尤其是安吉云上草原在短时间内迅速成为网红知名景区，和故宫、大熊猫、拙政园等同上Ctrip金榜。这些都说明一个符合当地发展需求、因地制宜的规划，可以很好地指导落地。

江油李白诗仙故里小镇

安吉云上草原

九、场景体验化

旅游的本质是体验。在这方面中国特别有优势，我们有五千年的文明底蕴，其中有很多资源都可以做成相关的体验场地。

我们非常欠缺“体验”这个理念，大部分人都被观光旅游思维桎梏的时间太长。新时代下新需求是快速迭代的，消费者决定购买产品往往并不是只看产品本身，而是综合看产品所处的场景，希望从日常生活的场景切换到不一样的消费场景。场景的活力来源于消费者亲身的互动体验。

因此我们要将理念与实践结合、将用心与品质结合、用匠心精品丰盈内容，想好什么设计能打造感动游客的风情场景和内容，围绕发掘故事创作主题进行情感设计、仪式设计、氛围设计、活动设计，并融合多元化的消费盈利业态，最终形成个性化的消费承载空间。

还要将场景与科技、文化和创意融合，通过感官营造、角色塑造、实景演艺、虚拟再现、情境演艺、文创手工、极致体验等形式，提升消费吸引力，增强消费黏性。

近几年大家也逐渐认识到体验的重要性，做了很多这方面的设计和尝试。比较经典的像故宫的《发现·养心殿》数字展，给大家提供了一个虚拟的养心殿，通过VR技术，我们就能看到很多难得一见的细节，比如像那些陶瓷、金银器、玉器、雕漆等文物都用高精度数字化模型展现了，这样就比以前我们一群人趴在门口看的效果好很多，同时你打开“端门数字馆”导览小程序，还能体验“召见大臣”“朱批奏折”“走进三希堂”“鉴藏珍玩”“亲制御膳”“穿搭服饰”等活动，游戏结束时根据积分揭晓“彩蛋”，这样游客就可以充分地感受“政务—文化—起居”元素，体验“养心殿的一天”。

成都安仁古镇的《今时今日安仁》沉浸式表演，表演结合了一些光影科技，演员就在观众的身边，观众也可以沉浸在剧情之中，被演员领着走，就像亲身体验了群演的感觉，又好像自己本来就是剧中人，就这样走进故事情节中了。

现在这种科技，尤其是光影科技做得很好，给游客带来的体验感很强，也很有互动性。比如日本teamlab的经典作品“花舞森林”，通过电脑编程、传感器、投影、灯光、互动动画、音乐效果和玻璃组提供了一个花的世界，人群聚集的地方就会百花齐放，当你的手碰到花，花就会凋谢，并不再重新绽放。观众的一举一动都会影响一朵花，其实也蛮有禅意的。所以说体验化是我们应该重点抓住的一个方向。

十、旅游民生化

以民为本，国之根本，创造美好经济，创造美好生活，归根结底在于“服务于民”。“东方欲晓，莫道君行早。踏遍青山人未老，风景这边独好。”旅游创造美好经济、创造美好生活，归根结底在于“服务于民”。只有站在满足民众需求的高度上，让民众拥有更多、更富创意的选择，让民众的精神文化需求得到有效释放，旅游才能跳出“有旅无游”的困境，大家的生活品质和生活层次才能得到更有力的提升。

在这方面我们不应该仅是观察游客数量的增长、收入规模的增长，更要通过以发展旅游的方式促进民生的改善，引领区域经济发展方式的转变，所以在这个方面，要做的文章还很多。

我很赞同西湖免门票做大旅游的气魄。从2002年起，杭州市政府拆除了西湖周围的高墙篱笆，相继取消130多个景点门票，还湖于民，使景区与城市融为一体。外界对免费西湖“小账”与“大账”的计算从未间断，每年门票收入损失了3000

万，每年免费开放维护成本增加了3000万，但旅游总收入10年增了4倍，同时还带来了就业的同步增长，全市直接从事旅游业的有几十万人，间接从事旅游业的人数超过10万，营业收入逼近10个亿。门票的取消带活了周边的旅游经济，整个城市的口碑和旅游综合效益都得到大幅提升。

像贵州的乡村旅游、成都的五朵金花、栾川周边的农家乐，带富了很多农民。通过发展旅游的方式可以扩大就业空间，更好地实施乡村旅游的富民工程等。桐庐这方面很典型，他们2015年旅游从业人数占比就过了总数的20%，农民纯收入52.29亿元，其中来源于旅游收入就有11.09亿元。还有像我们之前服务过的丹寨项目，依托万达小镇，为当地贫困户直接创造了近1900个就业岗位，带动全县旅游综合收入达24.3亿元，帮助1.6万贫困人口实现增收。

也要做好一些“投智”类的旅游扶贫任务，比如2015年国家旅游局启动了全国旅游规划扶贫公益行动，巅峰智业当时帮扶凤凰县麻冲乡老洞村，那个规划后来被评为全国旅游规划扶贫示范成果。同时，省旅委也成立了驻老洞村扶贫工作队，不断推进旅游扶贫工作，取得了显著成效。总之，旅游产业也是很好的富民产业，是各个地方改善民生很重要的手段和内容。

结语：这“十个化”体现了旅游规划和旅游经济发展的最新趋势和理念，也体现了旅游开发、规划、利用中的重要规律和特征。

第五讲

怎样做好旅游投资

在中国旅游协会主办的“旅游投融资与目的地建设”论坛上的发言（2012年12月7日，杭州）

在知学学院主办的文旅投资培训班上讲授《新文旅项目投资与运营策略》（2019年8月24日，深圳）

21世纪是一个伟大的中国世纪，是一个休闲的时代，也是一个财智的时代，在某种程度上我们可以说一个产业的投资决定了一个产业的未来，关于旅游投资的思辨对于处在转型升级关键期的中国旅游来说具有很重要的意义。旅游投资不是一成不变，资本市场也并非始终处于正向发展趋势，会受到各种因素影响而波动，做好旅游投资不简单。下面我主要想从几个方面来阐述一下对旅游投资的看法。

一、文旅投资市场的趋势特征

看清市场走向，才能科学投资，文旅投资市场的基本特征能够为投资决策提供一定的依据。

随着中国供给侧改革升级以及高质量发展的深化，旅游作为新动能产业在其中发挥的作用越发受到重视。2018年，我国国内旅游人次突破55亿，消费总规模达到6万亿元，出境旅游人次达1.5亿，已经是世界最大的国内旅游消费市场和出境旅游市场；人均出游率已经达到4次，但相比发达国家的7–8次还有较大发展潜力。同时中国正步入营造美丽中国、创造美好生活的新时代。中国人均GDP已经超过9000美元，发达地区人均GDP更是已过20 000美元，中产阶级数量持续增多，游、康、乐等体验型消费升级趋势愈发明显，旅游作为美好生活的重要内容也在发生快速变化。品质化、个性化、分层化、享受化的体验性产品需求旺盛，养老市场、亲子市场、女性市场、青年市场等主体化消费需求更加鲜明，用户体验至上的时代正在到来。

全域旅游、特色小镇、乡村振兴、健康旅游、研学旅游等市场供给热点不仅仅成为政府的号召，更成为企业投资跟进和落地深化的重点，文化、旅游、科技融合等各种体验产品层出不穷，通过各类载体及资本资源平台等嫁接放大，力求实现更好的市场供给。

当前中国旅游投资主要呈现以下特征。

投资规模持续壮大。近年来，中国旅游投资数量持续提升，平均增长率超过20%，虽然从2016年开始增长率放缓，但是投资规模依然不减。2016年全国旅游业投资增速比第三产业和固定资产投资增速分别高18个百分点和21个百分点，较房地产投资增速高22个百分点。2017年全球旅游投资规模达8396.8亿美元，中国旅游投资占全球的27%，达到1.5万亿元。

但高热度背后，投资也日趋理性。据统计，从2012年到2018年旅游投融资事件数量整体在减少，同时投资类型多集中于前期，能够到B、C、D轮的资本少之又少，资本对于项目的选择也在进行全面深度考虑，并不是非理性的狂热投入。

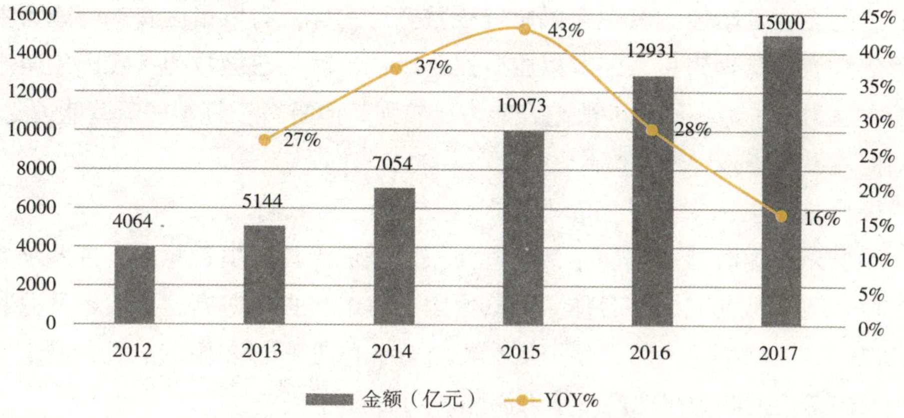

2012–2017 年全国旅游业实际完成投资情况

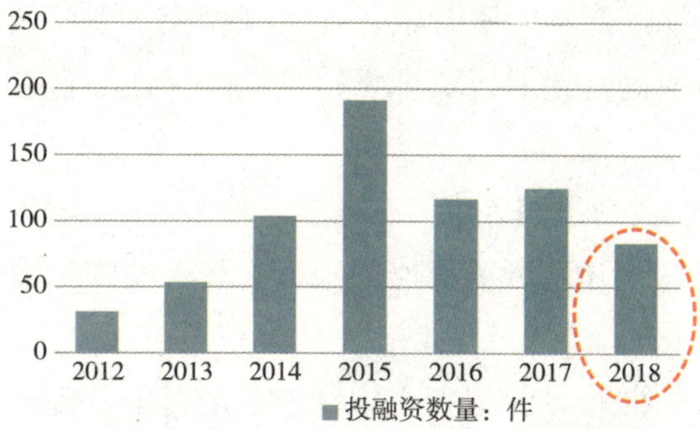

2012–2018 年中国旅游行业私募股权投融资事件

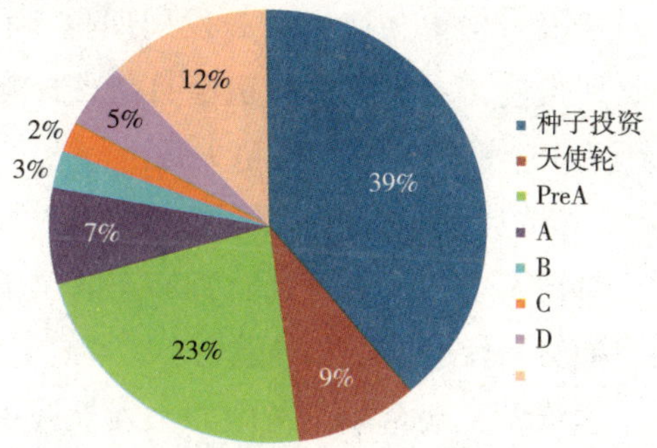

2012–2018 年中国旅游业股权投融资轮次占比情况

资料来源：中国产业信息网

投资主体更加多元。从近几年来的投资占比看，民间资本都超过了50%，其中2017年超过了60%，中国旅游投资形成了以民营为主、国有企业和政府投资共同参与的多元主体投资格局。政府资本及国有资本多聚焦旅游基础设施、公共服务设施以及旅游村镇类项目，民营资本多聚焦大型综合类文化旅游项目和营收较好的要素类项目。很多金融资本青睐并介入旅游投资行业，国开行、平安银行、民生银行、中旅银行、建信投资、远东国际租赁、东方花旗、达晨文旅基金、中信产业基金、上海文交所、北京旅游基金等金融机构，纷纷进军旅游投资领域。

目前国内主要有五大投资主体，包括地方国企、全国房企、地方民企、传统文旅企业、跨界文旅企业，每一类企业都有其投资特点。

首先来看地方国企。据不完全统计，截至2019年6月，31个省份均已成立国有旅游投资集团，其中国有独资的有20家，混合所有制的有11家（国有控股的8家，国有参股的3家，其中西藏旅游股份有限公司已整体完成上市）。31家省级旅游投资集团注册资本总计达到约624.6亿元，全资子公司、控股公司和参股子公司数量近600个，若对各市级、县级旅游投资平台公司的总资产一同进行加总，**规模已有近**

万亿，这些企业在功能上有很多以旅行社服务为主导，有以景区资产管理为主，也有以酒店和餐饮管理为主，还有以旅游交通投资带动，已经成为了我国旅游产业发展中的中坚力量。地方国企一般整合能力比较强，但是对于资本的运营能力比较弱，未来如何发展也还有待时间检验。

全国房企。全国知名的房企非常关注文旅，万达、恒大、绿地、世茂、融创、保利、雅居乐、中海地产等房企都豪掷文旅，千亿级投资项目频出，这些项目多集中于文旅特色小镇和文旅综合体。究其原因，房地产去化率高，依然还是盈利的主要手段之一，文旅小镇和综合体一般会配有70%的地产，和旅游的长期经营能够形成互补，旅游也能够为房地产带来人流和注入活力。

地方民企。对项目的重视程度高，愿意投入更多的精力和时间进行持续经营，对于投入也更为谨慎，开发周期也多在5年以上，但旅游项目投资规模大、周期长且回报慢，对于融资渠道窄且融资成本高的民营企业，资金可持续性难保证，容易因为资金链断裂导致项目失败。

传统文旅企业。华侨城、宋城、乌镇、灵山集团等老牌传统文旅企业，资本多、品牌硬、运营实力强劲，拥有王牌文旅产品，开发可实现连锁经营，具有品牌化输出能力和长远投资布局能力。

跨界文旅企业。文旅的大发展吸引了一批跨界资本和主体，但截至目前，各方仍处于探索阶段，成功投资运营并实现盈利的并不多见，究其根本，旅游还是投资运营门槛比较高的行业，需要专业的人干专业的事。

投资热点持续涌现。旅游投资涉及多个领域，旅游景区项目投资比重最大。2016年旅游景区项目投资占全部旅游投资的56.7%，2017年全国旅游景区建设投资占实际完成旅游投资量的21.8%，从业态上看，资金流向主要集中在文化旅游、生态旅游、乡村旅游以及温泉滑雪、低空飞行和工业旅游等新型业态，近两年全域旅游、乡村振兴、特色小镇、智慧科技也成为投资重点。

据统计，2019年上半年，从投融资时间的数量和金额来看，占据文旅项目投资主体的依然是文旅特色小镇和文旅综合体，两者相加，占到了事件数量总数的61.5%，占到投融资总金额的96.3%。

其中大型综合体一直受到市场的青睐。2019年上半年的投融资事件和项目数量和投资金额均大幅增长，说明综合体的开发模式正成为文旅项目开发的重要模式，兼顾盈利和旅游。千亿元文旅项目当属国内前列的大项目，大都出自国内地产巨头，此前万达集团宣布在吉林、四川和沈阳分别投资1000亿元、1100亿元和800亿元，2019年万达加码文旅项目的力度空前。除了万达集团、恒大集团等巨头，2019年还有宝能、绿地、华润、雅居乐、融创等地产巨头加码文旅。尽管前景并不是特别明朗，但总体都是在朝着满足民众多元化的生活消费体验需求方向上发展。

文旅小镇仍然受到热捧。虽然国家从上到下进行了多次引导和纠偏，但是并没有阻碍投资者的热情，比如恒大投资几千亿的童世界、足球小镇，华侨城投资1200亿的安仁古镇、黄龙溪古镇、洛带古镇、甘坑古镇等，比如巅峰智业参与规划设计、由海诚集团投资3000万开发建设的5A标准配套的云南抚仙湖广龙小镇等，这其中有真正想做好成就人生梦想的，也有以此为噱头拿地赚钱的，当然很多也是二者兼有，一石二鸟。从2019年上半年的投融资事件和资金数量看，投资项目大幅增加，而投资金额持续下降，这说明对于小镇贪大求全的项目发展模式有所改变，更关注投入产出和盈利模式的设计。

政府对于真正想做特色小镇的投资开发商非常支持，推出了各种补贴政策，比如浙江省一个特色小镇可以补贴500–1000万元，也有更多的，比如2017年乌镇旅游就获得了2.61亿财政补贴。特色小镇热度背后也需要有冷思考，比如成都龙潭水乡选址工业区缺乏小镇的灵魂主线，白鹿原民俗村同质化发展缺乏业态的引进和监管……专业的运营力需要我们深入思考。

政府引导 → 特色小镇 ← 企业推进

政府部门	资金支持（元）	土地支持
住建部+建行	1000亿	
浙江省	每个500—1000万	
山东省	10亿	新增500亩
陕西省	每个500—1000万	每个200—1000亩
福建省	1%贴息+50万	每个100亩
云南	1000亿	

（部分政策支持）

企业名称	小镇项目	投资额
恒大	河北童世界、足球小镇	超8000亿
华侨城	四川安仁、黄龙溪、洛带	1200亿
	广东甘坑新镇	500亿
碧桂园	科技小镇（惠州、东莞、北京落户5个）	1000亿
中国兵器+中国建林	西安兵器小镇	150亿

（部分企业投资）

特色小镇政府补贴与企业投资

田园综合体。据不完全统计，2017年全国18个试点省份中入选国家级田园综合体试点项目共有26个，其中单个省份有2个国家级田园综合体项目多为传统农业大省，基本是在2017年7月申报获得审批通过。目前田园综合体建设速度很快，八成国家级田园综合体项目已经处于规划建设当中，预计在2020年左右将会完工一批，不足一成的项目已投入运营，部分正在提质升级，未来两三年会处于集中爆发期。大多数田园综合体投资规模强度不大，计划投资规模多在10亿元以内，接近四成的

田园综合体案例	投资
成都多利农庄	规划总投资150亿元
双胞胎集团肥乡生猪产业链田园综合体	规划总投资80亿元
中国无锡田园东方	规划总投资50亿元
壮乡印象田园综合体	规划总投资30亿元
六溪七梁田园综合体	规划总投资30亿元
南宁市西乡塘区“美丽南方”田园综合体	规划总投资26亿元
南阳市建业田园综合体	规划总投资23亿元
成都市都江堰田园综合体	规划总投资21.03亿元
迁西县花乡果巷田园综合	规划总投资21.5亿元
乌审旗田园综合体	规划总投资16亿元
井冈山市柏露红色体验小镇综合体	规划总投资15亿元
海口市田园综合项目	规划总投资14.97亿元
武夷山市五夫镇田园综合体	规划总投资10亿元
高安田园综合体	规划总投资5.3亿元
安吉县“田园鲁家”项目	规划总投资4.5亿元
儋州市“稻虾共育”田园综合体	规划总投资6000万元
禅茶小镇田园综合体	规划总投资5000万元
列举案例平均投资规模	29.32亿元

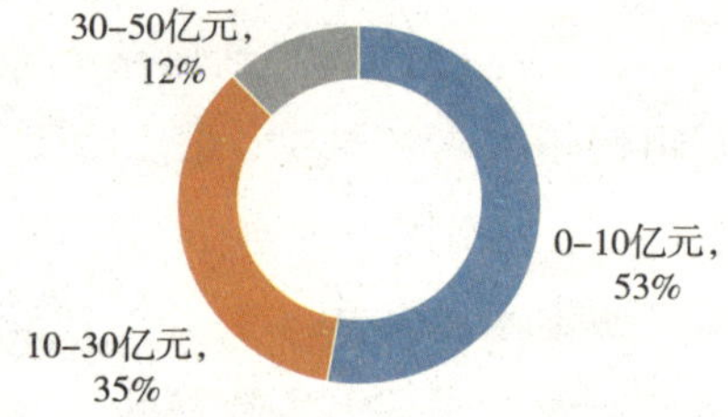

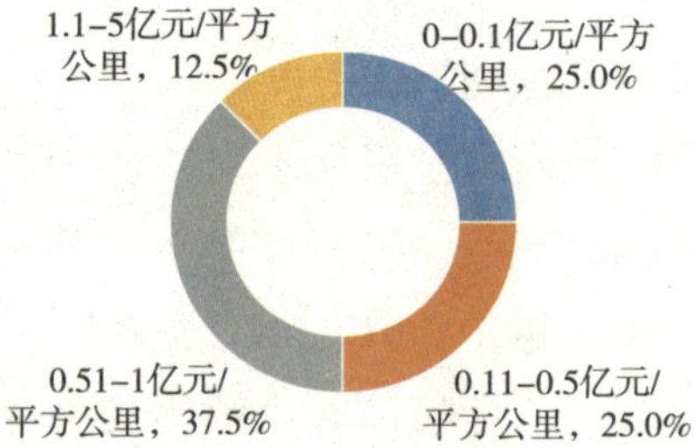

部分田园综合投资总额及强度分布

资料来源：前瞻产业研究院《中国田园综合体发展模式与投资战略规划分析报告》

田园综合体平均投资强度在0.51–1亿元/平方公里。

主题公园投资保持稳定。投资额在人民币10亿以下的主题公园超过半数，投资额在人民币10亿到30亿之间的主题公园也接近半数，投资额超过50亿元的主题公园仅有2座，即珠海长隆海洋王国与上海迪士尼乐园。2018年至2020年拟建主题公园的投资总额约为745亿元，2021年至2025年的投资总额预计为人民币1300亿元，平均投资额约为每座29亿元，拟建项目多集中在华南、华东等经济发达地区。2018年中国主题公园游客总量已达到1.9亿人次，2020年预计将达到2.3亿人次，市场需求将保持稳定增长。

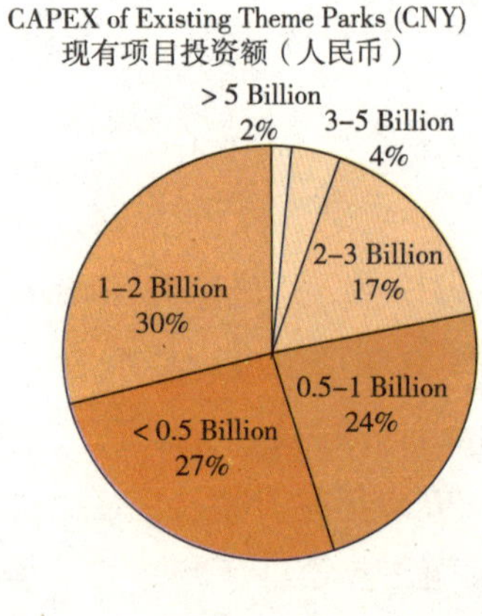

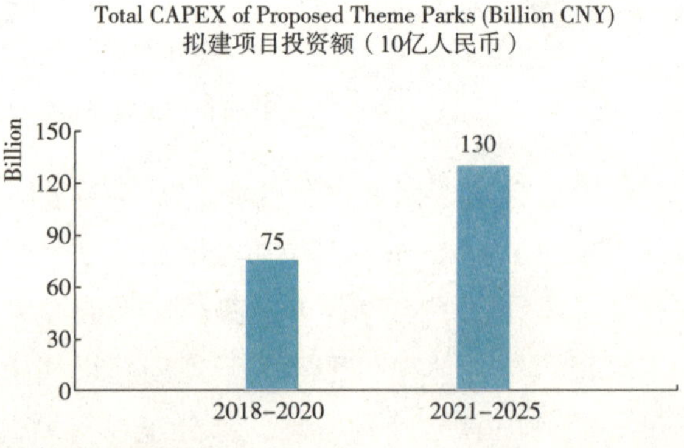

主题公园投资及数量分布

资料来源：AELOM《2018中国主题公园项目发展预测报告》

旅游景区依然是各地政府的重要关注点。2016年我国旅游景区投资占比57%；2017年投资占比28%；2018年投资占比依然最高；2019年预计投资占比28%，虽然占比下降，但是景区作为大众旅游的主战场、区域发展的引擎器、投资增长的生力军依然是投资关注热点。随着市场需求的升级和国家对于门票价格的约束，**旅游景区的专业和持续的运营是未来需要考虑的问题。中国有3万多个景区，其中A级景区10 000多个，大多数景区面临效益差、体验差、口碑差等问题**，2019年6家5A景区的摘牌也给景区的经营管理者敲响了警钟。

民宿爆发式增长结束，进入差异化、品牌化发展。民宿市场已经进入重新洗牌阶段，虽然交易持续增长，但增长率在下降，整体平均入住率并不高，集中在20%–50%，部分地区规模化扩张受阻。短租、主题连续民宿、民宿改造装配、民宿托管、连锁乡村民宿、城市中心民宿成为投资热点，找准客群，选准细分领域，差异化、规范化、品牌化、精品化是关键。与此同时，一些大型集团涉足民宿，并主要推进连锁和品牌管理。

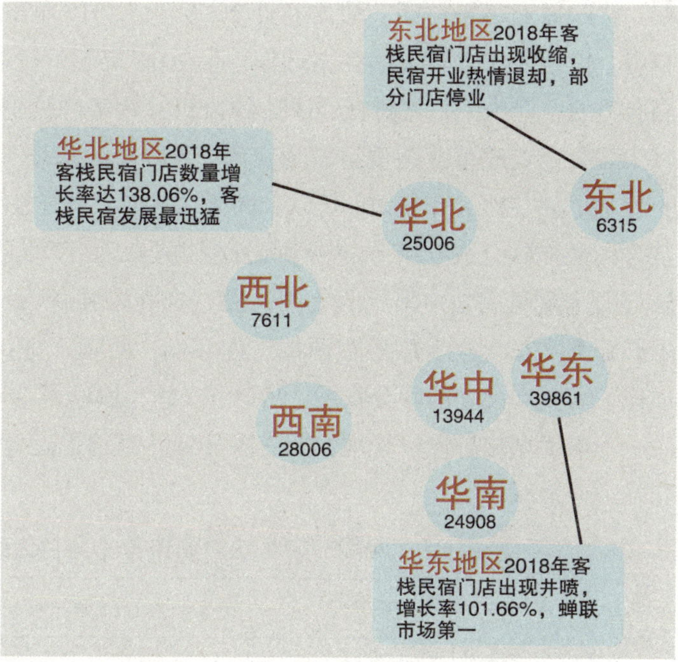

资料来源：迈点研究院《2018年客栈民宿品牌发展研究》

地产集团			传统酒店集团			OTA及其他	
绿地集团	绿地盘龙谷文化城	存量别墅转化为运营资产；联手携程开发民宿运营平台	**首旅酒店集团**	首旅寒舍	古村落统一改造	**去哪儿**	花筑客栈
绿城集团	溪塘林麓	在商品住房社区中建立民宿圈	**如家酒店集团**	如家小镇	打造非标住宿为切入口的旅游小镇	**携程**	久栖精品连锁客栈
国奥集团	国奥乡居	流转闲置房造社区，长短租并行	**住友酒店集团**	“布丁酒店”升级为“布丁生活”	APP升级，接入民宿预订端口	**外婆家**	野马岭中国村
众安集团	“又一邨”实体民宿	民宿旅游平台+政府合作乡村改造+品牌运营	**开元酒店集团**	开元颐居	签约托管		

全国民宿发展及投资情况

资料来源：迈点网

另外旅游投资的方式也更加多元，产业基金、并购重组、资产证券化等都有较多的尝试和探索。

旅游产业基金井喷。产业投资基金快速成长，渐成主流。据不完全统计，从2014年到2017年底，全国已有144支旅游产业基金成立，近四分之三在2016年及以后成立，总规模超过8000亿元，基金规模超过100亿的近20支。基金发起人主要有：地方政府及旅游局、旅游集团、文化旅游行业上市公司、股权投资基金（PE/VC）、银行等，投资重点侧重于全域旅游、PPP项目、旅游新业态、旅游产业链建设等热点领域。但大多旅游基金由于缺乏好的标的项目，基本未真正开展。

并购重组特征鲜明。旅游行业2016年、2017年出现了较多的大型并购，OTA、酒店、民宿等均有较大的资本运作。但2018年起，行业内并购的重大事件不多，以酒店类的企业为主，旅行社、OTA的投资并购事件较少。

国有企业改革并购重组较为突出。A股旅游板块共30家上市公司，其中国有企业21家，占72%，市值100亿以上的公司9家。国有旅游集团之间通过品牌、资源的整合，强强联合成立细分旅游领域的旅游巨头，实现服务升级，拓展延伸。如港中旅与国旅重组成立中国旅游集团，通过合并增强实力；华侨城集团牵手云南世博集团、云南文投，整合旅游资源端、内容端，打通产业链上下游。混改机制的推进也加速了国企和民企的联合发展，2017年2月，巅峰智业和华侨城集团合资成立混改公司——华侨城旅游投资管理集团有限公司，目前已运营10余家5A景区，实现了优势互补，强强联合。

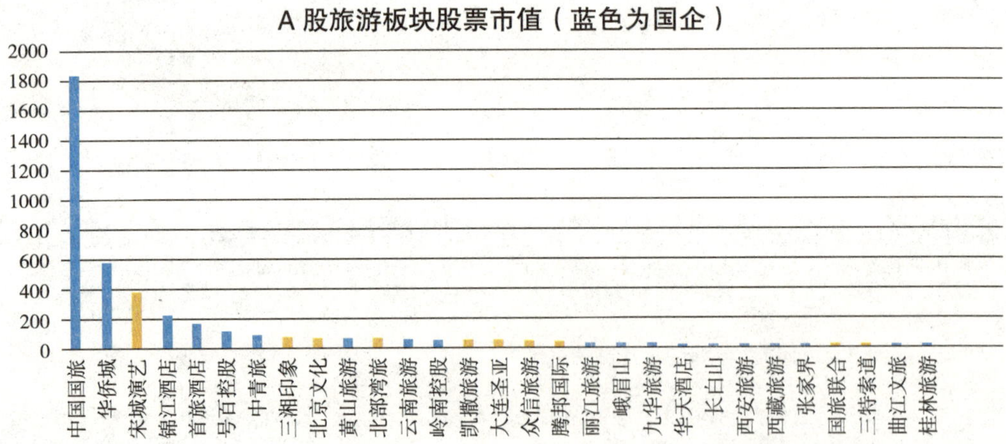

A股旅游板块股票市值（蓝色为国企，截至2019年9月18日）

民营企业市值偏小，整个国内旅游资本市场与旅游经济应有的规模并不匹配，从IPO来看，2016年1家，2017年1家，2018年3家，均在港股和美股上市，原因主要是由于国内IPO存在一些规定限制，比如门票收入不能作为纳入上市范围的营收，特许经营权的处理有严格限制，资产权属不明确，另外景区的估值也有难度。随着科创板的开市，注册制也有望到来，这会给更多的企业带来资本利好。

总体来说，整个旅游行业资本运作的空间还是非常大，不管从原始的IPO还是后续的并购，龙头企业的位置还不是很明确，还有很大的空间可以挖掘。

资产证券化探索发展。以景区资产证券化为例，截至2019年4月19日，市场已发行13单景区ABS（Asset Backed Securitization，资产证券化）产品，规模合计129.42亿元，底层资产涵盖云南、浙江、山西、陕西、北京、广州、深圳等多地的13个景区的门票收入收益权。针对景区政府引导性强，社会融资跟不上的现状，ABS还是很重要的渠道。地产的资产证券化受部分产业和政策限制，投资者比较谨慎，但还是比较好的融资方式。景区、知识产权、景区运营权的ABS未来都有可能，风险偏低，资产属性强，未来现金流回报也相对比较确定。

二、文旅投资关注的基本要点

（一）旅游投资基本原理

我们先来了解一下什么是旅游投资。

旅游投资是指在一定时期内根据旅游业或旅游企业发展的需要，为获得收益而投放到某一旅游项目上一定数量的资金。旅游业的吃、住、行、游、购、娱每一个方面都需要投入必要的资金。广义的旅游投资包括购买和建造固定资产的直接投资，也包括购买股票、债券等有价债券的间接投资。狭义的旅游投资主要是指固定资产投资，是把资金、实物、劳务投入到旅游开发项目中，形成固定资产和流动资产的直接投资，如旅游基础设施建设、旅游景区开发、旅游购物网点建设、娱乐设施和服务的投资与开发等。对旅游投资来说，着重研究的是固定旅游资产的投资。

旅游投资的方向因投资商自身特点和需求的不同而不同，但是从投资的角度来说他们的关注点都相同，那么他们最关注的有哪些呢？我总结为三个方面：

第一就是需要投入多少资金？

第二这将会产生多少收益？

第三就是如何退出？投资就是为了盈利，投资者关注如何获利退出或持续受益。

投资还有一个很重要的考量因素，就是要看投资收益和风险。其中一个很重要的分析工具就是盈亏的平衡点（如下图）。

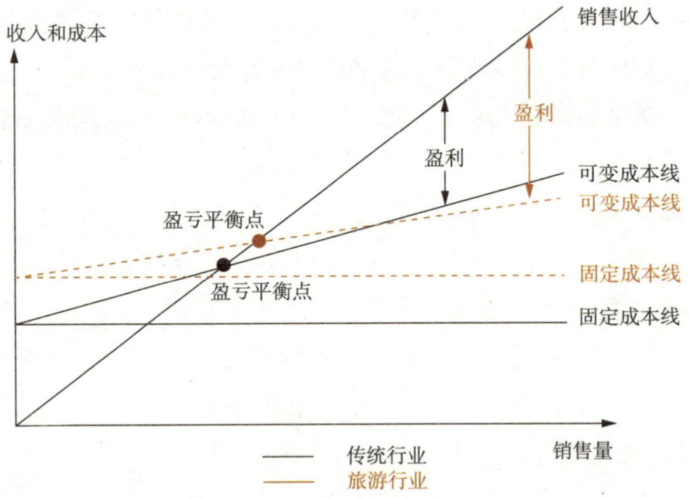

投资收益示意图

当经营越过盈亏平衡点后，固定资产投资规模越大的项目收益率越高，相反则越低。对于旅游投资来说，其前期的固定成本投入相对更高，基础建设、设施购置、建筑改造、人员等成本会高于传统行业，这意味着旅游投资前期投入大；也因为大量的前期投入，旅游发展后期的可变成本增长率就会相对较低，因而旅游投资的盈亏平衡点高于传统行业，投资回报周期长，但长期发展的利润空间比较大（见上图），这体现了旅游投资的基本特性，我们也会在下文进行详细的介绍。

旅游投资是一个经营风险较大的行业，一个微小的销售量变化都可能引起较大的经营波动，比如现在很多特色小镇、旅游景区、旅游综合体的破产，就体现了投资的高风险性。这些投资失败的案例并不是偶然现象，其从侧面反映了中国旅游投资市场存在诸多方面的问题。

（二）旅游投资中产业的基本特性

要想做好投资，首先要明晰文旅产业的规律。我国旅游投资是在中国特色社会主义市场经济的大背景下进行的，同时也与我国旅游业的发展紧密相连，主要呈现出以下五大特征。

特征一：产业的复杂性。

文旅产业是一个资本密集型、资源密集型、文化密集型、人力密集型以及创意密集型的“五密产业”，是一个综合性、复杂性、季节性、创意性超强的行业，与消费者的食、住、行、游、购、娱、康、养、学等需求紧密关联，与健康、体育、研学、娱乐、金融、农业、林业、通航、房地产、商业等产业也密切相关，产业链非常长。是全程旅游消费的服务整合，是多环节的消费服务链，旅游投资的收益需要产业之间的无缝对接与良性联动，需要产业链各个环节的提升与质量保障，从而大大提高了旅游投资的难度。

特征二：环节的联动性。

由于旅游业具有产业链长、投资领域多、涉及旅游项目的复杂性和差异性很大等特点，加上创意创新集成的要求很高，同时不同投资商的投入力度、回报率要求等因素不同形成了旅游商业模式上的巨大差异。对投资体量的专业掌控、项目资金的持续保障、项目整体的策划规划、业态产品的内容打造以及持续有效的运营和创新，每个环节都有极高的综合要求，极具挑战性，即便某个小节点出现问题，都有可能影响全局。

特征三：回报的长效性。

市场的快速变化，核心品牌IP的培养、消费业态的创新升级、盈利模式和产品内容的迭代、运营管理的长期性与复杂性等都加大了投资经营难度，也使得旅游投资的门槛不断提高，很多项目建设期需要2–3年，且运营好的文旅项目实现收益也经常需要多达10年的匠心经营，所以资本投入大、发展更新快、经营管理难，投资回报的长效性特点突出。

特征四：政策的约束性。

主要体现在法律和保护两方面的约束，由于大部分旅游资源是国家所有，纳入了法律保护，很多重要的旅游资源不能进入市场流通，约束旅游资源资本化。另外，越来越强的生态和文物等保护客观上也约束投资。

特征五：风险的多样性。

旅游受政治动荡、军事冲突、自然灾害、流行病、金融危机与经济危机等的影响非常大，需要投资商具有相当强的风险控制能力，但总体上旅游业抗风险和调适恢复能力也同样比较强。

（三）旅游投资中存在的基本问题

长期以来，中国旅游业受制于资金短缺问题的困扰，产业发展的巨大潜在优势还远没有充分释放出来。目前全国境内上市公司近6000多家，但真正的旅游上市公司仅30余家，只占到了0.5%，这个比例非常低，为什么这样巨大的市场我们却抓不住？为什么会有那么多投资失败的案例？为什么资本无法实现供给和需求的有效对接？未来10年，是中国旅游业全面发展的重要时期，旅游投资行业前景广阔。但仍需关注旅游投资中存在的诸多问题。

问题一：投资认识不清。

专业投资必须要对文旅的特性和规律有清醒的认识。二十多年文旅行业的摸爬滚打，我看到了很多文旅资本从百亿豪掷到钱袋紧闭；看到了很多跨界文旅企业由于对文旅发展规律的不熟悉，对顶层设计的不重视，对文旅操盘运营的不专业，便贸然大举进军，结果铩羽而归。这些年死掉的文旅项目不在少数，以特色小镇为例，甚至有人归纳总结了特色小镇的若干种死法，无外乎是选址不准、业态不精、动线不畅、主题不明、运营不专等，最终导致资金无法回笼，投资打了水漂。特色小镇不仅仅是个例，乡村振兴、全域旅游、新造景区以及各类文旅综合体等都存在这种情况。旅游投资是一件专业的事，需要全盘考虑，谋划周全。很多投资者，也包括现在很多国有的文旅集团，在投资之前往往没有做过专业的尽调和研判，没有想清楚投资的定位和长远的盈利模式，贸然投资，必然会导致血本无归。

问题二：融资渠道不畅。

由于旅游项目的投资回收期比较长，很多旅游专业投资、融资机构对投资旅游项目都比较谨慎，有些投资和融资机构即使进入旅游业的投资开发，也是想借助旅游项目之名来进行房地产开发。多数大型项目以政府或国有资本投资为主，企业投资融资相对谨慎。

同时对资本市场利用能力的不足也制约融资渠道的拓展。我国的旅游投资主要依赖渠道仍然是政府投入和企业的直接投资，虽然也有社会资金的利用，但只是比较多地依靠资金市场，很少利用资本市场。

文旅企业上市难度大，资本化程度低。门票收入是否可纳入上市范围一直存在争议，根据《风景名胜区条例》（2016修订）的规定，风景名胜区门票收入不得纳入上市范围，但对于部分虽未纳入的著名景区而言，证监会对于被可能纳入名录以及一旦纳入但剔除门票收入后对发行人净利润的影响等方面仍会给予重点关注，都会直接增加旅游类企业的上市难度。同时旅游类企业普遍净利润水平不高，即便已经上市的旅游类企业盈利也多在10亿元上下，自然类景区上市企业的后劲增长也备受质疑，还有更多的IPO企业折戟资本市场，受制于各种因素暂时无法实现上市。如普旅股份，受制于将佛教资产商业化的争议而选择终止IPO；已经两次冲刺IPO未果的常州恐龙园也由于业绩波动较大、经营资产独立性存疑而第三次无缘资本市场；井冈山旅游也因需要进一步加强内控系统建设，并需要补办部分房产、土地权证事宜的缘故而撤回申请。

另外文旅业对于资金的专业运作能力有所欠缺，比如缺乏产业发展基金（产业投资基金），无法集中资金干大事。

问题三：整合运营能力不强

我们在之前的章节说过，很多人误认为文旅好玩也好干，诗和远方，听起来多美，多么有趣和有意思，但其实做文旅有点像去西天取经，其中有太多的坑和坎需要跨过。仅从各方发展诉求而言，资本追求的是资金的快回报，政府追求的是急功近利、大干快上的政绩体现，这与旅游业本身投资规模大、回收周期慢形成了“两快一慢”的矛盾，这是一个非常大的难题。

旅游业产业链条长、项目环节多，涉及到各个领域的投资商、运营商、设备商等，综合集成性很强，因而增加了投资整合的难度。对于不熟悉文旅领域或者是非专业的投资商，往往在投资整合过程中难以掌控相关资源链条，从而导致投资失败。

另外很多投资商缺乏投后的运营管理能力，快进快出必然无法让文旅产业或项目持续发展。就旅游投资而言，完成投资只完成了30%的工作，还有70%是在投后管理上，后期运营与资本运作直接关联投资的时效和产出，能带来盈利能力的运营团队成为投资市场中的稀缺资源。如果缺乏耐心和匠心的持久经营，投资失败也是在所难免。

三、做好文旅投资的三板斧

我们常说“商场如战场”“知己知彼，百战百胜”，旅游投资就如同一场投资商和投资市场之间的战争，只有充分把握了旅游投资市场的现状、特征，根据自身条件制定切实可行的投资策略，才能取得这场战争的最终胜利。那么针对以上提到旅游产业的基本特性和旅游投资中存在的问题，我们可以采取哪些可行的实操策略呢？这里讲讲最重要的三板斧。第一板斧是如何赚钱，第二板斧是如何找钱，第三板斧是如何投钱。

（一）第一板斧：如何赚钱

做好旅游投资，必须关注投资人的需求，即投资人怎样才能够赚钱，项目如何包装，盈利点在哪里等，因此，旅游投资需要想清楚再干，不能盲目激进。

首先，做好投资的规划与谋划。制定科学的中远期旅游投资规划，明确投资项目的基本情况、定位类别、投资额度、投入产出和营销推广等。其中投资前的科学尽调是了解基础情况的重要手段和途径，这是准确评估项目本身价值和未来开发条件的有力依据，同时也是对项目空间提升与投资体量、模式裁定的整体指导。以旅游景区的投资为例，投前评估的尽调内容一般包括本底资源、市场条件、经济环境、交通条件、产权情况、政策环境等六大指标，通过详尽的评估模型、前瞻的顶层设计、量化的市场调研等精准步骤，以真实保质的市场调研为数据来源，以客观的频度分析、描述分析、关联分析、聚类分析、线性回归分析等系统化数据统计分析方法为依托，科学研判景区投前的市场消费特征、景区自身游客规模、酒店、餐饮等业态的需求与设定，投前的深入了解可以为投资规划的拟定提供最真实的判断支撑。

之后要以尽调结果为依据，想清定位、明确模式、明确成本、做好盈利设计，通过“智力”资本的投入，力求有效推进旅游项目投资选择与落地，实现盈利。作为万达集团进军文化旅游产业的开山之作，2014年12月20日，武汉万达电影乐园和汉秀剧场顶着“武汉双骄”的光环同日开门迎客，项目总投资约38亿元，然而运营仅仅19个月的室内主题公园万达电影乐园于2016年7月31日暂停营业，并对外宣称要进行整体升级改造。项目投资施工前并没有充分考虑投资运营的成本和回收盈利，巨大的投入并没有换来相应的市场反馈。同时项目对于在地文化挖掘不够，缺乏与消费者的共鸣，加之价格高出消费者心理价位，也使得项目的回收难以达到预期。

其次，做好投资模式的设计。投资模式也需要规划和设计，合理的投资模式可以保障投资项目的收益，而反之则容易赔了夫人又折兵。我来谈几个旅游投资的实战案例。

2015年东方园林与万贯集团签约战略合作，花10亿元战略投资碧峰峡景区，获得碧峰峡旅游开发有限公司60%的股权。后来发现这样的做法很不划算，因为总投资10个亿，景区一年的财务成本按照8个点来计算，每年的成本费用有8000万，但是景区一年的净利润可能在5000万左右，而东方园林占60%的股权，计算下来每年只有3000万的回报，买了这个景区反而每年还亏5000万，所以说用重资产的方式去买买买，不是旅游投资的一个好方式。

中信集团下的中信产业基金投资模式很好。他们只盯处女地，如果一个地方是一张白纸，他们就去进行合作，政府把资源、土地拿出来合作，而且要价很低，门槛很低，作为投资方占的比重还更大，所以这种模式也是一种很巧妙、很适合旅游投资的方式。以白石山为代表，中信产业基金进入白石山后，首先以2亿元的注册资本收购了河北旅游投资集团等股东方总共持股72%，2016年白石山的客流量已经达到了150万人次，旅游收入翻了好几十倍，盈利相当快。目前，中信产业基金以这样的模式在全国已经投了10多个景区，通过融资并购直接控股景区。

还有像基金的方式，也是很适合旅游投资的一种模式。自2015年2月至2017年7月，这29个月当中中国唯一的一个旅游上市公司就是天目湖。中比基金2008年投资天目湖公司，以3000万元持有12%股权，按目前募投金额投后公司估值约37亿元。假设上市解禁后按30倍至35倍PE计算，公司市值约30亿，中比基金持有份额约3亿元，大致10年10倍的收益率，投资年化收益率约25.9%，回报率非常好。

第三做好收入模式设计。一个合理的旅游投资模式能够通过投入最少的资金创造最大的收益。过去传统的观光型收入模式结构，我们可以概括为收入的初级发展模式：即一票（门票）、二道（索道）、三餐（内部餐饮）、四购（购物亭）的模式。但是随着旅游业日新月异的发展，人们对旅游经济的理解也在不断的深化，进而出现了一些新的收入模式。

传统观光收入模式——初级收入模式

一票（门票）、二道（索道）
三餐（内部餐饮）、四购（购物亭）

一是综合旅游收入模式。包括体验式收入，度假旅游式收入模式，其共性是门票并非主要收入，“旅游12头”均构成消费点、盈利点，形成综合性收入结构。比如复星集团的地中海CLUB和亚特兰蒂斯度假酒店。

综合旅游收入模式
（体验、消费、度假）

门票收入处于较初级的地位，“旅游12头”均构成消费点、盈利点，形成综合性收入结构

Club Med采取“一价全包”模式，即旅行前一次性地预付全程费用，价格中包含了住宿、食物以及度假期间的一系列游艺设施和服务。以桂林地中海Club为例，其有三个特色。特色一是理念全新，构建全度假生活方式，他们的口号就是生活的目标就是要快乐，这里就是快乐的地方，此刻让我们尽情快乐吧！地中海Club致力于打造快乐度假生活方式。生活方式是关注共同的价值观、对文化艺术的渴望，是对放松的渴望、对家庭和健康的欣赏。特色二是快乐体验，采用一价全包消费服务模式，集往返路程、住宿、用餐、运动、娱乐于一身，打造一价全包式的全球连锁休闲运动度假村。特色三是尊崇自然，营造浓浓的艺术设计氛围，一草一木皆有情、一塑一品皆创意。度假生活体验、综合消费模式、品质服务内容使得地中海club的模式也得到了资本市场的认可。

二是以地养旅的收入模式。旅游盈利回收周期慢，而房产销售则可以快速变现，旅游和房地产的结合是资金长周期与短周期的配合，旅游为地产提升价值，地产为旅游平衡收益，地产的可销售物业收入需要覆盖含文旅投资的所有成本，盈利的经营性物业需要满足长期的经营条件且能较快地覆盖其折旧和运营成本，从而使经营性资产在未来具有较高的资本化价值。但目前很多旅游地产模式都是打着旅游的旗号在卖地产，而旅游则更多像装饰品，是点缀。地产就像白粉，让你在短时期内很过瘾，但之后的持续性不强。如何才能做到真旅游真地产呢？

华侨城集团是“旅游+地产”模式的典型代表。华侨城集团是96家央企当中的文化旅游领头羊，总资产近5000亿元，旗下5家上市公司，年营收超1000亿。作为亚洲第一的文化旅游品牌，华侨城一直把自己定位为中国文化产业领跑者、中国全域旅游示范者、中国新型城镇化引领者。

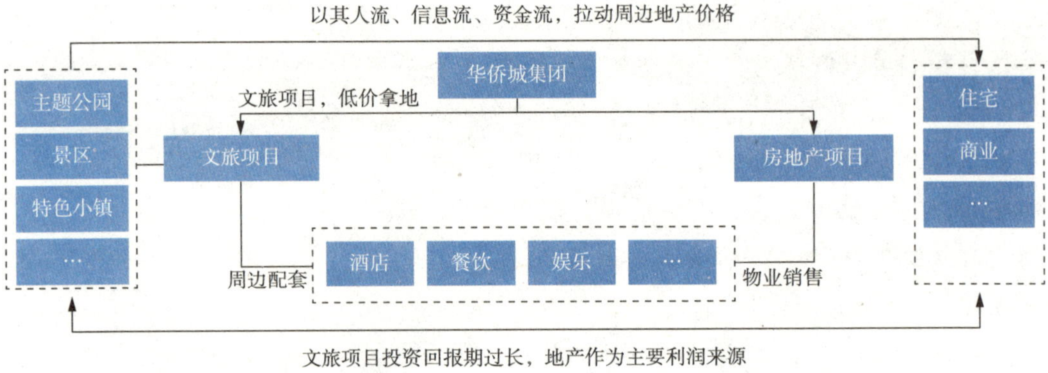

华侨城最初的模式更准确的说是“主题公园+地产”，可以说是地产加一个美女，做得很成功，不仅主题公园做到了亚洲第一，世界第四，房地产销售也成为中国著名品牌，比如波托菲诺。此后华侨城又陆续开发了景区、生态旅游度假区、文旅商综合体、文创产业园、特色小镇等，地产与一群美女相伴发展，盈利组合也更加多元。旅游起到了引流和升级的作用，推进地产销售，地产快速变现，反哺旅游发展，是相辅相成可持续的盈利模式，也是目前主流的盈利模式之一，适合拥有一定政府资源、拿地容易且成本相对较低的公司，同时拥有模式化旅游产品的公司，可快速进行产业扩张。

三是以旅兴地的收入模式。这类模式中文旅是一枝独秀，通过产品、营销、管理、服务等的专业运营，实现好看、好吃、好玩、好住、好买等多元化业态盈利，其中门票和二次消费是主要的盈利模式。这种模式也比较容易带动盘活整个地区经济的发展。乌镇和长隆是这类模式的主要代表。乌镇2018年收入19亿多，增速15.7%，旅游人数915万，净利润7.34亿元，增速6%，净利率达到38.6%，其中，门票收入占比不超过50%，酒店20%，餐饮20%。乌镇在定位上与时俱进，在不同的阶段从观光小镇向度假小镇、文化小镇、会展小镇转变，东栅的整体开发、乌镇戏剧节的实力演艺、互联网大会的品牌影响等，不断增强乌镇的吸引力。乌镇在设计上独具匠心，从入口、停车场、主街、水系、标志性建筑、老宅、客栈、民宿、酒店、细节等方面将古韵江南、水乡味道做到极致，真正打动游客的心。在业态上极为丰富，不仅有各个层次的特色主题酒店，独具地方特色的菜肴、餐馆，还有各色鲜活的非遗文化体验，让人来了就不想走。

四是区域价值带动的收入模式。这种模式就是对核心项目收入与带动性收入有一个组合性安排，也就是说核心项目收入在前期可能是最重要的收入，但不一定是区域最大的收入，除核心项目收入外，投资者还将享受土地升值收入、引进项目合作收入、其他产业开发收入等。

黄山旅游发展可以算是比较典型的代表，以黄山景区为龙头，做出品质，打响名气，同时推进“走下山、走出去”，围绕全景黄山、全业黄山、全新黄山、全球黄山，进行全域旅游布局发展。黄山景区成立的上市公司，连续多年的营收都是景区类上市公司里最高的，营收组成向多元化拓展，酒店、餐饮、索道业务、旅游服务等成为营收主体，门票收入发展稳定，增长较慢。

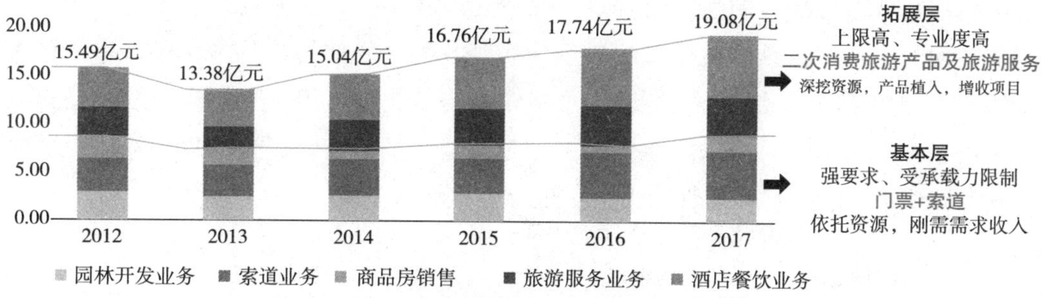

黄山景区2012–2017年各业务板块营收数据

黄山景区不断壮大，黄山旅游在黄山市区内布局了特色村落、洞窟景区、湖泊景区、旅游演艺、旅游商街等，实现了景区带动区域综合盈利。

五是以运活旅的收入模式。这种模式一般以内容为王，通过特色的引领和运营实现旅游综合盈利。该模式适合开发主体具有强大的资源导入能力，专业的策划经营能力，一定的资本支撑能力，还需要有精准的研判能力，以及打造出精品后可实现连锁经营或品牌输出的能力。袁家村和永兴坊便是这类模式的代表，都是以吃为特色进行突围。

永兴坊，原地为唐朝魏徵府邸旧址，西安市为了继续完善顺城巷历史风貌，充分彰显古城历史底蕴，扩大西安知名度和影响力，于2007年在原址上建造，为古城再添了一个“坊”式的精品项目。永兴坊自2014年开业以来年接待海内外游客约600万人次，日均接待量超过1.5万人次，节假日高峰期突破5万人次，占地面积15亩。永兴坊美食定位鲜明，致力于打造一站式咥美陕西，集合了陕西11个地市、107个区县的非遗美食，包括关中美食，咸阳biang biang面、岐山臊子面、老潼关肉夹馍、澄城羊肉泡、春发芽葫芦头泡馍、白水九煲一锅、秦镇米皮、西安甑糕、岐山擀面皮、礼泉农家豆腐、乾县锅盔；陕南美食，白火石汆汤、洋县大咸德、柞水洋芋糍粑、紫阳蒸盆子、城固热面皮、安康蒸面、汉阴炕炕馍、镇巴炕洋芋、宁强核桃馍、宁强千锤酥、摔碗酒、旬阳太极手打粉；陕北美食，子长煎饼、子洲馃馅、绥德黄馍馍、横山烤羊肉串、榆林羊杂碎、横山手抓羊肉、老榆林拼三鲜、陕北大烩菜、榆林羊杂碎、神木炒洋芋擦擦、陕北油馍馍、羊肉臊子揪面片、佳县和菜饭、榆林小白菜烩豆腐等，让游客吃得心满意足。不仅有美食，还有网红，摔碗酒、可以吃的毛笔、大碗面等，在抖音上的传播让永兴坊声名远扬海外，其中摔碗酒，平常每天可以摔3000只碗，周末和节假日可以达到2万只碗，一只碗5元钱，真是赚得盆满钵满。另外永兴坊非遗展示非常丰富，既有很多古色古香的景点，也有四季不断的节庆，让这个商街充满活力。

六是以一而百的收入模式。即核心产品复制输出模式，通过对具有核心竞争力的产品进行或重资产布局连锁或轻资产品牌运营输出，以此获得运营收益或智力咨询及品牌收益。宋城是这类模式的典型代表。我们在之前的旅游本质中讲过宋城千古情作为国内最赚钱的旅游演艺已经形成了自身从构思、编排到制作、演出及运营的全链条开发能力，目前宋城在九寨、三亚等地进行了投资运营的复制输出，同时在宜春等地进行了品牌和运管输出，实现综合盈利。

（二）第二板斧：如何找钱

找钱的关键在于融资渠道的发掘和通过资本运作拓展资本的能力。

从融资渠道来看，银行信贷依然是融资的主要手段。要加大银企、银政合作机制，重点推荐、促进贷款资金衔接落实（商业银行、政策银行、卖方信贷、担保公司、世界银行贷款、国家间援助性贷款）；发行债券、上市融资、引入定向基金和风投资金、海外直接融资、申请政府补贴等，有条件的可尝试资产证券化。

其次是政策性融资渠道。可设立各级旅游发展基金和专项资金，通过中央及地方财政“拨改贷”纳入基金，向相关旅游企业征收或公助民营方式筹集民间和海外资金等。另外旅游发展基金、旅游国债、专项资金、政策性银行贷款、国际金融组织和外国政府贷款、扶贫资金等也都是比较好的政策融资渠道。

有了钱就可以做好旅游投资了吗，并不是，我们都知道做旅游难，做好旅游投资更难，能找到真正用来做旅游的钱是做好投资的重要因素。因此，要寻求长期利益、共同利益，寻找既懂旅游、又懂金融、复合性强的具有专业性的赋能资本、优质资本，构建从游客到产业链服务环节的金融服务生态圈，提供门票收益权、质押贷、开发贷、消费贷、游学贷、融资租赁等金融产品，拓展信托融资、银行信贷、股票融资、债券融资、私募股权融资、产权融资等融资渠道，创新上市公司投融资、产业投资基金、旅游资产证券化（ABS）、PPP融资、旅游众筹等融资方式。

融资方式的选择随着开发阶段的不同而变化，投前、投中、投后不同建设周期适合的融资渠道不是一成不变，一般情况下企业和政府作为旅游投资的主要运作主体，多针对投资项目在筹备期、建设期和运营期不同程度的融资需求，匹配相应的融资方式，但企业与政府在三个投融资阶段中又扮演着不同角色，发挥着不同作用。

企业融资的关注点较多落脚于自身项目的投建及后期盈利上，大多分阶段进行融资。以特色小镇为例，在**项目筹备期**，因多涉及土地购买、筹建项目及其他相关准备工作，对资金的需求量较大，但企业项目在该阶段还不具备土地和资产等抵押物，因此更多采用股权融资、产业基金、PPP融资等方式；进入**建设期**，企业项目已具有土地、部分固定资产，可将国有土地使用权证等作为担保或抵押条件，进行融资活动，该阶段主要的融资方式有银行贷款、融资租赁、信托融资等；而到了**运营期**，企业已基本具备稳定的现金流做支撑，融资的资本和能力得到进一步巩固，该阶段可将项目的门票收入权、经营权等作为抵押，从而进行新一轮扩张融资，保障投资项目的持续发展。这一轮的融资方式主要有企业债券、资产证券化、上市和定向增发。

古北水镇几十亿的投资主要是分阶段进行融资。**在初创阶段**，以内部融资为主，靠地产快速回笼资金。其中中青旅全资控股成立公司，注册资本2.1亿元；中青旅以出具保函的方式向北京和谐成长投资中心借款1亿元提供担保，期限为1年；购买一期土地1076.54亩，与高端住宅开发商龙湖地产合作建设销售地产。**到了建设阶段**，引入政府和战略投资，增强信贷和抗风险能力。首次引入战略投资乌镇公司和IDG，公司注册资本增至5亿；引入国资股京能集团，进行增资扩股；以项目土地及地上建筑为抵押物，从中国银行北京分行、交通银行北京分行获得合计15亿元的十年期银团贷款。**到运营阶段**，两轮同比例增资扩股，稳定股东构成。2013年5月公司各股东方共同对古北水镇进行增资，合计增资金额3.02亿元，股权结构变更；2014年7月古北水镇各股东按持股比例对公司进行增资，将注册资本由13.02亿元增至15.32亿元，为新增项目开发提供资金。虽然目前古北水镇的股东有所变更，但其阶段性融资策略对企业旅游开发还是具有一定的借鉴意义。

政府的招商引资多以发展地方经济为目标，引入外来投资者用于地方项目的开发建设。因此在找钱的融资过程中，政府首先要做好招商前置工作，在资金进入前，科学评估和衡量与地方项目的匹配度，确保资金引入后发挥良性效益。同时政府要注重为项目搭建联动平台，比如招商大会或者地方旅发大会、文旅大会等，积极对接市场与需求，做好资金与项目的信息服务与管理，统一协调规划，审慎利用资金，发挥投融资效益在本地项目的扎实落地。要发挥政府的主导作用，优化投资环境，用足政府对旅游投资的激励政策，比如出台削减资本费用政策、出台削减运营成本政策等。政府要通过整合、统筹、联动、布局实现招商的科学化、合理化和效益化。

不论对于企业还是政府，除了拓展融资渠道外，专业的资本运营能力还是需要提升。

首先是上市融资能力。目前，旅游投资市场的特征是大行业、小公司，旅游行业公司市值在A股市场个股市值较小，除中国国旅、华侨城以外，其他企业市值偏低。旅游板块资产证券化程度低，二级市场规模与行业体量剪刀差大，截至2019年9月18日，旅游板块A股二级市场总市值在总旅游收入市场规模中不足10%。

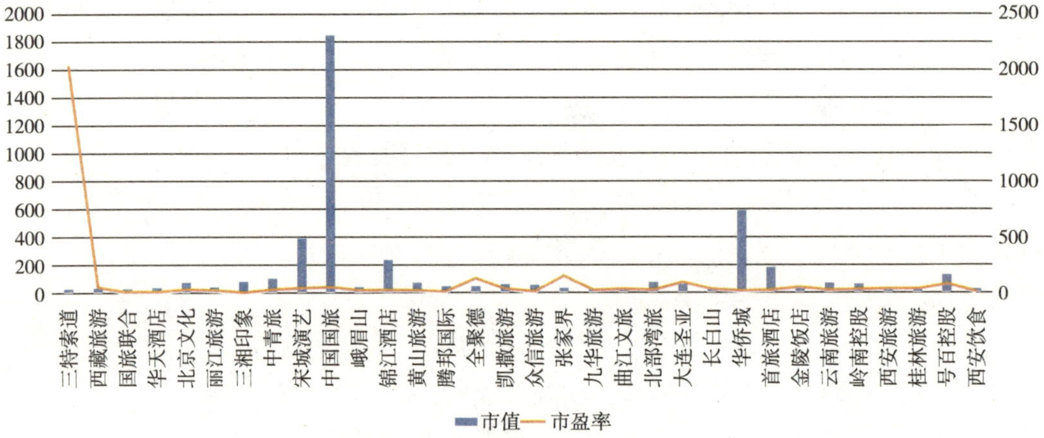

A股旅游行业公司市值及PE（TTM）

虽然旅游类企业在IPO中存在众多限制条件，但是企业要善用、培养自己的经营运作能力，可以让自身长期取得超额盈利，使资产始终处于高效率运作中，不断滚大。所以做好旅游投资，经营者需具备较强的资本运作能力，使旅游类企业在未来市场中创造高利润，打造护城河和高利润的有效壁垒。

第二是跨界整合能力。市场需求的升级和涉及领域的多元，要求旅游类企业经营者在投资中不仅需准确判断旅游行业的可投项目，更需要以全行业视角，整合跨界资源，谋求外延扩张，做到运筹帷幄，实现业务升级。跨界整合并不是漫无目的的跨界投资，而是要基于企业的发展战略和已有业务优势进行综合研判，或进行跨地域连锁布局投资，或进行产业链上下游产品要素的投资补充。比如丽江旅游2012年募集资金7.8亿元投资奔子栏项目及香巴拉项目；峨眉山分别于2015年及2016年投资柳江古镇及桫椤湖景区；张家界2016年3月非公开发行募资12亿元打造大庸古城项目；黄山旅游外延动作最多，整合宏村及太平湖资源，同时参与东黄山项目建设；宋城演艺和大连圣亚则更多的是基于已有成熟产品，进行跨地域投资和布局。

景点类上市公司的外延扩张项目

公司	提出时间	具体方向	项目进展（2019年11月截止）
丽江旅游	2012年12月	大香格里拉生态旅游圈	奔子栏酒店2016年1月开业 月光城项目预计将在2019年年底完工 泸沽湖项目：已完成总规、可研、节能、水保、维稳等审批工作，正在开展样板区建设
黄山旅游	2016年11月	东黄山建设、宏村、太平湖	东黄山项目基础设施项目建设，污水厂、客运枢纽、安置点等项目开工 宏村及太平湖项目处于谈判阶段
峨眉山	2015年6月 2016年6月	柳江古镇（集团培训）、后山开发	2019年摘牌项目用地，柳江古镇旅游综合开发启动
张家界	2016年3月	大庸古城项目	主体建设已基本完成，设备已预订生产到位，核心服务项目大型民俗演艺《遇见大庸》和飞行影院已基本完成
长白山	2014年4月	温泉度假区	一期皇冠假日温泉度假酒店于2016年12月投入试运营 二期项目工程建设阶段
中青旅	2017年2月	产业基金	成立基金公司，公司持股37.5%，作为募投项目的投资方和基金管理方
三特索道	2010年	“田野牧歌”模式	制定“8+4”战略，完善成熟景区的休闲旅游产品建设 四个待开发目的地项目
宋城演艺	2015年起	张家界、桂林、上海、宁乡、西安、澳大利亚	《桂林千古情》2018年7月27日首演，截至目前累计演出1000场，接待游客近360万人次，单日最高演出6场 《上海千古情》演艺场所于2018年9月开工建设 《张家界千古情》于2019年6月28日首演 西安项目与政府合作，正在有序推进，预计2019年完工 澳大利亚项目预计2020年开业

续表

公司	提出时间	具体方向	项目进展（2019年11月截止）
大连圣亚	2015年起	海岸城项目	镇江魔幻海洋世界项目主体已完成，有望元旦开业 厦门项目预计2022–2023年建成 三亚海洋科技馆·鲸世界主体完工，预计2020年春节试营业

资料来源：互联网、观研天下GSL整理

第三是匠心运营的能力。受旅游行业的性质决定，旅游投资的回报不是一蹴而就、一劳永逸的一锤子买卖，旅游的收益离不开匠心的运营，好的运营是投资落地、推进、盈收的重要催化剂。在上文中已提到，就旅游投资而言，完成投资只完成了30%的工作，还有70%是在投后管理上，旅游投资的收益回报更多取决于投后的运营管理。在投资的第一步，就要判断需求，要完成整个投资逻辑和投资理性建设，真正构建商业模式，贯穿景区从投资到开发完成再到后期整个经营的全部过程。所以精细化的运营，匠心式的坚持必不可少。有数据显示，从2012年开始旅游地产的增长率呈直线下降趋势，这预示了假旅游真地产的模式已经越来越不被市场所接受。房地产卖资产，赚的是快钱大钱，但是持续发展难度会越来越大；文旅业是经营资产，赚的是慢钱小钱，却是未来可持续的长钱久钱。因此文旅行业的发展必然不是浮于表面，浮躁与快进只能形成粗放式的旅游产品，只有沉下心的长远运营才会成就流芳百世的精品。

第四是专业退出的能力。旅游投资不仅要看增量，看运营，还要看退出。退出方式除了IPO，还有并购退出、借壳上市以及产业证券化。IPO我们刚才提到过，并购退出是指被其他企业现金收购或股权收购，实现资本退出。IPO融资规模大，但对景区、企业财务指标要求极高，在IPO受阻的情况下，并购退出更具优势。

	IPO	并购退出
条件	➢ 存续满3年 ➢ 创业板3年净利润3000万，经营现金流5000万；主板中小板2年利润1000万。	➢ 行业符合国家政策，经营状况良好，可与上市公司发展形成协同效应
时间	➢ 2年以上	➢ 6–9个月
费用	➢ 约融资规模5%	➢ 约1000万
估值	➢ 主板旅游上市公司约50倍	➢ 较IPO低
优点	➢ 融资规模大、估值水平高	➢ 周期短、成本低、变现灵活，短时间最大程度兑现企业价值
缺点	➢ 周期长、成本高，财务指标要求高，受政策影响较大	➢ 估值低

IPO与并购退出的条件与优缺点对比

借壳上市，则是把资产注入市值较低的上市公司，取得控股权，使母公司资产上市。借壳上市并无具体模式，但市场上主流模式共有四种：破产重整+收购控股股东股权+发行股份购买资产；资产出售+发行股份购买资产；破产重整+换股吸收合并；资产置换+发行股份购买资产。

产业证券化，是将同行业或产业中资产整合，打包上市，在金融市场买卖流通获取溢价。旅游景区是产业证券化的理想标的，可产生稳定的现金流，行业证券化程度较低，整合后有协同效应，一、二级市场估值差异大。

（三）第三板斧：如何投钱

旅游投资也不是越多越好，要考虑市场的成长性，才能做好科学投资、精准投资、内容投资和创意投资。

第一，科学投资。

旅游投资要选择合适的赛道，最好是企业长期经营和关注、且比较了解和深耕的领域，并找到科学的投资方向。

以现在受高度关注的景区来说，还是要充分了解景区的盈利结构和经营风险，对于资源禀赋、自然条件、交通区位、经济区位、合作条件、投资回报要求等都要充分考虑。自然人文景区的盈利主要有三个部分，初期主要依靠门票经济盈利，中期通过直接投资、孵化、战略联盟等方式，做大景区收入规模，提高二次消费，后期则可以选择通过资本市场实现资源与产业链资产的价值。

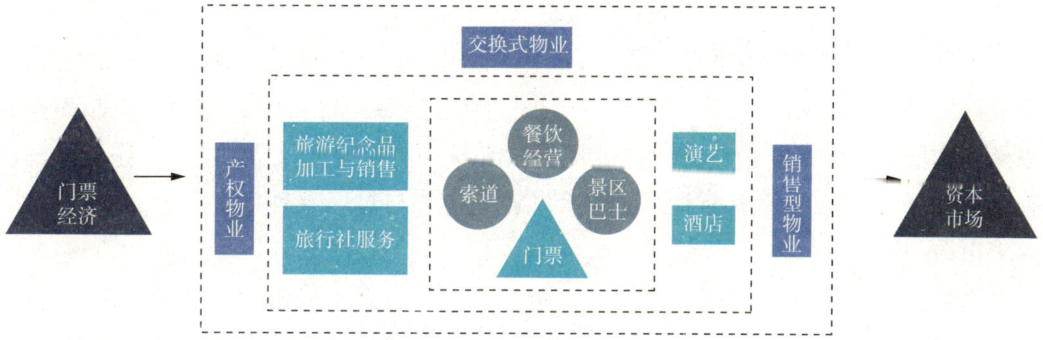

景区盈利结构

相应的景区投资则可以投资门票经营权、经营性资产的经营权和新产品的经营权。针对高品质和优经营的景区，可以通过获取门票经营权带来稳定现金收益。但是根据《关于整顿和规范游览参观点门票价格的通知》(发改价格[2008]905号)规定，依托国家资源的世界遗产、风景名胜区、自然保护区、森林公园、文物保护单位、景区内宗教活动场所等游览参观点，不得以门票经营权、景区开发经营权打包上市。

所以部分景区门票无法装入上市公司，因此投资景区时，其类型、门票退出路径需格外考虑。由于门票不能直接作为上市公司收入来源，对公司利润表现影响较大，可将景区门票收入作调整后装入景区资产组合包，在资本市场放大退出，实现门票收益溢价。

经营性资产投资则主要包括交通类、服务类、二消产品类，以获取运营权的轻资产投资模式合作。要判断资产价值，判断现状经营水平和潜力，判断投资的必要性。

新产品投资以植入二消赋能产品为投资方式，获取产品的运营权和收益权，比较考验投资经营者的专业能力。

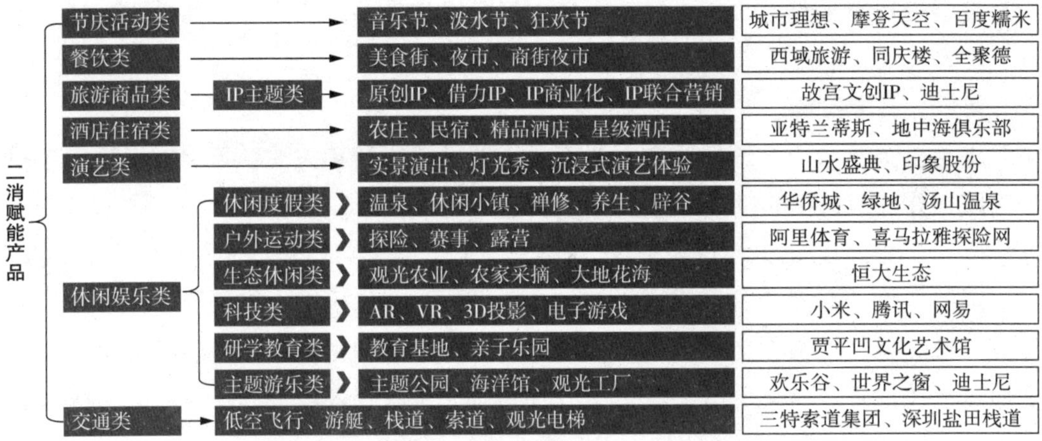

二消赋能产品细分

还有一类投资方向是投资景区产品。对于成熟的单品来说，旅游企业可以将单体成熟的品牌产品植入景区，形成单体项目回报收益；也可以孵化单独产品品牌，当品牌体量足够时，打包优质资产进入资本市场，实现溢价收益。对于成熟的品牌，则可以联合细分行业龙头企业，利用景区资源优势与景区系列龙头品牌，未来可独立上市。

文旅综合体也是一个投资方向，文旅综合体可以利用城市自有流量，带动地产升值，通过地价差，保证投资收益；还能用土地收益反哺文旅项目投资，用文旅项目带动区域增值，逐步整合区域优质资源，发展全域旅游，未来装入上市公司获得溢价收益。

第二，精准投资。

对于旅游投资，应该是宜大则大，宜小则小，像乌镇、古北水镇投资基本是40–50亿元，只有这样，才能形成航空母舰型的旅游综合体，吃喝玩乐全都有，主打大都市客群，这样的投资模型是一种。但有些地方则应是宜小则小，类似袁家村投资2亿，通过老房子的改造，原有特产小吃的销售就能做成功，不在于投资多大，而是能吸引人来就好，如果变成20亿，我认为肯定是死路一条。也可以打造其他类型的小确幸，比如一些亲子旅游项目，投资只要两三千万，还有水乐园、滑雪场，或者投资1000万的极限飞球系列，把高科技、动漫和4D有机结合，也是一个很好的产品。所以我们说，精准投资才是关键。本来这个项目投三四千万就可以赚钱，但是你投了10个亿，每年的财务成本就把你的所有效益吃掉。

所以在投资过程中要考虑好投入产出比，考虑好投资发展阶段。在投资的初期，可以构建小轻新旅游核心吸引物，持续引爆人气，比如一些投资较少的营地、农庄、亲子乐园等。有了一定人气后就可以投资以核心项目为主的“1+X”消费服务业态整合，让消费者能够停留消费，创造收益。当一个成熟项目产品落地后，便可以基于此进行周边其他类产品的“1+N”整合投资建设，或进行跨地域的投资布局。

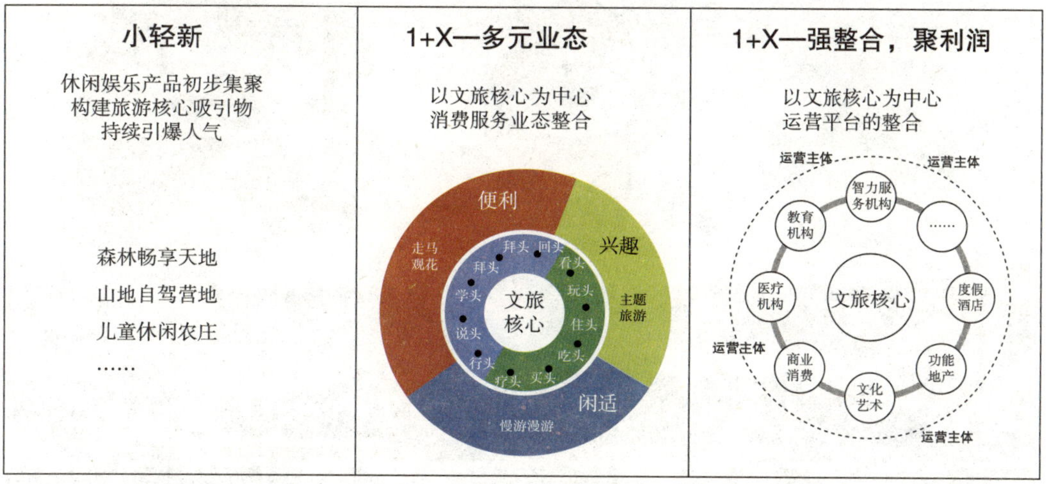

第三，内容投资。

我们过去的投资，往往是房地产的思维，或者是园区化的思维，动不动就要盖一批建筑，重物轻人、轻体验，轻内容、轻服务。对于房地产商来说要转变观念，真正想游客要的是什么，要从卖房子改为卖生活，有真正旅游生活化体验的场景和氛围，这个才是真正有生命力和持续力，从重开发转变为重经营才能真正形成内容链条。内容投资基于庞大的产业资源库作为支撑，每一个产品或项目投资都要找到合适的供应商和运营商，也只有专业的人才能干好专业的事，这就说明产业资源平台的重要性。对于每一个投资者而言，要架构自己领域的产业资源平台，只有这样才有投资落地的竞争性。巅峰智业其实就是一个很好的产业内容平台，近20年的行业积累，数以万计的客户资源，行业上下游TOP资源的筛选，为投资者提供了比较好的支撑。

第四，创意投资。

旅游确实到了这样一个时代，资源产品已经大量的同质化，怎么样在“大同”的世界中做出“大不同”，怎么做出你的独特性卖点，形成差异化，这些方面确实是需要有很好的创意组合。就像中景信打造的一系列山岳名胜地，山里山外，观光和休闲度假有一个创意的整合，比如展现山景壮观的人造瀑布，展现悬崖绝壁的声效玻璃天桥，这都是受市场欢迎的核心卖点。乌镇的业态，实际上都是把江南水乡的文化创意糅合进了形态、文态、业态、生态里。再比如巅峰智业投资打造的绿心童乡，以呆萌、勇敢、快乐的阿布熊为主人公打造面向2至12岁亲子家庭的热情逗比乐园，致力于营造亲子共同成长的天堂，以乡野课堂寓教于乐，让成长充满爱与趣，丰富的体验活动和课程设置让人惊喜不断。

绿心童乡IP及体验项目、课程配套示意

总的来说，旅游投资首要是定投资模式——根据自身风险偏好程度及能力专长，扬长避短，按阶段推进，选择适合的商业模式、建设与运营模式，通过规划、管理、运营等提升价值，并做好退出设计。同时要把握住规律——旅游行业有其规律，发展周期长，一般前三到五年是建设和培育期，第五到七年才能达到盈亏平衡点，要平衡资本短期收益与长远发展的关系，秉持长线投资理念，谨防砸钱、烧钱等短期投资行为。

文旅投资有三个看，第一看增量，即项目所在的区段，面向的主要客群市场体量；第二看运营，盈利与否，最关键的是操盘手的运营之术和团队的实操能力，所谓三分建、七分管；第三看退出，升值速度快、空间足，资本随时可退出是投资成功的重要一环，社会资本在运营期满后完成移交是最为理想的结果。然而文旅项目经营也面临运营周期长、投资金额大等问题，因此畅通的退出渠道、完善的退出机制是社会资本参与旅游投资的重要保障。社会资本退出方式包括在股票市场上市、资产证券化、股权转让和股份回购等方式，其中，以上市之后退出为最主要的方式，资产证券化次之。

旅游投资不能一蹴而就，需要花费大量的时间和心血，进行长期地操作与推进，根据资本在不同运作阶段下的特征，采取灵活的投资推进策略，旅游投资的成功需要长时期的匠心坚持与运作。

旅游业正逐步由传统的资源、资本为主时代进入一个崭新的财智时代。传统旅游时代对旅游业的投入以资源、资金、设备为主，有形资产起决定性作用；而新经济时代的现代旅游业，知识、智力、管理、创新、品牌等无形资产起着日益重要的作用，甚至决定着企业在市场竞争中的胜负存亡。很多新的旅游项目由于宣传力度不强、缺少社会资本投入和科学的开发规划，以及旅游资源供给与需求各方、各环节之间缺少便捷、高效的联系和沟通渠道，使得这些旅游项目“养在深闺无人识”。美丽的旅游资源需要与资本的对话，需要智力的介入和融通，才能转变为旅游资本。美丽需要资本，传承需要创新，整合需要专业，市场需要细分，盈利需要持续。要让**美丽、资本与智慧联姻，为美丽寻找资本，让智慧创造财富**，把美丽资源、资本资源、智慧资源有效整合，紧密对接，使中国旅游投资迈入智能化、规范化、科学化、人本化的发展之路。

第六讲

怎样做好旅游营销

在“清华大学总裁培训班”上的讲课（2006年9月10日，北京）

在第二届中国国际旅游景区装备博览会上的发言（2019年11月29日，合肥）

旅游千头万绪，最重要的事有两件——内抓精品，外抓营销。其中的营销已经成为撬动地区旅游发展的关键杠杆，成为旅游目的地占领市场制高点的关键。如果将旅游比喻为一艘船，那么旅游营销就是一叶帆。金牌银牌不如品牌，金杯银杯不如口碑，要敢吹、会吹、经得起吹。旅游发展必须重视营销。

我们身处一个快速变革的时代，游客的旅游需求在变，大众化、经常性、高频次，出游成为一种生活；散客化、自助化、自驾游，出游更加开放自由；多样化、个性化、分层化，内容需求更加多元；品质化、全程化、智能化，出游过程舒心便利，这也要求旅游营销实现快速变革。

过去的旅游营销主要是通过旅行社，很少部分通过游客口碑进行传播，而现在线上旅行社、在线OTA企业、要素企业、社交传播平台等都成为营销渠道，新媒体营销方式快速铺开，旅游受众群体变为旅游传播群体，营销变得更简单、更智慧、更精准，见效快、覆盖广、渗透强、持续长、成本低。

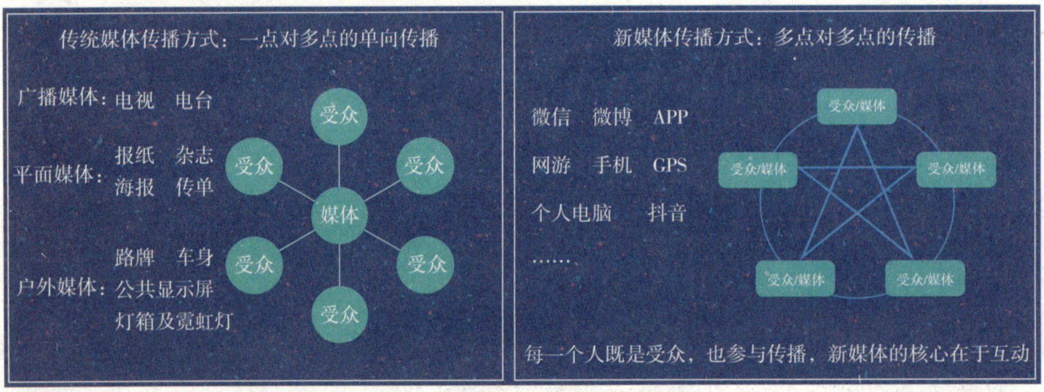

营销方式的变革

但是在我走过的很多地区，传统的旅游营销模式依然很流行，可以总结为一段话：

宣传基本靠嘴吼

营销基本靠腿走

好坏基本靠导游

卖票基本靠人手

交流基本靠喝酒

关系基本靠朋友

这反映出旅游营销中依然存在的几个突出问题。一是**少市调、缺规划**。总体来看，目前旅游营销还比较浮躁，缺乏必要的规划和策划，缺乏详尽、深入、连续、多维的市场调研，凭感觉、经验、资源营销的现象还很普遍，很多旅游营销仍处于产品导向阶段。二是**重促销、轻营销**。营销的目的是为了满足消费者的需求，促销的目的是为了把产品销售出去。而目前国内大多数的景区仍然还停留在促销的层次，只是想着如何把景区产品卖出去，而没有从根本上考虑旅游者真正需要的是什么。三是**品牌弱、形象偏**。不少旅游形象定位错位、雷同，或是名不副实、过度夸张；或是味同嚼蜡、乏善可陈；或是孤芳自赏、晦涩难懂。形象口号到处都是“第一”“都”“最”“圣地”“故乡”“摇篮”“根”“之源”“世界”“中心”“之乡”等等，不少是不切实际或缺乏长远战略思考。四是**同质化、少特色**。景区产品趋同，缺乏特色，一部分景区低价营销和削价竞争，以吸引游客到来为目的；另一部分景区票价不低，体验感却一般，让游客感觉不值这个票价，最终都成为一锤子买卖，难以产生后续拉动效应。

新时代营销必须明确对象，那就是游客，真正从游客的需求出发。旅游千变万化，但万变不离其宗，不管是营销也好，品牌也罢，打动游客的心永远是第一位。这就意味着要更加精准地把握游客需求，更加统一地整合营销力量，更加富有创意，创造新颖多变的营销亮点，因此**从分散到整合，从粗放到精准，从平常到精彩**的营销变革已在发展过程中逐步突显，这也成为了促进旅游营销提升的三个维度。

从分散到整合。整合是形成营销合力的重要手段，通过对各种营销手段和营销因素的系统化结合，实现整体品牌和价值的提升。整合营销最大的优势就是能够集合多方力量、多种手段、多种创意，从而放大营销价值和效果。

从粗放到精准。大数据技术的发展为精准营销定位提供了便利，要建立具有针对性和层次性的营销宣传体系，打造个性化、综合化的营销策略体系。精准营销分为三个层次，每个层次不可或缺但又层层递进。**首先是让人知**。在对旅游目标市场进行准确定位的前提下，通过确立最适宜的品牌形象、广告、口号等，以最有效的营销方式，提升目的地知名度，强化游客印象，让游客对于旅游目的地产生向往，一般包括形象营销、IP营销等。其次**让人来**。以前期宣传为基础，建立丰富的旅游产品内容体系，以货真价实的硬核产品让游客有不虚此行的感觉，一般包括节事营销、美食营销、影视营销等。**第三是怎么游**。将高品质、人性化、现代化的旅游服务贯穿于整个营销体系当中，通过高效的服务营销、前沿的数字营销、网络营销等手段最终留住游客，提高重游率，构建完整的金字塔式营销体系。

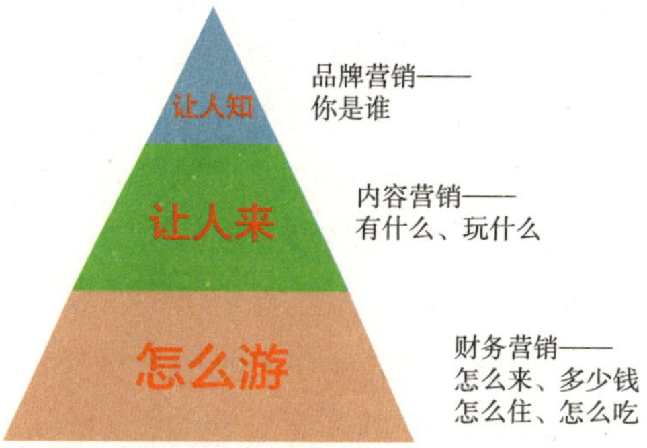

从平常到精彩。在旅游营销的最初，一则普通的广告宣传片、一句并不闪亮

的旅游口号、一张平凡无奇的宣传画都能引起人们不小的关注，然而随着时代的发展，旅游经营者想要不费吹灰之力地便能达到理想的营销效果已经成为过去式，各式各样新奇丰富的营销手段进入人们的视野，牵引着人们的好奇心。丰富多彩的品牌形象营销，个性十足的IP营销，创意新颖的短视频营销，亮点颇多的争议营销，闪亮新奇的创意营销，别样经历的体验营销，情感融入的社群营销等等，精彩营销全面登场。

接下来我将顺应营销的这些发展特征，结合案例逐一展开，讲讲旅游营销36计。

第1计　整合营销

整合营销思想起步于20世纪90年代，倡导者是美国的舒尔兹教授。整合营销是指通过对各种营销手段和营销因素的系统化结合，使交换双方实现各自价值的营销理论与方法。整合的本身是一个综合复杂的系统工程，特征比较鲜明。首先，主体多元化，整合的要素几乎涵盖交通、餐饮、住宿、购物、娱乐、游览等旅游六要素及相关市场要素；其次，营销手段多样化，通过宣传广告、公共关系、人员推广、新闻宣传、软硬广告、节事活动、展览推销等多种手段综合利用，因地制宜；最后，整合形式多样化，有系统整合、跨界整合、区域整合、产业整合、线路整合、品牌整合、主体整合、形象整合及互助整合等多种形式。

整合营销是区域各种旅游资源的综合利用，因此将其作为旅游营销36计的第一法则，或者说是要综合利用其他各种法则，因地制宜，达到营销最佳综合效果。

巅峰智业在2003年《青海省旅游市场营销规划》中，首次提出了全面整合营销模式。《中国旅游报》认为，此举由此拉开了系统营销青海旅游的序幕，也开启了国内专项编制省级旅游营销规划的先河。

20年前我曾提出整合营销“六个一”工程，具体为：

- 一个好的形象定位
- 一句好的旅游宣传口号
- 一个好的旅游网站
- 一套好的解说系统（导游词、导游图、风光片、旅游手册、解说牌等）
- 一系列好的旅游节事活动
- 一次好的旅游体验（质量、服务和价值）

一个旅游目的地如果能结合自身特色和目标市场做到这“六个一”，就具备了较好的整合营销基础。此后我们在“六个一”的基础上不断升级，比如对于有一定旅游基础但是养在深闺的旅游地，为了引爆流量，针对当地资源禀赋做好“三个一”，一个央视推广、一个高端论坛、一个大型节庆活动。比如对于一个乡村目的地，我们又可以结合当地的基本情况，推出一份乡景简介、一组微信原创稿件、一篇乡景故事、一套乡景语音讲解、一个宣传折页设计、一幅乡景地图导览、一组乡村旅游线路策划、一套达人游记攻略、一个一分钟微动画等，真正让乡村走出去，让认知。

整合营销的应用非常广泛，比如大家耳熟能详的“好客山东”，它就是目的地整合营销的典范。山东省整合旅游品牌、整合区域旅游资源、整合区域旅游力量、整合营销方式，快速提升山东知名度，将山东旅游作为整体向全国推广。具体如下：

整合旅游品牌，实现了由个体品牌向区域性综合品牌的转化。山东省突破了城市和景区点单打独斗的品牌发展模式，将山东省的城市形象、旅游景区形象同区域品牌结合起来，以齐鲁悠久的历史文化和山东人好客的地域性格为支撑，统一主打“好客山东”的旅游品牌，统一的“文化圣地、度假天堂”旅游形象，构筑山东文化旅游新产品体系，形成了多品牌支撑点、多营销着力点的完整品牌体系。

好客山东品牌形象

整合营销方式，实现了由单体分散营销向整体合作营销方式的转化。突破单个城市、景区或旅行社各自营销的方式，采取“联合推介、捆绑营销”的方式，整合省、市、县及旅游企业的资源和宣传促销资金，采取企业、媒体、政府三方出资模式，同时采取多管齐下的营销手段，达到全面撒网、重点捞鱼的效果。2007年，山东省旅游局通过整合省、市、县及企业的旅游宣传促销资金和资源，以“三个三分之一”的出资方式在主流媒体强势开展“好客山东”品牌宣传。此后各种各样的推介会、论坛、拜年会等如火如荼地开展，好客山东旅游服务标准、好客山东旅游卡、好客山东旅游产品团购等营销内容琳琅满目，电视、广播、报纸、杂志、网络、户外广告牌、机场、车站、码头及主要旅游集散地，甚至信封、名片、银行卡上都统一了“好客山东”品牌。

好客山东品牌无处不在

整合营销力量，实现了由单打独斗向整合区域旅游力量转化。“好客山东”的品牌不仅仅是一种理念，还从组织、路径和平台的设计上落到了实处。在全省的旅游战线上，干部职工统一使用“好客山东”的形象标识；旅游行业的主管部门，包括政府的一些领导在外访问的时候，也都推广“好客山东”的品牌，人人都是宣传员，人人都是导游员，区域营销力量的整合将山东旅游价值放到最大。

第 2 计 形象营销

旅游目的地形象是人们对某一旅游地的总体认知和评价。形象营销就是针对目标市场确定、建立一个独特的旅游品牌形象，并对旅游品牌形象进行设计、传播，从而在旅游者心智中占据一个独特地位的营销过程。在现代营销理念当中，品牌形象可以称得上是营销的核心和灵魂，各著名旅游目的地也都重视自身旅游品牌形象设计，有很多地方的旅游品牌形象估值可达百亿或千亿。

旅游形象最直接也最容易传播和展示的就是旅游口号，它是旅游地品牌形象的一种精炼语言式表述，如果能够配合简洁适度的图文设计，配合节事活动、渠道拓展、VI推广等一系列传播，则更深入人心，更有传播性。

旅游形象口号应体现出四大特征：1. 纯粹化。形象口号一定是纯粹的，不是一个大拼盘。国际上比较成功的如加拿大的就是一片枫叶的图案，新西兰的就是“100% Pure”（百分百纯净），都很纯粹，容易被记住。**2. 特色化。**要明确景区发展的特色到底“特”在哪方面，要解决以什么样的魂指引景区整体定位的问题。**3. 差异化。**要将自身具有差异化的元素找出来。**4. 精准化。**要求口号精练、准确、贴切，让人对景区的特点一目了然。

选定旅游形象口号有三种思维方式：

一是资源导向型。这是一种惯性的、固化的思维，“有什么卖什么”，对于一些特色鲜明纯粹的区域很适用，但遇到资源很丰富、文化很厚重、特点很多的旅游地便很难提出一个很鲜明、生动、简洁口号，必须深挖当地资源，融会贯通，整合凝练。在2000年我主持编制《青海省旅游发展总体规划》时，我阅遍青海相关的书籍和资料，提出了“大美青海”的旅游形象口号。当时青海政府放了很多年，直到强卫书记从北京过去，才重新推出这四个字，并通过整合营销方式迅速传播，境内外游客数量猛增。因为青海确实是大山大水、大雪山、大草原、大湖泊、大湿地、大江河，这种大尺度的美，让我觉得很震撼。

千岛湖是第一个深入到县市、社区搞促销的景区，也是南方最早走向长江以北乃至全国的景区之一，通过广泛征集宣传口号，从最早的“千岛碧水画中游”到“天下第一秀水”的形象口号；从20世纪90年代中期的“农夫山泉——千岛湖的源头活水”到“水下古城”的新闻炒作，千岛湖名声大振。另外巅峰智业策划的“山地公园省 多彩贵州风”“天下英雄城”等旅游形象口号均是资源导向型中比较经典的代表，并且都在央视一套进行了传播和推广。

旅游品牌央视推广

二是市场导向型（或游客体验导向型）。旅游形象口号也可以纯粹采用体验导向型的，目前有很多成功的例子，如“好客山东”“四川好玩”“七彩云南”等。张艺谋给成都提的“一座来了就不想离开的城市”以及乌镇的“来过，未曾离开”等口号，都是从游客的体验感上来说的。

三是创新导向型。创新地跳出传统思维模式局限，从不一样的视角创新切入，无中生有，做唯一。比如大连的形象口号就是“浪漫之都，时尚大连”，其实过去游客到了大连后并没有感受到浪漫，就城市旅游资源来说，大连与北京、西安、上海、成都等城市也是有差距的，要想突围，既需要理念创新，也要理论和实际相结合。经过综合分析后，巅峰智业创新性地整合多种在地资源，选择浪漫文化引领城市旅游发展，虽然是无中生有，但是也契合大连自身的特色，成功塑造和提升了大连的旅游形象品牌。大连于2003年在全国工商总局成功注册了城市旅游形象品牌——“浪漫之都”，开创了全国先河，品牌价值超百亿。

另外福建的“清新福建”，也并不完全就能够代表福建所有的自然资源、人文风情、历史底蕴，而更多地突出了福建在生态方面的突出优势，并进行放大和演绎，用“清新”来统合清新生态、清新人文、清新生活、清新政务等，现在也已经成为福建省响当当的形象口号。

还有山西的“晋善晋美”，当时找了很多专家进行头脑风暴和比选，我也参与其中，最后确定了“晋善晋美”，当然也并不是说游客到了山西就能够感觉到山西已经尽善尽美，但这就是创意并且也很契合山西自身的特点。

旅游形象口号也可以采用这三种思维方式的两种或三种结合，提出更为符合区域发展、提振区域影响的口号。比如我多年前为靖安提的“有一种生活叫靖安”，就是结合这三种思维的方式，既有当地资源特色，也契合了市场，同时也具有一定的创新性，现在也是在当地得到了广泛的宣传。另外“闽侯，闽江最美的问候”，也是多种思维方式的集成，不仅挖掘了当地的资源，做了“醉心·闽越的问候”，“清心·山水的问候”，“养心·禅意的问候”，“暖心·温泉的问候”，“归心·乡愁的问候”的全面解读，将闽江的美，以及它对于游客的问候表达得淋漓尽致，既创新，又贴切。

选定旅游形象口号是一件很难的事情，很多时候都是可遇不可求。目前全国很多地方采取了公开征集旅游形象口号的举措，但是能被采纳的很少，因此在海选旅游形象口号时最好要动员各方力量，创意、协作共同推进。可以邀请相关专家创意研讨，或通过微信、微博、网络平台、高校创意设计大赛、国际设计周等各种方式进行征集讨论，推动官、产、学通力协作，进行思想、信息的碰撞，找专业的公司进行初选、复选，并由专家和地方领导反复地推敲、对比、归纳出有在地性、有针对性的几条口号。

第3计 IP营销

IP是Intellectual Property的缩写，本意是“知识财产”，在营销学上IP是能够仅凭自身的吸引力，挣脱单一平台的束缚，在多个平台上获得流量，进行分发的内容。IP具有互动化、人格化和跨界化特点，能够有效助力旅游地提升游客互动性、树立鲜活形象、形成跨界传播影响力。

一般而言，IP的营销其实是从IP选择到IP运营再到IP落地的过程，这个过程当中包含了各种的营销方式，比如形象口号拟定、品牌logo设计、吉祥物打造、产品营销、活动营销、事件营销等让IP鲜活饱满，有生命力。

IP的形象营销。一般而言，IP的选择有两种方式，一是引进成熟的IP，这类IP一般要明确合作模式，是买断经营还是授权经营，需尽量沿用原创IP的营销手段和方式，比如小猪佩奇、乐高、迪士尼人物、环球影城人物等；另一类是新的IP，这类IP需要有中看无，从在地的人、文、地、景、产当中挖掘和提炼，围绕主题元素架构情节，演绎故事，创造与时尚消费契合的故事，并能够传递普适性的情感和价值观，通过产品内容的打造和营销推广的方式放大IP的品牌价值。以这种方式创造出一批如新木兰从军、杜甫很忙、大闹天宫、熊本熊、功夫熊猫等接地气的好IP。

2016年，巅峰智业为内蒙古的伊金霍洛旗（以下简称伊旗）策划设计了“大成”“小伊”的品牌形象IP，大成源自伊旗的文化灵魂成吉思汗，小伊源自伊旗本身，“大成”身着蒙古风情黄色套装，佩剑在前，爱吃、爱玩、爱享受、爱喝酒、爱讲故事；“小伊”头戴蒙古族传统女生头饰，身着红色衣服，是达尔扈特人，喜欢旅游、历史、文化、艺术等。并由此策划衍生出食、住、行、游、购、娱等旅游要素品牌内容，设计了一系列的推广海报，在内蒙古旅发大会上，大成小伊已经全面投入使用，广受市场好评。

IP的事件、活动和话题营销。IP的传播和引爆需要多种营销方式，比如可以通过制造具有公益、热点、危机效应的突发事件，可策划利用名人效应、体育赛事、

伊金霍洛旗IP设计

反常规事件等引起市场关注；可以举办主题活动，采用幽默、恶搞、争议、社会热点等形式发起热点话题活动，通过线上线下、网络平台直播、传统媒体与新媒体联合等实现扩散性传播。熊本县策划组织了很多事件和话题，比如策划熊本熊执行公务中失踪进而引起大阪市民全体关注，比如策划全面寻找腮红活动从而借势展示全县的绿色农产品，比如策划冰桶挑战、熊本熊骑小摩托等活动，让人对熊本熊爱不停止。

IP的产品营销。IP是产品成为爆款的引火线，产品是IP得以保有生命力的核心。IP是件很好的外衣，但关键还在于如何将其转化为能够令消费者产生共鸣的消费体验。在快速变化的新时代，消费者决定购买产品往往并不是只看产品本身，而是综合看产品所处的场景，希望从日常生活的场景切换到不一样的消费场景，因此需要围绕IP主题故事进行情感设计、仪式设计、氛围设计、活动设计，并融合多元化的消费盈利业态，最终形成个性化的消费互动体验。IP还需要渗透到旅游产业链条的各个环节，形成不同的盈利消费点，包括电影、动漫、游戏、绘本、手作、音乐剧、文创商品、游乐园、主题餐厅、表情包等，通过激活这些衍生品的销售渠道，增强消费者的购买黏性，这也是一种强化品牌IP的重要途径。

北京故宫的IP产品营销做得非常好。故宫充分挖掘IP潜力，与市场化的文创设计机构合作，共计研发文创产品万余种，包括生活化与时尚化结合的服饰、陶器、瓷器、书画等系列，并配有“萌萌哒”的皇帝和后妃等形象代言人，还结合最先进技术开发在线产品如“家中游故宫”、数字博物馆、“VR精灵”、千里江山图等打造体验产品，并与多方跨界传播形成营销矩阵，故宫已开发3部纪录片、4个故宫儿童站、9个艺术APP客户端、11个在线游戏等传播平台，并与阿里巴巴合作开设故宫文创、故宫出版、故宫票务等旗舰店，与腾讯合作开展故宫IP深度挖掘，推出“天天爱消除”故宫版、文创大赛等。

2018年故宫的网红成长史一直在继续，花式IP营销玩法又做出了新尝试。“故宫淘宝”发布了系列彩妆，分为仙鹤系列和螺钿系列，有口红、眼影、腮红等8款产品，产品一经发布便引爆互联网，据悉，2小时内预订数量已超过2万套，相关帖文《久等了！故宫原创彩妆！》也在不少人的朋友圈刷屏；继《国家宝藏》《如果国宝会说话》等一系列优质节目之后，故宫推出《上新了，故宫》，节目将解密故宫的综艺内容与故宫文创开发相结合，打开了故宫文化IP的另一种解读方式，首期播出即获得电视端收视率第一、网络端热度全网第一的好成绩；借势《延禧攻略》的高热度，故宫联手饮料界最会打广告的品牌——农夫山泉，共同推出了一款农夫山泉故宫瓶，大IP与快消之间的联手，配合恰当的文案，对双方品牌的带动不言而喻；故宫与网易联合开发了一款以故宫藏青绿山水画《千里江山图》为创作蓝本的轻度解谜类手机游戏《绘真·妙笔千山》，是故宫首次尝试进军游戏衍生新业态IP。到2020年就满600岁的故宫，从营销来讲，可谓是一个相当有历史的老品牌，IP营销的能量让故宫持续焕发新的活力。

故宫的IP化产品营销，让肃穆厚重的文化和历史年轻化

第4计　广告营销

广告营销是旅游经营管理的重要组成部分，可细分为电视广告、印刷品广告、电台广告、路牌广告、网络广告、专业媒体广告和实体广告等。

电视广告。电视广告是最直观、最有效、最直接的一种融视觉、听觉、感觉于一体的传播。我们每天都可以看到很多的电视旅游广告。比如上海，通过一则城市营销广告将中国甚至美国都深为人知的人物姚明塑造成一个城市符号，将一个明星变身成为现实生活中的普通角色——警察、超市服务员、建筑工人等，展示了上海包容自由的城市特质。成都，通过一个后辈用DV帮奶奶寻根的故事作线索，将杜甫草堂的清幽，武侯祠的意境，茶社龙门阵的喧闹，春熙路的时尚，地道小吃的火爆娓娓道来。新加坡，在“非常新加坡”的主题下，推出诸如新年篇、购物篇、美食篇、城市篇等营销广告。威海是中国第一个在中央电视台做城市形象广告的城市，随后，众多城市也相继做了电视城市形象广告，如大连、黄山等地，都取得了显著效果。巅峰智业也凭借良好的媒体资源，先后为福州和宜春等地在央视投放电视广告，均取得了较好的传播效果。

中国威海——第一个在中央电视台播放的城市形象广告（1999）

宜春央视广告

福州央视广告

印刷品广告。印刷的宣传品是营销最普遍使用的方式。在国外旅游有一个突出的感受就是可以很方便地获取丰富的旅游宣传册子，美国一家整合营销服务商的调查表明，美国成年人中，最愿意接受的营销工具不是电视，也不是网络营销，而是传统的直邮信函广告。这个调查结论对我们也有一定的参考价值，虽然各种电子贺卡画报越来越普遍，但传统的印刷宣传品还是会让人觉得更重要，比如小册子、画册、挂历、张贴画、手提袋、塑料袋等。在特殊的节日抑或平时，如果收到一张心意满满的风景文化明信片，说不定会让人感动，也就达到了宣传的效果。

路牌广告。以下图片即为新西兰和澳大利亚的旅游信息中心和宣传指示牌。

广告营销要注意以下两点：一是有一定的宣传频率，人们看得多自然就会在头脑里加深印象；二是要在写实宣传的基础上突出创意个性，给游人耳目一新的感觉。巅峰智业助力的南昌城市形象宣传成为广告营销的典型案例。2015年，巅峰智业为南昌旅游进行品牌形象策划，设计“滕王阁”形象标志，提出“天下英雄城”形象口号；2016年，“天下英雄城南昌”形象宣传片（15秒）在CCTV-1、CCTV新闻频道《朝闻天下》6:30、7:30并机全年播出，形成轰动效应；2017在美国纽约时代广场和日本东京CBD用大屏幕进行广告投放和宣传片播放，同期制作“外国人眼中的南昌”等系列宣传视频，在youtube、facebook、今日头条等国外、国内媒体进行报道和推送，达到国外引爆、国内热炒，覆盖互联网人群可达1.5亿人次。

央视广告展示

美国纽约户外广告展示

第5计　造势营销

造势营销是指在短时间内利用举办活动、制造事件等人为的营销手段，通过大众传播媒介的报道，引起社会大众或特定对象的注意，制造舆论焦点，吸引眼球，聚集大量人气，扩大有利的声势，提升知名度和影响力，达到事半功倍的效果，可谓“没事找事”。造势营销的手段多种多样，一般都通过事先周密的策划，利用新闻传播、报道、演说、人气活动组织、创意产业项目等特殊事件来实现。例如网络评选、焦点新闻、创意活动等。造势营销要获得好效果，就必须善于借助各种互联网媒体，如搜索引擎、社区论坛、社交媒介等，也要善于抓住年轻人的眼球，借助抖音、豆瓣、微信、微博等自媒体平台，扩大用户占有，增加流量传播。

今天我们去电影院看电影戴3D眼镜是一件再平常不过的事情了，时间倒推回去，第一部3D电影《阿凡达》的场景想必大家都不陌生，电影中的哈利路亚山原型为张家界景区的“南天一柱”峰，电影大火后，景区将“南天一柱”更名为电影中的“哈利路亚山”，并且向外界传递一个重要信息：“潘多拉很远，张家界很近”，张家界不仅属于世界，也已经走向世界。可以说，张家界凭借一股更名旋风，在旅游市场中火了一把。我2010年去过两次，在这个景点等着拍照的，人山人海，挤都挤不进去。在电影公映之后，张家界旅游局融合电影元素，结合影片中的15处场景，推出“阿凡达—潘多拉神奇之旅”“阿凡达—哈利路亚山玄幻之旅”以及“阿凡达—悬浮山神秘之旅”等相关主题旅游线路，使张家界的旅游收入增长48%，其原有基数很大，还能有这么高的增长率，不能不说这是一种成功的造势。改名这事情还惊动了时任国务院副总理王岐山，因为舆论说崇洋媚外、媚俗，把中国山改成洋名字，拍了很多板砖。张家界旅游局也找了专家进行论证，结论是“通过影视来炒作旅游景点是国际惯例做法”。2009年初，澳大利亚昆士兰州旅游局为了推广风光独

一无二的哈密尔顿岛，在全球范围内以“世界上最好的工作”招聘“小岛管理者”。这次的全球海选活动受到了全球媒体的广泛关注。海选活动一启动，到哈密尔顿岛旅游度假的人数超过上年同期水平2倍。通过以低成本、高效率、高传播的方式，哈密尔顿岛一夜成为全球瞩目的度假景区。

哈密尔顿岛“世界上最好的工作”招聘

我们前面提到过的丹寨万达小镇全球招募“轮值镇长”也属于造势营销，这是中国的乡村小镇首次在全球范围内招募，民族风情、扶贫公益、自我价值……创意直击人心，吸引了众多关注的目光，至开业前两周内便有超有1.5万人报名申请，在开业首月游客便突破了80万人，目前已有70多任轮值镇长先后上任。“轮值镇长”活动还荣获戛纳国际创意节“铜狮大奖”、美国营销协会“艾菲金奖”等，为丹寨万达小镇国际知名度的提升和首年游客量超过500万做出巨大贡献。

第6计　节事营销

从概念上来看，狭义的节事是“节日庆典”的简称，其形式包括各种传统节日以及在新时期创新的各种节日。广义的节事包括非常广泛的内容，国际著名节事研究专家盖茨（Getz）把事先经过策划的事件（planned event）分为8个大类：文化庆典（包括节日、狂欢节、宗教事件、大型展演、历史纪念活动）、文艺娱乐事件（音乐会、其他表演、文艺展览、授奖仪式）、商贸及会展（展览会/展销会、博览会、会议、广告促销、募捐/筹资活动）、体育赛事（职业比赛、业余竞赛）、教育科学事件（研讨班、专题学术会议、学术讨论会、教科发布会）、休闲事件（游戏和趣味体育、娱乐事件）、政治/政府事件（就职典礼、授职/授勋仪式、贵宾VIP观礼、群众集会）、私人事件（个人庆典比如周年纪念、家庭假日、宗教礼拜，社交事件比如舞会、同学/亲友联欢会）。

节事营销就是通过举办节事活动的方式，有计划地策划、组织、实施营销，以吸引媒体、社会公众和目标市场的兴趣与关注。节事营销的关键是要创造一种活动的氛围，氛围就是一种品位、一种格调，不能照搬，也不能随意拼凑，要提炼当地的特色，进行活动氛围设计，形成独特的游客体验。节事营销要以“调动游客参与的积极性”为出发点和落脚点，配合传统媒体和网络媒体跟进推广，发挥节事的引爆作用，从而实现品牌全面崛起。

节事营销一般有三种途径，一是利用既定节事进行营销，二是创新热点事件进行营销，三是通过策划节事进行营销。

既定节事一般利用中秋、元旦、新年、国庆等传统的节日进行营销，对于这类节日，关键在于活动内容的丰富和品质，在吸引人流的同时实现消费变现。

热点事件营销更多的是创意吸睛。2008年张家界天门山景区举行了上汽荣威“挑战天门山”活动，张家界神秘天门山及99弯高难度天路是此次事件的看点之一，多家媒体前来报道，给广大观众带来了一场“通天大道”山路飙车的惊险与刺激。事件之后张家界天门山经媒体的聚焦，其旅游热度再度提升。以奇秀、险峻和神秘著称的天门山，成为更多旅游爱好者和探险家的乐园。

策划节庆营销也比较常见，现在也成了各地的文旅品牌。比如甘肃的“一会一节”即丝绸之路(敦煌)国际文化博览会和敦煌行·丝绸之路国际旅游节，已经举办了多年；还有青岛的啤酒节、潍坊的风筝节、吴桥杂技节、宜春月亮节、乌镇戏剧节、珠海航展、深圳华侨城万圣节等都已经成为当地旅游营销的招牌。

另外现在很多城市都会举办马拉松、越野赛、环湖跑等体育活动，活动的举办可以展示地方的美景和环境，也不失为一种好的营销方式。

节事营销可以全面体现旅游景区精彩的旅游活动内容，是以游客所追求的活动体验为诉求，增强互动为关键，在提升知名度的同时直接创造和实现市场价值。

第7计　让利营销

让利营销是指旅游企业以减少旅游产品销售利润为代价，使游客从购买本企业产品中得到更多的实惠，以促进旅游产品销售的一种特别优惠营销法。让利营销的主体一般包括旅游景区、旅行社、酒店、航空企业、旅游OTA平台等，政府起到总体调控的作用，在为旅游企业搭建政策平台的同时，还要保证让利营销有序进行，不会造成恶性竞争，以获得规模效益。

从渠道上看，旅游企业可以直接让利，也可以通过中间商间接让利，最终达到优惠消费者，拉动旅游消费的目的。从优惠方式看，一般采用折扣或赠送的方式。

2011年12月20日至2012年1月20日，江西省庐山、龙虎山、井冈山、三清山、武功山、大觉山、龟峰等71个重点旅游景区首次集中免票一个月，在国内亦首开先河。江西省整合推出了68条丰富多彩的冬季旅游线路，引领国内外游客品尝江西“冬季旅游大餐”，活动期间累计向国内外游客赠送出约10亿元的免费门票，这是摆脱“门票经济”、激活旅游消费的一种尝试，更是让利于民、取得口碑与市场的重要营销手段。虽然损失了门票收入，但同期的餐饮、住宿、交通等收入大幅增加，旅游总收入不减反增。

2018年10月，华侨城集团推出“花橙畅游卡”，该卡售价100元，游客可以在2018年11月11日至12月23日畅游全国华侨城景区，覆盖全国各地欢乐谷、麦鲁小城以及东部华侨城、云南世博园、《梦幻腾冲》演出等50个景区、主题公园和文化演艺项目。此卡推出以后，获得了极大的关注，多家渠道代销、多家媒体报道，市场销量也急剧上升，让传统的旅游淡季不再寒冷。

第8计　渠道营销

渠道营销是指营销主体与旅游中间商或者分销商建立良好关系，通过不同分销渠道链接旅游消费者，实现旅游产品营销的过程。渠道营销要注意三个问题：一是要保证营销渠道的畅通高效、适度覆盖和稳定可控；二是选择分销商时要考虑其经营能力、营销意识、市场能力、管理能力、合作意愿是否强烈等多方面因素；三是要根据景区或旅游企业的实际情况来选择营销渠道的类型、层次和宽度。

渠道营销的中间商很重要。传统的实体旅游中间商包括以下几个：

1．旅游经销商

旅游经销商，是指那些在转售旅游生产者产品过程中，拥有产品“所有权”的旅游中间商，它可分为旅游批发商和旅游零售商两大类。

旅游批发商，主要从事组织和批发包价旅游业务。它们与饭店、交通运输部门、旅游景点及包价旅游所涉及的其他部门签订协议，预先购买这些服务项目，然后根据旅游者的不同需求和消费水平，设计出各具特色的包价旅游产品，通过旅游零售商在旅游市场上销售。国外旅游批发商可分为三大类，即经营多国旅行、专营一国或一地旅行和兼营旅游的大公司，后者如美国的运通公司。我国按照经营范围划分，即国内旅游和国际旅游批发业务。

旅游零售商是直接面向广大公众从事旅游零售业务的中间商，目前在国内主要指各类旅行社。旅游零售商在销售渠道中的作用主要体现在三个方面：旅游零售商对消费者选择决策具有相当大的影响力；旅游零售商是销售信息的主要传播者；旅游零售商给消费者带来了极大的便利。

2. 旅游代理商

所谓旅游代理商，是指那些接受旅游产品生产者或供应者的委托，在一定区域内代理销售其产品的旅游中间商。旅游代理一般具有三大特点：不需承担市场风险；经营费用较低；依靠佣金获得收入。从世界范围考察，旅游佣金率呈现不断下降的趋势。

3. 特殊中间商

特殊中间商是介于供给者与需求者之间，对旅游产品销售的时间、地点、方式等具有影响作用的机构或个人。它包括航空、铁路公司或旅游饭店、会议组织者、工会、对外交流机构、各种协会组织和俱乐部等。

随着网络科技的发展，出现了网络旅游经销商，传统的旅游销售变得更为快捷、范围更为广阔、影响力更为巨大。如全球分销系统GDS，以政府为主体的旅游目的地营销系统，在线旅游营销商——携程、去哪儿、同程、飞猪、途牛、马蜂窝等，除此之外也出现了很多专注于细分领域的线上渠道和自媒体平台，如共享住宿领域的途家和小猪、美食领域的大众点评、专业团购网站美团、以亲子为主体的宝宝树和父母邦等。

途家网于2011年12月1日正式上线，是全球公寓民宿预订平台，提供公寓、别墅、民宿、树屋等各式新奇住宿。作为中国民宅分享的引领者，途家为房东提供专业资管SOP及入户管家服务，为游客提供更具家庭氛围的出行住宿体验，还对购买途家产品的业主提供资金管理解决方案，这给很多住宿产品提供了新的营销途径。

第 9 计　概念营销

概念营销是营销主体创造或借助符合消费需求的、具有核心价值理念的轴心概念，并通过推出这一概念向消费者传播商品品牌，包含功能取向、价值理念、文化内涵、科技知识、时尚观念等，以引起消费者心理共鸣并产生购买行为的差异化营销方法。概念营销不着眼于消费者现在的需求，是着眼于消费者的欲望。

中国死海景区的名声大作，可以说是将概念营销的价值充分彰显。其利用中东死海的名气，用“神秘的北纬30 度”作为连线，结合自身的资源特点，创新地推出“中国死海”的概念，让人们感觉到不出国门便可以领略到世界知名死海的神奇魅力，加上景区在媒体上先做铺天盖地的宣传，让“中国死海”的概念深入人心，各级销售渠道逐步跟进，营销效果显著。

一本《消失的地平线》将人们卷入一场探寻“香格里拉”的热潮，让一个原本毫无名气的迪庆州火了起来。迪庆州抢占品牌制高点，率先于 2001 年将中甸县更名为香格里拉县，迅速获得全世界的关注，助力其快速成长为世界级旅游目的地。

海南旅游主打概念牌，充分利用“国际旅游岛”的战略和概念，全面推广宣传，吸引了一大批企业进驻，创新了一批度假产品，从而提升了海南旅游的知名度和旅游品质，增强了旅游竞争力。

第 10 计　抖音营销

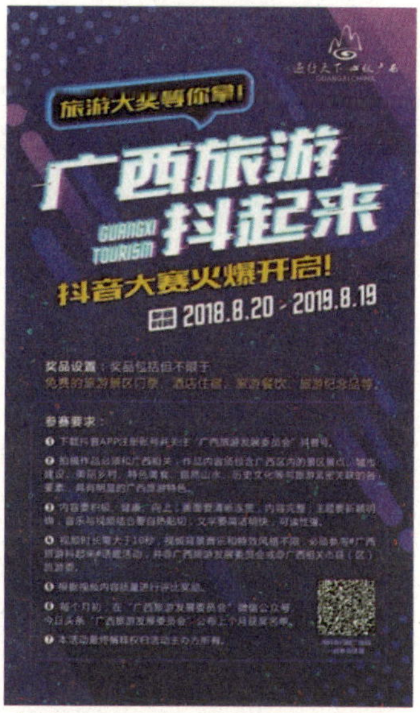

抖音开创了短视频旅游营销的先河。抖音 APP 提供了各种各样的BGM（背景音乐的缩写，网络用语），自带的超炫酷剪辑技能，让每个人都能通过自己的创意拍出看起来酷炫并且专属的15秒“大片”，并在社交网络快速传播。抖音已经成为继微博、微信之后，又一个具有全民影响的营销手段。

由于短视频形式鲜活，传播迅速，使得一众网红旅游地快速兴起，以抖音为代表的抖音、西瓜、快手等短视频在旅游方面的营销得以全面有效地应用。

2018 年 8 月，广西旅游率先在全国打造旅游抖音矩阵，自治区、市、县（区）三级旅游部门集体入驻政务抖音号，目前广西旅游部门的入驻抖音账号达101

个。旅游部门通过抖音把广西旅游吃住行游购娱各要素展示给广大游客，让游客能够了解最美的广西，正式开启了广西旅游新媒体营销的新局面。截至2019年5月4日，抖音点击已达29.3亿次，高峰时一天10亿次点击，宣传效果非常显著。

抖音短视频的分享营销火了一批目的地。曾经火爆一时的永兴坊摔碗酒因抖音传播火遍大江南北，很多游客不远千里来到西安，只是为了摔碗录个视频。酒碗5元一个，平常可以摔3000只碗，周末可以达到2万只碗，真是“抖一抖”名利双收。其他抖音网红景点还有重庆的“轻轨穿楼”、洪崖洞，厦门鼓浪屿的“土耳其冰淇淋”，山东宽厚里的“连音社”，张家界的天门山，恩施狮子关景区的水上浮桥等。这些地方都借助抖音平台形成了滚雪球式的疯狂传播，掀起“虚拟”与“现实”的互动热潮，达到以小博大、以轻博重的营销效果。

摔碗酒

水上浮桥

洪崖洞

当然抖音营销更多还是一种加分项的营销手段，想要保证营销流量的转化，还是需要有可持续的优质产品作为支撑。

第11计　招牌营销

招牌营销是将旅游地最有影响力、最有特色、最有价值的招牌性资源，通过各种渠道进行传播，从而让旅游者认知并产生购买欲望和购买行为的营销过程。招牌营销与形象营销不同，形象营销给旅游者的是旅游地的整体感知，而招牌营销则是营销旅游地最核心的资源。有些旅游地抓住一块招牌做文章，有些旅游地则同时应用几块招牌进行营销。

招牌就是形象，招牌就是知名度，招牌就是客流。旅游地利用各种招牌打响知名度是普遍采用的方法，而不同级别的招牌所产生的影响力自然也是不一样的。

以我国的旅游景区为例，目前的招牌种类非常繁杂，按级别划分的招牌有世界级的、国家级的、省级的、市级的和县级的。世界级招牌有：世界自然与文化遗产、世界人与生物圈、联合国人居奖等，如塔尔寺世界文化遗产、三江并流世界自然遗产、杭州的“联合国人居环境奖”等。国家级招牌有：5A级景区、国家风景名胜区、国家森林公园、国家自然保护区、国家级扶贫旅游试验区、国家旅游度假区、国家生态旅游示范区、国家体育训练基地、国家地质公园、国家海洋公园等，以及各类示范基地、影视基地、国防教育基地、科普教育基地、文明示范区等。

我们来分享几个例子：

“自然的遗产，世界的武隆”。武隆位于中国重庆市东南缘，武隆喀斯特由峡谷、天生桥群、天坑群、洞穴和竖井群、伏流等现象和要素构成。2004年，国家建设部启动了“中国南方喀斯特”申报项目，“武隆喀斯特”作为“中国南方喀斯特”的一部分在2007年通过表决，正式成为了世界自然遗产。武隆利用这张世界级招牌，组建投资公司，陆续将核心的旅游景区和其他资源进行整合，形成统一规划、统一开发、统一建设、统一营销的产业格局，通过影视、广告等多种营销方式将自己推向全国，推向世界。

迪拜，世界之最的旅游招牌。在半个世纪内，迪拜实现了三级跳跃，即从拣珍珠为生到石油致富，再到服务经济。当石油资源快枯竭时，迪拜稳妥地踏上了以服务经济为主导的发展轨道，打造其所谓的“最”产品。迪拜的理念是“人们永远只会记得住第一，记不住第二”，因此，什么都要称得上世界之最。世界唯一的七星级酒店、世界最大的人工岛、世界第一高楼、世界最大的购物中心、世界最大的人工室内滑雪场、世界最大的室内水族馆、世界最大的游乐场、世界第一大清真寺、世界最大的金街、世界最大的金戒指、世界最大的相框、沙漠最大的花海……迪拜的旅游金字招牌可不是一般人超越得了的。迪拜的“世界之最”旅游招牌，使其成为奢华旅游的首选地，旅游业成为迪拜经久不衰的常青经济。

吉尼斯长街宴打响绿春旅游。绿春是云南省红河州的一个边疆县，自2004年起连续成功举办多届“中国·绿春哈尼十月年长街宴”活动，并于2008年以3050桌、全长4000米被上海吉尼斯认证为“世界最长的宴席”，绿春名气大涨，游客量激增。2018年11月29日绿春又有一个申报项目——《最长的哈尼族民俗画主题街——“绿春县十里长街”》成为上海大世界吉尼斯纪录。该主题街位于绿春县城，沿街绘有1025幅以哈尼族民风民俗、生产生活、自然风光、人文故事、祭祀庆典等为主题的民俗画，绘画面积9577平方米。吉尼斯世界纪录成为绿春旅游营销最重要的招牌。

第12计　体验营销

旅游的本质就是一次旅游经历，是一次差异化的体验。旅游体验营销是指旅游企业根据游客情感需求的特点，结合旅游产品，服务的属性(卖点)，策划有特定氛围的营销活动，让游客参与并获得美好而深刻的体验，满足其情感需求，从而扩大旅游产品和服务销售的一种新型的营销活动方式，形象地说就是卖感觉、卖体验。在旅游者的体验需求得到满足的同时，实现经济利益的过程，如"当一回军人""当一天渔民""做一次牧民"等。

体验营销方式有很多种，一般以娱乐、美学、情感、文化等易为大众接受的内容，通过艺术科技等手段，设计具有较强的参与性的体验型旅游产品，以增强产品体验的内涵，更好地满足人们的情感体验、审美体验、教育体验等需求。正如营销大师科特勒所说："体验营销正是通过让顾客体验产品、确认价值、促成信赖后自动贴近该产品，成为忠诚的客户。"

体验营销通常会有一个鲜明而独特的主题，并通过互动体验广告或者良好口碑加以传播，广告必须强调互动性，增强和大众的情感联系，要让事实说话，让"美好的感觉"口碑相传。比如瑞士苏黎世格劳宾登有一则特别的广告，当地的主人通过视频连线火车站的来往人员，邀请他们去当地旅游，并当场打印火车票，随后这些拿到火车票的人真的到了风景秀美的格劳宾登，让每一位没有去过的人都心生向往。

"迪士尼是销售快乐的地方"，这也成为迪士尼宣传的最大招牌，诸多的游乐项目、游行演出、美食美味、旅游商品、主题酒店等都让人感到进入了快乐王国，体验到童话世界般的新鲜与新奇，家庭的欢乐，年轻的挑战，老人的纪念，在这里人人都能找到属于自己的快乐体验，这种价值和满足形成了良好的口碑，造就了迪士尼久负盛名的营销模式。

前文提到过我在新西兰皇后镇的瓦卡蒂普湖就有着一次特别难忘的经历。其景区的游船在行驶的过程中，客人不仅可以领略优美的湖景风光，品尝当地的特色美食，还可以在钢琴师的带领下吟唱各国经典歌曲，完全融入其中，物我两忘，这样的体验经历形成了良好的宣传口碑。

目前很多主题化的旅游项目或通过体验营销产品的口碑，或通过身临其境的场景体验广告激发游客的出游兴趣。例如比较流行的《鬼吹灯》沉浸式体验，是以鬼吹灯影视为主题，塑造体验场景氛围，通过真实演员带入，让观众沉浸其中，非常有体验感。

第 13 计　会展营销

会展营销从前几年的默默无闻到今天的众人皆知，受到越来越多业内人士的关注，国际会议、研讨会、论坛、展览会等会务活动的举办可以提高知名度，聚集人气，进而取得良好收益。

会展营销包括会议营销和展览营销，是旅游地运用组织会议或展览的形式，结合各种促销手段，进行有针对性销售的一种营销模式。由于会议和展览二者在举办的过程中经常联系在一起，故而有了会展营销的概念，二者有时互为先后，有时同时进行，相互联动配合。

那么我们身边有什么样极具影响力的会展呢？

达沃斯小镇本是“世界花园”瑞士东南部一个默默无名的小镇，因其成功策划举办“世界经济论坛”年度会议而誉满全球，一举成为世界著名旅游胜地，是世界著名的温泉度假、会议、滑雪运动度假胜地。从1970年开始，每年的世界经济论坛年会均有来自数十个国家的千余位政界、企业界和新闻界的领袖人物参加。论坛

达沃斯论坛

达沃斯小镇风光（图片来源：视觉中国）

博鳌小镇风光（图片来源：视觉中国）

期间小镇人口陡增，其中百分之六七十都是外来客。据估算，每年仅世界经济论坛举办的5-6天里，达沃斯小镇就能从中获得2000多万瑞士法郎的收入。世界经济论坛的成功举办，不仅提升了达沃斯小镇的知名度，更激活了当地旅游业的发展。

博鳌亚洲论坛（Boao Forum for Asia，BFA）是一个非政府、非营利性的国际组织，从2002年开始，论坛每年定期在中国海南博鳌召开年会。过去的博鳌是个小渔港，但现在的博鳌是个“会议城”，吸引的是来自世界各地的精英和游客。博鳌亚洲论坛使博鳌小镇成为海内外知名的旅游胜地。每年，到博鳌小镇观光游览的海内外游客都能突破200万人次。

中国文旅产业巅峰大会作为文化和旅游领域的专业盛会，截至2019年5月已连续成功举办四届，致力于文旅产业融合发展。大会举办期间，来自政府、学术界、业界的行业大咖和精英们齐聚一堂共同探讨文旅发展大计，为很多旅游目的地和旅游企业搭建宣传营销和产业发展的平台，深受好评。

第14计　风情营销

差异就是资源，差异产生吸引，风情更是独特的差异，颇具吸引力。风情营销对具有特色的文化、建筑、服饰等特色旅游资源进行开发和挖掘，以独特的文化风情为主要吸引物，将风情以文艺、餐饮、娱乐的方式广泛传播，引起客源地游客的旅行兴趣。不同的国家有不同的文化风情，对于游客来讲是不可多得的旅游资源，令人向往的旅游方式。比如充满神秘色彩的古埃及风情、富于浪漫的欧洲风情、注重奢华体验的东南亚风情、热情洋溢的中国民族风情等，无论哪种都有着不可抵挡的吸引力。

2000年我在负责编制内蒙古自治区的阿拉善盟旅游发展规划时，首次提出了风情营销的理念。民族风情营销是对我国民俗文化、生活习惯、民族服饰、民族建筑等的包装、宣传和推广，通过别具特色的民族文化增强营销力度。如鄂尔多斯婚礼、广西刘三姐对歌、云南的少数民族“走婚”、蒙古族的好客歌舞等。比如，蒙古包里有酒一样的深情，有乳一样的欢歌，有牧人的热情好客与坦荡豪放，有蒙古族的质朴民风与多姿歌舞，美味浓郁的烤全羊、奶食品、醇浓美酒、飘香奶茶，月光下的辽阔草坪、琴声悠悠、舞姿翩翩、篝火熊熊，都会带给旅游者意外的惊喜和狂欢的陶醉。

再比如大理古城每年农历三月十五日定期举办“三月街民族节”盛会，会期持续5–7天时间，现已成为大理州各族人民的法定节日、国家级非物质文化遗产。节会围绕“赛马、唱歌、做买卖、品小吃”等主题，开展民族文艺表演、民族赛马大会、少数民族体育运动会、千人环洱海自行车赛等多姿多彩的活动，同时举办12县市民族土特产品展销和旅游商品商贸推广活动，吸引来自全国各地和英国、美国、德国等30多个国家和地区的客商、旅游者达百万人次之多。大理的民族文化风情成为让世界认识大理、让大理走向世界的重要桥梁。

三月街民族节

第15计　娱乐营销

娱乐营销就是借助娱乐活动，将娱乐因素融入产品或服务，从而促进产品或服务宣传和销售的过程。娱乐营销以消费者的娱乐体验为诉求，是通过愉悦消费者而达到营销目标。在巨大的社会压力和利益纠葛中，这种娱乐营销非常符合人们渴望放松和追求快乐的诉求。在旅游娱乐营销过程中，带给旅游者快乐的情感体验尤为重要，所以用什么样的形式吸引旅游者参与是娱乐营销成功与否的关键。

娱乐营销的形式非常多样，包含电影、电视、广播、印刷媒介、体育活动、旅游和探险、艺术展、音乐会、主题公园等相互融合的各类营销活动。娱乐营销要不断创新，并与时代潮流紧密联系在一起。因为消费者的喜好在不断变化，所以要满足消费者的娱乐需求，就要提供给消费者最受欢迎的娱乐因素。比如迪士尼主题公园，送你进入魔幻世界，各种人物造型栩栩如生；柏林的索尼中心，使来自世界各地的年轻人体验到高科技带来的新鲜与快乐。

值得关注的是，近年来随着中国真人秀节目的崛起，以真人秀为题材的综艺节目受到越来越多观众的喜爱，同时，节目取景地也获得广泛关注。如贵州兴义在《爸爸去哪儿》播出第二天搜索数量就飙升了79%；泰国象岛和《中餐厅》的合作，推出了全新的网红目的地，象岛在节目播出后搜索数量直接飙升了547%。此外，综艺类节目更是带火了很多旅游地和景区，让观众成功转化为游客。如位于北京门头沟的灵山村，从《爸爸去哪儿》在此取景并播出之后，此地便从鲜有外人问津的小山村成为市民休闲观光的新去处，更是出现数千人同喝“举人粥”的盛况；杭州宋城景区在2015年《奔跑吧，兄弟》节目播出以后，也是收获了众多观众尤其是年轻群体的青睐，不仅网络曝光量和传播量急剧提升，接待游客也与日俱增，成为杭州最受欢迎的景点之一。

第 16 计　名人营销

所谓“名人营销”就是通过对当红名人的包装和炒作，利用名人的知名度为旅游地或景区造势，继而借势宣传旅游产品的过程。还有利用一些名人的题字、书画、故居、活动、代言等都是名人营销的方式。名人营销就是像运营一个企业一样运营一个名人。根据其性质的不同，也可以分为两类：一类是打名人的擦边球，借用名人的知名度来提升景区旅游品牌知名度，属于炒作的范畴，如名人故居、名人故里、名人题字书画等；另一类是邀请名人代言旅游品牌，甚至是名人参与到品牌的运作，属于品牌的战略运作范畴。旅游地或景区利用名人的知名度和公众对名人的信赖度来增强旅游者的关注度和认可度，让旅游者产生购买愿望。

中国人有一显著心理特点就是“从名从众”，名人的消费指向对于市场具有很强的号召力。不少著名旅游地就是依靠画家、摄影师、诗人、作家的作品或推荐而走向世界。例如，陈逸飞的《故乡的回忆》，让周庄闻名天下；画家吴冠中，令张家界走向世界。

在名人营销中，影视演艺明星因其自带话题、流量、粉丝群体的属性，多被选为主要形象代言人。根据新浪“微热点”统计，2018年8月，因吴磊现身西湖为粉丝录制七夕祝福视频的信息传播，当月西湖风景名胜区成为热度指数最高的旅游景区，全网信息超过230万条；2018年9月，易烊千玺为故宫献唱《丹青千里》，该微博转发量突破135万次，让故宫“夺回”最热5A景区王座。旅游地或景区巧妙借助名人的市场流量与话题热度营销，既节省宣传投入，又以小博大，起到了四两拨千斤的营销效果。跟流量明星搭边进行名人营销很容易获得热度，吸引市场关注，但最本质的是旅游目的地或景区自身产品过硬，才可实现营销的长久效益。

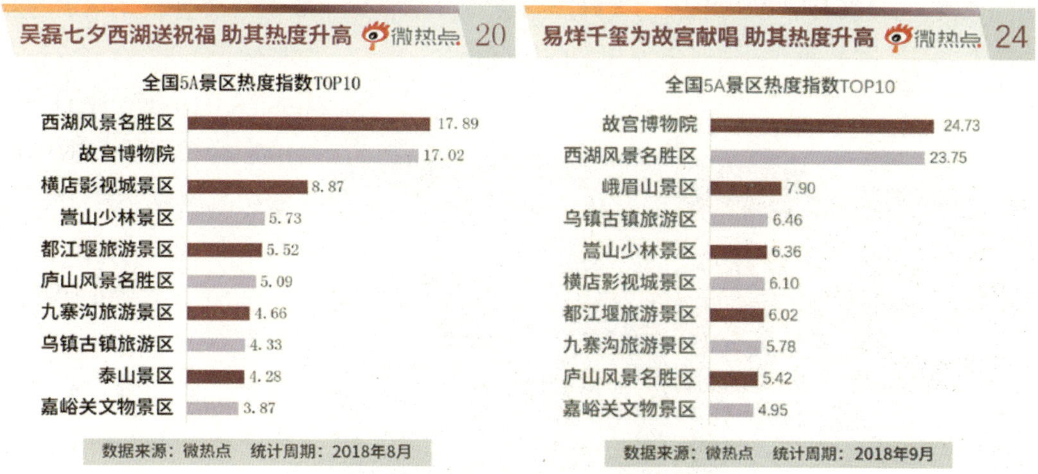

名人的高流量助力旅游景区热度升高

除此之外，政治人物也成为重要的选择，如美国前总统克林顿1998年访华并游桂林、西安，之后桂林、西安紧抓机遇，巧打克林顿牌；又如大型城市文化旅游品牌竞演节目《魅力中国城》的一大亮点便是城市主政者（书记或市长）带队，全民参与，呈现地方的文化特色和旅游资源，打造城市名片。

魅力中国城崇左宣传

第 17 计　美女营销

美丽也是一种资本，亦可称“姿本”，“美女+美景”相结合的“美丽营销”也将大展拳脚。

一提到“世界小姐”，人们不禁想到三亚。2003年第53届世界小姐总决赛在三亚举行。该次大赛是该项赛事首次在中国举行，共有106个国家和地区的选手参加了此次世界小姐桂冠的角逐，该次大赛通过电视媒体向世界上168个国家和地区同步进行直播，近20亿观众观看了这次大赛的比赛盛况。当时它创下了中国商业演出及体育赛事史上入场门票的最高价。此后，三亚分别于2004、2005、2007、2010年及后续多次举办了“世界小姐”总决赛，2018年，世界小姐总决赛第八次牵手三亚。来自全球佳丽的亮相让中国观众大饱眼福，也让世界各国人民见识了三亚的自然风情、发展的日新月异以及中国的美好。三亚举办“世界小姐”总决赛，强化了三亚“选美之都”的品牌，提升了三亚旅游的国际地位。

选美小姐和专业评委的乌篷船巡游（图片来源：中新网和艾迪亚）

2016年3月18日，由巅峰智业协办的中国旅游投资领袖峰会，首次将时尚的选美活动（联合世界旅游小姐组委会主办的“艾蒂亚国际旅游皇后大赛”）与江南水乡乌篷船结合，旗袍的温婉、水乡的宁静与时尚的会展形成了具有冲击力的画面场景，进一步凸显了乌镇纯正而质朴的江南风情。

第 18 计　巡游营销

通过巡游营销的方式目前有两种，一种是比较成熟和普遍的旅游大篷车，一般历时较长，巡游多个地方，影响范围较为广泛；一种是短时间的巡游，亦可称为短期营销，一般集中于一个地域，可以有效地扩大影响力，如苏州的彩船巡游、长隆

花车巡游、巴西的狂欢巡游等都成为当地旅游的名片和招牌。

旅游大篷车巡游一般具有活动的主题、区域的宣传口号和区域形象，沿途要经过许多省市，其组成包括了各地的旅行社、旅游饭店、旅游景区景点、旅游经销商和经贸企业的代表，以及风情表演队和各新闻单位，规模比较庞大。这种宣传促销活动大体有五个方面的内容：一是在沿途省市举办旅游说明会，也叫旅游资源推介会，邀请当地有关领导、新闻媒体、旅游和经贸界人士参加，介绍当地旅游资源和风土人情；二是为本地的招商引资和技术合作创造条件；三是在沿途省、市、自治区举行文艺演出，表演民俗风情；四是在沿途省市举办旅游风光风情、特色产品、投资项目等的图片展览和现场咨询，同时在图片展览现场发放宣传资料；五是组织旅游、经贸行业及旅游者进行旅游考察、商贸洽谈和文化交流活动。另外一种短时间的巡游，一般是集中于一个地域。大篷车短时营销不仅可以通过旅游宣传资料使游人从概念上认识旅游地或景区，还可以通过现场具体可感的艺术享受让游人从形象上感受地方特色。

旅游大篷车巡游是广西旅游局首创的中国旅游宣传促销品牌，享有“中国旅游第一车”之称。自1999年至今已有近二十年的发展历程，行程遍布各地，巡游国内大中城市，到访宝岛台湾，甚至走出国门，开展东盟之行，旅游和经贸都得到了非常大的促进和发展。

随着时代的发展，大篷车的形式在变化，已经越来越成为链接供给和市场的重要渠道。岭南控股广之旅启动全国首个移动旅游体验馆，以旅游大篷车的形式，在广州、佛山、中山市三城巡游，以期链接起城镇之间的“最后一公里”，把新鲜的旅游资讯和福利从城市辐射到周边村镇。旅游大篷车配备了客服，与客人面对面，主动获悉客人的需求，然后再进行精准的推介——人与人之间有温度的连接再次显现出其在销售环节不可代替的地位。

第19计　奇迹营销

奇迹营销就是以制造奇迹、挖掘奇迹、展示奇迹、寻找奇迹为卖点，抓住游客的猎奇心开展营销活动。比如安徽屯溪花山谜窟，江西鹰潭市龙虎山的悬棺，云南临沧地区的沧源崖画，湖南永州江永县的女书，新疆喀纳斯湖湖怪等通过发掘探秘故事，渲染奇迹效果来吸引人的眼球，进而吸引游客。再比如上海深坑酒店，通过硬实力打造世界奇迹，本身就是很好的宣传广告。深坑酒店是世界上第一个建在废石坑里的自然生态酒店，被称为“全球人工海拔最低”的超五星级酒店，也被誉为世界十大建筑奇迹，成为全球注目的旅游热点之一。

另外策划奇迹事件也是很常见的奇迹营销方式。张家界市先后成功地策划、举办了天门山风景区**“世界特技飞行大奖赛”“翼装穿越天门”“路虎挑战999级台阶”**等极具轰动效应的活动。天门山风景区海拔1518.6米，天门洞海拔1261米，洞口高127.37米，洞口最窄处28.03米，坡度巨大的999级台阶也让人望而生畏。多个奇迹挑战项目的策划和实施，通过中央电视台等传统媒体，抖音等新媒体快速放大，迅速飞出中国，飞向世界，让张家界始终保持站立在舆论的热点前沿。

飞跃天门山和路虎极限挑战

第20计 朝觐营销

朝觐原意是伊斯兰教为信徒规定的必须遵守的基本制度之一，每一位有经济能力和有体力的成年穆斯林都负有朝拜麦加的宗教义务，代表了信徒的信仰与忠诚。后来，国内很多旅游工作者把朝觐引入到宗教的朝圣仪式中，把一般的朝圣或者朝拜的活动都理解为了朝觐。利用旅游地宗教资源、行业先祖、神话人物、传说故事、风水堪舆等资源，举办具有朝觐色彩的活动进行营销，我们称之为朝觐营销。各地的宗教节会、各种历史人物的祭祀都成为朝觐营销的重要手段。

甘肃拉卜楞寺的庙会是藏传佛教的重大宗教活动，代表了藏传佛教的经义教规，是藏族及其他民族对佛教贡献的突出表现。全年重大庙会有8次，分别是正月祈祷大会、二月祭会、三月舞会、四月斋会、七月说法大会、九月禳灾节、宗喀巴圆寂纪念节、冬至节等，每一次的活动都会吸引当地信众广泛参与，现在也成为游客争相体验宗教文化的重要载体。

另外陕西黄帝陵祭祀、甘肃的天水伏羲祭祀、福建的妈祖祭祀等都是迎合当地民众对于信仰祭祀的需求、海外民众寻根的需求，能够通过庆典真正为当地带来人流和财气。自2004年以来，陕西黄帝陵景区连续多年举办规模宏大的轩辕黄帝祭祀大典。2011年，清明公祭轩辕黄帝典礼在黄帝陵隆重举行，海内外一万多名中华儿女代表参加公祭典礼。随着祭祀典礼在海内外的文化影响力扩大，每年前来参加祭祀的中华儿女人数不断增加。同时，利用公祭的聚积效应举办各种商贸活动，也是各地政府“招商引资”的一个重要手段。

第21计　影视营销

影视营销，就是通过优秀影视剧的影响力，对旅游地及旅游产品进行传播推广，同时利用观众对明星的崇拜心理，对旅游者施以潜移默化的影响，以促进销售的营销过程。

影视旅游营销工具运用的关键，在于挖掘好、演绎好旅游地与电影电视的故事与联系，在电影电视拍摄和上映的各个阶段，要有重点有目的地向外界传送旅游地的各种信息，确保在观众中建立有相应驱动力的旅游地形象，使电影电视成为拉动观众前往旅游地游览的积极因素和媒介，达到使观众最终转化为旅游者的目的。要主动寻求热点影视合作开展整合营销，融合影视剧和地方文化打造更加鲜明的旅游品牌。

通过影视来营销旅游目的地和景区的案例不胜枚举。一部《大长今》搅热了韩国实地游；一部《刘三姐》带热了秀美的桂林山水和民俗风情游；一部《大红灯笼高高挂》复苏了沉睡百年的乔家大院；一部《指环王》激活了新西兰旅游的热潮；一部《罗马假日》让罗马城和“真理之口”变成了爱情圣地；一部《诺丁山》让伦敦诺丁山的波特贝露市场和一幢普通的公寓成了爱情圣地；一部《廊桥遗梦》让衣阿华州麦迪逊县的廊桥和寂寂无闻的小城温特塞成了爱情圣地。

电影《非诚勿扰》带火了外景拍摄地杭州西溪和日本北海道的旅游。北海道副知事还曾率由北海道各大景点负责人组成的60多人的庞大旅游推介团访问北京、上海，并专门举行仪式，向电影《非诚勿扰》颁发感谢奖。可见，成功的植入式影视营销可以在目标受众当中产生较为深刻的影响。

电视剧《花千骨》将广西崇左的美景、人文展现给世人，更是让德天跨国瀑布名扬四海。电视剧首播一个月后，广西崇左还邀请主演们开展了长留学院暑假班活

乔家大院（图片来源：视觉中国）

新西兰《指环王》拍摄地（图片来源：图虫网）

《非诚勿扰》中的西溪湿地（图片来源：图虫网）

《花千骨》的取景地名仕庄园（左图图片来源：视觉中国）

动，并特意招募了来自全国各地的粉丝和当地学生一起重游德天瀑布；在全国发起“看《花千骨》游德天·明仕”的旅游活动，吸引各地游客前往。在2017年第二届中国文旅产业巅峰大会上，广西崇左德天跨国瀑布景区和《三生三世　十里桃花》取景地浙江象山影视城、《诛仙·青云志2》取景地湖南张家界景区等一起获评“最美影视取景地奖”，德天跨国瀑布也于2018年10月正式成为国家5A级旅游景区。

电影《长安十二时辰》捧红了西安。整个故事发生在长安一天之内，情节波谲云诡，剧中场景几乎是还原了几千年前长安的风貌气质，剧中情节也再现了长安生活的原汁原味。马蜂窝旅游网大数据显示，《长安十二时辰》播出一周后，西安旅游热度上涨22%，通过对比《长安十二时辰》开播前后十五天西安知名景区的热度指数可以发现，“大唐芙蓉园景区”“大唐不夜城”“永兴坊”等景区热度均有所增加，其中“大唐芙蓉园”的热度增幅最大，达40.45%

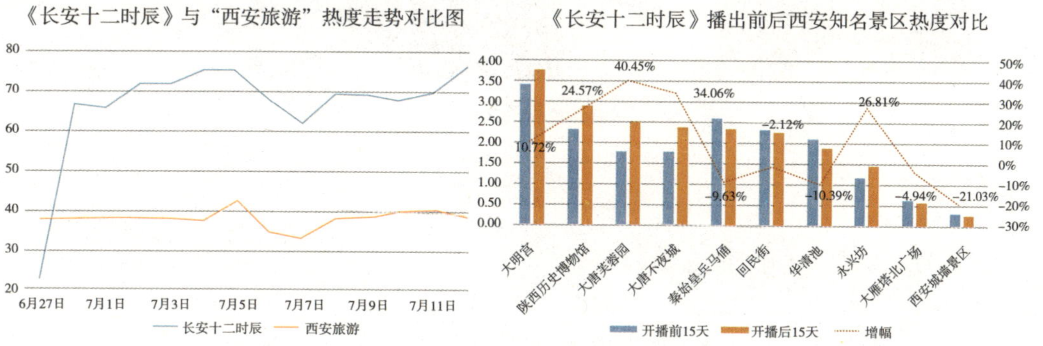

《长安十二时辰》播出后的数据对比

景区同款西安美食“火晶柿子”的热度指数从0.048上升到3.218，是增幅最大的美食，增幅高达6595.44%，微博话题#火晶柿子#最高位列微博热搜榜第十名。“水盆羊肉”的热度从0.324上升到3.912，“胡饼”的热度从0.259上升到1.660，热度增长显著。一部影视剧堪称西安旅游指南。

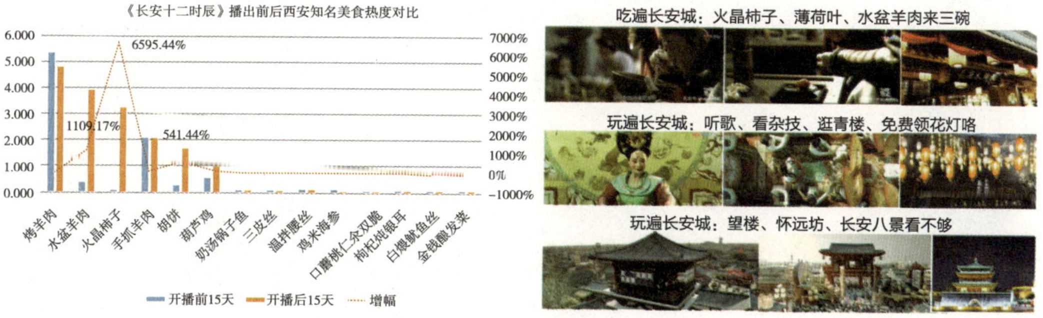

《长安十二时辰》播出后的热度对比

影视剧火爆之后，官方及各类媒体对唐代“长安城”历史文化和“十二时辰制”等历史知识进行了详细的介绍和解读，让人更加心生向往。该剧也成为首部在Viki、Amazon等北美视频网站上需付费观看的中国电影，西安的品牌走向世界。

一部好的影视剧的作用不可忽视，因此影视的选题拍摄过程中就可以考虑如何做好营销。当然影视引爆只是旅游地走进大众视野的敲门砖，发掘自身的文化特质，才能保障景区热度长存，让“网红景区”变成“常红景区”。

配合影视剧的文化宣传

第22计　视觉营销

视觉营销就是通过设计反映旅游地特色和旅游产品的视觉元素，形成对旅游者的视觉冲击，提供给游客以美的愉悦、兴奋、享受与满足，给旅游者留下感知形象，促进旅游地宣传的过程。这些视觉元素包括：旅游地标徽、标准字体、标准色、代表性景观照、象征性吉祥物、旅游地纪念品、办公及公关用品、指示类应用设计、广告、旅游地服务人员的视觉形象等，这些都是视觉识别系统的组成部分，因此，视觉营销成败的关键在于其视觉识别系统设计水平的高低。

VI设计是视觉营销的重要一环，也是给人第一印象，增强体验回味与感悟的重要途径，文化的凸显、设计的艺术、表现的直白、对比的冲击都是在VI设计当中需要注意和强化的。

国外各种VI设计

代表性风景照也是视觉营销的重要方式。云南元阳梯田曾经就通过大量高质量的美景图在网上集中推广、宣传，这些图片给游客美感的同时，还传达一种境界，就是让人身未动、心已远。很多人欣赏完美丽的元阳四季图片后，还特意千里迢迢跑到元阳览胜，一睹梯田之美。现在的元阳已成为摄影爱好者、驴友、背包客的天堂。

元阳梯田（图片来源：视觉中国）

广东韶关的帽子峰旅游景区举行宠物摄影，金黄的银杏、明媚的阳光和萌萌的宠物构成一幅幅富有生机的唯美画面，得到网友不断转发，传播效果非常好。

帽子峰旅游景区宠物摄影

还有很多吸睛的大地艺术、创意建筑、主题地标等，通过铺天盖地的营销都可以成为引流的利器。日本越后妻有的大地艺术祭，每三年举办一次，从当年的7–9月在越后妻有760平方公里的土地上，以一件件艺术作品为路标，引领人们走进自然，重新发现地域，实现“人与自然、乡土和艺术”的连接；截至2018年10月，大地艺术祭已成功举办七届，召集了来自世界100多个国家和地区的数百位艺术家在那里进行艺术创作。

草间弥生作品《Tsumari in Bloom（花开妻有）》

网红书店的营销可以算是新一轮营销浪潮。2017年，天津滨海新区文化中心图书馆落成对外开放，创意时尚的造型使其迅速成为“网红打卡点”，单周吸引了全国各地的书友高达1.8万人次到访，令天津旅游也备受关注。高晓松的晓书馆成为良渚文化村的大亮点，古老的“璧山书局”成为前往黄山旅游的必经之处，Pageone24小时书店时尚的设计风成为前门旅游的重要风景线……一大波网红书店在成为人们精神食粮的同时，也成为拉动地区旅游的重要引爆点。

第23计 听觉营销

旅游营销一个非常好的方法就是让旅游插上音乐的翅膀，让旅游者置身于悠扬动听的歌声中。音乐是最没有障碍的交流载体，音乐的这种特质近年来被频频用于各种商业、非商业的宣传攻势中，并衍生出体育歌曲、公益歌曲、企业歌曲和旅游歌曲等。旅游目的地可以用简短、易读、易记、有趣的音乐方式进行营销，达到引人注目的目的。具体来说，旅游目的地可以将自身的特色、产品的特点通过歌曲的形式向社会公众传播，歌曲越能吸引人，其营销宣传的效果也会越好。

一曲脍炙人口、家喻户晓的旅游歌曲，可以唱响一个城市、一个景区、一个企业。过去人们耳熟能详的旅游歌曲有《太湖美》《请到天涯海角来》《我想去桂林》《洪湖水浪打浪》《无锡旅情》等。像《太阳岛上》虽然只给作者带来了15元的稿费，但带给哈尔滨的旅游效益则是无法估量的。我第一次到哈尔滨，就是冲着这首歌第一站前往了太阳岛，可见这首歌的魅力不一般。

随着各类音乐节目的走红以及抖音等自媒体平台的流量传播，网红歌曲也带火了一批旅游目的地。如2017年《成都》和《火锅底料》两首流行歌曲的走红，将成都的旅游热度短时间内推向新高度；火遍大江南北的《咖喱咖喱》也把泰国、新加坡、印度尼西亚推选为了热门旅游目的地。

第24计 美食营销

在市场经济条件下，美食已经成为旅游产业的重要内容，美食对旅游经济发展有极大的促进作用。美食营销就是要利用具有地方特色的美食开展促销活动，以促进旅游产品宣传和销售的营销过程。俗话说“民以食为天”，人们对美食的关注为旅游地开展美食营销提供了条件。美食营销的核心竞争力在于体现地方特色，做出独树一帜的地方美食。

美食纪录片的宣传和营销是一种比较重要的方式。《舌尖2》一经播出，在微博、微信上引发了网友们滔滔不绝的“口水”。携程旅行网推出了“舌尖之旅”系列，乐山嫩豆花、四川辣香肠、浙江临安的天目笋宴、上海本帮菜、苏式点心、山东煎饼……为老饕们描绘了一幅诱人的美食地图，为旅游地带来了大量的美食粉丝。

美食活动的影响力非常大。例如成都自2003年以来连续成功举办了多届“中国国际美食旅游节”，厨艺大比拼、水上实景烟花综艺晚会、国际魔幻美食、网络评选四川经典菜品、驻华使节及夫人访问成都秀厨艺、中外餐饮名家谈美食等活动异彩纷呈。美食节的成功举办打响了四川美食，叫响了四川旅游。现在各地的美食节也是层出不穷，美食名片十分诱人。

第25计 争议营销

从杭州临安推出首家天体浴场裸泳到湖北恩施的“凉民证”，从“一座叫春的城市”到“我靠重庆”，再到“南卡罗来纳州很Gay”，一个个或新颖或雷人的旅游营销手法、口号不断引起社会舆论哗然，肆意挑动公众的神经，虽饱受争议但却赚足了人气和眼球，这种营销方式我们称之为争议营销。

所谓的争议营销，就是在营销过程中，利用大众的好奇心和关注点，创新创意地采用争议性的话题、口号或做法，在短时间内扩大争议主体的知名度，达到一石激起千层浪、快速引爆目的地的营销目的，也为后续打开市场或者直接营销打下基础。从目前的争议营销特性看，此类营销游离在公序良俗的道德层面边界，介于精彩创意和恶俗宣传的表现手法之间，属于仁者见仁智者见智的话题，但又能够达到广而告之的宣传效果目的。

下面讲讲三个颇具争议的“最”口号。**最暧昧的口号——宜春，一座叫春的城市**。2010年这句暧昧的口号让宜春旅游政务网点击率仅3月5日一天就达到3万次。**最萌的口号——两个胖胖欢迎您**。这是2010年1月安徽合肥市推出的旅游口号。“两个胖胖欢迎您”在短时间内被聚焦，地方媒体、网站及相关媒体网站不断转载，不断跟帖。**最雷人的口号——我靠重庆，凉城利川**。“我靠”在众媒体聚光灯的关注下，使得利川这座曾经默默无名的城市在一日之内名声大震。

为推广旅游、吸引大家的目光，推出有创意的广告、创造争议、吸引眼球无可厚非，但应避免歧义的产生，在追求耳目一新的同时也要健康向上。质疑之后，宜春旅游部门撤下了这则广告，在旅游政务网推出“一座四季如春的城市”，反响较为平淡，如何解决之后的争议影响也是品牌宣传重要环节。

争议营销是一把双刃剑，用得好可以出奇制胜，起到四两拨千金的效果；用得不好，一个累积几十年努力的旅游品牌完全可能因为一次失败的营销策略而顷刻崩塌。在选择争议营销策略时应该学会控制创意风险，合理把握其尺度，正确处理短期效果和长期利益的问题。

第26计　服务营销

服务营销是站在游客的立场上考虑问题，密切关注游客的需求，通过走心的服务与游客进行深入沟通和交流，激发和满足游客的情感体验来实现营销目标的策略方法。

旅游产品的生产和销售过程，就是旅游企业员工和游客面对面交流的过程，服务营销传递的情感会影响整个营销的成败。正面的情感能促进旅游产品销售，提升游客满意度，培养忠诚度；而负面的情感，即使是在某一个细小环节所形成的负面情感，都有可能使游客对景区、对产品的满意度大打折扣，从而破坏旅游形象，造成现有游客和潜在游客的流失。

服务营销的标准化和个性化是其最基本的策略。服务标准化的关键之处在于确定服务标准，一方面应涵盖服务工作的所有程序，包括时间、标识、流畅性、灵活性、预见性、沟通渠道、客户反馈、组织和监督等；另一方面则包含服务时所表现的态度、行为和语言技巧，包括仪表、态度、身体语言、语调、关注程度、接待服务、讲解服务、礼节礼貌、游览服务、投诉处理等。服务的个性化则更多表现为情感化服务和令人惊喜的服务，提供超出客户期望的服务，而这种服务往往会成为影响游客出行或重游的重要因素。

香港旅游发展局自1999年起推行“优质旅游服务计划”；深圳欢乐谷景区通过“先注视、先微笑、先问候”三先服务、主动服务、特殊服务，解决服务各环节的“关键时刻”；珠海御温泉则以情感融入，开展的是“情字风格的御式服务”的“十个一”亲情服务，具体包括：一个敬礼，一句敬语，一个微笑，一条毛巾，一双拖鞋，一杯茶饮，一把伞，一只白手套，一个搀扶和一根橡皮筋，每一个“一”服务都有丰富的内涵。

第27计 社群营销

社群是在自媒体兴起时，有共同需求、兴趣、爱好和亚文化特征聚集起来的群体。社群经济，现在特指互联网社群，是一群有共同价值观和亚文化的群体，基于信任和共识，被某类互联网产品满足需求的群体，由用户自己主导的商业形态，可以获得高价值，降低交易成本。

而社群营销就是彼此之间有相同或相似的兴趣爱好或者一定的利益关系，通过某种平台聚集在一起，通过产品销售或者服务，满足不同群体需求而产生的一种有着独特优势的营销方式。社群营销的平台很广，比如线上的论坛、微博、QQ群、微信群、贴吧、陌陌等，线下的社区，都可以是社群营销的平台。社群营销都是有共同价值观和爱好的人群，更容易培养具有忠诚度的粉丝；社群营销的圈内传播率高，而且容易复制和裂变，实现销售转化，是非常顺应时代的营销手段。旅游社群一般是以意向的旅游产品类型或旅游地类型进行划分，比如亲子社群、徒步社群、低空飞行社群、非遗社群、草原游社群、摄影社群等，针对不同的社群要有针对性的运营方式。

社群的建立与运营一般有三大步骤。首先锁定目标市场创建社群，进入某一社群的成员一般有共同的爱好，需增加入群的仪式感；其次通过运营管理增加用户黏性，有群主、有群规、有互动；然后通过持续内容输出激活消费，日常活动和专题活动相结合。阿那亚度假社区在社群营销方面做得非常到位，不同于很多地产和景区，阿那亚旨在做海边社区，心的故乡。2014年10月，为统一解决业主问题，阿那亚开始搭建业主群，而后开始有了诗歌、读书、美食、滑雪、跑步、摄影、教育等不同爱好的社群，这些社群非常活跃，每一个社群都有相应的管理人员，都有线上线下的各种活动。以运动社群为例，阿那亚的九州会定期不定期为社区居民或外来游客开展骑马、高尔夫、水上运动等活动。话剧社群更是聚集了一批热爱话剧的业主和游客，话剧戏剧节也成了阿那亚的招牌。到今天阿那亚形成了多达110多个社群的大的社群网络，对阿那亚旅游消费的转化起到了巨大的推动作用。

社群营销的运营传播还要注意三个关键。首先，社群活动内容要有创意性，要激发用户的自传播，如高尔夫、马会、游艇等轻奢型活动，音乐节、红酒会等时尚型活动，风筝冲浪、荧光夜跑、花式足球等玩酷型活动；其次，传播方式要多样，如通过软文、H5在微信等社交类平台获得爆发式传播，通过知识传递在知乎、百度百科等内容类平台分享传播，还要结合其他直播、视频、资讯等平台渠道进行多形式传播；最后，注重活动内容关联的延伸消费，比如户外运动类活动营销可适度关联体育装备消费。财经名人吴晓波通过一年2000场以上的线下活动，将名不见经传的杨梅果酒“吴酒”通过社群在两次总共105小时内售出3.8万瓶，并完成杨梅树认养 800 多棵，总销售额超 1500 万元。这些活动包括“我为吴酒添新衣”“我为吴酒写首诗”“吴酒盲品大会”等。

第 28 计　文化营销

文化营销是以旅游者的文化体验为诉求，设定文化主题，打造文化氛围，进而促进文化消费。营销大师菲利浦・科特勒曾指出：文化的因素(包括文化、亚文化和社会阶层)是影响购买决策的最基本的因素。

文化是旅游之魂，能够更好地彰显旅游的魅力与内涵，没有文化的旅游是灰色空洞的，因此越来越多的旅游地愿意通过文化营销的方式进行品牌传播、美誉度树立及产品营销。

文化营销没有固定的模式，文化只是作为核心主线，贯穿整个营销过程，包括场景氛围、体验产品、节事活动、科技应用等，并引导市场和培育旅游消费者，满足游客的探新求异和创新求知的欲望。

西安的大唐芙蓉园将大唐文化作为招牌，将盛唐文化的灵魂融入其中，园内古建筑几乎集唐代所有建筑之大成。这里有神圣恢弘的皇家文化，有“曲水流觞”的酒文化，有陆羽茶圣的茶文化，有一步一景皆唐诗的诗歌文化，有“三月三日天气新，长安水边多丽人”的女性文化，有“万民乐游曲江”的平民文化，有佛教与道教并行的宗教文化，有霓裳羽衣胡旋舞的歌舞文化……每一个建筑、每一个景观都有典故传说，成就了人们在这座皇家园林中感受盛世辉煌、体会皇族文化的梦想，这也让大唐芙蓉园口碑迅速传播开来。

甘肃的《又见敦煌》是敦煌文化旅游新名片，西北首部大型室内情景体验剧。该剧以史诗的笔法传承丝路文化，用艺术的方法将敦煌千年来的故事人物复活再现，将千年莫高窟和敦煌学还原，将敦煌博大精深的东方神韵艺术在沉睡数千年后再现舞台，一票难求，成为游客赴甘肃、赴敦煌旅游的又一个理由。

第29计 政治营销

政治营销是指依据政治对营销活动的影响范围、程度和规律，借助政治权力和政府的政治行为来进行企业的营销活动，达到营销目的。在中国，政府与经济活动的紧密程度非常高。因此，在中国的营销活动，实际上是避不开政治的。

政治营销的一般做法有以下一些：政府来代表旅游地或景区向外界发布旅游信息；印制和发放反映旅游地或景区旅游形象的文献资料；举办各种针对国内各地和海外市场的宣传推介和公关活动；促进旅游地或景区与本地和外地之间的协作；设计旅游形象的标识、口号并培育认同意识；配备和培训信息收集、传播人员；争取重大会议、赛事、展览的举办权等等。

“自由行”是澳门借助中央政策，在继续发展博彩业的同时，针对大陆开展的旅游促进举措。这一举措成为澳门旅游最大的营销推动力，带动了澳门旅游、饮食、酒店、零售等行业的长足发展，自由行已成为访澳旅客中的最大客源。

“一带一路”作为国家级顶层合作倡议，缔结了沿线65个国家和地区的经济合作伙伴关系，也带动了“一带一路”国家旅游市场快速发展。国际旅游方面，“一带一路”国家2017年国际旅游人次约为5.82亿人次，占世界国际旅游人次的44.02%；国内旅游方面，“一带一路”国家以84.2亿人次遥遥领先，占比高达80%。巅峰智业结合国家旅游局委托的《丝绸之路和21世纪海上丝绸之路旅游合作发展战略规划》出版了《“一带一路”旅游创新发展》一书，从国家战略视角出发，探寻丝路旅游发展。

第30计 名片营销

名片营销就是旅游地或景区利用名片的空白区间进行旅游形象、产品宣传的营销方式，具有传播性广、传播频率高、信息简短易记、便于实施等特点，是非常好的营销资源和营销手段。

名片本是一种很有表现力、而成本又很低廉的营销媒介，称得上是营销的“轻骑兵”，但却常常被我们所忽略。目前，交换名片已发展成为人们交流的一种重要手段，但是绝大多数的名片，却存在着严重的资源浪费现象，比如有的一面是空白，有的一面是中文一面是英文。在国内，交换名片的双方十之八九都是使用中文的同胞，很多时候英文都是没必要的，即使是需要英文的，也完全可以将中英文的结合在一起。另外如果采用折叠式名片，就可以节省更多的空间，那么这些节省的空间都可以用来做很多的文章。大多数的情况下，人家收了你的名片，并不等于马上就会消费你的产品或服务。所以，在设计名片的时候，就该考虑如何让人家愿意留下你的名片，直到有一天产生消费行为。

大连市将100个精品景点印成一盒名片。类似的做法还有千岛湖、桂林、婺源、崇左、三清山等，政府官员的名片上都印有当地山水和人文景观，以名片的形式宣传地方旅游。

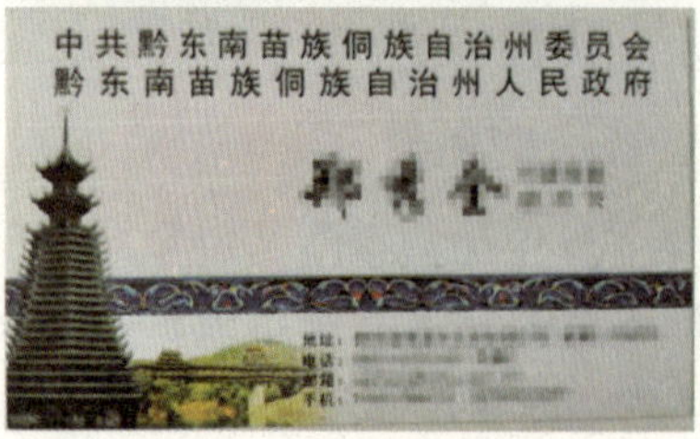

第31计　绿色营销

绿色营销是在绿色消费的驱动下产生的，是旅游目的地以环境保护观念作为经营哲学思想，以绿色文化为价值观念，以绿色消费为中心和出发点，力求满足绿色消费需求的营销观念。它源于自然，高于自然。

绿色营销要求旅游目的地在整个营销过程中充分体现环保意识和社会意识，向旅游者提供科学的、无污染的、有利于节约资源使用和符合良好社会道德准则的商品和服务，并将这种天人合一、绿色生态的理念作为销售卖点，非常契合当下人们对于健康、环保、节约的理念认同。

实施绿色营销战略，需要贯彻“5R”管理原则，即研究（Research），重视研究旅游目的地对环境污染的对策；减少（Reduce），减少或消除有害废弃物的排放和丢弃；循环（Recycle），对废旧物进行回收处理和再利用；再开发（Rediscover），变普通产品为绿色产品；保护（Reserve），高度重视环保，树立环保意识。

西双版纳野象谷景区、原始森林公园、基诺山寨景区这些景区想必大家都不陌生，它们都是云南金孔雀旅游集团的下属景区。金孔雀集团是由全国最大的管道企业浙江金洲集团投资设立的全资企业，负责金洲集团在云南省投资项目的经营管理。金孔雀当年成立之初，金州集团就以实施绿色环境保护为首要举措，先将企业在管道生产中赚到的钱倾力投入到西双版纳原始森林的保护事业中，保护了2.5万亩热带雨林，在此基础上再发展起金孔雀集团，并成功打造了以“热带雨林动植物精品生态游”“金三角跨国游”“西双版纳民俗风情游”“西双版纳避寒商务会议旅游”等多条精品旅游线路为“金孔雀之旅”核心竞争力的绿色生态旅游品牌，其中野象谷景区已经成为亚洲象种源繁育基地，强有力地巩固了金孔雀旅游集团的竞争优势，实现了绿色旅游产品的形象创新设计与绿色宣传渠道完美结合的绿色营销战略。

第32计　商品营销

旅游商品是指旅游者在旅游活动中购买的富有地方特色或民族特色，具有实用性、工艺性、礼仪性和纪念意义的以物质形态存在的商品。商品营销就是以特色旅游商品作为媒介，通过开发旅游纪念品、土特产品、民族服饰、模型、特色工艺品等，面向全国、世界的销售，举办专项交易会，进行景

区/目的地的营销。营销上要尽可能地运用艺术手段、设计技巧和美学布设等，形象并完整地将景区、目的地呈现在游客面前，在游客心中形成一个整体印象——旅游形象、产品形象或品牌形象，使之对旅游目的地及旅游产品产生兴趣、偏爱和信任，从而引起购买的欲望和动机。北京的兔爷，经过创意美学的设计和展陈，为北京旅游品牌增分不少。

有场景的时尚兔爷

国外的景区特别流行应用风光明信片来进行营销。例如，下图所示的长滩、尼亚加拉大瀑布等明信片，都制作得非常精美，具有很强的营销性。

精美的风景明信片

目前国内的旅游商品也有了非常大的进步，不论是商品的主题、款式、内容都在往创意美学、生活美学、创新实用的方向发展，北京故宫系列是其中的佼佼者，千里江山系列、富春山居系列、萌萌哒系列等都是宣传故宫景区、宣传中国文化的好方式。

手机壳

书签

指扣

第33计　精准营销

精准营销就是在精准定位的基础上，依托现代信息技术手段建立个性化的顾客沟通服务体系。精准营销具有见效快、覆盖广、渗透强、持续长、成本低的特点，借助于计算机和互联网技术，以一种及时、相关、定制化和节省成本的方式与消费者进行沟通，真正达到营销组合所追求的综合效果。

精准营销的关键在于精准定位，即明确目标市场，精准客户画像。大数据、抽样调查、客户管理平台可以在不同阶段有效地协助营销主体进行精准的市场定位。大数据针对项目前期阶段缺乏运营和客户基础弱的现实问题，可以更快速地对潜在目标市场进行分析和匹配；抽样调查针对项目实施阶段需要在市场喜好基础上进行产品设计的情况，可以对相对明确区域和类型的客源市场进行针对性调研，以判断潜在市场偏好；客户管理平台即客户关系管理系统（CRM），是以客户为中心，集客户行为记录、客户数据挖掘、数据分析、老客户研究、精准营销为一体的系统工程，可以在项目运营阶段有效记录游客信息，包括其社会人口学特征、消费行为和偏好、消费路径及停留时间，并通过对客户消费行为数据的收集与分析，有针对性地帮助旅游产品和服务升级，推动二次开发。

精准营销的数据来源主要有三种途径，一是与百度、谷歌、搜狗等搜索引擎合作获取游客需求数据；二是从官网、点评网、OTA旅行网等网络途径获取数据，比如携程、同程、马蜂窝、途家、途牛等；三是自行建立的数据搜集分析系统，比如迪士尼的my magic系统、科罗拉多大峡谷的门票系统、华侨城的电子门票系统、方特的魔法学院入学网站……以从各种途径获得的数据为依据进行发掘整理，研究不同消费群体消费行为，形成评估报告，确定营销重点，从而进行营销内容的制定和营销体系的架构。

三亚通过数据分析，得出赴三亚旅游的团散比例在逐渐拉开差距，比例接近2∶8，散客客源成为三亚旅游经济指数增长主体，而散客客源中除家庭外，全国各地舞蹈、徒步、自行车、武术等社团协会逐渐成为客源亮点。因此三亚确定将围绕精准定位举行太极拳、武术等文化体育赛事，刺激更多以社团协会为单位的游客赴琼比赛、观光。

第34计　网络营销

网络营销指旅游目的地利用通信网络资源展开营销活动。网络使得信息更快、更广、更丰富、更互动、更低成本的传递，为旅游者提供更低廉的价格和更完美的服务。

旅游网站是最初目的地营销的基础平台，随着科技的发展，官方网站、官方微博、官方微信，以及视频网站、社交网站、垂直细分媒体和综合资讯网站都成为网络营销的载体。网络营销要注重突出旅游形象，完善旅游服务功能，在吸引游客的同时也促进消费转化。

网络营销主要有三种形式。

首先是打包整合。这种模式主要是利用官方网站、官方微信以及APP，能够提供旅游地介绍、旅游要素产品发布、内容定制、活动推广、景点搜索、酒店订房、票务预订、主题线路、评论反馈等服务，能够通过全面网络服务起到宣传推广的作用。下面是山东省的旅游官方网站和官方微信，介绍清晰，功能全面，发布也比较及时，是很好的宣传手段。

山东省旅游官网和官微

对于旅游地或景区来说，拥有统一对外平台并可链接至游客分享平台是营销的重要支撑。如“一部手机游云南”便是利用物联网、云计算、大数据、人工智能等技术，通过游云南APP、微信公众号和微信小程序，全面覆盖游客在云南的游前、游

中、游后的各项需求，满足和提升游客吃住行游娱购的需求和体验，为云南打造了一个智慧、健康、便利的省级全域旅游生态项目。

其次是高频曝光。这种模式主要以官方微博、主题短视频等社交媒体作为宣传支撑，能够通过事件的创意策划，实现快速传播和推广。

黔东南黎平县盖宝村，距离县城100多公里，靠传统农业并不赚钱，但是那里有如画美景，有侗绣、侗布等独特的手工艺品，有国家级非物质文化遗产琵琶歌，有完整未被破坏的侗族文化。当地外派80后村书记吴玉圣经过调研后，5万元起步，通过短视频发掘包装了侗家七仙女，美女、美景、美俗得到了快速传播，客流量大增，村里热闹起来了，扶贫工作也打开了局面，民族刺绣公司开始筹备起来，旅游基地也在规划建设中，目前该村已实现全村整体脱贫。做好创意策划是这类营销的关键。

最后是特色细分。这种模式主要针对垂直服务的专业旅游网站，可以在出行的不同阶段进行相应的营销宣传。下面这张图大体上可以看出来不同的旅游网站所处的阶段和功能，但并不完全一一对应，比如抖音、携程等在种草、拔草和分享的过程中都会存在，这里主要以在每个阶段发挥相对重要的作用进行了简要划分。

不同阶段的在线旅游服务

上面都是国内的一些网络营销渠道，国外也有很多，比如Ins照片分享、Vlog视频分享、Priceline价格制定等。Priceline是全球首家“由你定价”的网上旅游服务公司，卖点是让消费者自行决定出价。全球每日均有数以千计、即将到期的机票及酒店房间未能出售。Priceline与航空公司及酒店合作，通过互联网邀请消费者自行定价，以可能低于市价二三成的价格，预订原本会空置的机位及房间，为旅游业带来一个三赢方案。这样直接让消费者受益的模式，其营销的效果还是非常受欢迎的。

第35计　分享营销

分享营销就是让旅游的用户或者会员，通过分享活动、产品、内容吸引流量，从而提高成交。其促销方式的新颖、多样、实惠，能为旅游者带来更丰富、更多元、更个性的体验，能够将娱乐、休闲、工作融为一体。分享营销是建立在通信网络尤其是新媒体快速发展的基础上，核心是旅游者体验旅游产品和服务通过平台进行互动分享，从而有效提升旅游地或景区的影响力，因为游客本身就是分享内容的生产者和传播者，因而推广更能打动人心。

这类营销其实质传播就是消费者的口碑，据市场调查，旅游口碑是大多数出游者获得旅游信息并据此做出旅游决策的主要途径，只不过信息来源的渠道由原先单纯的线下转变为线上，好的口碑分享确实可以起到四两拨千斤的效果。

对于分享营销来说平台建设和内容生产是两个要点。从平台看除传统互联网平台外，还包括众多新媒体平台，如微信、微博、QQ、Ins等社交类平台；知乎、论坛、豆瓣、马蜂窝等内容类平台；抖音、西瓜、快手、火山小视频等视频直播类平台。从内容生产看，旅游地需要从游客角度出发，制造有传播性的热点，可以是网红建筑，可以是热点项目，也可以是精心设计的活动等等；再加上平台的反馈互动，及时的内容推介，可以实现让消费者从种草到拔草的过程。

在这里想和大家聊一聊最近比较火的Vlog即视频日记，视频与照片结合，通过简单快节奏的视频方式记录和展示一段旅途。一部Vlog的时长大约在五分钟到一小时不等，需要这段时间内表达好Vlogger所要展示的主题。Vlog因其内容的真实感、生活化和场景化而极富沉浸人心的能力，已有品牌率先开始展开Vlog内容合作，植入其中的广告信息流畅自然，在用户端的到达率和接受度都比较高。Vlog是内容，因此需要有发布平台，微博依然是最主流的阵地，同时更偏向UGC的抖音和多闪也快速居上。

2018年9月苹果纽约新品发布会，邀请了两位来自中国的Vlogger到现场深度体验发布会。他们拍摄了一部《纽约72小时》的Vlog，以美食等日常元素切入，让受众可以从生活化的视角开始，逐渐进入发布会的体验内容。真实、自我、互动、传播，Vlog已在旅游营销中占有一席之地。

第36计　合作营销

合作营销指合作方基于相互利益的考虑，同领域协同或跨界协同进行旅游传播、品牌建设、产品促销等方面的营销活动，以达到资源共享互补，区域品牌共塑。

合作营销一般包括同领域主体的营销协同和跨界主体的营销协同。

景区与景区之间、目的地与目的地之间、旅游地域政府之间、景区与旅行社、饭店、航空公司等为达到资源的优势互补而联合起来共同开发和利用市场机会的营销过程，是景区对外部资源有效利用的途径。

杭州、千岛湖和黄山作为中国的三个黄金旅游目的地，依托地理区位相近的优势，推进线路产品的联合营销，杭黄高铁的开通也为这一合作起到了巨大的推动。三方在营销共建上提出了“七个一”，即“一组织”（联合发起）；“一平台”（“入口式”平台，通过扫统一码进入平台，架连各自电商平台，做好农、特、优产品的宣传推广工作）；“一政策”（充分打包好各自的产品套餐，在三地电商平台的基础上，实现各自景区门票资源整合销售联盟）；“一张券”（制订一张可享受三地旅游资源的消费优惠券，三地市民均可领取）；“一活动”（在三地举办各类线下活动）；“一项目”（每年确定一项重点项目，取得实质成效）；“一品牌”（挖掘西湖、黄山、千岛湖文化底蕴，打造统一的联盟IP和一品牌）。

福建全省强化整合营销，委托巅峰智业策划了“清新福建”京福高铁旅游营销，以京福高铁为轴线，通过省内区域旅游资源整合、跨区域链接北京、天津、济南、合肥等客源市场，以一程多站、以站联动的方式，推出以高铁串联的八大主题旅游产品：一是以厦门、武夷山、泰宁、福建土楼为主的中国最美丹霞世界遗产胜景之旅；二是以福州、泉州、漳州海丝文化为主的漫享蓝色海丝古迹之旅；三是以龙岩、三明红色旅游为主的漫忆红色文化之旅，四是以福州、武夷山、闽东光影为主的武夷仙境闽东胜景之旅；五是以福州、武夷山、厦门、漳州、泉州为线的海丝路上觅茶踪之旅；六是以厦门、武夷山、长乐、福州为主的高尔夫温泉健身之旅；七是以厦门、澎湖、福州马尾为主的慢活闽台温馨之旅；八是以厦门、泉州、莆田、漳州为主的宗教文化之旅。这种快旅慢游、一程多站的旅行新方式，有力促进高铁沿线游、周边游、周末游、度假游、商务游、跨省区域游的清新福建高铁旅游品牌，不断吸引着国内外游客前往福建。

挪威、丹麦、瑞典和芬兰旅游局今年将针对中国市场推出合作营销计划，使北欧作为旅游目的地整体更深入人心。

跨界合作营销则是充分利用旅游品牌和跨界品牌的资源、渠道、流量优势，放大各自领域的营销价值。香奈儿和巴黎市政府合作，在巴黎连续办了多场大秀，以

求让国际高端消费者与时尚媒体的关注度重新回到巴黎；资助预计规模为570万欧元的时尚博物馆建设，帮助振兴巴黎旅游产业的博物馆文化；作为独家私人赞助方出资2500万欧元翻修法国著名建筑——巴黎大皇宫。香奈儿在时尚界的资源和流量为巴黎旅游营销又敞开了一扇大门[①]。

澳大利亚昆士兰州旅游局联合国内新式茶饮品牌“喜茶HEYTEA”组成喜茶灵感旅行团，于2017年举办了澳大利亚昆士兰州的凯恩斯与大堡礁为期5天的“灵感之旅”。这是喜茶首次与澳洲政府机构进行深度合作，也是喜茶在以往跨界形式的基础上，第一次尝试号召消费者一起旅行。通过旅行的方式，喜茶给消费者提供了探索世界、体验生活的可能，增强了用户黏性和好感度。这样的营销为喜茶带来了更多的消费群体，而喜茶的用户也为当地旅游带来了流量。

旅游与商业相互借力营销

如果掌握好旅游营销这36计，因地制宜，灵活运用，我们的景区、旅游目的地一定能扬帆远航。

① http://www.sohu.com/a/239731218_146332.

第七讲

怎样认知智慧旅游

在“2009年第一届中国旅游信息化发展论坛”及“2012年中国智慧旅游峰会”上的演讲

在由重庆日报、重庆师范大学、江北区人民政府主办，重庆市旅游发展委员会指导的“重庆智慧旅游发展研讨会”上的演讲（2018年8月18日）

这是一种奇妙的化学反应：云计算、3G、4G、5G、物联网、人工智能、虚拟现实、全息影像、机器人、二维码、小程序、GPS等与旅游资源混合在一起，形成了资源的最大化联结与信息的无限延伸。用现代化的新技术、新装备改造和提升旅游业，已经成为新时期旅游业发展的必然，科学技术不仅创造出大量新的旅游业态，引导新的旅游消费，还将通过信息技术手段实现主动、即时、贴身、个性的旅游服务，高效、便捷、智能的旅游管理，满足游客以及管理者多维度的需求。智慧旅游以技术为中心的上半场已经结束，以人为中心的下半场拉开帷幕。

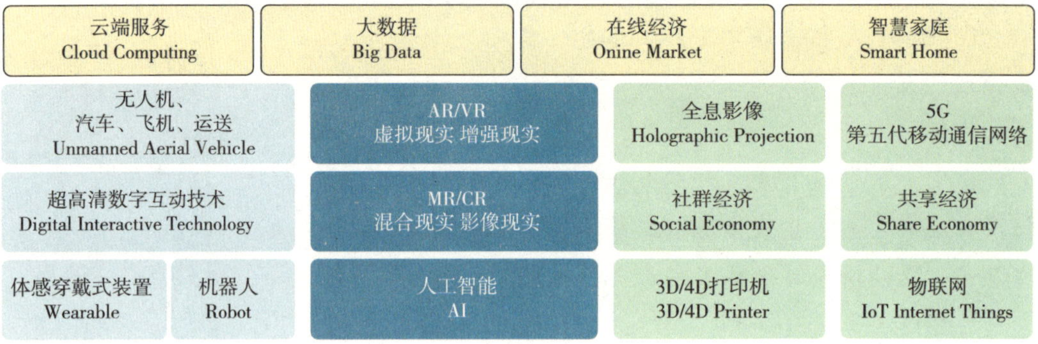

各种类型的科技支撑

一、从智慧地球到智慧旅游

智慧旅游是互联网/移动互联网、物联网、云计算、地理信息系统、大数据、虚拟现实、人工智能、人脸识别、智能终端、高速通信技术等新技术在旅游业的应用创新，是结合现代公共服务和企业管理理念，改善游客体验，提升企业经营能力和政府公共服务能力，实现旅游产业可持续发展的创新变革。

美国是最早提出智慧旅游概念的国家之一。2005年斯丁波滑雪场推出了游客定位装置反馈系统，2006年宾夕法尼亚州波科诺山脉度假区引入无线射频手腕带系统，还有一部分城市在智慧旅游交通方面做了尝试，在智能票务服务之余，游客或居民能够实现实时公交线路运行状态查询。2006年，新加坡在“我行由我，新加坡”平台上，游客可以直接在互联网上订制自己的新加坡行程，同时通过该平台实时分享自己的旅游经历。

智慧旅游应用是基于智慧技术的发展和全面推动，早期的探索较为粗浅。2008年，IBM提出“智慧地球”的

概念，世界的基础构架开始向“智慧”的方向前进。不仅可以让我们对世界进行更透彻的感应和度量，比如各种创新的感应科技被嵌入汽车、家电、公路、水利电力等设施当中，让物质世界数据化，还可以让世界实现更全面的互联互通，目前有超过40亿人和无数事物以不同的方式联入网络，并产生海量信息。第三，可以让世界获得更深入的智能洞察，将堆积如山的数据信息转化成实实在在的可供洞察的资源，帮助人类做出正确的行动决策。智慧旅游则是智慧地球、智慧城市等理念和实践在旅游领域的应用，也在此之后得到了实质性的快速发展。

2009年，英德两家公司在欧盟资助下协作开发了一款智能导游软件，该软件以“增强现实”技术为基础，游客只需用手机摄像头对准眼前古迹或废墟，手机里全球定位系统和图像识别软件就能判断位置，从而从游客所在的视角，在手机上显示这处古迹在全盛时期的样貌，还能展示遗址上残缺部分的虚拟重构。2001年，欧盟开始实施“创建用户友好的个性化移动旅游服务”项目。同年韩国政府公布了“智慧首尔2015”总体规划，大力发展智慧城市建设，开发了“I Tour Seoul”手机智慧旅游应用服务系统，五种语言，为游客提供线路规划、景点查询、交通、住宿、餐饮、购物等全过程信息查询和预订服务。而日本则在比较早的时候就实现了各种预订基本上都可以在网上完成，部分城市旅游观光巴士广泛使用GPS，开发设计“风景导航”系统，可根据旅游车的位置，电视监视器自动显示附近景点的动态视频。

中国智慧旅游起步并不算晚。2009年，我在“第一届中国旅游信息化发展论坛”上首次提出了智慧旅游，这也是中国智慧旅游的首次提出，并且探索建立了中国第一个智慧旅游网站“易游网”，虽然这个网站最后并没有成功，但是也迈出了中国智慧旅游探索的重要一步。随后江苏省镇江市、南京市、苏州市等都进行智慧旅游管理的探索、尝试和应用。

2014年，国家旅游局提出“智慧旅游年”，其中提到了智慧旅游景区、智慧旅游乡村、智慧旅游公共服务等具体行动要求；2015年，我国推出“金旅工程”，可概括为“三网一库”，即内部办公网、管理业务网、公众商务网和公用数据库；2017年，《“十三五”全国旅游信息化规划》发布，详细规定了智慧旅游服务和管理的应用，而现今智慧景区、智慧城市等全国各地对于智慧旅游的应用和普及也让我们对其有了更深刻的认识。

国内的智慧旅游最初是政府工程，方便政府提升管理效能；近几年随着游客诉求的提升和服务意识的增强，中国的智慧旅游逐步开始关注游客的诉求，可以说管理与服务并重。今天的智慧旅游对于中国旅游产业、旅游经济、大众生活来说就像一股暖风刮过神州大地，让各地旅游面貌焕然一新，让游客旅行更加方便快捷，让旅游管理更加高效有序。

二、从以技术为核心到以人为本

尽管上文对于智慧旅游的发展和演变做了一定的阐释，但是，对于智慧旅游，很多人其实还是雾里看花，莫衷一是，很难说明白智慧旅游的核心要义是什么，到底要解决什么问题。有人觉得智慧旅游就是对于智慧技术的挖掘和应用，有人觉得智慧旅游是一个概念，到底怎么服务于人，服务于社会，服务于经济发展，依然还是有些模糊不清。

智慧旅游的发展离不开技术。通信技术的发展，网络应用的普及，物联网和互联网的结合，形成了泛在、智能的智慧旅游服务基础网络。

智慧旅游主要包括三个技术处理过程：首先，是基于物联网技术，通过在各类旅游资源和旅游服务设施中布设多种类型的传感设备来感知旅游资源的各类信息，这是构成智慧旅游最基础的网络层；其次，采用各种通信网络与互联网结合传递各类感知或控制信息；再之，结合云计算、模糊识别、人工智能等各种智能计算技术，整合各类感知信息，进行数据分析等，通过智能手机、平板电脑等移动终端，进行旅游产品的网上预订、移动购买、虚拟旅行、智能讲解、线路导航、游玩分享等，完成行前、行中、行后各个环节的旅游体验，实现旅游智能化的决策、控制和个性化服务。

物联网技术

互联网技术

云计算技术

移动终端科技

实现以上智慧旅游的全过程有三个非常重要的关键技术支撑环节：第一个是数据化，能够做到全面感知；第二个是互联化，能够做到全面传输；第三个是智能化，能够做到智能和人性的处理。

第一个环节，就是数据化，这是旅游智慧化的基础。全面感知的本质是使旅游资源和旅游服务设施等能被计算机识别，形成完整的数据信息。现在感知技术已非常丰富和成熟，如：RFID识别技术（Radio Frequency Identification，电子标签或无线射频识别技术）、视频识别技术、红外识别技术、扫描识别技术、GPS（Global Positioning System，全球定位系统）识别技术、激光识别技术、iBeacon识别技术、人脸识别技术等。

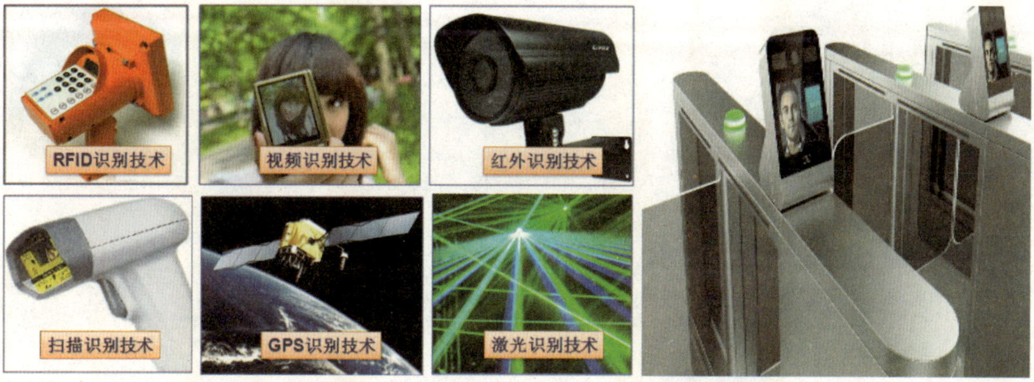

数据化感知技术

第二个环节就是对这些数据化的内容进行互联互通，使其能够全面传输。现在的互联网技术和移动技术发展非常迅猛，不论是远距离的（GSM、GPRS、UMTS等）传输技术，还是近距离的（WIFI、蓝牙、Zigbee、RFID和UWB等）传输技术以及基于GPS、无线终端和网络的位置服务技术等，都已经得到广泛的应用。

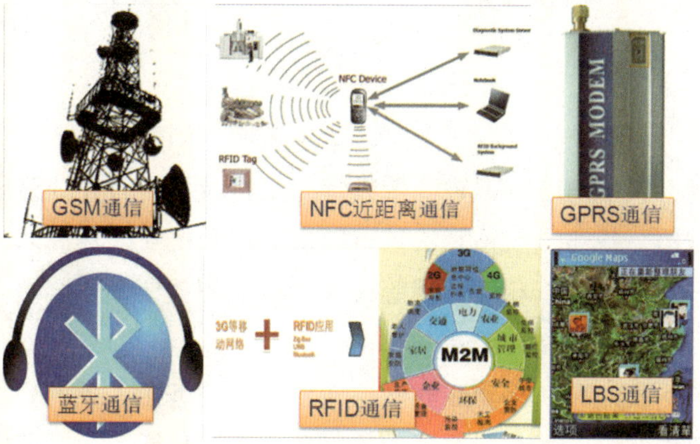

互联化技术

第三个环节是要做到智能化的人性处理。目前实行智能处理的技术有云计算、模糊识别等。云计算能够通过网络把多个成本相对较低的计算实体整合成能够具有强大计算能力的识别系统，并借助SaaS（Software-as-a-Service，软件即服务）、PaaS（Platform-as-a-Service，平台即服务）、IaaS（Infrastructure-as-a-Service，基础设施即服务）、MSP（Managed Service Provider，管理服务提供商）等先进的商业模式把强大的计算能力分布到终端用户手中。所以它不仅仅是一种新技术的结合，更是一种业务模式的创新，能够实现分享共进。

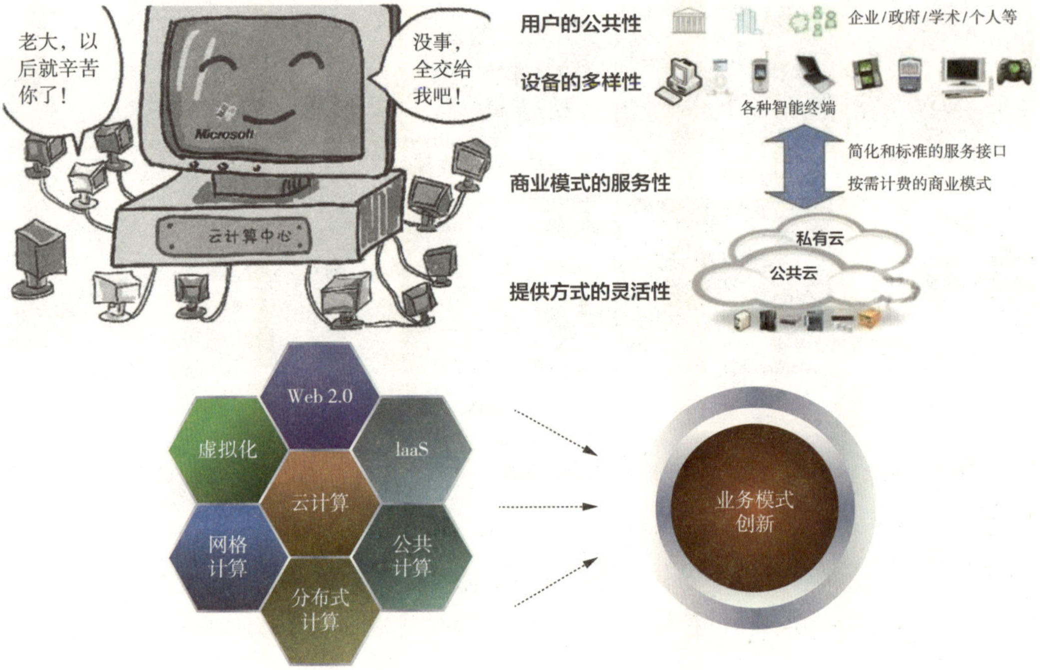

智能处理技术

比如，人脸识别系统，可以实现景区刷脸入园、酒店刷脸入住，就集成了人工智能、机器学习、模型理论、视频图像处理等多种技术。首先通过智能摄像头进行人脸的感知和抓拍，并通过前置算法进行特征提取和比对。然后通过高速通信网络进行数据传输，结合云计算和大数据等技术，以及相关票务、会员、房态管理等系统，完成在实际业务场景中端到端的应用。

随着物联网、云计算和移动互联网的应用，过去基于人工的查询、预订等的被动服务，已转变为贴身、即时、主动的智能化、人本化服务，因此智慧旅游将引领游客体验的二次革命。

第一次革命叫“点菜服务”，是根据需求选择不同服务，其典型的特征是“有什么，点什么”。比如途牛网的旅游线路、携程网的度假产品、去哪儿的酒店机票比价搜索等，游客可以比较、点评，然后选择中意的线路出游。相比之前旅行社门店销售模式而言，游客获得的信息大大增加，可选择的余地也越来越大，这是互联网技术给游客体验带来的第一次革命。

第二次革命叫“贴身服务”，是主动发现你的需求，主动为你服务，其典型的特征是“要什么，有什么”。游客可以自定义旅游线路，系统会自动生成相关产品；或者当游客位于某一个景区，相关吃、住、行、游、购、娱等信息都会呈现在游客眼前，做到整个界面以游客为中心徐徐展开，这是最高境界的游客体验服务。

而对于旅游管理来说，互联网技术与智慧旅游技术的应用，则让原先静态的统计分析，变成智能化动态分析，实时监控，实时分析，实时决策，全面提升整体的管理效率。

总之，智慧旅游不再只是关注智慧技术如何高深，不拘泥于建了多少游客中心大屏幕监控，投放了多少没有得到应用的电子导览屏，而是应当回归本源，关注如何为游客提供更好的服务，提升服务质量；如何用信息化的手段提升旅游公共服务，提升管理效率。为游客服务，为管理者服务，让服务更贴心、更高效。这就是智慧旅游的核心。

三、从行业痛点到体系架构

从目前旅游行业发展来看，有几个痛点是值得关注的。**一是从C端看**，游客的体验感不足，主要表现在不知道玩什么、怎么玩、如何玩好，门票高、体验差，孤立地游一个地方，其他要素和线路难以联动，导游讲解体验差，节假日拥挤混乱，景区内部线路不明确，员工素质不高、服务质量差，卫生环境不佳，停车、交通管理混乱等方方面面。**二是从B端看**，游客吐槽的痛点正是景区或目的地面临的管理难题，如何做好宣传服务，如何做好产品服务，如何做好讲解服务，如何做好应急管理，如何做好卫生管理，如何做好员工管理，在新的时代都需要通过智慧的手段进行探索和深化。**三是从S端看**，围绕旅行供应链的资源整合做得还不够，比如依托一个5A级景区，如何整合周边的民宿、农家乐、演艺、区间车等进行智慧化的整合和串联，在这方面过去旅行社是很有话语权的，但互联网兴起后OTA就有了很大的发言权，而随着线上获客难度的加大，线上线下的整合又变成了关键。

智慧旅游听起来很复杂，但实际上万变不离其宗，我们只要明确智慧旅游的核心是为用户服务，满足用户的需求，打动用户的心，并为此架构智慧旅游发展体系。**从游客体验角度出发，构建智慧服务供给体系，包括游客从行前到行中到行后的一系列智慧服务，如行前的目的地名片，在线预订、线上门票、刷脸工程、AR虚实互动、资讯攻略、拥堵查询等，行中的无感停车场、找厕所、导览、同传翻译、AI识花、社交互动等，行后的线上商店、游后评价、售后客服、景区明信片等；从政府企业运营角度，构建智慧服务管理体系，包括财务管理、安防管理、卫生管理、应急管理、营销管理等等；从行业高效管理角度，架构智慧行业管理体系。**虽然千人千面，但是通过全过程、全信息的平台服务，我们是可以为不同的游客提供不一样的满意服务。目前智慧旅游在游中服务的环节较为欠缺，也是需要通过这样的体系或平台来进行调整和补充的。

（一）架构针对 C 端的智慧服务供给体系

围绕游客出行的前、中、后各环节提供链条式智慧服务。基于这样的情景，我们可以来做一个设想，也就是来模拟经历一次智慧旅游的全程式体验。为了让读者对智慧旅游有更形象的理解，下面我们来设想一次从广州出发去海南三亚的旅游。

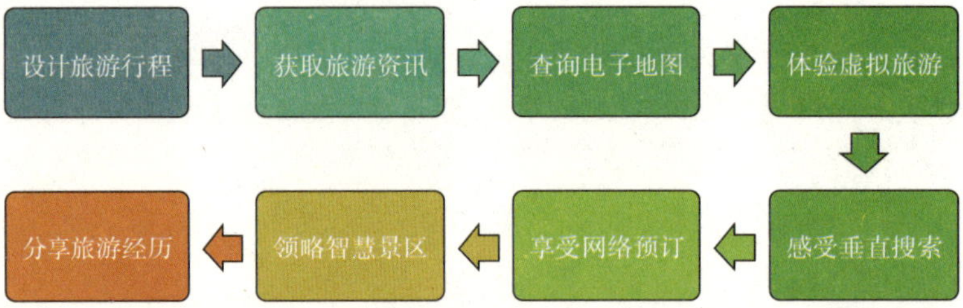

第一步，咨询准备阶段。

首先，我们来设计旅游行程。设计旅游行程，要确定去哪、旅行时间、预算等，由此可以获取大量旅游相关的有效咨询。我们找到专门的旅游行程设计网站，输入我们的旅游方式、目的地、旅游时间和预计费用等信息，网站将自动生成适合我们的旅游行程。

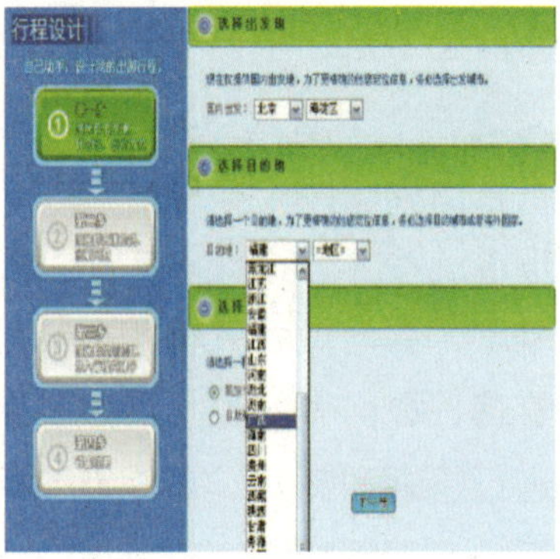

接下来，我们需要获取相关的旅游资讯。我们可以通过一站式服务平台、**官网、官微、公众号、小程序以及一些内容运营的社交媒体等**，来查阅行程中的旅游景点概况、旅游线路、目的地的天气及旅游攻略等相关资料，并以此为根据来确定出发的时间和游玩的线路。

我们还可以利用百度地图、高德地图、google地图等电子地图查询自驾车从广州到三亚的行车路线图，平台会提供出详细的线路和文字说明，并提供驾车、飞机、

查询出行方式和选择

火车等不同出行方式的相关信息。

电子地图在帮助我们确定位置的同时，还会主动显示相关旅游信息，包括景区、酒店、餐馆、娱乐、车站、活动（地点）、朋友/旅游团友等等的位置和大概信息甚至更详细的信息，如各个景点的文字、图片信息，酒店的星级、价格范围、剩余房间数，活动（演唱会、体育运动、电影）的地点、时间、价格范围等，餐馆的菜品、口味、人均消费水平、优惠以及评价等。

电子地图上的各种出行相关辅助信息

我们还可以利用六只脚、奥维互动地图等地图工具类APP，找到所要去的景区，从全新的角度了解旅游目的地。这些地图应用都支持照片和简要文字介绍上传，还可以记录出行轨迹，因此汇集了全球游友的旅行路线和体验分享，可以为出行前提供更多的信息支持。

奥维地图三维展示

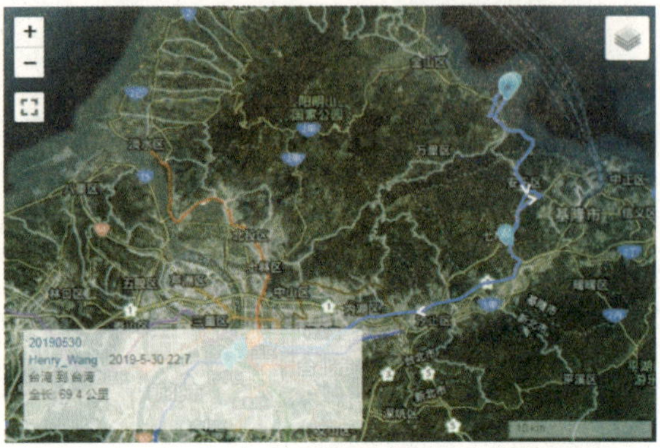

六只脚记录旅行轨迹

另外出行前还可以参考电子地图或者官网、地方服务网站上的虚拟旅游体验、3D游玩、全景展示等，通过虚拟现实技术或全景技术展示旅游景点的实地风貌，给游客身临其境的感受。这样我们在出发旅游之前就可以对三亚的景点有更充分的了解。

虚拟游三亚

海边游客中心全景图

第二步，决策选择阶段。

至此我们已经对三亚的旅游信息有了充分的了解，也确定好了详细的游玩路线和出发时间，我们需要开始为在三亚旅游期间的吃、住、行、游、购、娱做准备了。

首先我们通过垂直搜索选择最适合自己、性价比最高的服务商。机票可以通过各大航空公司的官网购买，酒店预订或景区门票可以通过OTA，当然OTA服务商如果有很合适的机票也可以考虑预订，很多时候会有折扣。租车可以选择在车站或酒店附近通过一嗨、神州、携程、本地租车等当地租车公司，保障出行顺畅安全。

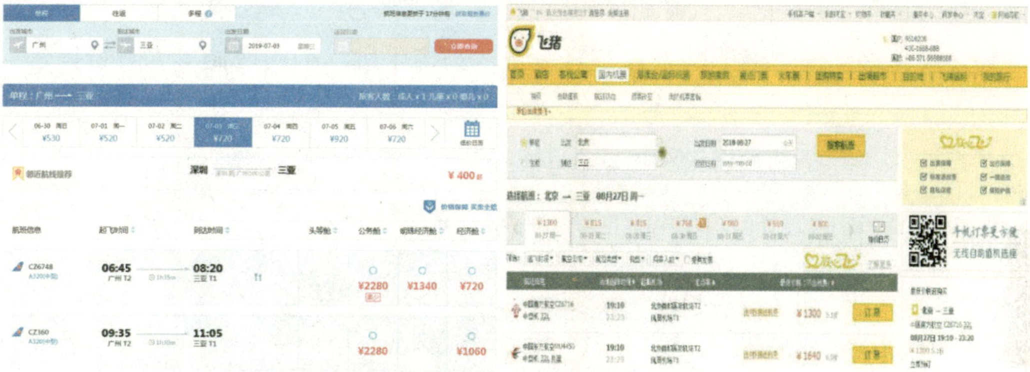

多样化预订信息渠道

在确定服务商之后，我们通过网络预订平台、手机客户端、微信小程序直接订购景区门票、机票、宾馆、旅游纪念品等。可根据个人在预订平台上的累积信用值，享受线上预订的零支付、订单免费取消等服务，降低客户预订风险，畅享移动支付的便捷。

预订支付服务

第三步，实际体验阶段。

我们将感受智慧入园、智慧交通、下榻智慧酒店、智慧导览、智慧产品等，我们在三亚的旅程因智慧变得简单、舒适、充满乐趣。

智慧入园。在这方面，我国的入园技术也在进步发展。最初景区的电子票采用

RFID电子双频卡门票作为游览区域内各游客的凭证，即每张门票里都附有一个高频RFID和有源RFID芯片标识卡储存身份信息。2010年上海世博会门票就采用了RFID的技术，在门票里面藏有一颗RFID芯片，此芯片采用精密的算法技术，持票人只需要把门票离刷卡点10厘米就可以进行刷卡，同时这颗芯片能够记录游客所浏览的次数以及路线，从而让主办方能够对整个会场的人流量以及游客位置进行很好的统计、管理和引导，现在这种电子票已经比较少见了。

随着网络技术和移动终端快速发展，网上移动支付，二维码买票，检票只需扫描二维码即可进入景区。三亚天涯海角景区，游客通过二维码扫码买票，微信、支付宝直接移动支付，网上购票后游客可通过扫描手机二维码或刷本人身份证进入景区。

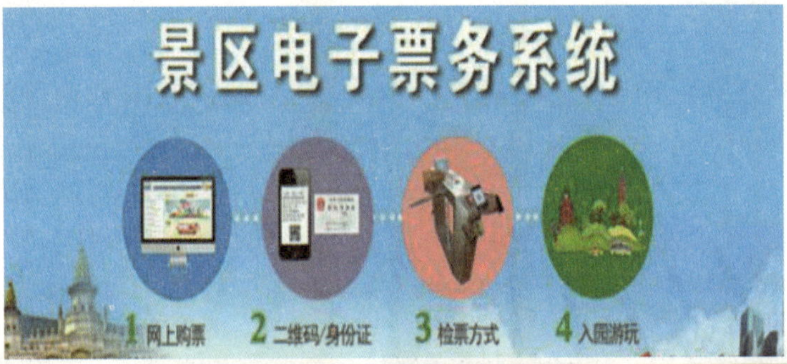

扫二维码进景区

第三种方式就是刷脸入园了。2019年5月1日起，海南旅游年卡正式投入使用，购买旅游年卡的游客可刷脸畅游海南20家景区，工作人员手持人脸识别POS机，只需扫码和刷脸两个步骤，游客几秒钟就可入园，比起现场排队入园的游客堪称神速。目前这种卡仅限海南本地户籍居民购买，采用实名制，使用人脸识别和二代身份证技术，岛民可从购卡、绑定身份信息到入园游玩，一部手机全部搞定。

刷脸入园

智慧交通。主要基于LBS位置服务，英文全称为Location Based Services，它包括两层含义：首先是确定移动设备或用户所在的地理位置；其次是提供与位置相关的各类信息服务，意指与定位相关的各类服务系统，简称“定位服务”，另外一种叫法为MPS-Mobile Position Services，也称为“移动定位服务”系统。LBS为用户提供基于地理位置的签到、搜索、游戏以及信息推送等服务。“在哪里”是LBS应用核心，实现把行为和位置相结合并投射到生活中，让服务出现无限可能。

通过LBS位置服务系统，可以随时随地了解到周围的餐馆、景点、购物商店、交通等有效的服务信息和内容，LBS会优先提供距离我们最近、最为便捷的地点，而不会让我们千里迢迢地去一个很远的地方买东西，这不仅是生活常识，也是LBS服务的核心内容。比如，我们通过这种定位服务结合GPS的统计计算出来汽车的耗油

智慧交通，时时互通

量，当耗油超过一定比例时，手机GPS导航就会自动提供最近的加油站信息；到吃饭时间手机GPS导航会提醒你该吃饭了，同时告诉你附近有什么你偏好的餐厅等等；同时它还可以提供一些打折信息、周年活动、便宜的商品购买地点，以及租房、看电影、演唱会、飞机航班、交通等信息。现在一些如大众点评、美团、携程等专项消费预订网站的推送也是基于LBS。

如果你在目的地尤其是景区内部找不到游览线路，可以打开手机的景区平面或三维导览图，相关路线以及景区内的各种服务信息就会呈现出来，解决你的问题。

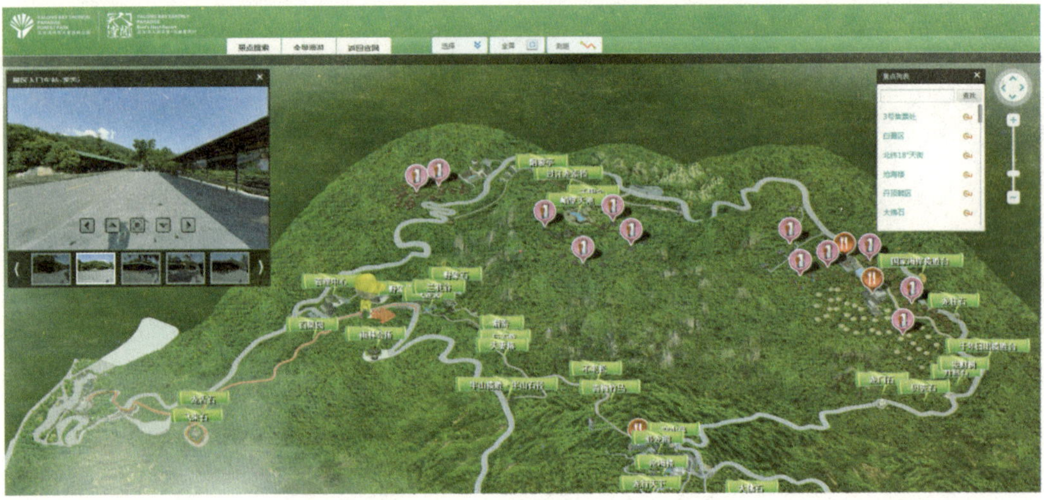

三维地图导航

智慧导览。现在比较常见的智能语音导览是结合了RFID技术开发的能够运行在移动终端的导览系统。只要预先将需要讲解的区域安装标识或者发射器，并向导览机灌入相应内容就可以了。导览机使用非常简单，只要游客佩戴好导览机，进入发射器所覆盖的范围时，导览机就能自动讲解相对的内容，无需任何操作。以下展示的是RFID无线导览系统的工作原理示意。目前很多景区都采用了智能导览系统。游

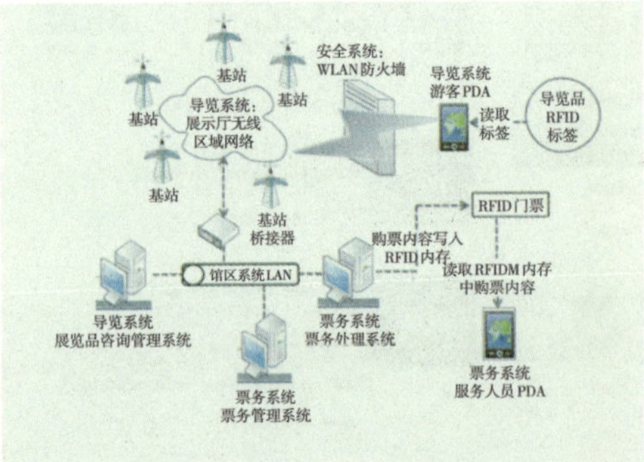

RFID无线导览系统示意图

解说耳机

客只需向景区管理处租用一台自助导游解说耳机，便可一边游览景区，一边享受全程自动讲解服务。

此外，游客还可以根据景区内移动二维码导览牌的提示，通过扫描二维码、发送移动短信或下载景区APP、登录景区官方微信公众号、关注官方微博、使用景区语音导览小程序等多种智能化方式来接收相关景点图、文、音并茂的解说资料。我曾去过西班牙巴塞罗那的圣保罗之家，那里的导览运用扫描实景成像技术，只要把手机屏幕对准你感兴趣的文物或画像，你就能听到和看到围绕这个物件的故事和影像，非常生动。

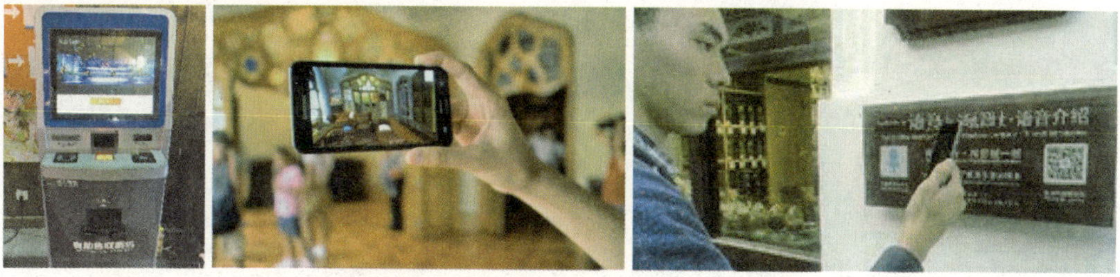

智慧服务，时时便捷

智慧虚拟体验。旅游产品透过VR、AR等“科技滤镜”，识别游客在现实旅游体验中无法实现的场景，借助智能化方式为游客带来更多惊艳体验。2017年11月，故宫推出朱棣建造紫禁城VR4D沉浸式体验馆项目，借助先进的VR（虚拟现实）技术，游客突破了时空限制，在鲜活的历史场景中行走、触摸和体验。还可以参观游览VR动物园，戴上VR眼镜，即可体验亚洲象在掌心散步、恐龙复活于沙丘之上、“瞬移”到非洲草原看狮群奔跑等景象。

智慧分享。旅行途中通过新媒体媒介，随时随地打卡热门旅游地，即拍即分享游玩小视频。

智慧二次销售。通过景区、酒店或目的地的集成服务平台，购买住宿、餐饮、购物、休闲、展览、演出等二次消费产品。三亚美食多多，可以选择自己喜欢的美食带回家。巅峰智业旗下初到科技设计的蛙蛙商城小程序为游客提供了一站式购物

直播游玩视频

分享美景

平台。游客通过线上入口、线下扫码等方式浏览景区的各种旅游土特产、文创商品。实现“一键下单，送货到家”的轻松购物体验。通过秒杀、拼团等活动可以收获物美价廉的商品，打破对旅游购物的传统认知。

第四步，回顾分享阶段。

旅游结束后我们可以将自己在三亚旅行中的见闻和感受通过文字、图片、视频等形式上传到网上，通过网络游记、微博、博客、帖子、社区、小组、朋友圈等方式让更多的人来分享自己的旅游经历，激发更多网友去三亚的旅游需求，从而实现口碑营销，创造更多的旅游需求。

从旅游之前的线路设计开始到旅游结束后的经历分享，我们经历了设计游程、获取资讯、地图查询、虚拟体验、垂直搜索、网上预订、游览景点、分享经历等过程。充分利用现代信息技术手段，在出行前获得的旅游资讯信息量大、选择面广，旅游过程中自由度高、体验感强，对旅游经历的分享渠道广泛、分享度高，这便是智慧旅游带给游客的全方位体验。

故宫是智慧旅游服务应用的典范，围绕游客的全流程服务做了很好的设计，我们也来一起看看。北京故宫自2017年全面开启“智慧景区”，官网、双微（微信+微博）、小程序、APP、AR+VR、人工智能等智慧化途径全面应用，实现了游客游前、游中及游后的智慧化体验。

游前，游客通过在线预订门票、全景虚拟游览、展览活动信息查询等，实现智慧化行前准备。从2017年10月10日起，故宫正式实行全网售票，每天8万张门票全部网上销售，现场售票窗口关闭，故宫门票、年票、特展门票统一网上预约购买，同时可以二维码扫码买票，实现微信、支付宝直接移动支付。故宫门票全面智慧化使故宫门前出现了这样的情景：很多国外游客纷纷向中国游客请教微信是什么、支付宝怎么用。此外，故宫与腾讯地图合作，推出全景故宫功能，实现360°全景呈现；V故宫功能，让游客跟着鼠标游故宫，身临其境地感受故宫的壮观。

故宫的各项智慧景区服务

游中，游客可持身份证、护照等刷证进入景区，节省排队时间；也可以跟着地图线路导览，玩转故宫的大小宫殿；听来自人工智能讲解的北京故宫小故事；通过故宫藏宝、故宫小百科、紫禁学堂等智能教育课堂，深度体验紫禁城。可以模拟皇帝批阅奏章，古时候当皇帝是很辛苦的，每天面对一摞摞的奏折，要在很短的时间内批阅完，游客可以体验到自己批阅的和皇帝的有什么不同。原来故宫还可以这样玩，用习近平总书记的话说就是“让文化站起来，让历史活起来”。此外，故宫会定期推出各种高科技互动艺术展演，如之前提到的《清明上河图3.0》展演，游客可扫描二维码下载《动起来的清明上河图》APP，体验展演现场立体、真实化的观展效果。

北京故宫的高科技数字博物馆

游后，通过现代科技和文创艺术设计打造系列故宫文创产品，让游客把故宫文物带回家。此外，故宫开发出紫禁城祥瑞、故宫的一天等游戏APP，运用科技打造玩趣故宫。

故宫文创及游戏产品

所以结合游客全程需求，我们确实需要有“一机游”这样的服务平台，能够支撑为游客提供的全程服务。2018年，由云南省旅游发展委员会、腾讯公司联合打造的全域旅游智慧平台“一部手机游云南”上线运行，通过1个APP、7个小程序、2个管理平台、5个支撑体系（数字身份体系、数字消费体系、数字诚信体系、全域投诉体系、AI服务体系），创新性地开创了智慧旅游的一机游模式。

“一部手机游云南”的先行先试开创了“一机游”的智慧旅游模式

（二）建构针对B端的智慧服务管理体系

通过部署硬件，采集设备运行数据、用户行为数据，输送至景区智慧中枢平台，实现智慧监管、智能监督，强化数据分析，增强景区对突发事件的预判能力和决策能力。这主要包括智能监测、财务管理和统一营销。

首先，服务管理体系主要集中应用于智慧监测预警和处理突发事件，在绿化养护、设备养护、环卫清扫、环境监测、综合安防、商户管理、车辆管理等方面发挥重要作用，实现管理的高效。

智能监测在景区客流和景区资源管理方面都得到普遍应用。通过在监管区域的进出入门口、景点、道路，以及一些必要的区域安装基站，对整个监管区域进行有效覆盖，从而实现人员定位——实时了解每一位游客和工作人员在管理区域内的准确位置；人员统计——管理人员随时了解某一时刻某一景点内游客和工作人员的数量；人员活动路线管理——对人员活动路线进行实时监控与历史查询；工作人员考勤管理——实时了解工作人员到岗情况、固定人员脱离岗位时间；游客密度管理——人流密度过大时，系统自动提醒工作人员进行引导，实现游客分布的均衡等监管功能。

以荷兰Apenheul Primate公园为例，通过RFID的标签可以采集到游客的位置、路线以及游览时间的信息，从而来获得景区的详细的客流数据和相关的管理的信息。随着游客流量的不断增长（每天的游客多达5000人次），公园的吸纳能力无法充分满足旅游需求，因此公园就需要重新对场地、设施及游玩流程等进行规划和设计。不过，在改进设施和程序之前，公园管理人员需要弄清楚公园客流量最大的区域以及每天客流拥挤的地点、时间和原因。为此公园发放了5000多个绿色帆布“猴包”，在其中的200件“猴包”里嵌入了有源RFID标签。通过采集游客所携带的“猴包”上的RFID标签的位置和时间信息，获得公园的详细客流数据。

Apenheul Primate公园

带RFID标签的“猴包”

还可以利用智能监测技术在景区内建立起一套完善的游客安全保障体系。比如，当游客走失或遇到危险时，景区管理者可以通过游客携带的电子门票、智能手机利用GPS技术定位，然后通知距离最近的救护人员第一时间前往现场救护；对于那些面积范围相对较小，游客密集的景区，很容易成为恐怖分子袭击的目标，因此需要在景区入口处利用RFID射频识别技术进行严格的安全检查，避免恐怖分子将危险物品带入景区内；对于一些危险系数较高的旅游项目的景区，一方面要在事故易发段安排救护人员，另一方面可以通过智慧旅游的全方位监测来预防各种事故的发生。

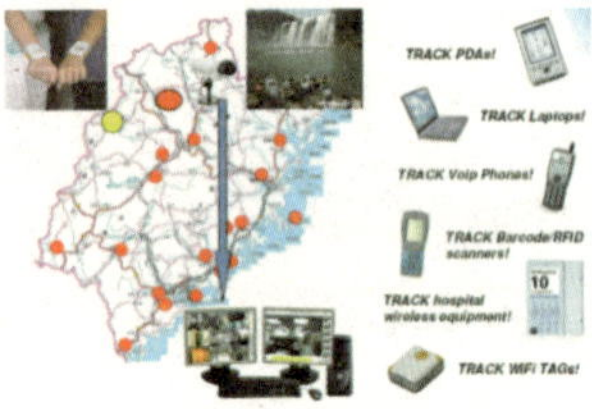

定位、救援

安全监控

及时救助

我国在智能检测方面也很先进了，能够通过闸机收集和图像采集，随时进行画面监控，并且可以捕捉突发事件、人流过度集中等管理问题，及时进行决策和处理。

北京市公园管理中心推出的北京市市属公园电子门票唯一官方平台——“畅游公园”（其包含“畅游公园”售票网站及“畅游公园”售票微信公众号），对于购买电子门票入园的游客，北京市公园管理中心可通过总控中心随时追踪、查询每一位游客的具体位置信息，实时获取入园人数、在园人数等数据，有效监控监管客流情况。

其次，可以通过中央财务结算系统实现全程无缝的财务支撑服务。整合各类OTA，整合各类付款方式，整合各类支付系统，建立人、财、物、数据共享的服务中心，统一中央预订支付管理共享服务平台，实现财务支付高效管理，也为游客提供便捷服务。

北京畅游公园唯一官方平台

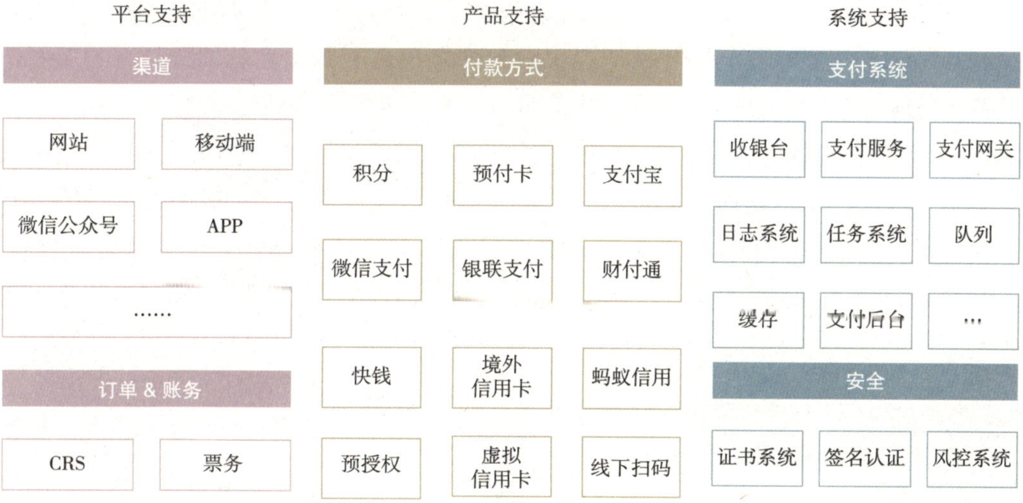

再次，通过大数据分析提供有针对性的营销服务。随着游客的不断成熟，他们更需要及时地获得大量旅游信息，通过自己加工整理以及与旅游生产者互动的方式，针对自己的个性化需求定制适合自己的旅游产品，并通过快速高效的交易渠道随时进行旅游交易。智慧旅游中的目的地统一营销体系，大致分为四个步骤：游客数据源获取、用户画像分析、多形式推广、多渠道营销。

第一步，获取游客数据源。在移动互联网和内容大爆发的时代，游客任何一次消费背后都隐含着其相应的消费观念、偏好、动机等信息，对消费数据的获取与分析，是精准营销的高效途径。大数据的来源方式多元，从过去主要依靠第一大互联网大数据运营商——中国电信数据、移动联通等其他通信运营商向依靠移动互联转变，主要有旅游OTA企业、航空公司、政府官网（如国家文化和旅游部）、旅游学术研究机构、专业旅游数据采集公司等，如腾讯qq、微信、微博、抖音等企业的用户社交大数据；又如携程、途牛、同程、驴妈妈等旅游OTA消费数据平台的在线报告等。移动互联的大数据及用户信息成为未来智慧旅游数据信息的重要来源。

第二步，对用户精准画像。用户画像是基于第一步大数据源（数据平台和消费平台）的泛旅游产品延伸变现，对用户精准画像可产生增量引流、存量导流和增加消费厚度的效果。客户通过在线预订方式订一张机票，订一张火车票，还是订一张景区门票，订一个酒店，实际上背后都是活生生的客户的画像。9亿中国人都在用微信，同程旅游网依托微信用户的广大市场，抢占微信钱包12个小程序中的2个位置，围绕着微信生态对客户精准画像。当客户打开手机微信钱包，同程旅游网首先会根据客户的地理位置去判断需求；其次，根据客户浏览或已预订的订单进行信息精准推送，比如说客户经常看飞福州的航段，那么根据背后隐藏着的客户商务和旅游出行需求精准画像；第三，客户到达一个目的地之后，因为微信带着客户的位置，走到任何一个地方，打开微信同程后台就知道你在哪里，从而分析客户要找的酒店、当地的景区、美食等，将这些信息及时精准推荐。最后，根据客户同时段的多个订单，分析其潜在出行目的，提前捕捉客人到目的地之后想要干什么，按照其需求随时推送产品。这样的全过程就是针对用户需求精准画像的营销流程。除同程旅游网外，腾讯社交洞察携手腾讯用户研究与体验设计部，基于腾讯社交大数据，对00后群体精准画像，分析了“与互联网共同成长一代”00后们的价值观和消费观念。

同程旅游网在线预订用户画像

腾讯对00后消费群体的精准画像

00后的六大价值观

	价值观	占比	定义
对己	懂即自我	73%	以对某领域的深刻见解和成果来定义自我
对事	现实	78%	积极获取资源来发展自我的领域
对人	平等	78%	跟任何人的对话方式都是一样的
	包容	72%	接受同伴跟自己之间的差异
	适应	63%	知道对什么要展现什么形象
对社会	关怀	80%	关心自己所在的群体

价值观	消费态度
懂即自我	向往专注且有信念的品牌和偶像
	愿意为自己的兴趣付费
现实	在自己能力范围内消费
平等	KOL影响力降低
包容+适应	内容=社交工具
关怀	国产品牌不比国外品牌差

00后的六大价值观及消费态度

第三步，多形式营销推广。对目标群体推广的方式多种多样，主要有事件推广、活动推广、手机营销推广、网络广告推广、综合网站推广、快捷网址推广、数字化营销推广等。例如黄山在智慧化营销方面与阿里旅行深度合作，打造黄山旅行第一店——黄山旅游官方旗舰店，提供门票预订、餐饮、住宿、土特产、演出、交通巴士、私人订制等全套智慧化营销平台。

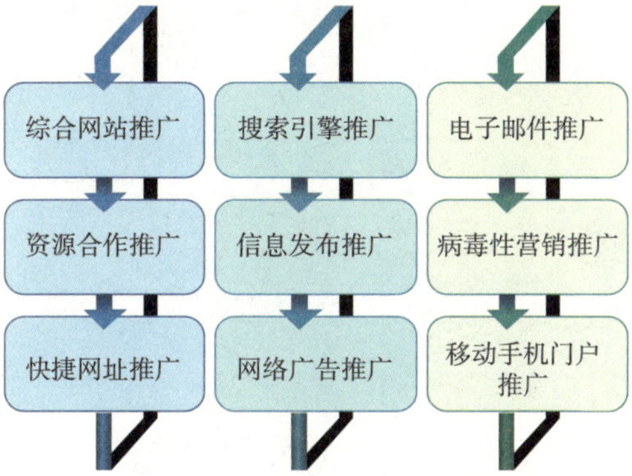

目的地智慧营销推广方式

黄山的一站式营销

第四步，多渠道推广营销。智慧旅游的推广渠道主要有自营推广、传统媒体推广和新媒体推广。自营推广渠道指旅游企业通过官方网站、官方店、官微、小程序等渠道，扩大自身宣传，占领客群市场。如北京故宫依托大IP将自身打造成景区中的“网红”，官网访问量2500万余，微信活跃粉丝量61万余，微博粉丝571万，单条微博转发量达220万。传统媒体推广渠道指依托广播电视媒体、平面媒体、户外媒体等进行的推广营销活动，例如伊金霍洛旗推出首款三维动画宣传片《天骄圣地·伊金霍洛——大成小伊欢迎您》，通过广播电视等传统媒体进行智慧化营销。新媒体推广指借助当下智慧化预订出行平台，如OTA、OTC、在线旅行社等途径，扩大智慧营销的推广渠道。

北京故宫官网、官微智慧化营销

巅峰智业自主开发的文旅云，通过智慧景区小程序、数字文旅平台、微信公众号、景区官网的联动，将互联网沉淀的业务中台、数据中台、智能中台综合地应用于旅游企业的供应链和客户营销服务等领域。

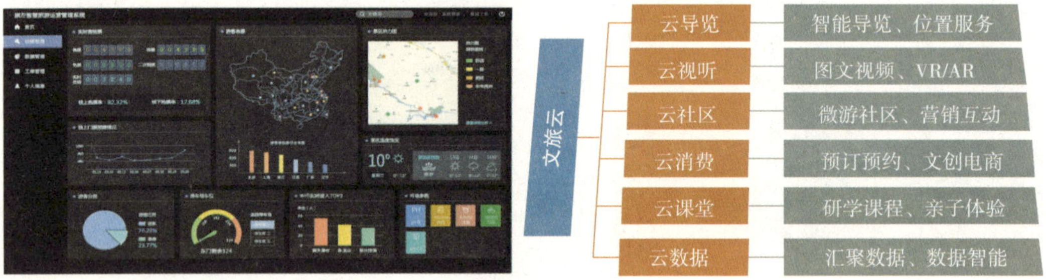

巅峰智业文旅云

（三）架构针对行业发展的智慧管理体系

智慧旅游行业管理体系主要负责旅游环境整治、旅游产业运行监控、旅游资源开发、旅游政务审批以及旅游安全管理等。由于旅游涉及“吃、住、行、游、购、娱”六个要素，所以构成行业管理体系的主体除了文化和旅游部门外，还包括园林、水利等旅游资源管理主体，工商、卫生、税务等经济管理主体以及公安、交通、消防等公共服务主体。智慧旅游行业管理体系主要包括：旅游产业运行监测平台、安全与应急管理平台、旅游产业诚信管理系统、旅游企业评定系统、旅游产业供给管理系统、旅游执法系统和旅游项目管理系统等，集行业自身管理和服务公众于一体。

下表为北京旅游产业运行监测中心监控接入数据，可以看到旅游行业管理主体

单位	专线	图像接入	图像调试
八达岭、十三陵、慕田峪、恭王府	开通	接入	接入
天安门	开通	接入	完成
五星级饭店	11	11	11
公安局	开通	接入	完成
交通委	开通	接入	完成
公园管理中心 （11家景区）	政务外网	接入	完成
朝阳信息办 （4家景区）	开通	接入	完成

包括北京交通委、北京公安局、文物局、园林局以及气象局等部门。

目前，首都旅游产业运行监测调度中心建立了旅游产业监测及预警系统，实现了旅游产业运行状态监测，景区客流量、景区周边道路、恶劣天气的实时发布和预警。在黄金周期间，将实时呈现假日统计数据。同时，对重点景区和人员密集场所的人流量进行监测，实时发布北京重点景区游览舒适度指数，并根据市交通委和市气象局实时数据，向游客及旅游单位发布景区周边路况和气象服务信息。调度中心则将这些获得的数据通过北京旅游网、北京旅游官方微博、北京旅游手机报等平台进行实时发布。

智慧旅游以政府和旅游企业双方为构建主体，以游客为服务对象，搭建每个服务环节中的智慧化平台和途径，重塑全过程全体验服务。智慧旅游以人为本，势在必行，大有可为！

第八讲

怎样做好全域旅游

在人民网主办的“2016全域旅游和景区发展高峰论坛”上的发言（2016年4月25日，北京）

在山西省文化和旅游厅主办培训上讲授《新时代山西省全域旅游规划创新发展》（2019年7月24日，兴义）

《孟子》有言，“虽有智慧，不如乘势；虽有镃基，不如待时”。2015年8月，在全国旅游工作会议研讨会上，国家旅游局局长李金早提出全域旅游工作理念。“一石激起千层浪”，从国家旅游局的提出，到国家领导人关注，到纳入政府工作报告，“全域旅游”上升为国家旅游战略。全域旅游工作在旅游行业和各级党委、政府引发热议和巨大反响，目前全国已有7个全域旅游示范省、500余个全域旅游示范区创建单位，并且第一批验收工作已完成。文化和旅游部部长雒树刚也提出要始终坚持全域旅游发展方式，促进旅游业转型升级，提高旅游业发展质量。全域旅游成为了一项长期推进的重要工作。

全域旅游不是空穴来风，也不是心血来潮，而是中国经济社会发展到一定阶段的产物，是顺应时代发展潮流的选择。中国已经步入后工业化社会，人们对于美好生活的向往日趋强烈，而旅游作为民生改善的重要途径也正在成为一种生活方式和生活享受。然而当前供需并不匹配，高品质、个性化、精细化的新业态和休闲度假产品供给严重不足，结构性过剩与结构性短缺并存局面对全域旅游发展提出了新要求。同时旅游业自身极强的关联带动性也亟待通过全域旅游得以释放和理顺。

毋庸置疑，全域旅游是将区域整体作为旅游目的地发展的新理念和新模式，是对中国经济转型升级、区域综合发展的重要推动，是对中国旅游业创新发展、提质增效的关键促进，更是我国旅游业发展理念、战略和模式的重大转变。

全域旅游是一个新战略，同时也是一个老名词。早在2010年，巅峰智业在《大连市旅游沿海经济圈产业发展规划》里就提出了全域旅游概念，并在实战中描绘了一幅幅全域旅游的智慧地图。我们创造了多个全域旅游全国第一：全国第一个提出全域旅游概念的《大连市旅游沿海经济圈产业发展规划》，全国第一个全域旅游发展规划《秦皇岛全域旅游发展规划及五年行动计划》，全国第一个省级全域旅游行动计划《宁夏全域旅游发展及三年行动计划》，全国第一个全域旅游创建省规划《海南省旅游发展总体规划》。在《贵州省生态文化旅游产业发展规划》中，我们提出打造全域化的国家山地公园省及配套举措，使贵州旅游从全国倒数跃升为全国前列。巅峰智业可以称得上是中国全域旅游智力引领与全程服务的开拓者与推进者。

一、全域解析

旅游是人们对美好生活的向往与追求。《论语》云：“暮春者，春服既成，冠者五六人，童子六七人，浴乎沂，风乎舞雩，咏而归。”向世人展现了一幅旅游休闲的生活图景。随着全域旅游春风吹遍大地，旅游千万家，全域更关键，对于发展全域旅游而言，全域旅游示范区是一个非常重要的抓手，全域旅游的内涵、创建、验收等工作都成为关注焦点，全面梳理一下还是很有必要的。

到底全域旅游是什么？对《国家旅游局关于开展“全域旅游示范区”创建工作的通知》（旅发[2015]182号）中全域旅游内涵解构一下，其实就能明白。全域旅游的主体是指在一定区域内，比如整个北京市、整个区县等确定一定区域范围，前提是以旅游业为优势产业，做法就是通过对区域内经济社会资源尤其是旅游资源、但又不限于旅游资源，还包括相关产业、生态环境、公共服务、体制机制、政策法规、文明素质等进行全方位、系统化的优化提升。达到一个什么样的目标呢，就是实现区域资源有机整合、产业融合发展、社会共建共享，它的本质是以旅游业带动和促进经济社会协调发展的一种新的区域协调发展理念和模式。

用一句话来概括，全域旅游就是将一定区域作为完整的旅游目的地发展的新模式。所以全域旅游就不在于一城一池，不在于某一个景区，而是更加全面系统的优化整合来营造一个整体旅游目的地。

全域旅游的示范创建具体要怎么做？要以国家发布的《全域旅游示范区创建工作导则》《国家全域旅游示范区验收细则》为指导标准，要明确全域旅游创建的主要任务并避免踏入误区，同时也要结合具体实践来明确到底如何去创建，怎样才算是合格的、可以通过验收的全域旅游示范区。

2019年3月18日，文化和旅游部办公厅印发《国家全域旅游示范区验收、认定和管理办法（试行）》《国家全域旅游示范区验收标准（试行）》《国家全域旅游示范区验收工作手册》。其中《办法》明确了国家全域旅游示范区验收认定和管理工作的基本依据、原则、职责分工、基本程序、标准要求及后续监督管理等。《标准》是对国家全域旅游示范区各个方面全面验收的标准，除了七类基本的验收打分项，还设计了创新加分项，以鼓励创建单位改革创新，并设计了扣分项目。《手册》则是《标准》的细化，明确了每一个项目的具体评价方式。验收认定文件的发布代表国家全域旅游示范区验收正式提上日程。

2019年9月4日，首批71家国家全域旅游示范区名单公示，为全国全域旅游发展起到了示范作用。巅峰智业也有20家服务过的单位实现了成功创建，因此也总结了如何才能实现创建，如果通过创建实现地区全域旅游的综合发展的经验。

全域旅游示范区的创建其实是全面提升当地旅游发展水平的重要举措。创建的八大任务包括体制机制、多规合一、旅游设施、旅游服务、产品供给、品牌营销、旅游监管、环境优化，每一项任务的落实都非常有益于地区的全域发展。

全域旅游示范区创建理念最为关键，要瞄准“九个转变”：从单一景点景区建设和管理向综合目的地统筹发展，从门票经济向产业经济转变，从导游必须由旅行社委派向导游依法自由有序流动转变，从粗放低效旅游向精细高效旅游转变，从封闭的旅游自循环向开放的“旅游+”融合发展转变，从企业单打独享向社会共建共享转变，从景点景区内部管理向全域旅游依法治理转变，从部门行为向党政统筹转变，从景点景区接待向区域接待、全方位、多层次转变，真正实现地区旅游发展从内到外、从形到神的全域转变。

在全域旅游示范区的创建执行过程中，还要有效规避误区，坚持“八个防止”：即防止竭泽而渔、破坏环境，不顾实际情况和资源承载力，盲目开发、过度开发、掠夺式开发行为；防止简单模仿，千城一面、千村一面、千景一面；防止粗暴克隆，低劣伪造；防止短期行为、盲目涨价；防止不择手段，不顾尊严，低俗媚客；防止运动式、跟风式一哄而起和大拆大建；防止重推介、重形式，轻基础、轻内容；防止在全域旅游改革中换汤不换药，换牌子不换体制，换机构不换机制，换人不换理念。

全域旅游示范区创建有以下步骤和举措，我们称之为全域旅游创建的六部曲：第一阶段是自查整改，大约2个月，全面号召发动组织人员，进行整体整改；第二阶段专家初检，大约1个月，邀请专家考察、初审，向上一级旅游委提出全域旅游示范区评定申请；第三阶段上级旅游委复检，大约1个月，建立创建工作档案，做好复检准备，迎接检查评审；第四阶段改进提升，大约2个月，按照上一级旅游委意见和要求，做好改进工作，向国家文化和旅游部提出全域旅游示范区评定申请，做好验收评审准备；第五阶段验收评定，大约1个月，召开迎检动员会，落实验收各项准备工作，配合国家全域旅游示范区评定委员会正式开展创建全域旅游示范区考察指导工作；第六阶段持续提升，约1–2年，总结问题和专家意见，召开专题会议，制定提升计划及时序安排，落实各项提升工作，巩固提高创建成果。

由于全域旅游示范区创建的专业性，所以创建验收的辅导就显得很有必要，我总结出了全域旅游示范区创建的八大法宝：第一要全面发动，制定重点工作任务分工明细表，推出全域旅游发展规划读本，海报展览，让全域旅游与市民充分互动；第二要有专家培训，召开2次全域旅游专题培训，印发1套培训材料，让参与创建的人同成长；第三要组织模拟暗访，组织全域旅游业内专家进行暗访，暗访结束及时形成反馈意见，针对区域旅游品牌影响、产品业态、功能业态、资源开发利用率、公共服务配套设施等暗访关注点逐一整改；第四要点对点辅导，对全域旅游创建汇编中提到的重点工作进行点对点专业辅导，确保专项工作有效推进；第五要组织好模范观摩，组织政府、旅游企业观摩学习模范单位，吸收优点，用于当地全域旅游发展；第六要进行特色挖掘，突出本土化特色、个性和品牌，从文化、品牌传达、项目落地各环节给予重点关注和支持；第七要定点提亮，提升重要节点，快速建成全域旅游目的地；第八要实施进度监控，从实施评估、实施细则、灵活调规三方面量化调控整体进度。

其实全域旅游示范区的创建只是形式，其真正目的是为了通过创建来真正实现地区旅游的全面发展，人民生活的全面改善，最终实现产业因旅游而兴旺，经济因旅游而发展，文化因旅游而繁荣，城乡因旅游而美丽，社会因旅游而文明，百姓因旅游而富裕，生活因旅游而美好，干部因旅游而成长的全域、全方位、全社会发展提质的目标。

二、四大痛点

旅游很火，投资很热，旅游包罗万象、千变万化、无所不在，但热火朝天的背后依然是说起来很美，干起来很难。整个行业发展红红火火，一些地方的需求甚至出现了井喷式增长。但总体而言，大众对旅游的期待甚高，人民日益增长的满意旅游需要与不平衡不充分的发展之间的矛盾凸显，行业痛点明显，特别表现在如下四个方面：**缺整合、缺内容、缺运营、缺资本**。

全域旅游第一个痛点是缺整合。

旅游的行业链条非常长，做旅游要涉及文化的、生态的、策划的、营销的、资本运作的，上下游方方面面的供应商、服务商。它的挑战性和难度，和修一条路、盖一栋楼相比，旅游的复杂性、综合性和关联性要高很多。所以，旅游业实际上是一个资金密集型、技术密集型、人才密集型的产业，这样一个产业的整合难度非常高。旅游发展到今天，全域旅游要真正落地，从政府角度一定要综合统筹，全面联动，整合各部门、各行业、各领域，引导好，牵头好，落实好；从企业角度一定要洞悉行业诉求，搭建新的平台，汇聚新的伙伴，跨界联动文化旅游、地产演艺、科技文创等全域旅游内容方，并强力引进金融机构、投资机会和社会资本方，跨界整合，抱团发展，才能真正实现全域旅游的落地。

第二个突出表现的痛点是缺内容。

我们知道，旅游产业有一个非常大的特点，它是一种差异化体验的产业，而体验需要有内容来创造感动和共鸣，目前整个中国的旅游产业仍然缺引爆性的产品、引领性的业态、参与性的活动和夜旅游内容。比如我们看到，现在很热门的爆款项目——玻璃栈道或者玻璃桥，这几年全国各地都在复制，稍微有一个好东西就复制。如果这样下去，中国有一千个乌镇，一千座玻璃桥，又会是什么样的景象？还有我们的主题公园，有这么一个说法，国内主题公园在经营中，70%的亏损，20%的持平，10%的盈利，这也说明我们真正有原创IP的主题公园还是非常少；我们的演艺，全国有几百场的演艺，真正盈利的也不是很多，所以目前非常缺少好的产品和内容业态。

另外，在很多美丽乡村和特色小镇等建设上，仍然还是千村一面，千镇一面。我最近去外地调研，许多当地人自我感觉很好的新农村建设，在我看来都是规规矩矩、整整齐齐，但也是死死板板，毫无旅游感的。这是新一轮农村的大破坏，因为它和我们的乡愁，和我们的绿水青山越来越远，是不以人为本的。夜旅游，目前比较领先的还是东部沿海发达地区，但主要是城市照明，没有用旅游创意的方式真正点亮夜空。

门票收入依然是旅游发展的大头，陕西旅游90%靠门票收入，承德避暑山庄等国内大多数景区90%以上盈利都是门票收入，这说明我们的旅游开发理念尚未完全转变，旅游消费内容的植入仍显不足。

第三个痛点是缺运营。

一方面缺运营的操盘手。我们梳理了一下全国公认真正成功的旅游项目真的很少，如图所示的十个成功案例，而对应的这十个操盘手可能是真正的关键和灵魂。乌镇、古北水镇的陈向宏，宋城千古情的黄巧灵，长隆旅游的苏志刚，凤凰古城的叶文智，呀诺达的张涛，华侨城集团的段先念，白石山的黎志，袁家村的郭占武，开元旅业的陈妙林等，无论是国有体制还是民营体制，项目做得是否成功也不完全是体制原因，体制的确重要，最重要的还是人，如果这个人对了，在哪种体制下都能整合资源，都能干得很好。

全国公认的成功旅游项目

另一方面缺专业的运营机构。现在我们很多旅游投资都不赚钱，还得还钱。比如盲目过度开发的广场、设施，空无一人，还要投钱维护，偿还借贷；没有做好投前调查，没有专业规划运营，投资巨大的景区、主题公园等，不盈利还需要额外投入运营费用。专业性是保证运营获利的前提。

第四个痛点还在于缺钱、缺资本。

经过初步计算，为达到全域旅游要求，一个市县的投入要达到100亿左右。一个市县落实全域旅游，需要的资金主要投入四个方面。**一是"非常6+1"的核心吸引物打造，**"6"代表景区、特色小镇、度假区、休闲街区、旅游综合体和美丽乡村。其中一个5A景区需要投资5亿到10亿，2个4A景区需要约5亿；国家级特色小镇30亿，省级特色小镇20亿；度假区、休闲街区、旅游综合体大约20亿；美丽乡村大约2亿，其中每村1000万到3000万；"1"代表夜晚旅游，夜景、灯光秀等约5000万到3亿。**二是旅游要素的升级，**公共服务包括旅游公共服务，如集散中心、厕所、游憩空间、标识系统、休闲设施等，大概需要3亿；酒店、民宿大概需要15亿，包含一个五星酒店6-10亿，10个精品民宿5000万到1亿，其他约4亿；智慧旅游建设、购物美食等要素各2亿。**三是旅游基础设施建设，**包括道路交通、水上交通、风景道休闲绿道等，需要20亿至30亿资金。**四是全域旅游整合营销，**大概需要2亿。综合研判，一个普通县的财力大约为10-15亿，有些贫困县甚至只有几亿，那么真正用于旅游投入的部分更加有限。因此，资本总量很是缺乏。

另一方面，很多资本又不知道往何处投，真正懂得如何做旅游的资本又少了一部分，进一步加剧了旅游缺钱的窘境。同样重要的是，目前资本缺乏好的桥梁和平台进行有效对接，资本方找不到好项目，地方政府拥有众多资源却找不到好的资本方。

三、六全之道

全域旅游要真正落地，一定要依行业发展之所需，从全方位统筹、全产品体验、全季节畅游、全产业升级、全过程服务、全品牌联动六个方面入手，推进新时代下全域旅游创新发展。

（一）全方位统筹

我在前面讲到过，旅游产业是一个无边界的产业链，能够联动107个国民经济产业，涉及一二三产业的大部分，正在推动的旅游+也充分展示了旅游的这种综合性。因此全域旅游一定不是一个部门的事，一个景区点的事，一定是需要全方位统筹推进的系统性工作，需要联动产业、联动要素、联动行业、联动部门、联动全民，实现综合产业综合发展的大旅游格局，推动我国旅游产业由小旅游向大旅游转型，实现一个地方一张图、一盘棋、一条心，一股劲干到位。

为此，我认为全域旅游需要做好以下两项工作，一是全区域管理，通过机制优化，管理升级，集合各方力量做好全局管理；二是全景式规划，通过空间格局的全面联动形成全域发展格局。

首先来看全区域管理。

要将全域旅游上升为一把手工程，各市（县）委书记、分管县市副书记或副市（县）长、相关部门负责人、重点旅游乡镇书记镇长等区域“一把手”带头，将全域旅游作为当地总体战略来整体推进。

在管理上实现从小马拉大车到群马拉大车。政府引导，齐抓共管，改变仅以旅游部门为核心的行业管理体系，通过各部门、各行业的通力协作，全社会齐抓共上，“团结一切可以团结的力量”，拧成一股绳，创建横纵联合的全域创新管理体制，形成推动全域旅游发展的强大合力。

横向联动多部门齐抓共管旅游：建立全域旅游联席会议制度，由地方政府牵头，文旅管理部门协调，联动公安、工商、规划、国土、建设、交通等横向多部门，通过全体会议和专题会议两种方式，对旅游工作实施全域一盘棋管理模式，统筹解决全域旅游发展的重大问题。

纵向设置四级旅游管理体系：完善市、县（区）、重点乡（镇）、村等多级旅游管理队伍，做到专人专岗。从社会监督中找不足，向社会公布各级旅游部门的权利事项和责任事项，明确旅游管理的事中事后监管制度。

同时，将全域旅游发展工作细化分解，由地方旅游工作领导小组下发至各相关部门，并明确考核验收要求，推动多部门有效协作。落实目标责任考核，严格执行各部门旅游发展工作的目标量化考核机制，按季度或年度进行考核验收，从旅游发展资金中调拨一定比例作为奖励，对未完成任务的各相关部门给予通报批评，赏罚分明，将全域旅游工作落实推进。

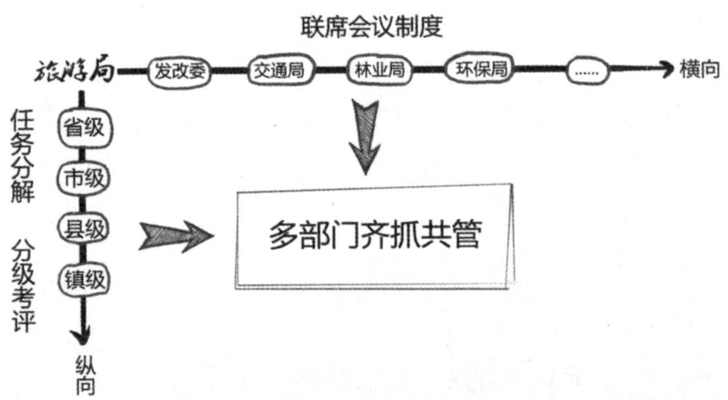

全域旅游的横纵联合行政管理机制

湖州市作为首批创建

国家全域旅游示范区试点城市，其在2014年已形成了市、县、乡镇和村的四级乡村旅游管理网络，有效地促进了旅游管理效能的提升，助推湖州成为了“中国乡村旅游第一市”。四级纵向管理系统中，市级层面组建成立湖州市旅游发展领导小组、湖州市乡村旅游提升发展领导小组、湖州市旅游协会、湖州市乡村旅游事业发展中心，统筹全市乡村旅游的全域化工作；县级层面，成立农家乐规范管理协调小组和乡村旅游分会、乡村旅游（农家乐）管理办公室（或乡村旅游事业发展中心），分管全域旅游工作的切实推进到位；乡级层面，确立了乡村旅游和农家乐管理工作站、乡镇旅游办公室、农家乐服务中心、农家乐分会，将全域工作落实到基层；村级层面，落实村农家乐工作服务点、农家乐联合社、农家乐合作社、农家乐分会，带动全民参与，全域发展。

在层级体系分明的管理机制基层上，为保障乡村旅游的全域推进，湖州市明确强化了考评监管机制。2014年3月17日，湖州市长兴县水口乡开始实施《水口乡美丽乡村建设长效管理办法》，安排配套资金170万元，用于美丽乡村长效管理以奖代补。县考核：县里采取明查和暗访相结合的方法，每月对各村进行考核。乡考核：采用“周检查、月考核、年总评”的方法，平时督查与月末考核相结合。每年12月对各村进行年终考核，并结合每月考核情况进行年终考评，根据考核得分情况兑现年终奖励。上下联动、齐抓共管、横向到边、纵向到底的旅游工作责任链条，实现了湖州乡村全域旅游效能的高速提升。

其次是全景式规划。

全域旅游从空间上要改变以景区为主要架构的旅游空间经济系统，构建起以景区、度假区、休闲区、旅游街区、旅游合作区、旅游小镇、美丽乡村、旅游示范县市等不同旅游功能区为架构的旅游目的地空间系统，推动旅游空间域从景区为中心向旅游目的地为核心转型，构成点、线、面三类空间有机联动的全域旅游空间模型。

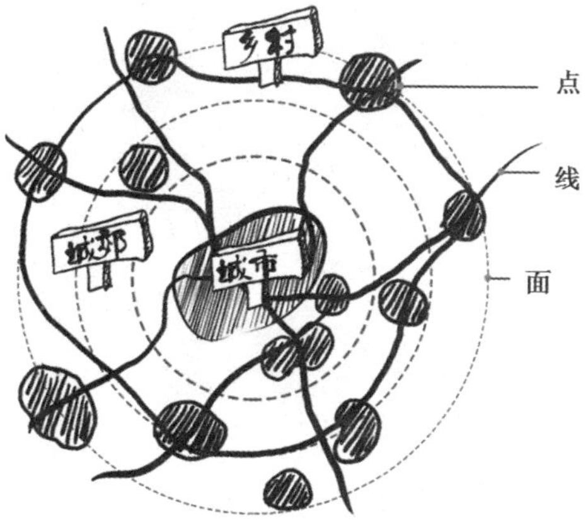

全域旅游空间模型

旅游点：即旅游吸引物和旅游要素集聚、游客活动和消费相对集中的地域空间，是推进全域旅游的核心载体，常见的类型有景区（核心景区+重点景区）、休闲区、度假区、旅游村镇、旅游街区、特色产业集聚区、美丽乡村、生活社区、美食点、休闲公园等。像美国的旧金山就是一个典型的全域旅游目的地，渔人码头、斯坦福大学、谷歌总部、旧金山大桥、罐头街区、广场上的鸽子等都是旧金山热门的旅游景点。

旅游点的关键在于每个旅游点载体的吸引力以及联动组合效益的发挥。通过明确定位、创新形式、丰富内容、提升特色、市场资源的引进和导入等提升吸引力，使得旅游生活体验点处处在，处处精。处处好玩的旅游体系，由传统吸引物和新时代的生活潜力吸引物共同构筑好全域旅游目的地的核心体系。同时要做好旅游要素的配置，配套发展加个性元素同步发展，带动要素集聚，形成支撑。旅游点的关键还要落实好点的空间载体，针对现有资源、新建项目，保障相对充足可旅游化利用的用地空间。

旅游线：旅游点需要有线串联，旅游线是全域旅游的毛细血管，承载着连接不同旅游点、提供便利旅游服务和观光休闲、促进旅游产业整合带动的多重功能，类型有骑行道、旅游公路（风景道）、步道、休闲绿道、水系风光带、自驾游线（营地、停车场、在途旅游）、低空航线、特色交通（水上交通、轨道交通）、特殊廊道等。对于旅游线来说，要做好节点功能的提升，注入休闲功能；要做好带状景观的优化，注入景观功能；做好整体形象的包装，实现从交通线作为配套设施到吸引物的升级。

旅游线在全域旅游中有着以线串点的作用，如美国加州的1号公路、中国最险峻的公路——川藏公路、新加坡榜鹅滨水绿道、海南的琼海旅游绿道……各式各样的旅游线不仅发挥了交通线路联通的作用，还成为旅游中的网红体验产品。

旅游面：是指不直接承载一般旅游活动，仅向旅游点和旅游线提供生态背景、文化底蕴、产业分工协作等支撑功能的区域，为旅游活动提供各类支撑。对于旅游面来说，重点在于提升旅游发展的面域环境空间，通过规划、管理、创意等方式营造环境的文化氛围和文明氛围，还需要通过政策投入、设施投入、资金奖励、税收减免等引导建立良好的旅游产业要素发展环境，并有可能培育和孵化出新的潜力旅游点。

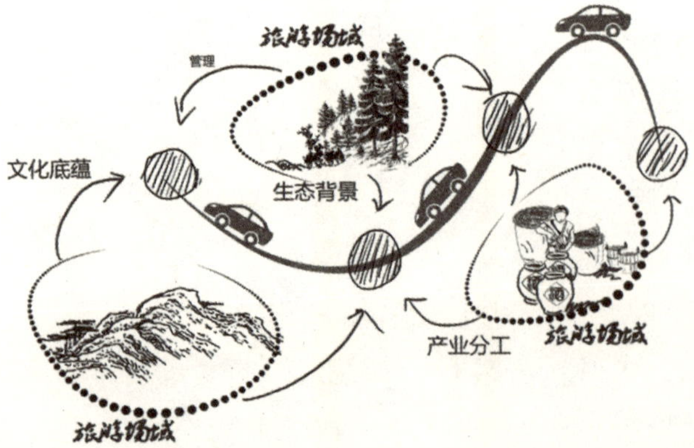

旅游面是全域旅游的成长环境

杭州是全域旅游全空间整合的典型代表，率先在全国开创了免门票、全空间的“西湖模式”，打破圈起来的景点，把城市作为一个大景区。2011年，巅峰智业编制的规划中明确了杭州旅游全面推进旅游全域化战略，创新提出构建“一核两极、两轴两带、全域发展”的大杭州旅游休闲空间格局。通过交通、水系、绿道串联多极旅游景区、休闲度假旅游区、旅游集聚区、旅游小镇等，增强各级旅游网络辐射效应，构建旅游全域覆盖的空间发展新格局。

（二）全产品体验

上面在全域旅游的痛点当中我们提到过，全域旅游发展缺内容，观光类产品依然还是占据了比较大的市场，但却不能够满足全域旅游的市场需求。

全域旅游在内容的提供上需要加大力度，从游客的心出发，从市场的旅游消费价值出发，打造可看、可玩、可住、可吃、可买、可享、可学等的全方位体验。让游客有看头，不仅看老天爷留下来的壮美大山大河的天工之作、老祖宗传下来的巧夺天工般的精湛之美，也可看人在画中的净美天空之镜，看洪崖洞美轮美奂的城市景观，看巴哈马充斥着少女心的粉红沙滩……让游客有玩头，玩华山长空栈道的刺激、玩无边泳池的畅快愉悦、玩摔碗酒的豪爽潇洒……让游客有吃头，吃出毛笔的文人气、吃出乌云冰淇淋的软萌解压、喝出答案茶的睿智……打造和提供符合市场选择的高需求旅游产品，塑造全域空间的旅游12头产品业态，丰富游客的全产品体验，使目的地产品由一枝独秀变为五朵金花、百花齐放，使消费者从走马观花到下马赏花再到养马种花，让消费者非看不可、非玩不可、非住不可、非吃不可、非买不可、非说不可、非疗不可、非学不可、非拜不可、非走不可、非享不可、非回头不可，延长停留时间，升级消费体验，让旅游经营者有赚头、有干头，真正实现非来不可、非留不可、还来不可。

全产品体验需要全域整合，做强山水、做透文化、做精城市、做活乡村、做足康养。对于山水旅游产品来说，品质观光与休闲度假要并行发展，一方面要好看看好，通过各种天人合一、精心设计的景观平台建设，生态步道的开发，缆车索道的运行让游客看到最美的山水风景。另一方面要通过玻璃天桥、自驾营地的打造、星空营地的建设、山地小火车的行驶等让游客在山水中有更丰富的体验。对文化类的

形态各异的观景平台

旅游产品，则需要通过文化挖掘、特色提炼、业态演绎、内容活化来让旅游发展更有内涵。比如我从东营的风土资本中提炼在地文化主题，塑造“黄河入海 我们回家”中华精神文化地标，通过集体记忆，唤起共情，回归回源，找到独一无二的心灵坐标，让文化变成习惯的精神价值和生活方式，得到了各方的高度认可。我们的母亲河在这里入海，我们五千年的文明在这里汇聚，我们中华人的心灵与精神将在这里回家，共饮一河水，同是一家人。黄河不仅仅在这里入海，黄河入海代表的是一种精神价值和精神意象的认知，东营地我们的家，大家的家。我也把“黄河入海 我们回家”进行了解读，我们要跟着黄河的脚步回家，朝着大海的呼唤回家，跟着鸟儿的足迹回家，这里是鸟儿的回巢之地、自然的回归之地、美好落日的凡间之地、文化的寻根之地、胜利的源起之地、童年的记忆之地、田园的乡情之地、城市的栖息之地、好客山东的宾至如归之地。当然文化还要顶天立地，能够落位，我又提出了家·动心——体验极致的黄河湿地生态，家·入心——寻找儿时记忆、家的记忆、田园的记忆，家·开心——以东营民俗文化、孙子文化、油田文化、美食文化为核心打造欢乐东营之旅，家·舒心——以健康养生、休闲消费为特色打造黄河入海的时尚生活消费体验，家·齐心——打造黄河入海精神意向地，齐心协力，共创辉煌。

城市旅游则注重城市特色文化休闲体验旅游，打造融合吃、住、行、现代娱乐的休闲新兴生活方式！城市文化街区、城市商业综合体、城市街巷生活，古与今的结合，时尚与风情的结合，让人们留下来，享受慢生活！

乡村旅游则要注重从三农——农村、农业、农民到三生——生活、生产、生态

云阳龙缸挑空玻璃廊桥

山地小火车

的升华，与自然对话，反城市化而行，我们是大地的儿子，自然的兄弟，要注意生态的互融。在这样的理念引导下，创新业态，构建“乡村 +”多元旅游产品，实现大美乡景、特色乡风、休闲乡趣、时尚乡野、幸福乡居、欢乐乡会。比如我在建宁提出打造莲、梨、桃、杜鹃、金针五大“十万花海”，建设花海观赏地+花文化体验地+花园环境度假地，同时重点实施“后备厢工程”，装满自驾车的后备厢，把建宁的花样生活带回家。

康养旅游则更强调身心康养的消费体验，要有放飞身心的运动天堂，比如打造一批国家健身步道、骑行道；要开展山林呼吸吐纳，让身体深呼吸；要打造专业的健康养疗中心，健康的美容、美食、康疗产品全面开发；举办健康论坛、健康节庆等，延伸康养体验的消费链条。

全产品体验还要打好组合拳，资源禀赋和发展不同的目的地需要不同的产品组合。度假区或度假酒店一般会有康养、特色住宿、品质购物等产品组合，生态型目的地则会有康养、运动、娱乐、观光等产品组合。日本轻井泽王子度假区的度假产品组合拳做得就非常好，打造了集住宿、购物、运动为一体的三世代共享的健康度假胜地。针对不同的客群，王子酒店集团分别运营了浅间王子大饭店、东西馆、小木屋、皇家王子大饭店、王子大饭店别墅五个不同品牌的酒店，形成酒店群落，同

王子酒店多元化的全产品体验

时与关东地区最大的奥特莱斯和滑雪区直接连接，游客可以在度假区内就享受到购物、滑雪、温泉、spa以及住宿。度假村内也有许多儿童的项目，保龄球、街机游戏、制作工艺品和夜间户外探险活动，是东京家庭周末或小长假的首选度假目的地。

（三）全季节畅游

随着消费需求的升级和产业内容的升级，旅游已经不再是某个季节的体验，不再局限于白天的热闹，不在意是否是淡旺季，只要用心经营，专业打造，就可做到时时可旅游，时时有精彩。四季不同皆有可游，春、夏、秋、冬全季旅游；年龄不同皆有可玩，儿童、青年、中年、银发，不同年龄阶段的市场均有多样化的旅游产品；目的不同皆有可享，亲子、情侣、独行或全家庭出游，享你所想，游你所爱；时段不同皆有可赏，全天全时段体验，白天疯玩，晚上嗨爆。新瓶装老酒，老瓶装新酒，老资源新玩法，新资源老文化，让全域旅游丰富多彩。

首先我们来看一下全季节旅游。早在2013年长春莲花山创建国家级生态旅游度假区时，我们就提出了四季旅游，要深入挖掘旅游资源潜力，着力打造四季化的生态旅游产品，比如春季赏花草、夏季好避暑、秋季观落叶、冬季玩冰雪等产品，通过旅游产品的丰富，实现一年四季时时有景，适时推出四季“精”典旅游线路。

其次是全天候旅游。夜晚的来临，并不意味着一天的结束，旅游要做到全天候，一天24小时，时时精彩，让体验不停歇，消费不停歇。我在邓小平的故乡广安市的华蓥山论坛中提出，要打造华蓥的十二时辰，包装华蓥十二美景、华蓥十二节气、华蓥十二运动、华蓥十二研学、华蓥十二美食、华蓥十二礼……非常受政府和市场的推崇。

另外还需要做好淡旺季旅游。淡旺季鲜明是目前全域旅游产品开发打造面临的突出难题，淡季门可罗雀、成本难包，旺季人满为患、设施不足，旅游经营者总是矛盾于淡季如何应对，投入是否能够见到成效。但是回归到旅游的本质上看，影响人们出游的动机是在旅游过程中感受到的差异化体验，也就是说只要我们在市场上可以提供更有吸引力、更有差异性、更有体验性的产品，提升有效、有品质的供给，是可以让游客感受到更别致、更独特、更高满意度的体验感，那么淡季出行同样会成为游客争相前往的选择。

反季行之，做好特色产品，丰富游客体验，延长停留时间。比如可以把冰雪旅游做足做透，冰天雪地也是金山银山，冰雪旅游也非常有市场价值。我曾经于2001年在黑龙江提出要大力发展冰雪旅游，变皑皑白雪为滚滚白金，充分放大冰雪旅游的价值。冰雪旅游可以冰的彻底，也可以火的嗨爆。我们可以发展雪橇、滑雪、冰球、冰壶、冰上舞蹈等种类繁多的冰雪娱乐运动，我们可以发展雪地摩托、雪地飞跃、雪地滑梯、狗拉雪橇等欢乐无比的冰雪嘉年华，我们可以发展雪上赛马、短道速滑、冰河赛舟、冰雪拉力赛等激情昂扬的冰雪赛事，我们可以打造妙趣横生、个性独特的Icebar，我们可以打造圣诞主题、驯鹿主题、雪村主题等特色风情的冰雪小镇，我们可以打造形态各异的冰雪酒店，像因纽特人一样生活，在酒店里看极光，相信会让游客毕生难忘；我们还可以打造冰天雪地里的温泉之旅，唱响冰与火之歌。

做足做透冰雪旅游，唱响冰与火之歌

再比如室内旅游也是季节反差较大的旅游地打造产品比较好的选择。北方地区的温室大棚农事体验，室内水乐园，室内游乐场，室内的展览馆、体验馆等都是应对淡季的有效产品，只要能做精，市场就会很广阔。北京故宫已经成为全季旅游的典范，在传统认识当中的淡季，故宫推出了冬季来故宫看雪景的卖点，策划了一系列的文化展览，打造了一系列的丝绸体验馆、数字体验馆、皇帝体验馆等，成功引导游客选择淡季进故宫，真正做到了淡季不淡、淡旺同样精彩。

故宫室内科技化展演

（四）全产业升级

旅游产业的综合性意味着其需要综合产业综合抓，改变单一旅游形态为主导的旅游产业结构，构建起以旅游为平台的复合型旅游产业结构，实现综合产业综合发展的大旅游格局，从门票经济变产业经济，实现全域旅游全产业升级。全产业升级主要表现在三个方面。一是升级旅游产业要素，以满足不同层次的旅游市场需求；二是促进旅游向关联产业横向延伸，以对接多元化旅游需求，引导随之而来的大量旅游投资，丰富旅游产品；三是通过旅游带动上游产业供给侧改革，以提升旅游产业品质。

我们先来看传统旅游要素如何升级。市场需求决定升级方向，因此旅游要素需要随着市场需求进行“梯度升级”，从基本的足量化、到标准化、再到呈现差异的特色化，又到较高层次的品牌化，进而成为在地化的旅游吸引物。

台湾“柿”外桃园，巧用地方土特产——台中柿，成功做到让好“柿”传千里，把“购”升级为番路乡的旅游核心吸引物。在农家土产的基础上，创意包装设计，利用“柿”字构造同音成语对产品进行特色包装，如甜柿与雪梨的干果片礼盒命名为“柿不分梨”，柿叶做成茶礼盒称作“柿叶发达”，把包在柿饼里的冰激凌叫“你柿我的冰激凌”，市场卖座率极高。

做亮“购”要素的台中农产精品伴手礼

我们再来看旅游产业的横向延伸。以旅游产业为核心，向关联产业渗透，多产业要素叠加融合，形成更加丰富多元的旅游产品、旅游空间和旅游新业态，实现农业围绕旅游提升，森林联合旅游保育，水利依托旅游做活，工业支撑旅游做强，文化联姻旅游做大，商贸融合旅游延伸，体育融入旅游做旺，金融服务旅游增收，城镇结合旅游做靓的旅游+多元产业融合模式。充分发挥旅

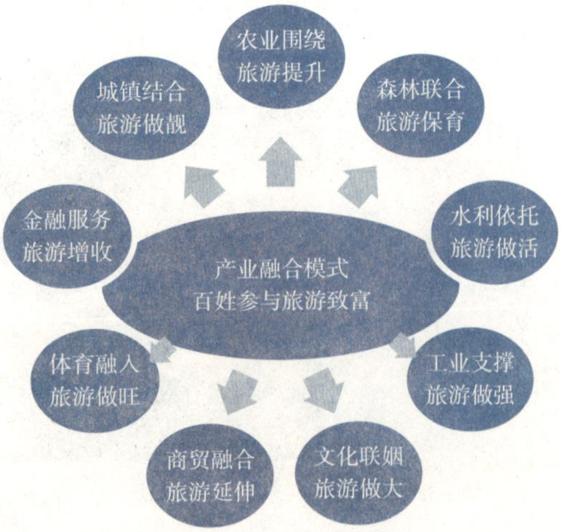

游产业带动优势，推进产业融合，加快推进全域旅游由速度向质量、由规模向效益、由要素向产业的升级。

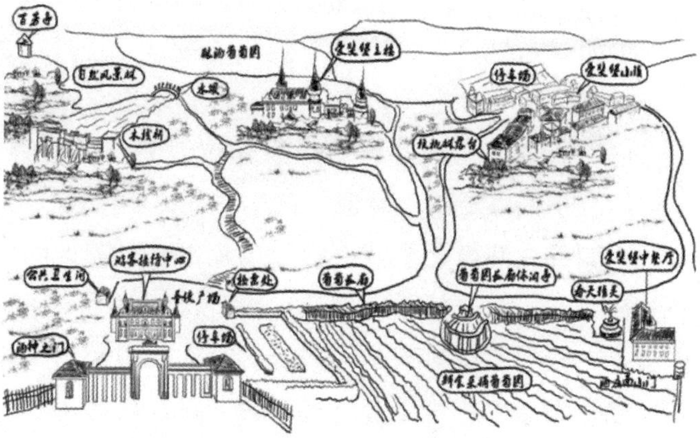

北京张裕爱斐堡国际酒庄示意图

北京张裕爱斐堡国际酒庄，做活旅游+工业、旅游+农业，在原有葡萄种植及葡萄酒酿造等农业、食品工业优势中明确葡萄酒主题，横向延伸配套有酒文化游览体验、葡萄园观光，异国风情餐厅、咖啡厅、酒吧、欧式主题房间等主题住宿和餐饮服务，兼具保龄球馆、3D体验馆、礼品店等休闲娱乐购物要素，同时延伸有商务休闲会议、婚纱拍摄、庆典举行等多项产业链，充分实现了旅游+全链条化发展。

产业升级还要打通旅游供给的上下游产业。法国依云小镇以依云水为品牌，以水主题，以健康旅游为特色，通过广泛的资源整合，打造“饮用之水、疗养之水、赛事之水”，促进商业销售及其城镇旅游。上游产业供给丰富，矿泉水相关产品制造、美容教育、美容产品研发、鲜花产业、医疗和养生硬件设施等为健康旅游提供了良好的支撑。下游产业延伸丰富，矿泉水销售、温泉spa疗养、高尔夫、商务会展、户外运动、美体保健、娱乐休闲等让小镇水度假旅游大放异彩。

（五）全过程服务

全域旅游时代，旅游趋势呈全域化、散客化、自驾化，这就意味着只有做好全过程服务，提升全域环境氛围，才能够实现真正的游客满意，服务是最有力的支撑。全过程服务要做到“软硬兼施”，硬件方面需要做好旅游交通、全域卫生环境、集散体系、公共信息智慧服务、标识系统等五个方面的建设工作，这是根本。软件方面则需要做好人文环境、资源环境、整合营销等三个方面的工作，这是要义。

全域旅游交通改善是说要破除城乡交通分割，打通全域旅游脉络，满足地区发展和旅游建设的双重需求，实现游客的“快进慢游”。外部通过航空、铁路、公路、水路等公共交通系统的提升，优化旅游服务外部大交通的配套；内部交通畅达，慢游慢享，通过旅游专线、直通车、摆渡车等畅通“最后一公里”，解决自助游散客的出行痛点，增建自行车道、慢行游步道、运动健身绿道、乡村旅游交通路网等漫游休闲交通，完善自驾游服务系统，打造自驾车营地、旅游景观廊道、信息咨询服务等，优化全域服务的质量达成游客高满意度。

山西省运城市，以直通车破解“最后一公里”难题。其依托13个区县、700余辆客运车资源，开通运城至李家大院、永乐宫、大禹渡、普救寺、鹳雀楼、铁牛馆等景区的直通车，配备数辆商务MPV车型，满足游客的个性化“云游”，做到“无需预约、一人也发团、说走就走”。

全域卫生环境是全域旅游全过程中随时随地与游客产生直接关联的部分，重要抓手在两方面：“厕所革命”和农污治理。厕所革命未来的重点是在满足基础要求的前提下，研发厕所科技，形成长效投入机制和市场化的运维体系，当然能够结合地方文化，做出特色也是非常有必要的；农村污水和垃圾处理则急需将农污治理与城镇同布置、同推进、同落实，实现城乡卫生一体化，景区内外卫生环境一体化，全域卫生无死角。

德国瓦尔公司商业化运营的公厕，对公众免费开放共享，其承诺给柏林市政府免费提供公厕设施，并包揽维护和清洁工作，仅要求公厕外墙广告的经营权作为回报。瓦尔公司经营的公厕主要有三类收入：公厕外墙吸引了香奈儿、苹果等“大牌”贴广告，广告年收入达3000万欧元；厕所内部的摆设和墙体变为广告载体；提供付费厕所服务，如提供个人护理、婴儿尿布、擦拭皮鞋、后背按摩、听音乐、阅读文学作品等服务。瓦尔公司还运用科学技术，推出超贴心的“都市厕所”，使用时厕所的门会自动打开，进入里面，两盏照明灯便会发出柔和的光，空调立刻把温度调到19摄氏度，扬声器开始播放音乐，自来水慢慢地流进洗手盆，还会递上纸巾。使用后，“翻板式”冲洗消毒系统自动工作，仅一分钟就可以让厕所恢复清洁。

瓦尔公司商业化与科技化的公厕

全域旅游目的地集散服务中心体系，可以提供一站式交通、信息、组织接待、宣传促销、投诉受理等服务功能。其多是建立在本地居民集中区，主要服务于本地居民出游的集散中心，或是建立在交通枢纽处，主要服务外地游客的集散中心，同时可设置分级旅游集散中心，形成针对不同服务范围的一级、二级、三级等垂直式体系。全域集散体系未来发展的方向是智慧化、人性化、自助化、优质化和共享化。

全程化智慧服务体系需要依托大旅游、大数据、大服务、大管理搭建智慧化的全域公共信息体系和平台，从管理、营销、服务、企业等方面创新一系列智慧旅游信息服务，游客随时随地便捷化获取信息服务。全程智慧化服务主要解决游客出游前、中、后问题，旅游服务企业经营问题，以及提供政府监管及决策功能。

面向游客的智慧化服务涵盖游客出游前、出游中、出游后：一站式服务、旅游资讯、搜索、阅读、攻略、购票、支付、检票、导航、导游、导览、导购、游玩、互动。面向OTA/旅行社/分销商：线下对接、票务资源共享、游客资源引入、业务信息互惠、营销、结算；宣传、推广、营销、渠道管理、活动组织、管理决策、数据统计分析、成本节约、营业增收。面向政府监管部门：帮助政府有效地整合资源、拓宽区域的旅游宣传渠道、实时获取监管数据，依托智慧服务平台，强化本地信息系统化，推进目的地旅游服务信息化。

标识系统不仅能够清晰指引交通、方向、景点和服务等，还能形成全域旅游目的地的特色名片，以一种无声的方式提供给游客最明晰、最便捷的服务，给城乡空间“戴上一条美丽的项链”。标识系统未来发展方向是标准化、规范化、在地化与美观化，标识自成景观与吸引物。

当然良好的硬件设施服务还需要有软性服务的联动，需要提升人文环境，在标准服务的基础上，做好情感服务和增值服务；需要优化资源环境，秉承天人合一的理念做好生态人文资源的保护利用；让游客感动，居民满意，全民参与。

（六）全品牌联动

全域旅游最核心的就两件事，叫内抓产品，外抓营销，所以全品牌联动的全域旅游整合营销也是需要我们很好去关注的。业内也有一句名言叫敢吹，会吹，经得起吹，就是自己的亮点说出来、卖出去，借力全媒体营销，三管齐下，齐头并进：节事（快速引爆）+ 空军（网络营销）+ 陆军（传统媒体）。通过影视剧、宣传片、宣传材料、导游图、形象标识等制作，以电视、报纸、互联网、展销会、推介会、自媒体等宣传手段，进行全方位、多渠道、大密度地宣传推介，另外微信、微博、短视频、微电影、社交网络等也是很好的宣传方式。全域品牌整合营销能够整合区域优势资源产品，整合分散目的地品牌，整合营销渠道，整合营销力量，在整体品牌统领下延伸打造旅游城市、旅游企业、旅游产品等若干子品牌，形成以整体品牌形象为核心、多层次品牌为支撑的全品牌体系，真正实现整体区域品牌的价值放大。

在整合优越生态资源，特色生活艺术资源，深厚传统文化资源的基础上，福建省以“清新福建”作为区域总体品牌，并积极推动品牌的国际化。整合旅游资源，构建了“清新生态”“清新人文”“清新美食”“清新好礼”等多元要素组成的“福往福来，自游自在”的“清新福建”品牌价值体系。**整合营销力量，**形成全省营销“一盘棋”的工作格局，力争做到全省人人都是“清新福建”的营销员、宣传员、导游员。**整合营销渠道，**加强旅游营销工作与宣传、外事、文化、体育等部门深度融合，充分利用出访来访、节庆展会、演出赛事等载体，建立省、市、县、旅游企业、主流媒体共同参与的“五位一体”宣传推介模式，采用“联合推介、捆绑营销”的方式，建立跨部门、跨行业、跨地域的整合联动推广机制，形成政府引导、政企联合、专业分工、市场运作的立体化整合营销体系。**整合国际营销，**开展国际旅行商踩线、精品旅游线路策划等活动，新设立3个海外旅游推广中心，建立“清新福建”品牌营销常态化推广机制，在海外推出“一元钱卖土楼”“永定客家土楼体验之旅”等活动，引起479家境内外媒体报道，总体覆盖2730万人次曝光，超过6000外籍人士参与，覆盖超过60个国家。福建省品牌营销的成功可称得上是巅峰智业的代表作，经过多年发展也得到了各方的认可。

清新自然融入清新人文，天人合一的“清新福建”品牌

全域旅游非一家之事，需要各方面力量的整合集中解决发展痛点。针对缺整合，我们要整合空间发展，整合管理部门，整合规划统筹，整合各方发展力量共同推进；针对缺内容，我们要丰富业态产品，升级产品体验，优化IP要素；针对缺运营，我们要从“重开发”到“重运营”，从“重物”到“重人”，从“重硬件”到向“重体验”转变，优化全过程服务，加速全品牌联动以提升专业综合竞争力；针对缺资本，我们则要明确资本发展的规律，拓展融资的渠道，整合各资本，明确资本盈利的模式，做到精准投资、内容投资和创意投资。

总之，全域旅游需依行业发展之所需，搭建新平台，汇聚新伙伴，跨界联动地方政府、各文旅管理方，联动文化、旅游、地产、演艺、科技、文创等全域旅游内容方，金融机构、投资公司及社会资本方等，实现资源与资本的对接，内容与产业的交互，通过全域旅游的落地，放大文旅产业的价值。全域旅游的创建，需要慢工细活，不能一蹴而就。要有匠心精神，真正地死磕到底。相信在大家共同努力下，一定可以让全域旅游在新时代背景下展露风华、开花结果，创造更精彩的旅游，让生活更美好。

第九讲

怎样做好文旅小镇

在清华大学讲授《全域旅游下的文旅特色小镇》（2017年4月20日，北京）

在长江商学院文创班授课《新时代文旅开发逻辑与要点》（2019年10月27日，乌镇）

“黛瓦粉墙旁绿柳，店房庭院后渔舟”“石路板墙呈往事，长袍牛仔越时空”……古往今来，小镇的人文风情、历史韵味、生活气息、美丽风景一直是人们的向往，经过岁月的洗礼越发散发迷人的光彩。今天，文旅小镇已经成为中国小城镇发展的创新路径和标杆示范，成为政府引导、企业参与、人民共享的新经济体，契合了时代发展的共同诉求。

特色小镇建设不是空穴来风，它是中国社会、经济发展到一定阶段的产物。新旧动能转换，特色小镇能承接产业转型升级；新型城镇化持续推进，特色小镇能拓宽发展空间；资本流动性过剩，特色小镇能延伸资金投放渠道；美好生活追求，特色小镇将缔造新的生活方式。

因此，特色小镇受到国家和地方的高度重视。从政府层面看，2017年特色小镇首次写入政府工作报告，意味着建设特色小镇已经上升到国家战略。截至2018年2月，国家已批复两批共403个特色小镇试点，加上各地方创建的省级特色小镇，数量超过2000多个，全国各地开始了建设特色小镇的狂潮。从企业层面来看，从阿里巴巴到华为、从万科到万达、从华侨城到中青旅、从碧桂园到绿地，千亿级企业广泛涉足文旅小镇、科技小镇、产业小镇、基金小镇，新一轮投资收益的出口正在打开。

2018年9月28日，特色小镇在经过一波狂飙突进后，出现了房产化、虚无化、脱节化等限制特色小镇健康和长远发展的误区，在此背景下，国家发展改革委员会出台《关于加快美丽特色小（城）镇建设的指导意见》，就热度降温，就问题解惑，就隐患纠偏，目的在于让特色小镇实至名归，打造特而美、特而精、有生活、有温度、有内容的真小镇。文旅小镇魂在文化、特在创意、贵在产业，每一个真正的文旅小镇都是宜旅宜业的，也是全域旅游发展的有力支撑。《意见》明确了特色小镇需要在规划、投资、土地、建设、运营等方面做到专业性和持续性，应打造有品质的小镇，这与中央经济工作会议推进中国经济高质量发展的理念不谋而合，以点带面，精品小镇的科学发展也将促进中国旅游业从高速发展转向高质发展，从盲目跟风转向回归本原。

可见，热度的背后更要有冷静的思考。特色小镇其中的一个重要类别文旅小镇在实践发展中还处于“摸着石头过河”阶段，无论是政府还是企业，作为投资者、开发者和管理者，几十亿甚至上百亿真金白银的投入是否能够得到相应的回报都需要深入研判。

文旅小镇在现阶段的建设发展中面临几大痛点。

第一是理念不清。特色小镇的地产化还是很严重，很多人认为特色小镇就是盖房子，卖房子，完全不清楚自己要做什么样的小镇。实际上特色小镇与房地产开发是有本质区别的，房地产就是快进快出，建了房子就卖掉；而特色小镇则除了建设之外还需要长期运营，可能是50年、100年或者500年，所以特色小镇需要有持续的现金流，持续性的业态运营。房地产是卖资产，赚的是快钱；文旅小镇是经营资产，赚的是慢钱，却也是未来的长钱久钱。只有有产业、有生活、有灵魂的文旅小镇才会有持续的生命力。

而现在对很多政府来说，希望大干快上，对投资方来说，希望快速获得回报，这种理念认知的偏差导致特色小镇的发展陷入困境。有些地方乡村建设千村一面，规规矩矩，死死板板，一看就没有旅游感，缺乏生命力；还有的特色小镇变成修路种树，大兴基建，一个不大的地方搞百里骑行道，谁会来骑呢，浪费资源的同时也是对地方发展的制约。

目前还存在这样一些现象，对政策解读的比较多，而真正去总结反思经验规律的比较少；对样板模仿的比较多，而创新实践的比较少，我们能模仿出一个乌镇吗？能模仿出一个拈花湾吗？很多小镇不是在长三角，也不是在粤港澳大湾区的核心区，小镇的区位到底能不能支撑这么大的一个重资产项目，这都是要打问号的。另外关注景观设计的多，关注商业运营的少。有很多投资商一拍脑袋好几十个亿投下去，却没有效果，我们要深入思考和关注小镇的商业模式是什么，运营模式是什么，怎样保证项目能够持续50年很好的运营，投机心态和冲动投资都是不可取的。

第二是规划不够。真正要做一个文旅小镇，投资额是非常巨大的，但是大多小镇在前期策划设计方面的时间投入和资金投入都是不够的，导致市场定位同质、业态内容混乱、动线设计不科学、盈利模式欠缺等问题，这需要从整体理念引领、到内容设计、再到落地运营，一脉贯通综合考虑。

第三是内容不足。纵观目前所处的产业领域，文旅产业发展本身就存在内容不足的问题。市场上缺少好的产品、好的业态，更需要思考到底什么业态能赚钱，能实现引爆性增长。现在同质化的产品比比皆是，盈利情况堪忧，比如玻璃天桥，全国已经建成的有240多条，在建的还有200多条，这种情况如何才能突围和盈利。另外，文旅小镇夜晚的旅游项目和产品也是很欠缺的，晚上我们不知道要干什么，白天还风情万种，夜晚却死气沉沉，夜经济活力亟待激活。

第四是整合不够。文旅开发的综合性非常高，涉及产业链宽，经营跨度大，是一个“大投入大产出、中投入小产出、小投入微产出”的领域，存在回报周期长、经营难度大、风险系数高、人才管理要求严等难题，因此文旅特色小镇的开发需要更专业的团队来整合、思考和操作。房地产可以标准化操作，标准化作业，但文旅发展是差异化的。所以文旅特色小镇要求我们既要有品牌的认知，又要有规划的理念，还要有匹配的资源，更要有专业的人才，比如建设人才、经营人才、生态人才、环保人才、旅游人才、文化人才等。过去我们说文旅是一个门槛很低的产业，但是进去之后你会越来越发现它的博大精深，需要整合方方面面的资源，连通上下游，才能构建小镇开发建设、运营获利的价值网络。

第五是缺运营。一方面表现在管理的不专业，缺乏专业的管理团队，管理水平和效率不高；另一方面表现在盈利方式不明确，边走边推，到最后可能是血本无归；还有一个重要方面就是缺懂运营的操盘手，例如缺少运作凤凰古城的叶文智，缺少运作乌镇、古北水镇的陈向宏等，每一位卓越的操盘手都是文旅小镇得以保持旺盛生命力的灵魂人物。

文旅小镇听起来很美，干起来难度还是非常大的，对综合能力要求很高，所以一定要把它想清楚、说明白、再去干到位。小镇不是到处开发鬼城和空城，也不是很简单的速成品，更不是变相的房地产开发，而是要用匠心真正打造有灵魂的作品。

那么，到底应该怎样做好文旅小镇？我认为发展要点可凝练概括为“五比重要”：即风情比风景重要、好玩比好看重要、晚上比白天重要、业态比形态重要、运营比建设重要。

一、风情比风景重要

每个比较成功的小镇都有一个很清晰的精神意向、一份独属于自己的别致风情，这是基于在地风土资本而演绎出的主题灵魂和风情故事，比如乌镇的水乡风情，拈花湾的禅意风情，彝人古镇的民俗风情，古北水镇的北方风情等，风情是特色小镇得以旺盛发展的独特性卖点和核心竞争力。风情就是资本，风情就是财富，风情就是灵魂，一个小镇能够真正吸引游客的核心，绝不仅仅在于由原始风景构成的天然形态，而更在于其由内在文化衍生出的独特风情、独有灵魂。

过去特色小镇重开发、轻软件、轻服务、轻内容，缺乏对在地文化的发掘，缺乏对文化灵魂的提炼，缺乏对独特风情的做深做透。特色小镇的发展一定要树立

乌镇水乡风情

拈花湾禅意风情

彝人古镇民俗风情

古北水镇北方风情

（图片来源：视觉中国、金峰奖）

“文化才是灵魂”的理念，在大同世界中创造大不同，在众多特色小镇中实现差异化崛起，找唯一，做第一，既要有中看无，又要无中生有，找准核心卖点，将其做到精致、精细、精美，无处不是景，无处不成景；要讲述自己的梦想，讲自己的故事，讲述自己的情感，让场景和氛围营造更加走心，让风情比风景更迷人，让文旅小镇不一样。

引风入景，文化为魂，通过风土资本的挖掘找到小镇独有的文化灵魂，从而进行系统打造。

文化挖掘，找到本源。中国文化博大精深，源远流长，千年传承的各种地方文化、历史文化、民族文化、建筑文化和非遗文化都成为宝贵财富与时代担当，文化已经形成了我们的一种习惯，一种铭记，一种心灵的力量，可以缩短我们情感和心灵共鸣的距离，这就是文化的价值，文化的自信，这也是打造具有在地化风情特色小镇的基础。由此文旅小镇的文化发掘需要充分透彻地了解当地的风土资本，包括当地的人文、地景、产业、活动等详细资源情况，从中找到特色小镇在地性的本源与灵魂。

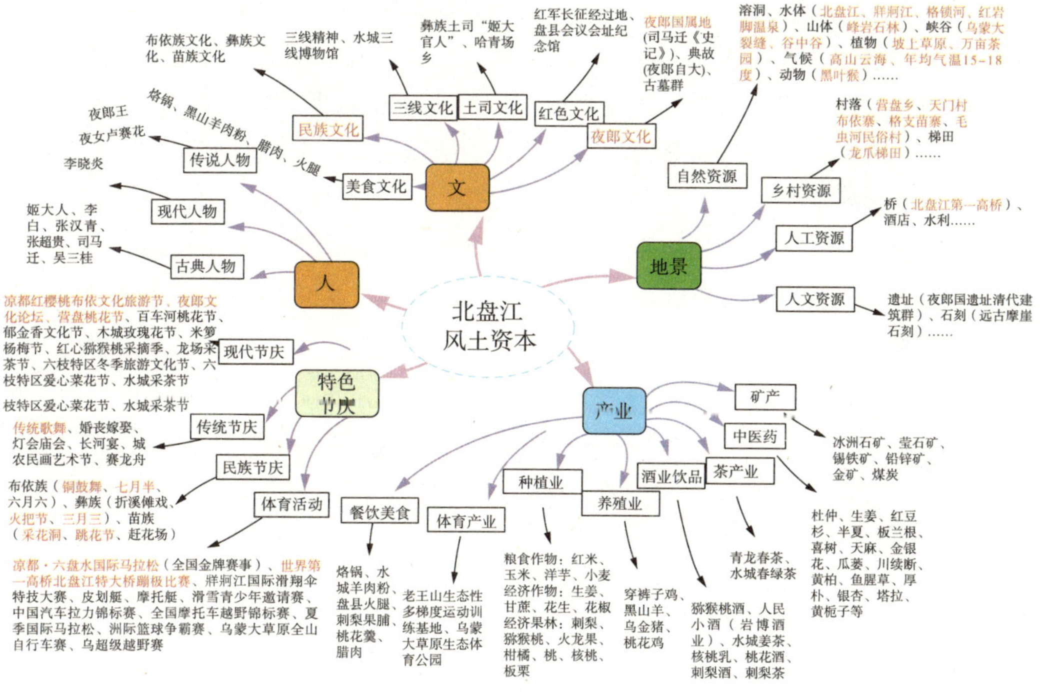

风土资本分析示意图

文化图腾，讲好故事。具有地域特色的文化元素经过提炼和升华形成文化图腾，便有了可以讲述的故事，创作的素材，演绎的内容。例如高邮的双黄蛋、淇滩古镇的肉莲花、常州恐龙园的恐龙、华强方特的熊大熊二、妖怪村的妖怪、拈花湾的禅意等都是独一无二、不可替代的文化符号。围绕文化符号我们要演绎故事，通过历史故事再现、时代故事创新、生活故事融合等来全新阐释，比如恐龙历险、熊熊探秘、妖怪来袭都是围绕主题架构的故事情节，让鲜活的故事加深图腾的烙印。好的故事还要能够传递具有普适性的情感和价值观，进而上升成为处世原则和价值烙印，转化为能够令消费者产生共鸣的消费体验，传播影响力会大大增强。美国影视文化普世价值观推广做得非常好，好莱坞电影总结了反映美国民众普遍观念和主要诉求的十大故事，包括房内怪物、组队寻宝、愿望成真、天降横祸、成长之路、终生伴侣、侦探解密、屌丝逆袭、挑战制度和超级英雄，这些大都成为美国影视类主题公园的图腾文化和故事主线，也得到了全世界的认可。中国的文化故事也需要把握消费者群体分层和内心诉求，在创造故事的同时对于普适性价值和文化进行更深度地发掘。

文化 IP，做足做透。文化图腾要形成IP，就要围绕文化主题做好情境体验，做好消费业态，把文化做活，把产品做精，把氛围做足，把消费做火。**一个好的文化IP的打造是广度与深度的结合，从广度来看，**要基于文化主题的原点，通过科技、美学、生活、生态、时尚等多维度联动设计，要将传统文化与生态环境、时代精神和时尚消费结合，融入创意、融入科技、融入美学、融入生活，创造令人感动和无可取代的体验。**从深度来看，**要在文旅小镇围绕IP主题做好产品设计、项目设计、品牌设计、情感设计、仪式设计、氛围设计、活动设计，并融合多元化的消费盈利业态，让小镇好看、好玩、好住、好吃、好买、好说、好拜、好疗、好行、好学、好享、好回，围绕IP主题打造吉祥物、文创商品、影视动漫、项目设施、服务设施等，最终形成个性化的消费承载空间，创造财富价值。文化IP渗透到小镇发展的各个环节和细节，真正做到内容为王，体验为尊。

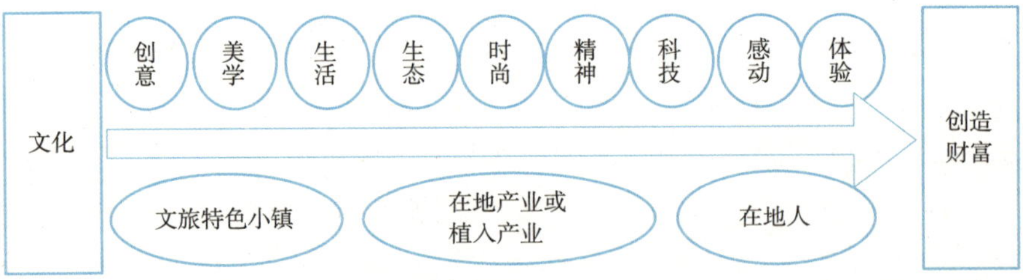

拈花湾是一座以“禅文化”为主题打造而成的文旅小镇，其将禅意风情做到了极致，把禅意文化提炼到故事、景观、建筑、细节、商业业态、商品和活动等方方面面，形成了无处不是景，无处不成景，无处不禅意的小镇风貌。

拈花湾项目名字源于佛经故事，取意“佛祖拈花，迦叶微笑”，昭示着佛祖对禅的参悟。由于小镇的外形看似拈花的形象，所以承袭灵山大佛延续而来的禅文化。从整个小镇的总体布局来看，通过三条主要交通道路和水系的组织，规划了“五谷”“一街”“一堂”的主体功能布局，并配以禅意的命名体系，形成以“五瓣佛莲”为原型的总平面。

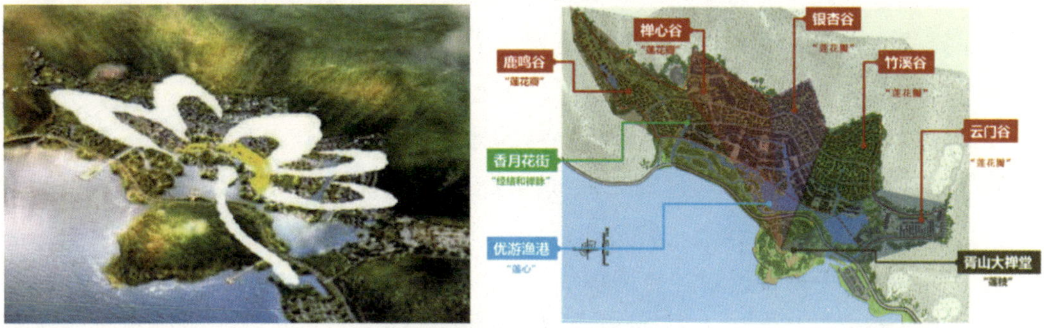

拈花湾的主题定位和空间格局

小镇的景观细节无不透露出东方的“禅境”，融入一花一木，一物一景，一山一水，一石一叶，一门一窗，一桌一灯，一杯一盏，细节精致、精细、精美。拈花塔是香月花街最高点的建筑，一座四方五层的唐风木结构楼阁式佛塔，直棱窗棂、重唇板瓦、转角斗拱、蜀柱斗子等让拈花塔唐风尽显、古朴禅意；茅草小屋、竹篱笆、苔藓、小和尚石像、石板小路、竹林、水车、小溪、扁舟也都能体现细节禅意的精致；波罗蜜多度假酒店、禅意主题客栈群、风格精品酒店等12家不同主题的禅意客栈处处隐喻东方美学的质朴；禅行表演“花开吉祥”“拈花微笑”“一苇渡江”“花开五叶”等展现了精美绝伦的东方禅意风情。尤其是在种植苔藓等方面匠心营造体现得淋漓尽致。

拈花湾无处不在的禅意

二、好玩比好看重要

时代快速发展，人们的压力与日俱增，轻松好玩已经成为各个年龄阶层市场群体的共同需求，尤其当下年轻的90、00后年青一代消费群体已成为市场潮流的主导者，他们追求新鲜、有趣、互动体验强的产品，关于他们的消费特征我们在第二章《怎样研判旅游大势》中有详细的阐释，因此打造好玩轻松的消费体验产品至关重要。

好玩可以通过科技赋能创造新颖独特的体验方式，在让人耳目一新、身临其境的同时感受非凡体验。比如环球影城变形金刚3D对决通过效果逼真的高清立体媒介，精彩演绎12幕电影场景，打造出前所未有的感官享受。戴上超视觉的眼镜，搭乘EVAC特种战斗车穿越到“变形金刚”的科幻国度，与“汽车人”联手，穿梭于地下隧道及街区、跨越天台近距离地感受着擎天柱、大黄蜂等变形金刚与邪恶派“霸天虎”间逼真惊险的激斗。故宫虹桥球幕影院，以720度球形屏幕将人包裹其中，结合故事情节同步运动动感座椅使人沉浸其中。小镇如果能将主题故事通过科技注入进行演绎，相信也会有不一样的感觉。

环球影城3D变形金刚

故宫虹桥球幕影院

好玩还可以通过有创意、有生活、有艺术的主题场景设计、活动内容设计渲染体验氛围，把好玩做到极致。台湾溪头妖怪村就是一个围绕妖怪主题的好玩小镇，它没有呈现妖怪的恐怖，而是对其进行了“KUSO搞怪萌”的个性包装，在第一时间抓住了游客的心，尤其是吸引了年轻人的注意力。

有好玩的妖怪文字游戏。例如，妖怪村的餐厅叫“妖怪有乐町”，柱子上写着“请说人话”，吧台上写着“挣点小钱服务台”。外头的电影广告牌，则贴着“肛门人3——总桶府出资、马英八监制”等海报，“地狱判官”等KUSO话语无处不在。

有好玩的妖怪体验场景。在妖怪村你会发现不管是买的、吃的、喝的、住的、玩的还是服务的，都是“妖怪”。如最受欢迎的美食有爆浆蝴蝶鸡、地狱拉面、枯麻烧、妖气冲天、辣不屎你、黑心霜淇淋等，连面点也是做成咬人面包、咬人的蛋挞；在路上你随时能看到形形色色的可爱妖怪人偶，吃饭的服务员是妖怪，住的酒店是妖怪建筑；妖怪村有个企画部门，员工戏称是妖怪心脏，专门给游客制造惊喜，策划各种妖怪巡游，如“枯麻巴豆表演秀”等。

妖怪主题酒店

妖怪主题巡游

妖怪服务员

妖怪美食街

好玩还可以通过感官营造、角色塑造、实景演艺、虚拟再现、情境演绎等多种产品方式为游客提供身在其中又出乎意料的体验。比如现在很火爆的沉浸式体验，就是“科技+场景+文化+艺术+……”的一种创新体验模式，通过声光色电、数字光影、VR、AR等科技手段，打造兼具艺术观赏、文化感知、科技互动的全景式的视、触、听、嗅觉交互体验，让游客“身临其境”。目前比较流行的鬼吹灯、古宅戏、光影体验等都是比较好的产品。

《触电·鬼吹灯》是一个真人影视IP的实景沉浸演出，通过“电影+话剧+演出+密室+鬼屋”带给游客紧张、刺激的体验。最初的产品是业余演员加上真实电影场景，在当时也是开创了先河，吸引了一批粉丝。随着科技手段的提升和市场需求的升级，参演人员和场景也进行了升级，加入了声效和光效，加入了最受欢迎的影视情节，布置了让人心惊胆战的体验场景，挂着白灯笼的义庄、四处散落的纸钱、若有若无的哭声、凶神恶煞的雕塑、奇形怪状的机关、古墓里的新娘房、借助绳索才能攀岩的盗洞，以及专业演员的真实参演让你一秒入戏，头皮发麻。

“好玩”让特色小镇不一样，让趣味增色好看，让动态参与式体验带活静态式呈现，让历史站起来，让文化醒过来。但好玩是动态的，需要随着市场变化、需求升级不断迭代，推陈出新才能有生命力。

三、夜晚比白天重要

现在流行一句话，叫“无夜态，不度假”，夜间已经成为最有价值的消费时段，据统计，过夜游客的消费一般可以达到一日游的3倍，游客总消费的62.5%发生在夜间。2016年我在满洲里全域旅游规划项目中首次提出了“六夜”的概念，即做好夜景、夜演、夜宴、夜购、夜娱、夜宿这六个方面，之后在特色小镇的打造里得到了普遍的应用，这个在随后的《如何做好夜旅游经济》章节当中会有更系统的阐述。

夜游经济作为一种夜间消费形式，能够将美食、零售、娱乐、住宿等不同的销售业态进行整合，在实现效益与活力的同时，更带给人们全新的生活体验，让游客“夜有所乐”“乐此不疲”，后面还有专门一章内容会专门聚焦夜旅游经济。

我们先来看夜景。夜景是文旅小镇夜间旅游的第一名片，也最容易宣传和推广形成网红亮点，经过专业设计、具有独特韵味和个性的光影组合能够成为迅速传播的最大卖点。

夜景一定要有标志性的景观。比如乌镇的白莲塔，拈花湾的拈花塔，古北水镇的圆通塔和夜间长城，标志性景观的建造和重构能够形成视觉上的地标。夜景也要有主题性，禅意的小镇就是要淡泊沉静，活力的小镇就是要靓丽四射，水乡的古镇就是要恬静悠然，要结合不同的主题设计灯光，有时候还会配上水秀和演艺，既有特色又富有韵味。夜景还要结合建筑肌理，山水脉络，融合于不同的景观节点中，步移景异，随处是景，打造慢生活的夜光艺术空间，比如一盏灯既可以是景观的一部分，又可以是建筑的一部分，更是空间环境的一部分。当然夜景还要烘托商业气氛，营造购物商机，重点突出店标、店面、店门、展示窗等部位，能够促进消费欲望的灯光还是需要经过设计和实验推敲的。

拈花湾的夜景是很值得称道的。拈花湾的白天看起来古色古香，夜晚的灯光在禅意下又多了一份婀娜和精彩。

拈花湾有禅意清幽的灯光设计，融入建筑肌理，夜色下自然而沉寂。也有标志性的景观地标，如拈花塔，随手一拍就是网红。更有禅意水秀的动感，投影水幕、全息投影、激光灯光秀、水雾灯光等一系列的演艺灯光，配合各种旅游活动，任谁来都会被打动驻足。

富有意境的夜景

标志性拈花塔

禅意水秀

再来看夜演。夜演是丰富小镇夜间生活的重要手段，做好了就是小镇吸引人气的招牌。目前小镇的夜演多为小型演出，形式多样，室内室外兼而有之，既有传统

文化演出，如本土化的戏曲、评书、木偶戏等，也有创新时尚的小演艺，如时装秀、COSPLAY 等，同时还包括创意的喷泉灯光秀、小型故事光影秀等。

小镇的演出自有其特点。一般情况下，小镇的演出内容是非常丰富的，多数是穿插在小镇的动线当中，与其他业态穿插互动，一些重点的演出会集中在小镇的中心广场或开阔水域空间。演出强调地域文化特色，在内容和情节上会强化笔墨。小镇的演出非常关注传统节日，在特殊的节庆时间就会有更符合时节的演出，让观众有融入感和参与感。

夜间的演出活动是彝人古镇的一大特色，有剧场演出，有广场舞台演出，也有互动参与演出，热闹非凡，同时也能吸引人气，增加消费。

彝人古镇夜演节目

郁孤台历史文化小镇是巅峰智业以“四位一体”（即规划引领、运营支撑、营销拉升、投资驱动）全方位投资运营实践的代表，其中夜演是很重要的内容。小镇经常会举办一些赣州本土特色的小型戏曲演出，到了中秋或者是国庆这种大型节日，小镇就会推出夜间的灯光音乐演出、魔幻秀演、小丑表演、采茶戏、古装角色演出、古筝旗袍秀、乐队演出等多种类型的活动，引爆了小镇的人气，项目热度持续近一个月，每天平均游客量突破 10 000 人次。

再有就是夜宴。俗话说，民以食为天，游以食为先，为一顿饭赴一座镇现在也并不稀奇了。美食不仅仅是小镇的标配业态，做好了也能够成为重要的吸引点。我们这里说的夜宴不仅仅是一些具有品牌和规模的宴席，还包括一些具有地方特色的小吃，一些具有小资特色的个性餐饮。其关键在于统一标准经营与个性化管理并举，同时在经营的时间段和空间地段上都要统筹考虑，差别经营。

乌镇的夜间餐饮还是很有借鉴性的。其夜间餐饮分为不同层次，最大限度满足不同类型人群的需求。有大众化的小吃，如乌镇包子、特色米线、玉米烤串、臭豆腐、拷地瓜、青团、萝卜丝饼等；也有小资化的个性餐厅，如民国餐厅、夜间食堂、似水年华餐厅、辣乌镇菜馆、后街酒家、锦岸私房菜等；还有一些面向高端客群的酒店餐厅，如枕水芙蓉餐厅、枕水连天餐厅、淡茶饭（国际互联网大会宴请餐厅）、昭明书舍明堂餐厅等。如果这些还不能满足你的需求，乌镇不定期的长街宴、火锅宴、湖羊宴也会让你大开眼界，大饱口福。丰富多彩的菜品中总有一款是你的菜。

千户苗寨的夜间美味也是很值得称道的。每当夜幕降临，华灯初上之时，千户苗寨的美食风情也随之舞动。小吃街灯火通明，地方小吃供不应求；酒店餐厅里不仅有招牌美食，更有体验性极强的苗家歌舞；当然苗家的长桌宴有时候也会在夜色中一字排开，让人难以忘怀。

千户苗寨饮食和苗家酒歌

夜购可是小镇夜间消费的重头。大部分的小镇都会有夜间购物的街巷，有集中的也有分散的，一般说来同类的商品会集中展示销售，可以提升集聚效益。夜间购物的核心在于本土化风情购物氛围的塑造和商品的特色，缺失了则必败无疑。

告庄西双景是西双版纳土生土长的地产项目，是一个用心打磨地方文化、深入发掘地方特色的良心之作，不管是建筑、服务，还是产品，都有非常浓郁的版纳特色。这里有著名的湄公河·星光夜市，被称为湄公河畔最美丽的夜市，也是大金三角最具规模、最具东南亚风情特色的夜市。站在大金塔往下看，五颜六色的夜伞，瑰丽至极，圆伞下每一个摊位都是一个潘多拉魔盒，或许就藏着你想要的那件礼物，等走到摊位上更是证明了这一点：风情浓郁，精致精美，价位适中，同质化的东西很少见，满足了游客强大的购物欲望，成为游客去了就不想离开的地方。夜市还经常举办一些夜间演艺活动，带人气的同时也大大增加购物人群的比重。

湄公河·星光夜市（图片来源：视觉中国）

夜宿毋庸置疑是小镇最为核心的盈利点。不仅其本身可以盈利，而且游客一旦居住下来，消费就很容易向餐饮、购物、娱乐等环节延伸。小镇的住宿不同于普通住宿，一定是在标准化配备基础上要有鲜明的个性特色，这些特色可以体现在各个方面，如建筑的文化感，主题的多元化，服务的贴身化，环境的体验化等。为一间房而赴一个镇也是屡见不鲜。

以乌镇为例，西栅2000多间客房，入住率是同类房价中最高的，但效益也是最好的。乌镇住宿以“依水、枕水、临水、望水”的布局见长，同时各种层次和主题的酒店相映成趣。乌镇有高中低档五种住宿类型：乌镇行馆——文化底蕴深厚，静享品质生活；枕水酒店——古镇与高星级酒店的完美结合；乌镇民宿——临街布局，能够与当地老百姓交流，品尝居家服务及美食；经济酒店——经济实惠有特色；青年旅社——背包族之家。同时昭明书院的书卷水墨韵味，通安客栈在房间就可以看到水上集市，各具特色。

夜晚往往容易让人产生娱乐的冲动，因为夜的娱乐会比白天更有感觉，更加放松。**有文化的夜娱，通过本土化的民俗民族风情的展示和活化体验不一样的娱乐方式。彝人古镇**彝家深情的拦门酒、民族特色的火塘会、篝火晚会、原生态歌舞表演等，让游客参与其中，体验民族的风情与热情。**有时尚的夜娱，将城市的酒吧、剧院、创意博物馆、音乐节、书店、画廊、艺术展等导入小镇，让游人体味不同场景**

乌镇行馆

度假酒店

青年旅社

经济酒店

枕水酒店

下的夜间生活。深圳市南岭村的1983创意小镇，举办了夜间“音你而乐”音乐节，十多支本土知名乐队带来3天音乐盛宴，同时还有创意市集、街头艺术表演、VR体验等创意活动，游客的热情顺势点燃。有沉浸的夜娱，在阳朔西街闲逛，其间会有扮演不同角色的人和你互动，要么聊聊天，要么有小丑邀请你一起跳舞，还是很有味道的。

深圳1983创意小镇“音你而乐”音乐节

四、业态比形态重要

业态最初是指零售业经营的形态，随社会经济发展，业态外延不断扩展，跟经营活动相关的商业形态都可称作业态。业态内容的丰富性、布局的合理性、持续的迭代性决定了小镇盈利的持续性。小镇的形态很重要，因为形态是小镇发展的基础，而相比来说，**小镇业态为形态注入了内容，推进了落地，保持了生命力，**因而对于小镇，业态比形态更为重要。

从业态内容上看，小镇业态需要充分考虑市场群体的需求，配备多元丰富的业态。我在《怎样认识旅游本质》一讲中提到过，旅游者在旅行中的体验无外乎是有看头、有玩头、有住头、有吃头、有买头、有说头、有拜头、有疗头、有行头、有学头、有享头、有回头等12个方面的需求，小镇的业态也不例外，怎么看、怎么玩、怎么住、怎么吃、怎么买、怎么享等都需要结合小镇主题特色充分考虑到。文旅特色小镇有好多类型，可能有封闭式的，可能有开放式的，也可能有社区式的，但是不论哪类小镇，都会有文旅体验的核心区。核心区可大可小，可能是整个小镇区域，也可能是部分区域，业态内容的注入都是需要全面充分考虑的，除核心区外其他区域的业态配比则可以根据功能的不同来加以深入思考和打造。

从业态的组合上看，餐饮、购物、娱乐、住宿是特色小镇主要的业态类型，不同类型和功能的小镇会有所不同。封闭式文旅小镇的几类主要业态的面积数量占比不会相差太多，比如乌镇，从数量上来看，特色购物占比23%，餐饮占比27%，娱乐占比15%，文化演艺占比11%——这其实可以归入娱乐，住宿占比8%。再比如古北水镇，住宿占比20%，特色购物占比18%，娱乐占比19%（包括节庆活动和文化展示）。

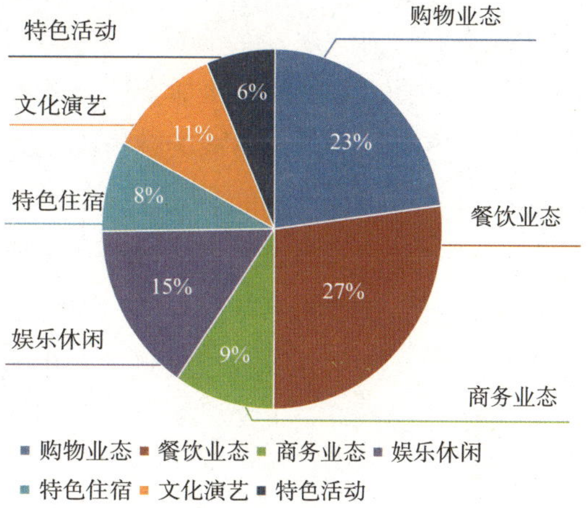

乌镇业态配比

而开放式文旅小镇的几类主要业态中，商业零售业态的占比非常高。丽江古城的商业零售占比达到48%，而阳朔西街的商业可以达到66%，这和小镇的盈利模式是息息相关的。封闭式小镇会有一定的门票收入，而开放式小镇则需要通过商业零售来获取更高的收益，但不管是什么类型的小镇，做好关键的

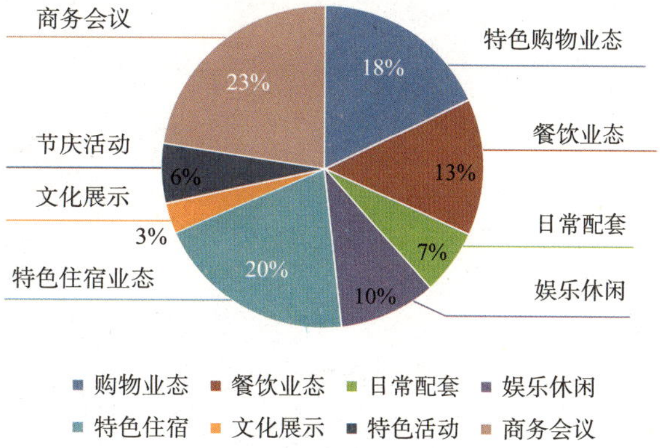

古北水镇业态配比

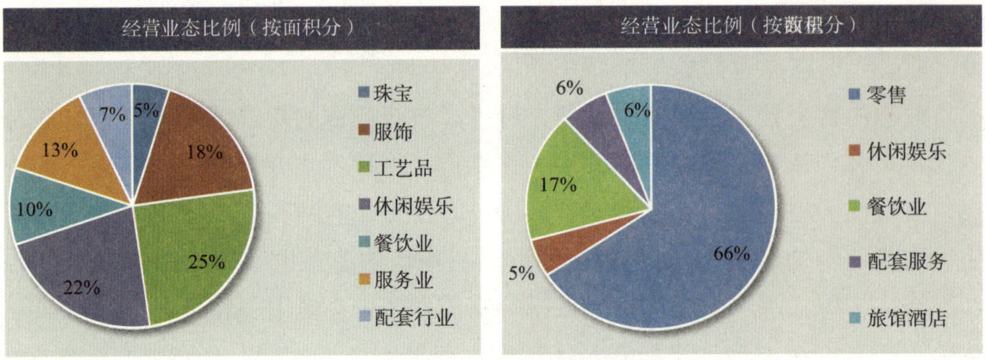

阳朔西街业态配比

业态内容都是非常重要的。

从业态的发展看，小镇业态要随着市场的变化以及小镇自身定位功能的转变进行相应调整。当前中国处于消费升级的发展期，对于体验性消费要求越来越高，小镇的业态也需要随之升级，比如安仁古镇推出了《今时今日是安仁》的沉浸式演出，比如乌镇推出了可以体验的婚庆博物馆，这些都是市场引导下小镇业态升级的表现。也有的小镇会随着自身功能和定位的转变去升级业态。比如彝人古镇，在刚建镇的时候，由于主要客群为过路游客，所以其业态以餐饮为主，包括一些小吃街、酒吧街、烧烤街等。到了第二阶段（2011–2012年），观光购物业态占比开始提高，主要是由于彝人古镇已经开始由过路地向目的地转变了，其中珠宝、餐饮、工艺品的销售占比最高。第三阶段（2014年至今），住宿业态开始跟进，2015年珠宝店、餐馆、酒店、客栈业态占比前三，彝人古镇已经完全发展成为旅游黄金线路上游客不可不去的目的地了。

从业态的招商上，尽量做到前置，在项目规划建设初期就要做好业态招商工作。可聘请专业招商团队提供从项目前期策划、招商、销售到后期经营的全程方案。如

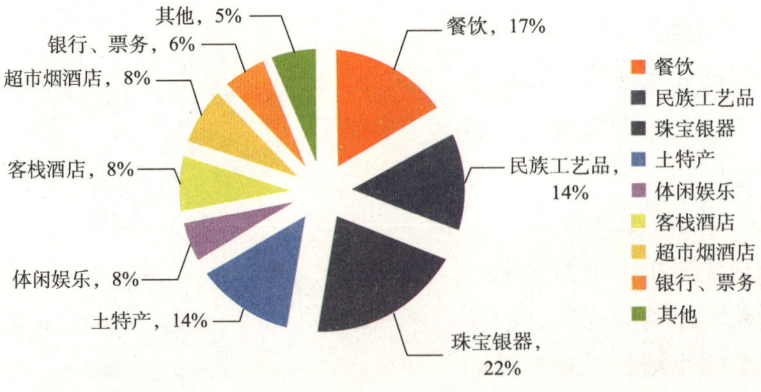

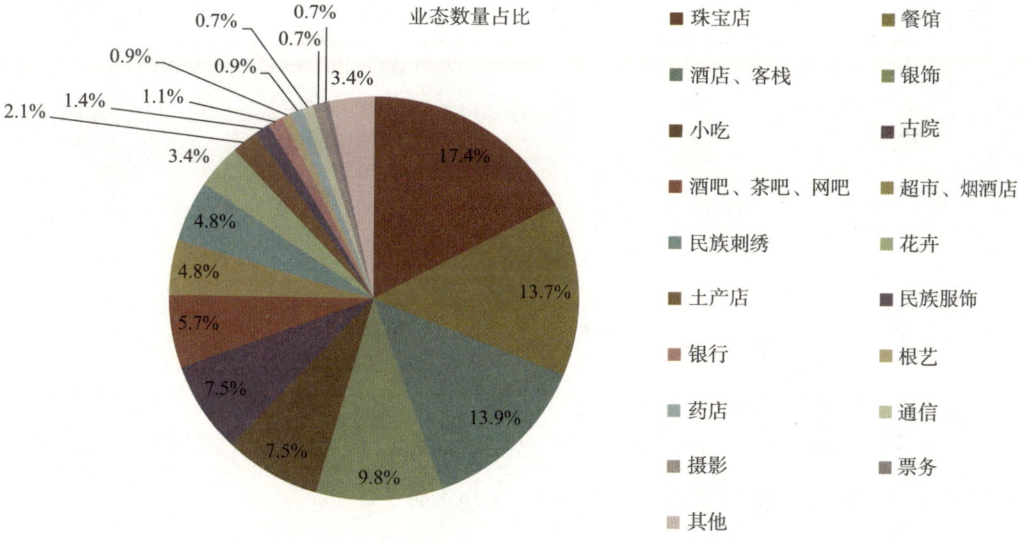

彝人古镇业态配比

业态	面积 m^2	面积比例
博物馆	340.86	2%
餐饮	2911.38	15%
传统技艺	837.44	4%
酒吧	700.61	4%
零售	3651.83	19%
民宿	917.3	5%
清吧	759.66	4%
土特产	669.65	3%
文化产业	3015.47	16%
休闲餐饮	4127.92	22%
邮局	519.21	3%
游客中心	605.95	3%
合计	19057.28	

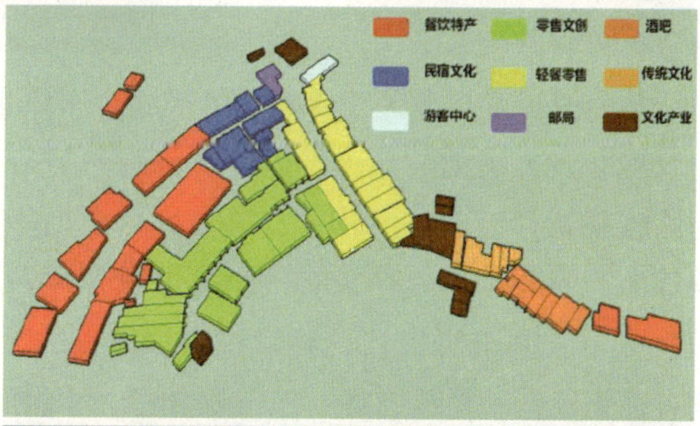

深圳 · 观澜古墟贵湴塘项目前期招商策划

巅峰智业在深圳·观澜古墟贵湿塘项目的前期招商策划中，放大客家文化，策划客家建筑景观、品牌商户文化、传统文化活动，预留25%的商业面积来经营文化产业。在保留特色文化的同时，引进年轻人喜爱的时尚元素，令项目既有旧风貌还有新内涵。

五、运营比建设重要

特色小镇的发展不能只关注定位，即做什么、卖什么，而忽略了谁来做、谁来管、谁来卖的问题。特色小镇不同于普通的地产项目，各项内容都是为了地产销售服务，小镇更多的是要有长期运营的持续性和生命力，从而产生长久的价值。特色小镇的发展要从“重建设”向“重运营”转变，从重“物”向重“人”转变，要以运营提升投资收益回报的思路和目标做产业，以产业链资源整合的方式形成业务战略和产业策略，要关注和重视有专业运营力的旅游投资商和运营商。

特色小镇运营要关注多元化的盈利模式。单一的收入模式很难支撑小镇的发展，有门票盈利，有业态内容租赁或自营盈利，有地产销售盈利，还有通过活动、会展等的商业植入盈利，大多数小镇都是几种盈利模式的组合，只是各有侧重。以门票收入为主的小镇，以多元化、主题化、体验化、品质化的基础消费业态延长游客停留时间、增加消费收入。以业态内容运营盈利的小镇，要在现有业态的基础上，打造高辨识度、品牌化的消费类业态，形成核心吸引力，进一步拉升人气。以地产销售收入为主的小镇，也要通过文旅生活、文旅社群内容的配备和植入，打造长久的生命力和影响力。

特色小镇运营需要关注专业化的模式。小镇运营往往包含业态经营、商业招商、物业管理、营销活动、品牌推广、平台服务等系统性、专业性的综合职能，涉及利益主体较复杂，运营难度较大，通常可结合企业自身能力、资源、经验的不同，选择合理的经营管理模式，以有效协调组织各种内外部的信息和资源，提高特色小镇的运营效率。基于所有权、经营权、管理权的不同组合形式和利益分配机制不同，一般有独立经营、委托管理、经营权合作、承包经营四种经营管理模式。

表 1　四种经营管理模式对比

特点＼类型	独立经营模式	委托管理模式	经营权合作模式	承包经营模式
三权关系	所有权、经营权、管理权一体化，都属于业主方	特色小镇原有管理团队拥有所有权、经营权及部分管理权，并将部分管理权委托给专业运营管理公司	特色小镇原有管理团队作为产权所有人，与专业运营管理公司共同成立合资公司。合资公司拥有经营权、管理权	特色小镇原有管理团队拥有所有权，并将经营权、管理权租让给专业公司
利益分配	自负盈亏	特色小镇原有管理团队付委托运营管理公司固定管理费用	特色小镇原有管理团队和专业运营管理公司根据双方股权获得相应收益和承担风险	承包公司支付特色小镇原有管理团队固定承包费用，开发运营自负盈亏
适用范围	有运营同类项目经验、能力的开发公司	有运营团队但缺乏管理能力、管理经验、管理人员的开发公司	拥有潜力大、具有资本吸引力资源的开发公司	所有权方不以开发运营为核心能力（多为政府或一级开发公司）

营销也是特色小镇运营需要重点关注的。根据特色小镇的产品开发时序，面对投资者（合作开发）、商户（招商租赁）、旅游消费者，以创意化的营销手段，实施以时间为导向的纵向营销战略和以行为组合为导向的横向营销战略相结合。纵向营销主要是指根据开发的不同阶段分期进行，第一阶段是蓄势与造势，这一阶段主要采用渠道营销和大型活动为行为导向，蓄势待发；第二阶段是集中造势营销阶段；第三阶段，通过渠道、品牌、网络、活动等营销行为组合，成功进入成势阶段，构成纵横结合的营销战略手段；第四阶段，在稳定市场的基础上，逐步开始进入品牌

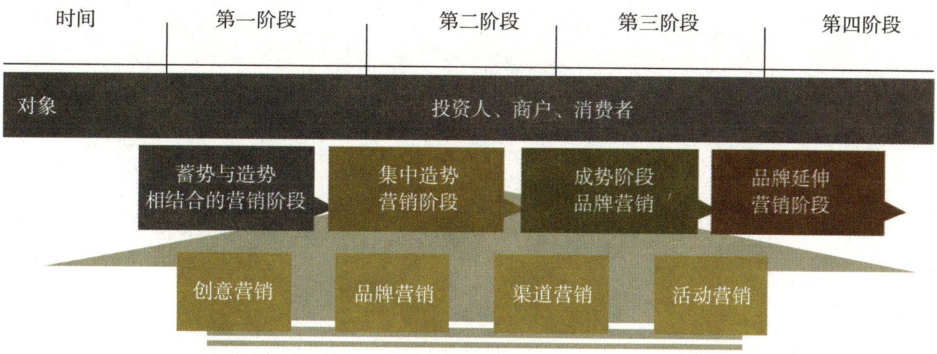

营销战略示意图

延伸的营销阶段。

以文旅网红小镇阿那亚为例，其品牌的成功离不开全方位的营销推广方式。2015年，阿那亚开发商在海边做了一个极具设计感的图书馆，并用“孤独”等独特性字眼命名，策划了一场精彩的文案宣传，直击文艺青年群体的痛处，其宣传视频出炉当天，点击量便已突破10万+，点赞高达4000余次，一时引发全国文青神往，阿那亚利用创意营销手段迅速提升了知名度和影响力。经过一段时间的持续经营，阿那亚已积累一定的客户量，为了增强客户的再消费及口碑传播效应，阿那亚又选择了社区营销来稳固提升品牌运营能力，全面进入战略品牌阶段。第一步，建立社群。2014年10月，为统一解决业主问题而建立业主群，是阿那亚社群的开始。之后很快壮大，诗歌、读书、美食、滑雪、跑步、摄影、教育……从1到48个，成功锁定目标市场。第二步，运营管理。2015年4月，经全体阿那亚居民讨论生成的《阿那亚业主公约》，是阿那亚社群公共的价值观，成为社群自我管理、自我成长的灵魂，增加用户黏性。第三步，稳定内容输出。通过线上推广与线下活动结合，稳定输出社区公共价值观，以定期或不定期的形式，为社区居民、外来游客开展骑马、高尔夫、水上运动等活动，激活消费。

总之，要做好文旅小镇，关键在于换位思考，以人为中心，坚持用户思维，从消费者出发，想顾客所想，让文化创意和深度体验在特色小镇中发挥淋漓尽致的作用，让游客停下来、慢下来、静下来、住下来、乐起来，真正给游客带来超乎想象、与众不同、独一无二的场景和体验，打动游客的心。

第十讲

怎样做好旅游景区

在中国旅游报主办的景区创A报培训班上的发言（2018年4月25日）

在中国景区协会主办的中国景区协会理事会上的发言（2019年1月9日，韶关）

景区是旅游业发展的核心和重点，堪称中国旅游业的中流砥柱，为中国旅游发展做出了不可替代的贡献。中国旅游业的发展起步于旅游景区，40年前，邓小平的一句“黄山是发展旅游的好地方，要有点雄心壮志，把黄山的牌子打出去”，掀开了中国旅游业发展的新篇章，可以说中国旅游蓬勃发展的40年，也是旅游景区快速发展的40年。景区是旅游业发展的核心吸引物，也是旅游业内赖以存在的载体，还是旅游消费的关键环节。所以一个国家或地区旅游景区的发展水平是可以衡量其旅游业综合影响力和竞争力的。学术界和业界也把旅游景区、旅游饭店和旅行社视为旅游经济的三大支柱产业。

那么到底应该如何做好景区呢？需要我们充分做好景区发展的研判，看清旅游景区的“三热”“三差”，把握好景区发展的“三板斧”，以此寻求景区改革创新的突破口和着力点。

一、旅游景区发展的“三热”

首先是市场很热。近些年，我国旅游市场持续红火，旅游人次持续增长，每逢节假日、黄金周，景区都是人山人海，多地景区客流井喷已成常态。2019年“五一”假日期间，全国国内旅游接待总人数1.95亿人次，按可比口径增长13.7%；实现旅游收入1176.7亿元，按可比口径增长16.1%。显然，游客出去旅游还是会到景区、到一个目的地，去看一看、逛一逛，这也是中国人很重要的旅游习惯。据统计，2017年我国景区游客接待量达**44.32亿人次**，占当年全国游客接待总量的**82%**，毫无疑问，景区依然是大众旅游的主战场。

二是投资很热。消费热、收益好促成了景区的投资热，景区称得上是投资增长的生力军。2016年我国旅游业实际完成投资12997亿元，其中旅游景区项目投资比重最大，占全部旅游投资的57%；2017年全国旅游景区投资依然占比最高，其中建设投资占实际完成旅游投资量的21.8%。这些都说明我国的旅游投资需求非常旺盛，文旅产业有可能成为未来30年中国最好的投资。其中，各种投资基金更加关注优质景区和新型业态，资金流向主要集中在高A级景区，文化旅游、生态旅游、乡村旅游，温泉滑雪、低空飞行和工业旅游等新型业态，这也符合当前景区门票降温，寻求更多体验消费点的发展趋势和需求。

三是创建很热。在全域旅游的新形势背景下，高A级景区依旧是全域旅游的龙头和重要抓手。各地抓旅游，重点还是先抓载体、抓景区，各地对创建5A、4A级景区的热情很高，截至2018年11月中国的5A级景区已经达到259个。各地也对创建给予一定的奖励支持，成都对新创国家5A级旅游景区一次性奖励800万元，青岛对新评定的5A级景区奖励1000万元，武威创建一个5A级景区奖励1000万元，平乐创建一个5A级景区将奖励1100万元……景区是全域旅游的增长极，品牌创建成为共识。

二、旅游景区发展的“三差”

一是效益较差。常有观点表示“中国90%的景区半死不活”，虽然有些夸大其词，但确实很多景区的日子不太好过。在景区门票降价潮的影响下，2018年多家山岳类景区成绩黯淡。张家界、丽江旅游营收、净利润双双下滑，长白山净利润增幅更是连续三年为负。游客量方面，黄山、张家界游客量增幅不到1%，而中青旅旗下的乌镇和古北水镇游客量增幅出现负增长！还有各类主题公园，虽然有华侨城、宋城、华强方特、恐龙园等一批盈利企业，但是“70%在亏损，20%盈亏持平，只有10%有良好经营业绩”的魔咒依然很难打破。

二是体验较差。很多景区体验感比较差，游客多有诟病。其主要原因是缺乏好的产品与服务体验。一方面，高品质景区供不应求，同质化产品随处可见，真正打动消费者的产品少之又少，很难满足游客美好旅行体验的诉求和渴望，尚未满足游客不断升级的消费需求。从高品质景区供给看，中国10 000多家A级景区中5A级景区数量仅占2.5%，4A和5A级景区数量占比32%，但收入占比超过83%，这说明高品质的产品还是供不应求；另外从旅游产品看，产品的内容和品类也不够丰富，同质化的玻璃桥成为很多景区的标配；从旅游演艺看，“千古情”系列以不到10台的演出剧目占据了中国旅游演艺超过30%的票房收入，这也充分说明旅游精品供给不足，有效需求难以满足。另一方面，旅游服务品质有待提升，标识牌没有指向、排长队上厕所、服务人员闲谈聊天、购物场所物品匮乏、游客中心杂物堆放、旅游厕所脏乱差等现象层出不穷，这和酒店的标准化服务还有一定差距。旅游体验也因此成了景区发展面临的一个短板。

三是口碑较差。前面两个“差”，导致了第三个“差”。一个很现实的问题摆在眼前，景区游客满意度与旅游市场的高涨情况并不成正比，口碑差是我们经常听到的。有些景区不去会担心一生遗憾，去了后发现遗憾一生。拥堵爆满、名不符实、强迫购物、坑蒙拐骗……“从不坑、更不宰、有真相”的景区评比成了噱头。说到底，旅游景区没有从游客痛点入手，没有为游客创造心灵的感动，没有打动游客的心。在口碑方面，景区还任重道远，还有很多需要变革甚至是革命的地方。

三、旅游景区发展的“三板斧”

通过“三热三差”，我们发现景区既是我们的爱，也是我们的痛，一定要进行变革，让景区真正成为我们的爱，成为地区发展的爱。基于马斯克的“第一性原理”，要想发展景区，就要探寻景区发展的基本逻辑，对症下药，实现景区提质增效。

下图就是景区创收的基本公式。可以看到，旅游人次、人均消费和运营成本是景区创收的核心关键。

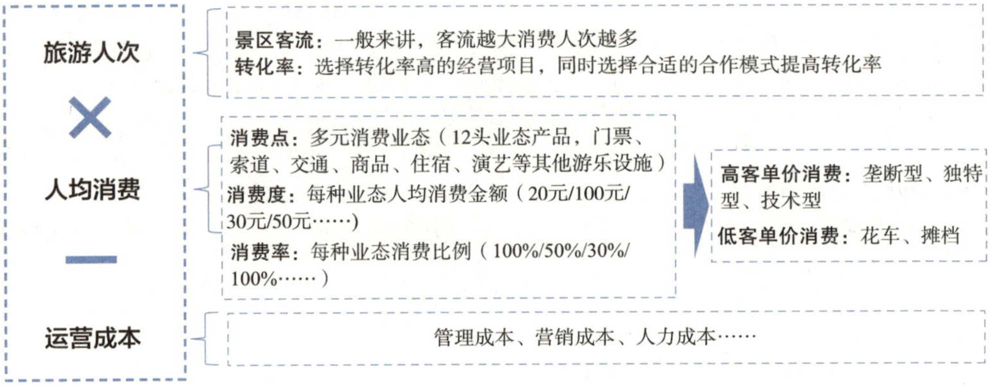

景区创收的基本公式

首先，保证有效流量是景区发展的前提，要通过各种方式提升旅游人次。引流一般有两种方式，一种是要有能够吸引游客的内容和产品，能够让游客心生向往，比如现在一些热门的网红打卡地，一些做到极致的旅游产品，一些能够打动人心的旅游奇观等，都可以引爆流量，因此打造令人尖叫的旅游产品是很重要的。另外一方面，当然酒香也怕巷子深，好的产品也需要宣传出去才有人知道，只有把产品卖出去、推广出去，才会有人来，一切才有可能。因此铺天盖地的营销也是景区创收的必备途径。

其次，提升人均消费。我们不仅要有丰富的消费内容，也要通过内容提升游客消费的客单价，这是很重要的一点，也是目前景区的短板。门票收入一支独大，但增长潜力有限，尤其是门票降价后，将大大影响景区的创收能力。景区要盈利，势必要发掘新的盈利点，形成综合性收入结构。过去，景区都是一票（门票）、二道（索道）、三餐（内部餐饮）、四购（购物亭）简单的收入模式，但现在可以让其逐渐向综合体验消费和区域带动的旅游收入模式转变，增加景区二次消费的供给。目前我国景区门票收入约占总收入的80%以上，相较国外景区门票收入仅占总收入的30%左右，这也意味着我国景区在人均消费方面还有很大的提升空间。

最后，降低运营成本。景区创收还需要通过提升管理水平和效率控制好各项经营管理成本，收益才会比较理想，当然景区的管理水平也影响了服务水平，也决定了游客是否满意，是否会愿意为景区买单。目前我国多数景区现状是收入基本靠天，运营和服务基本靠人，管理基本靠经验和感觉，但是随着国民旅游需求水平的快速提升，景区的转型升级成为必然，科学的管理和服务才能保证景区发展的生命力。

针对以上三个方面，我提出了新时代旅游景区提质增效“三板斧”，即令人尖叫的产品、铺天盖地的营销、精益求精的管理和服务，与之对应的要以营销赋能提升旅游人次，以产品赋能提升人均消费，以管理赋能提升经营效益。

第一板斧，令人尖叫的产品

旅游的本质是差异化体验，但同一区域的资源却往往同质，东北皆冰雪、江南多古镇、内蒙盛草原、贵州遍山地。在同质景区只能够差异化崛起，唯一的出路就是创新极致，做到不一样，**要么No.1、要么Only1、要么First1、要么Smart1、要么Best1，要么最极、最特、最先、最巧、最好，**可以从这几个维度打造令人尖叫的产品，做爆款，也就是要找第一做唯一，既要有中看无，又要无中生有，来创造与众不同的个性体验。

No.1大概是中国人最喜欢的一种思维，要么最长最大，要么最高最小，我们通过几个案例来看看如何做到No.1。

沂蒙山银座天蒙旅游区打造的世界第一人行玻璃悬索桥就非常成功，该座桥是世界上**最长**、跨度**最大**的人行玻璃悬索桥，吸引众多游客来体验在空中漫步的刺激，这座桥也成为了景区的网红。

河南中原大佛，建于1997年，由福建莆田兴胜工艺、国家非物质文化遗产技艺传承人林胜标大师设计制作，佛像总高度是208米，其中身高有108米，莲花座高有20米，金刚座高有25米，须弥座高有55米，是目前世界**最高**的佛教造像，几乎相当于三亚南海观音高度的2倍，比无锡的灵山大佛还要高出120米，自然吸引了很多游人的驻足。

世界第一人行悬索桥——天蒙山大桥

世界最高的佛教造像——河南中原大佛

（图片来源：图虫网）

迪拜最擅长打造各种NO.1的建筑，以其新奇独特、登峰造极的设计和建造展现无与伦比的创意，如世界上第一大人工岛棕榈岛、第一高楼哈利法塔、第一座七星帆船酒店、第一个沙漠奇迹花园、第一个世界最高相框建筑……每一次的创造都让人为之惊叹。

迪拜各种各样的造极建筑

当然No.1的打造手法也需要与时俱进。以玻璃桥为例，以前游客更多是看谁最长、谁最高、谁跨度更大，但现在越来越多的游客更看重体验性、参与性、刺激性，因此作为体验网红之一的玻璃桥也在不断通过创意和科技的升级实现迭代、升级。张家界大峡谷玻璃桥、东太行景区玻璃栈道、黄河3D玻璃桥等不断冲击着人们的体验神经。尤其是张家界玻璃桥大峡谷，开放当年就与天门山景区业绩齐平，实现389万人次的游客量，净利润将近3个亿。

张家界大峡谷玻璃桥

黄河3D玻璃桥

东太行碎裂玻璃桥

另外由巅峰智业投智创意打造的重庆云阳龙缸玻璃栈道是世界第一悬挑玻璃廊桥，比举世闻名的美国科罗拉多大峡谷玻璃栈道悬挑部分还长5米多，悬崖垂直高度700米，站在万丈悬崖的玻璃廊桥上往下看绝对是“云端之上，步步惊心”。这座玻璃天桥**2015年开业，当年收回成本，收到了年游客量从2万到20万的突破效果。**

中国最早的玻璃天桥之一——云阳龙缸玻璃天桥

Only1是说景区产品要独一无二，要与众不同。比如青海的网红打卡地——天空之镜茶卡盐湖，因为纯净的湖面、湛蓝的天空、清澈的倒影而吸引了无数游客，2018年其游客量高达400万人次。在如此偏远的地方能有这样的数据非常了不起，这主要是因为其有“与众不同”的卖点。

独一无二的天空之境

再比如贵州晴隆的24道拐，这条隐藏在大山里的“蛇形”公路，有着“抗战生命线”之称，为纪念中国人民抗日战争暨反法西斯战争胜利70周年，策划并举行了“高举爱国火炬、弘扬抗战精神”活动，2974人按照70支方阵举着火把徒步景区，

晴隆二十四道拐景区火把长龙活动

形成壮观的火炬长龙，在互联网上形成了病毒式宣传，活动当天来了5000多辆自驾车，这个过去很少有人知道的地方一下子被引爆了。其成功同样因为抓住了一个与众不同的景观，并将其强化和放大。

此外，越南的佛手桥和湖州的月亮酒店亦打造出景观“独一无二”的效果，成为了热门旅游目的地。

越南佛手桥

湖州月亮酒店（图片来源：视觉中国）

First1是说景区可通过各种方式让自己的产品成为最早、最先或者第一个。其关键是要结合自身资源优势，以市场为导向进行产品开发，及时布局，抢占市场先机，将需求转化为最新的卖点。

北京中视巅峰光影科技有限公司开创了水墨光影秀、高塔光影秀、楼体光影秀、行进式光影秀和大型实景光影秀等的先河，在连云港、张家口、承德等多个地方有比较成功的尝试。其中张家口的《西游归来》是目前世界上首部高塔光影秀，3座近百米的高塔，投射光影面积达15 000平方米，主要运用了全息技术、建筑投影技术、水火特效和舞台机械等，有不少的创新举措。这些光影秀产品因为抢占了市场先机，所以也有很好的市场反馈和收益。

巅峰震撼之《西游归来》

Smart1是说通过创意、科技或艺术等手段打造小而美、精而美的特色体验产品，以达到四两拨千斤的目的。近两年也出现了一些类似的网红爆款产品，通过数字科技、VR科技、全息影像、艺术故事演绎等让人沉浸其中，体验是关键。比如花舞森林通过光影场景的变换和流动，打造出浪漫唯美的花香世界；数字故宫将《千里江山图》以数字科技手段，连接历史与现实，构筑出真人与虚拟交织、人在画中的沉浸演出，被打造成为网红爆款，一票难求。

Best1就是力争成为同类产品中最好的一个。这就需要用匠心来打造精品，把一个细节、一种品质和一种调性做到极致。总体而言，旅游行业的进入门槛低，但内涵外延广，特别难做精做强，是一个需要温度和情怀的产业，更是一个需要实力、耐力和内力的产业。打造匠心精品，要用心用情用力，坚持品质为王，用品质打动游客的心。

迪士尼主题乐园成为行业Best1的原因就在于其以工匠精神将创新和细节做到了极致。迪士尼的每一个娱乐项目都能带给游客独特的体验，有的是最新奇的，有的是最好玩的，有的是最惊心的。比如爱丽丝漫游仙境，比如冰雪奇缘欢唱盛会，比如压轴的场景焰火，比如迪士尼家庭的欢乐巡游，迪士尼公主的角色扮演……这些产品都是迪士尼所独有的，游客的重游率高，口碑效应好。迪士尼还用细节服务把快乐做到极致。**“一切为了大家的笑容”是东京迪士尼的Slogan。顾客是“贵宾”，员工是“演员”，职责是“角色”，制服是“戏服”——这是每一位迪士尼员工在入职培训时都会接触到的。**迪士尼**所有的工作人员都在努力打造一个真实的童话世界，任何一名迪士尼的演员都不能忘记自己所扮演的角色。**

以上我们说的爆款产品对于引爆游客流量来说是有巨大作用的，但是对于景区来说，还需要有更多具有盈利性的业态产品来支撑才能实现持续发展，“消费比门票重要”是景区发展的关键。要从一票经济转向一链经济，充分发掘景区消费潜力，增加消费盈利点，延长游客停留时间，从而实现客单价的提升。

尝试在存量基础上做增量。景区收入增加的来源可以有两种途径：一是门票，通过增加景区项目投资，增加景区消费内容，提升景区体验品质，从而提升门票价格。二是二次消费，投资景区内再次消费项目，目前二次消费收入类主要分为投资型，如大巴、电瓶车、索道等交通类；独特型，如演艺表演、木屋等与本地特点结合的项目；技术型如热气球、滑索、蹦极、漂流等。要做好策划和谋划，打造有看

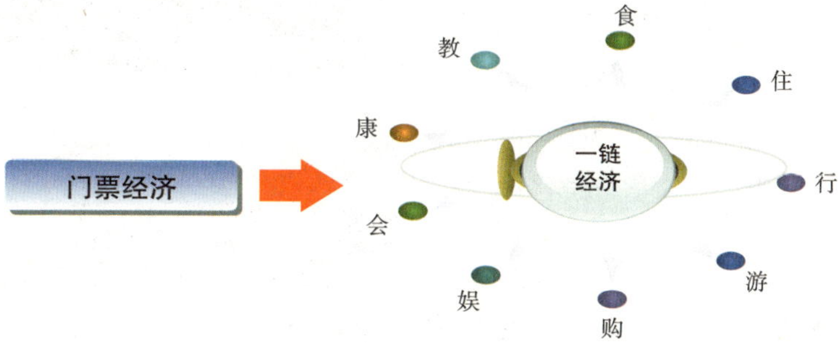

头、有玩头、有住头、有吃头、有买头、有说头、有拜头、有疗头、有行头、有学头、有享头、有回头的旅游12头消费内容，真正跳出门票经济，把小旅游变成大旅游，把景区从门票经济转向综合产业链经济。

这里以开封清明上河园为例来讲讲如何提升景区产品业态。清明上河园作为一座以宋朝市井文化、民俗风情、皇家园林和古代娱乐为题材，以游客参与体验为特点的文化主题公园，其总投资不到3亿元，却能实现过亿元净利润，实为不易，其在产品业态等方面的变革和创新值得我们借鉴。下面我们从"旅游12头"视角来看看其如何进行景区内产品业态的全面提升。

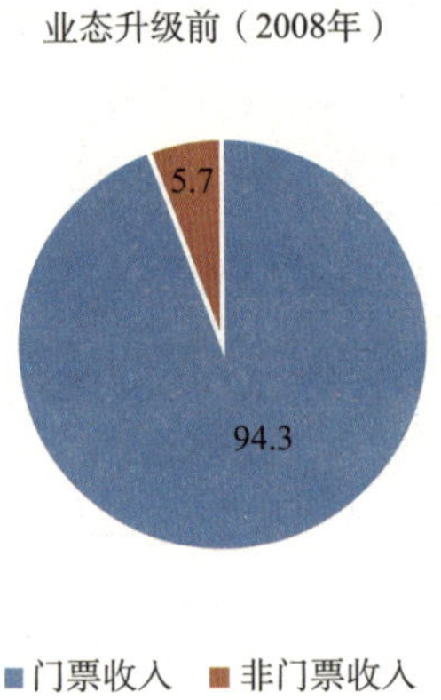

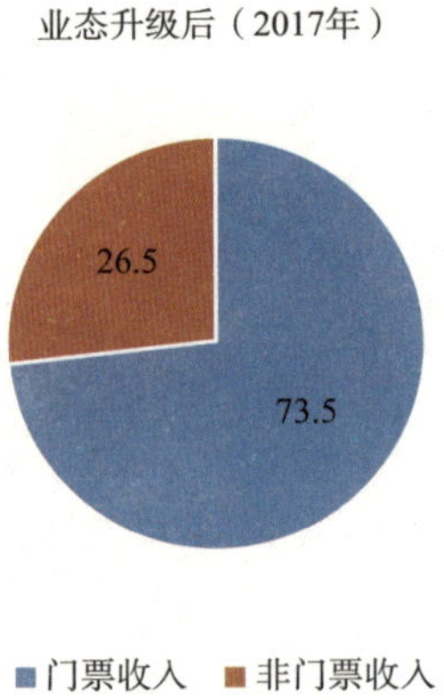

其一，有看头。注重提升景区演艺项目的丰富性，形成多层次、多类型、多形式的演出内容体系。既有收费的大型演艺，比如《大宋·东京梦华》，也有小型免费的民俗演艺，比如《王员外招婿》；既有投资1400多万元的夜间大型水上灯光秀《大宋·汴河灯影》，还有夜间包公巡视汴河漕运情景再现、小豫剧、迎送新酒巡游、码头弹唱、乐器展示等13场演出剧目及情景表演，丰盈了游客的体验内容。

其二，有玩头。科技与智慧结合，文化虚拟体验与现实活动有机互动。联合腾

演艺类型	剧目
大型演艺	《大宋·东京梦华》
中型演艺	《岳飞枪挑小梁王》 《大宋·东京保卫战》
小型演艺	《王员外招婿》 《大宋科举》
民俗演艺	高跷、盘鼓、斗鸡、皮影
情景演艺（街秀）	《送新酒》 《汴河迎亲》
大型夜间光影秀	《大宋·汴河灯影》

清明上河园多元的演艺内容

讯推出《梦回宋朝》主题定制H5互动游戏，将《清明上河图》盛景活化，让游客在游览景区观看表演的同时，通过H5参与互动，化身宋代网红，深度体验“穿越”与“变脸”乐趣。同期上线的“大宋网红版”语音导览产品，打破了以往语音导览单向呆板解读景点的形式，更加注重游客的互动体验，联动门票销售也有很高的收益。2017年7月8日，清明上河园正式开启“夜游清园”活动，将景区营业结束时间从17：30延长到22：30，举办美食节、啤酒节、西瓜节等各种节庆活动，游客量大增。

《梦回宋朝》游戏

“大宋网红版”语音

其三，有住头。清明上河园住宿1.0时代，住宿产品仅有20间房的官驿，以接待观光客为主，入住率在50%以下。清明上河园2.0时代，休闲游客对住宿的要求提高，需求不断增加，园内增设精舍和民宿客栈等产品，客房数增至120间，入住率达到60%以上。清明上河园住宿3.0时代，景区更加注重开发多样化的产品体验，完善度假功能，配备相应的酒店小厨和茶铺等业态，客房数增至500多间，满足游客的度假需求。

清明上河园官驿

清明上河园满庭芳精品酒店

清明上河园酒吧和茶铺

其四，有吃头。清明上河园餐饮1.0时代，餐饮产品以孙羊正店和食街为主，餐饮规模小、质量差，游客在景区只消费一餐，投诉率高。清明上河园餐饮2.0时代，提升原有餐饮品质并增加品类，引进肯德基、开封第一楼、虢国羊肉汤馆等知名餐饮品牌店。小吃餐饮一条街的东京食坊和台湾美食展也于2014年正式开业，仅东京食坊就有特色开封小吃26家，中型餐馆4家，主营开封特色美食御菜。清明上河园3.0时代，规模扩大，创意升级。推出大宋网红美食套餐，也是全国景区首推的具有互联网传播基因的美食套餐，除了长高高（武大郎）套餐，还有变白白（包大人）套餐、享瘦瘦（梁山好汉）套餐、美滋滋（皇帝）套餐、甜蜜蜜（贵妃）套餐等，且每种套餐都搭配了4种特色美食，让游客在逛美景的同时，还能享用地道老开封味道。

清明上河园《逛吃》spa

其五，有买头。“清园礼物”是清明上河园景区自主开发的文创商品，将景区的欢乐元素、演艺元素与北宋文化、市井文化相结合，打造成时下流行的、有创意的商品，包括AR明信片、限量纪念册、U盘、木版年画记事本、清明娃摆件、葡萄酒瓶塞、陶瓷杯、折叠扇、小挂件等多种旅游纪念品，深受游客的青睐。

其六，有学头。景区文化体验项目的提升，为研学旅游奠定了基础，清明上河园与研究机构紧密合作，推出“大宋文化之旅”和“中国非遗研学之旅”，让游客进行深度文化体验，寓教于乐。

多元化的文化研学体验

第二板斧，铺天盖地的营销

景美也怕藏深闺！景区要敢吹、会吹、经得起吹！景区营销要解决的主要问题是：吹什么？向谁吹？怎么吹？因此，做好旅游景区除了内抓精品，还要外抓营销。好产品卖出去才是王道。也就是要加大营销推广力度，做好营销渠道搭建、品牌设计和推广、产品销售策略以及多元服务提供，让游客先种草进而拔草。

线上线下营销渠道	品牌设计和推广手段	灵活的产品促销策略	多元化的服务体验
线上汇道：OTA、游伴小程序、自营店铺 线下汇道：旅行社、自营门店、地接服务、会议会展、社群团体	品牌设计：品牌形象设计、节庆活动策划、会议会展策划、宣传广告设计 品牌推广：新媒体推广、传统媒体推广、央视广告推广	一消促销（基础消费）：景区门票、景区交通 二消促销（配套消费）：吃住行游购娱、商养学闲情奇 三消促销（会员专项消费）：会员卡、线上购物	全程体验服务 游客中心接待 影区交通接待 景区导游接待 VIP个性服务 民宿管家接待

1. 搭建线上线下营销渠道

“一个篱笆三个桩，一个好汉三个帮”。找到好的批发商、代理商、零售商等就相当于找到了景区的“桩”和“帮”，也即营销的渠道。常规的营销渠道分为线上营销和线下营销渠道。

线上营销就是利用网络资源构建线上销售和宣传渠道，主要包括OTA渠道、游伴小程序和自营店铺等三种类型。OTA渠道和自营店铺是已较为广泛应用的两类平台，前者有携程、美团、飞猪等，后者包括淘宝、微店、美团店、官网等，线上渠道更注重通过人性化的界面服务设计、互动化的营销活动设计、完善的购买流程设计来提升购买的转化率。游伴小程序是在大数据时代背景下诞生的智慧服务和营销产品，强调让智慧旅游触手可及，带给游客更便捷的服务体验。线下营销则是依托一切可利用的资源打通传统渠道，如旅行社渠道、自营门店营销、地接服务营销、会议会展营销和社群团体营销等，利益分成模式设计、线路设计推送、服务环节的流畅、活动策划的丰富多元都会影响到营销效果。可尝试建立以营销部经理、区域经理、营销员工与游客团队计调为核心的营销部，并扩大原有景区营销部门人员配置，细分市场，在各目标区域市场设立办事处，同时进行分级管理。在旅游产业渠道上与景区所在地的旅游服务机构（饭店、旅行社及交通企业等）、周边旅游景点建立互惠互利合作平台，通过网络共享信息资源提高效率，保证旅游团队的服务质量标准，防止出现差错和事故。

实际上，大多数景区营销都是线上线下融合，目前我国很多景区都已经做到了系统化营销。比如宋城景区，尽管线上销售和营销做得很好，但是旅行社的客人依然占据游客量的一大部分。再比如甘肃文旅厅与马蜂窝合作，开展“交响丝路·如意甘肃”线上旅游专题营销活动，主要包括活动专题、主题攻略、社交媒体、官方攻略号、旅行者游记、新闻稿发布等，其中仅“如意甘肃游,冬春更精彩”活动就引发曝光量13 350 725次，活动点击量38万次，报名人数11312人次。同时双方还联合推出了“一包如意走丝路”系列文创产品。甘肃的极致美景、绚烂文化、特色遗产正在走进游人的眼里、心里、手里。

2. 创新品牌设计和推广手段

“金牌银牌不如品牌，金杯银杯不如口碑”。在现代营销理念当中，品牌可以称得上是营销的核心和灵魂。品牌营销只要做到从业者的口评、消费者的口碑及经营者的口述这“三口”都说好，就能真正地做好一个品牌。

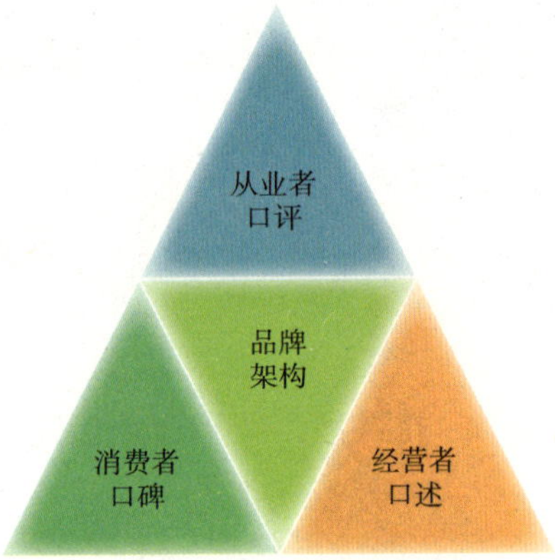

景区品牌营销是景区展现其竞争优势的关键环节。首先是通过品牌设计来塑造形象，彰显景区特质，比如乌镇的似水年华、欢乐谷的都市欢乐开心地、张家界的秀险绝伦等，让人印象深刻；同时也要策划设计节庆活动、会议会展、宣传广告等让品牌更有设计感和逼格，要与市场主流诉求对接。另外还需要通过新媒体、传统媒体、央视广告等媒介创新传播形式，常见的有抖音、快手等视频媒体，网络网红直播平台，微信微博等社交媒体，马蜂窝、飞猪等旅游攻略和软文平台，豆瓣等知识内容平台等，比如张家界的玻璃桥、崖壁电梯、试驾天门山天梯等通过抖音等小视频传播火得一塌糊涂，保持了景区品牌的曝光度和生命力。传统媒体推广主要通过报纸、网络、广告宣传等方式，主要是看传播的地点、传播的频率和呈现的形式，一般是通过视觉震撼和高频轰炸让游客留有深刻印象。央视广告因其公信力、影响力和传播力也成为比较有效的传播方式，尤其受到目的地品牌宣传的欢迎，一般5A级景区或是实力比较强的景区可采取单独投放广告的形式，大多数可以采取搭乘城市目的地宣传的顺风车。

节庆活动是景区品牌营销非常重要的方面，容易增加景区游客数量，调动游客情绪，延长停留时间，增加消费收入，因此景区要通过节庆活动做到月月有赛事，季季有高潮，年年有精彩。

一方面要做好各类节庆并形成品牌。充分利用好常见的传统节日，如端午节、中秋节、元宵节、庙会、七夕节等，通过氛围营造、业态植入、活动丰富等手段，打造人人皆知、人人皆来的景区旅游节。比如郁孤台的中秋节，丰富多彩的活动吸引了一天至少万人参与其中。

郁孤台中秋节丰富多彩的演出活动

也要积极创新一批新的节庆，比如万圣节、欢乐季、美食节、音乐节、登山节、民俗节、啤酒节、夏令营、风车节、赛花节、旗袍会、非遗节、灯光节、电音节、快闪、水火秀、新年跨年会、抖音节、风情节等，让景区内容更丰富，游客情绪更激昂，从而拉动景区的二次消费。比如彝人古镇几乎每天都有火把节等各种小的节事，游客非常乐于参与，类似于火把等的节庆消费品也有非常好的收益。解晓东的理想音乐节每到一处必然掀起激情的浪潮，连云港老街的啤酒节则让原本沉寂的老

连云港老街啤酒节

街热闹非凡。

体育赛事也是提高景区品牌知名度的一种方式，如国际公路自行车赛、国际马拉松赛、定向越野等全民运动赛事等，在大健康的时代背景下，赛事活动可以调动大家的运动养生意识和参与热情，也同时展现景区的自然与人文风情魅力。

另一方面还要做好各种有爆点的营销事件策划执行。极限运动事件就比较有代表性，如翼装飞行、急速滑降、极限跳伞、徒手攀岩、城市跑酷、荒野求生等，抓住大家的猎奇心理，以病毒式传播覆盖全媒体，吸引世界眼球。还有一些奇思妙想的事件营销，如“清新福建”出奇招策划了一场“一元钱拍土楼”的全球事件营销活动，这次活动是福建省首次运用海外社交媒体平台进行线上线下结合来开展大型国际事件营销，并通过三大社交媒体——Facebook、Twitter、YouTube进行福建旅游的国际化传播，活动受全球热捧，线上线下互动火爆。

巅峰智业参与投资、建设和运营了湖南郴州绿心童乡景区，在品牌设计和推广方面也做了不少尝试，取得了不错的效果。首先绿心童乡围绕“教育型儿童自然探索乐园”的品牌定位，设计出品牌IP形象，一只勇敢、呆萌、快乐的阿布熊，并由品牌IP形象推出一系列衍生品，包括意寓“爱在绿心童乡”的阿布问候语“Ingrogo”、阿布熊表情包、阿布熊文创商品、阿布熊入口景观标志等等，其品牌形象在游客心中留下了整体的印象。

绿心童乡品牌IP形象系列衍生品

完成品牌设计后，绿心童乡进入品牌推广阶段。

开园第一年，广撒网，运用传统媒体营销与新媒体活动联合等多种方式展开了铺天盖地的宣传，如绿心童乡通过开通官方微信（服务号+订阅号）、官方网站、官方微博，建设三大社群（妈妈群、亲子群、教育群），向中小学校等合作伙伴、媒体、全体员工分享园区最新活动信息，为园区赢得了较为稳定的团体市场和部分散客群体。

开园第二年，强聚焦，全面发展会员经济，加大新老客户黏性，通过口碑营销、精准营销、异业联盟、活动营销等方式，拓展散客市场，巩固团客市场。如元旦“快乐慢快递”自助餐亲子活动，植树节“种下一棵树苗，陪伴孩子一起长大”公益活动，六一儿童节“传承民俗文化、畅玩绿心童乡”非遗传承、路虎带你“爸”气十足、百米长卷绘画等活动有效提升了园区知名度，收到了轰动全城的市场效应。

开园第一年：绿心童乡新媒体营销推广

开园第二年：绿心童乡活动营销

3. 制定灵活的产品促销策略

景区促销是营销者将有关景区产品的信息通过各种方式传递给旅游者，促进其了解信赖并购买景区产品，达到扩大销售的过程。这里总结出了一套比较接地气的产品促销体系，即针对景区一次消费（基础消费）、二次消费（配套消费）、三次消费（会员专项消费）等不同产品类型采取的相应促销方法。

首先，针对景区一次消费的促销策略。景区一次消费主要是指景区门票、索道交通等基本开销。通过淡季减免门票，与其他景区、旅行社和酒店等联合促销降低票价，景区交通和门票联合捆绑促销，龙头产品或项目宣传吸引等方式促进基本消费。**各大景区在门票优惠方面各有妙招，**例如，河南洛阳凭高铁车票享受35家景区门票半价优惠；黄山风景区在各市指定时段实施景区门票免费政策，黄山市内其他50个A级景区(点)在各市指定时段实施景区门票半价优惠政策；另外，有海南最美梯田之称的牙胡梯田因知名度不够，采用联合促销手段，通过购买海南蜈支洲岛、南山、天涯海角等5A级景区门票即赠送牙胡梯田门票的优惠方式，实现快速引流。华山索道公司别出心裁，通过广告宣传“赏华山标志美景必上北峰”的营销策略等多种方式提升往返乘索道率，增加收入。

这种促销方式虽然损失了部分门票，但是能够拉动人流，增加消费，提高淡季收入，也能够短时间回收成本，是一种可以阶段性推行的促销方式。

其次，针对景区二次消费的促销策略。景区二次消费主要是指门票收入外，游客花在景区内餐饮、住宿、购物等多元化产品上的额外费用，是景区营收的重要方面。可以将二消产品打包和门票联动销售，从纷繁复杂的产品中选择打包产品向游客推荐销售，自然会加大销售规模。例如“门票+酒店”的主题旅游套餐，珠海长隆国际海洋度假区通过与OTA合作，已形成从单景区门票到“门票+酒店”，再到“门票+酒店+X”丰富的周边游产品套系。

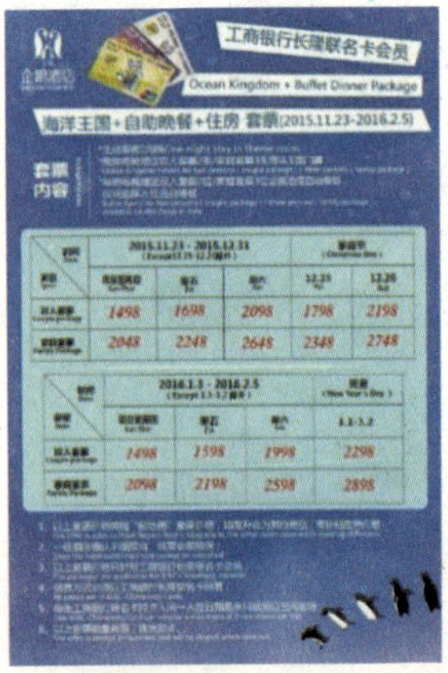

2015年珠海长隆海洋王国会员套票

高级房（2天1晚双人单园游）（马戏除外）			
类型	双人套票		
日期	周日・周四	周五	周六
2018年1月2日至18日/3月1日至31日	1698元/间/晚	1898元/间/晚	1998元/间/晚
2018年1月19日至31/2月1日至14日	1898元/间/晚	2098元/间/晚	2198元/间/晚
2018年2月24日至28日	1698元/间/晚	1898元/间/晚	1998元/间/晚
类型	家庭套票		
日期	周日・周四	周五	周六
2018年1月2日至18日/3月1日至31日	1998元/间/晚	2198元/间/晚	2298元/间/晚
2018年1月19日至31/2月1日至14日	2198元/间/晚	2398元/间/晚	2498元/间/晚
2018年2月24日至28日	1998元/间/晚	2198元/间/晚	2298元/间/晚

2018年广州长隆酒店高级房2天1晚套票

当然景区也可以通过龙头热点项目或免费项目来带动其他消费。古北水镇在规划时，对景区业态进行了“三三制”划分，三分之一的门票收入，三分之一的酒店收入，三分之一的景区综合收入。门票只是进入古北水镇的门槛，游客在景区里的二次消费才是经营者更为看重的收入来源。古北水镇50%左右的收入来自客房住宿、特色购物、温泉、餐饮、娱乐休闲、演艺、会议展览等多元业态，主要通过门票带动二次消费、免费项目带动二次消费、住宿套餐刺激过夜消费、夜游项目带动过夜消费、冬季项目补足淡季消费这五个妙法，使景区产生非常可观的消费收入。

免费　15元　3元　15元

户外免费泡脚带动多元消费的促销活动

最后，我们再来看看如何做好景区三次消费的促销。景区三次消费主要是指在景区内部空间之外展开的消费类型，消费空间更大，消费方式更自由，如游客离开景区后享受的类似售后服务的会员服务和不受时空限制的线上购物。

景区通过提供优先预约、消费优惠、重要节日关怀、积分兑换礼品、会员专享活动等会员服务，稳定客户群体，增加重复消费，增强客户黏性。同时也通过完善的会员体系和产品服务的提升增加新客户，一般适用于小镇、农园等景区。如绿城集团打造的春风长乐，通过“会员+社群”营销模式，快速发展了从独乐乐、众乐乐到长乐乐的CJA社区支持农业模式下的会员群体。用“稻田认养计划”等体验活动聚集起一批新都市农民，提前预先付费和农场签订合约，农场向消费者提供安全、健康的食物的同时，提供以下超值会员服务：

◆认养百方稻田；

◆享农产品配送；

◆农耕仪式体验：开耕艺术节和秋收大典；

◆稻田托管服务：田间养护和收割由当地农民完成；

◆亲子自然课堂：按节气邀约参与农事与民俗活动；

◆专属定制礼盒。

4. 提升人性化的对客服务

优质旅游服务能够渗透到旅行的各个环节，令人印象深刻的服务会直接影响到旅游口碑，游客在心动时，往往会产生积极的、无戒备无限制的冲动消费行为，好

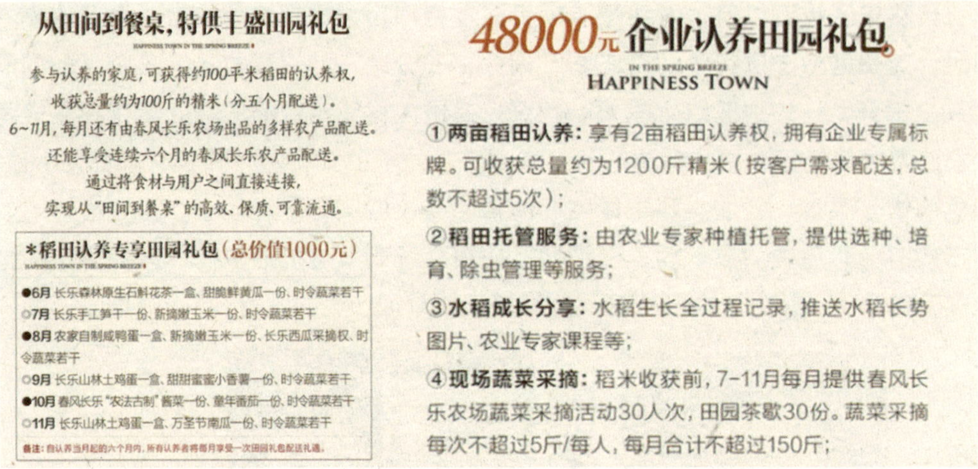

的对客服务本身就是一种营销。景区对客服务主要包括全程体验服务、游客中心接待、景区交通接待、景区导游接待、VIP个性服务和民宿管家接待。

美国好莱坞环球影城通过VIP服务吸引到了一批忠实客群。景区目前有三种门票类型：普通票、快速通道Front of line优先票和VIP贵宾票。拥有VIP贵宾票的游客可以享受由环球影城的专职VIP领队提供的全程体验服务：首先，VIP贵宾不必再去排队乘坐“Universal Studio影城之旅”观光车，而是有专属的VIP电瓶车带游客直接进入电影拍摄现场，每到一处摄影棚，都可以下车体验并且拍照留念。其次，可以当日无限次进入所有项目的快速通道。另外，可以在最佳座位观赏所有演出。更牛的是，可以在VIP私人餐厅享有由好莱坞环球影城行政总厨特别烹制的精美午餐。并且贵宾享有VALET PARKING代客泊车服务。总之，在整个VIP贵宾之旅的过程中，有任何需求都可以找专属领队，领队将负责处理游客在环球影城中的一切要求。

民宿作为景区的重要消费组成，也在形成品牌服务。莫干山西坡的管家服务做得有声有色。首先，西坡的管家服务理念很特别：正规不正式，正规是说涉及到物品，能做得比五星级酒店还要正规；正式是说涉及到人，可以做到更亲切自在的服务。其次，西坡管家都有一本管家手册：“凡是客人一切合法的要求，你都需要满足”，并做到以下三点：准备工作要做足、提醒客人安全事宜、了解客栈甚至每株花草。此外，在客房标准、员工管理和服务技巧上也都有其独到之处，为住客提供最好的服务体验，打动顾客的心。

第三板斧，精益求精的管理和服务

一直以来我们都很重视景区的建设和产品打造，但是却忽视了对景区的经营和管理。有一个关于景区管理的故事，可以分享给大家。美国加利福尼亚州有个著名的旅游景点——维特施加植物园，里面种植了各种珍贵的花卉，由于游客素质参差不齐，常有花卉不翼而飞的事情发生。前几年，植物园的管理人员采取四面出击的办法，一旦捉拿到偷窃花卉者就重罚，但见效甚微。后来植物园的一位主管灵机一动在植物园内的各个角落都竖立起一块告示牌，上面这样写着："凡检举偷窃花卉者奖励200美元。"打从这时起，植物园花卉被窃事件就一天天减少了。变罚为奖，变管住游客的被动局面为游客参与管理的主动局面。事实上，这只是源于管理人员转换了一种思维角度，巧妙地改动了管理的支点，将景区的管理权交给了广大游客，由此可见科学景区管理的妙处。

做好景区不仅是眼前目标，更是一个长远方向、一个持续过程，要用专业的管理运营来提升综合竞争力，从"重开发"到"重运营"，从"重物"到"重人"，从"重硬件"到"重体验"，通过科学管理提升管理效率，降低运营成本。

1. 体制化变革

近年来，我国景区改革进程不断加快，在推动政企分开、事企剥离、结构优化、公司化运营以及建立健全发展机制等方面开展了一定的实践。例如山东省提出所有权、经营权和管理权"三权分离"，山西省也在大力倡导景区管理权和经营权分离。

景区运营应实行三权分离：资源归国有、管理归地方、经营归企业。三权分离就是要使景区的所有权、经营权和管理权分属于三个不同法人主体，且三个不同的法人主体之间的利益关系相互独立，也就是旅游景区所有权归国家所有，景区管理权由政府派出机构——风景名胜区管委会承担，景区经营权交由企业负责。

三权分离，改变了国家既是资源所有者，又是管理者、经营者的状况；突破了旅游景区资源国家所有、国家开发、国家经营的框框，创新了开发机制，实现了投资渠道多元化和经营管理市场化。只有使这三权做到了真正分离，才能使旅游景区经营单位逐步成为适应市场的法人实体和竞争主体。目前在国家层面还没有旅游资源三权分离的引导性政策，但山东、山西、贵州等地，在全域或重点旅游景区，已经进行了三权分离的尝试推进。

明确地方政府对景区的发展规划、日常管理、资源保护、市场执法等方面的责任；扩大和规范特许经营权，鼓励各类资本，尤其是民营资本进入景区开发和投资，严格保护民营资本产权，并在特许经营的框架下上缴保护经费。鼓励民营资本在不触动不可再生核心旅游资源的基础上，于城市、景区周边，充分利用不适宜城市建设用地，开发多种类的旅游、休闲、度假等旅游景区和旅游产业链延伸项目，以缓解旅游景区和产品的供需失衡；鼓励民营资本参与景区的运营、管理，提高景区效率，促进地方就业和税收；鼓励公共和民营资本加大对市内公园、博物馆、文化馆等休闲文化设施的投资，丰富文化旅游、修学旅游等旅游产品，分流核心景区旅游接待压力；进一步探讨旅游投融资制度和土地制度的改革。重点探索民间资本进入景区开发的范围和途径以及金融资本对旅游发展的支持途径；并探索放宽利用荒地、山地、废弃地、复垦地、盐碱地和石漠化用地等特殊用地指标开展旅游活动，并结合农村集体土地产权制度改革，推进乡村旅游以及旅游产业和其他各项产业的融合。

推动旅游资源的所有权、管理权以及经营权分离，以建立市场化的旅游经营权流转机制和相关的法律法规体系，有助于增强旅游项目市场化的运作能力，增强运营操盘实力，一些能干事、干成事的人在旅游投资项目中更多涌现。三权分离，使收益权可流转，为社会资本进入提供了通道，为社会资本进入构建基础性投资和收益安全保障，使以旅游公共服务为核心的产业金融发展成为可能。

2. 高效化合作

各种景区经营管理模式的核心是科学高效选取经营合作者。不同的模式组合了不同的经营主体，有助于帮助景区扩展经营渠道、规避风险、优化管理等，最终目的都是为了景区更有效率的发展。目前我国景区经营管理主要存在以下几种模式：一是传统经营模式，即管委会模式；二是产权对内分离模式，即国有企业模式；三是产权对外分离模式即民营企业整体租赁模式和上市公司模式。在操作过程中具体的表现形式有以下几种：政府管理机构+公司经营模式，成立管委会等政府性质的机构，代政府行使景区社会管理与服务职能，公司负责景区的经营活动；旅游管理委员会+公司经营模式，成立旅游管理委员会，只负责旅游管理与服务，公司负责景区的经营活动；整体转让经营权模式，企业与政府签订转让协议，将景区的管理权与经营权整体转让给企业；特许经营模式，由景区的管理者将景区特定的经营项目委托给第三方进行经营；混合所有制模式，通过景区的股份制改造，吸引各类资本参与景区投资与经营；企业改制，通过企业改制程序，转变原经营主体性质，将国有或集体性质改制成民营性质；委托管理，聘请专业团队对景区进行专业化管理。可以看到景区过去通常采用管委会的模式，而现在更多在向经营权的市场化，采用合营、合资、租赁等模式转变，景区经营管理模式的变革已经行进在路上。

景区托管也是其中一种创新、高效式管理模式。景区托管，即景区所有者将经营管理权交给具有较强经营管理能力并且能够承担相应经营风险的专业团队负责景区的经营管理工作，包括整个景区运营、项目经营、内部管理和市场营销等，经营管理团队把有效的经营机制、科学的管理手段、成熟的品牌、充足的资金等引入景区，对景区实施有效管理。在保证景区所有权不变的前提下，受托方凭借自己的管理和资金优势在帮助景区实现提质增效的同时获取一定的经济回报。

托管主要有三种形式。**一种是全面托管**。景区所有者或经营权拥有者将景区的经营管理权限全部委托给托管方，自己主要起协助和监督作用。此形式适用于经营

政府管理机构+公司经营模式

· 成立管委会等政府性质的机构，代政府行使景区社会管理与服务职能，公司负责景区的经营活动

旅游管理委员会+公司经营模式

· 成立旅游管理委员会，只负责旅游管理与服务，公司负责景区的经营活动

整体转让经营权模式

· 企业与政府签订转让协议，将景区的管理权与经营权整体转让给企业

特许经营模式

· 由景区的管理者将景区特定的经营项目委托给第三方进行经营

混合所有制模式

· 通过景区的股份制改造，吸引各类资本参与景区投资与经营

企业改制

· 通过企业改制程序，转变原经营主体性质，将国有或集体性质改制成民营性质

委托管理

· 聘请专业团队对景区进行专业化管理

不善、管理较混乱、盈利能力较差但发展前景较好的景区。**第二种是部分托管**。将景区中某一环节或部分经营项目委托给其他单位经营，如景区内部管理、市场营销、景区中一个或几个经营性项目等。适用于整体经营状况良好，但某些方面由于人才资源等原因存在问题的景区。第三种是**短期托管**。短期内将景区经营管理权限全部交给受托方，并挑选合适人员委托给受托方培训和参与经营管理，委托管理期满后自己独立经营,期间储备人才。适用于新开发的景区。

我国从20世纪90年代开始推行景区转让经营，但大多数采用租赁、承包或买断形式，实际上是经营权出让，真正的景区托管整体起步较晚。

2002年，我们在业界做了创新尝试，托管了景德镇的浮梁古镇，取得了很不错的成绩，这个尝试也为我们到2006年正式大规模开展景区托管业务奠定了基础。巅峰智业秉承着“为中国旅游景区提质增效”的使命，成功创造了“3年26倍增长的周村速度”“一年创建5A的黑山谷现象”“三年大变样的龙宫品质”等行业榜样，培养了数百名景区运营管理人才，并荣获了多项国家级荣誉。

2017年，巅峰智业与华侨城集团合资成立华侨城旅游投资管理有限公司（简称“华侨城旅投”），并于2018年出任董事长单位。华侨城集团是96家央企当中的文化旅游领头羊，总资产超过5000亿元，作为亚洲第一的文化旅游品牌，华侨城一直把自己定位为中国全域旅游的示范者和文化产业的领跑者。华侨城旅投作为华侨城集

团三大投资平台之一，聚焦于高品质景区的运管和投资，目前已运管包括平遥、大理、山海关、剑门关等知名景区在内的10多家5A级景区。

山西平遥古城

云南大理古城

四川广元剑门关

河北秦皇岛山

江西鹰潭龙虎山

湖南郴州东江湖

湖南邵宁崀山

山东东营黄河入海口

天津盘山

辽宁本溪水洞

河北邯郸广府古城

云南昆明世界园艺博览园

青海互助土族故土园

辽宁鞍山千山

安徽安庆天柱山

目前我们已经累计运管过100多家景区，通过金牌管家服务、主场专业服务，能在很短的时间让一支杂牌军变成一支正规军，再让正规军变成王牌军，帮助景区进行标准化运营管理，帮助景区增流、增收、提质、整合，帮助景区利用智慧云平台实现多业态产品管理、渠道分销、规范管理、营销自动化、服务会员、体验升级等需求，帮助景区加大对融多功能于一体的新型城镇化示范区、旅游度假目的地、文化产业基地、旅游小镇的创新投资。

景区托管的目的就是借助外力在短期内提高景区的服务质量和管理水平，拓展客源市场，组建营销网络，理顺营销渠道，提升景区的知名度和影响力，增强景区的品牌价值和综合效益。正所谓“他山之石，可以攻玉”，我认为景区实行委托管理有如下好处：

一是景区的所有权、管理权和收益权均没有改变，经营权实际上也没有发生根本性的改变，即使是风景名胜区也没有政策上的障碍。

二是景区管理公司是一个法人实体，能够承担法律责任，有利于协议的履行，并且景区经营的最终控制和决定权仍然在景区所有者手中，避免个人承包中可能出现的短期行为、掠夺性经营和损毁景区形象等经营行为。

三是景区管理公司进驻的不仅仅是运营团队，更重要的是带来了先进的经营理念、科学的管理方法和丰富的资源，有利于为景区所有者培养自己的景区经营管理团队，有利于景区的长远发展。

让更懂得管理的团队发挥专长，专业的事情让专业的团队去做，通过标准化管理、智慧化服务、专业化培训实现景区提质增效，是值得旅游景区广泛借鉴的景区体制机制创新模式。

3. 标准化管理

景区的管理应该是多方位、多层面、综合性的管理模式，涉及人事、财务、安全、接待、日常工作等事务性的工作，这些工作是可以实现标准化的，也是可以提升管理效能的重要部分。

在进行标准化管理之前，要做好调研和考察，对景区的经济、文化、社会状况、人员管理、设施管理、营销举措等进行全面的调研与分析，寻找景区发展的问题与症结，从而制定景区的发展战略、目标框架以及管理实施计划。

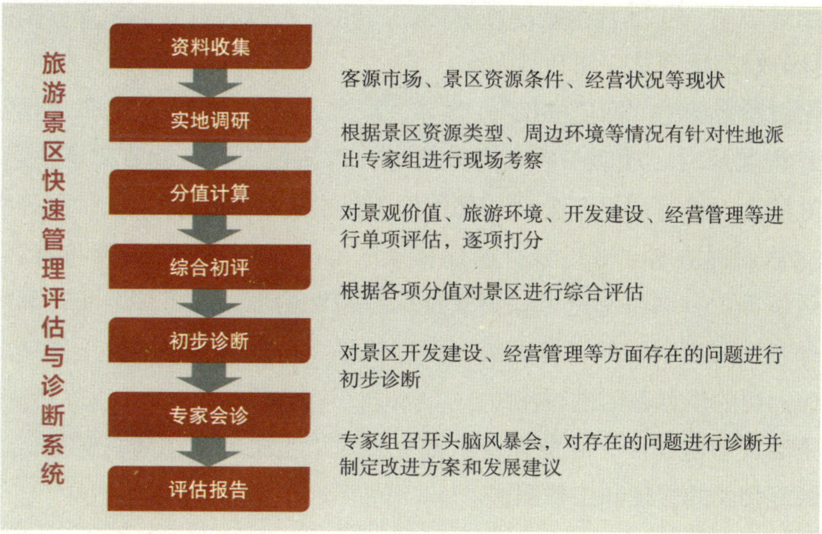

巅峰智业和华侨城旅投结合多年的景区管理经验，制定了不同类型和层级景区的标准化管理手册，将其快速植入各个托管景区，并因地制宜，创造出基于标准化的个性化运营管理方法，为景区发展效率的提升起到了促进作用。

标准化的景区管理应注意以下“七个要点”“九个方案”和“四项举措”：

要突出标准化建设的“七个要点”。机制方面，要实现扁平化管理；架构方面，要设立行政人事部、财务会计部、运营管理部、商品租赁部、绿化环卫部和工程维护部；职责方面，要明确部门职责和岗位职责；制度方面，要建立公司制度和部门制度；流程方面，要梳理服务流程、操作流程和管理流程；标准方面，要编制安全手册和服务手册；工具方面，要制作制度表单、财务表单、人事表单和运营表单。

要编制计划管控的“九个方案”：年度经营管理方案、年度营销管理方案、年度

旅游景区标准化管理体系

总经理办公室标准化管理手册
财务工作标准化管理手册
运营项目标准化管理手册
商品经营标准化管理手册
环境卫生标准化管理手册
人力资源标准化管理手册
服务质检标准化管理手册
物品采购标准化管理手册
园务工作标准化管理手册
工程维修标准化管理手册
行政后勤标准化管理手册
服务规范标准化管理手册
安全保卫标准化管理手册
市场营销标准化管理手册
演艺活动标准化管理手册

招聘管理方案、年度培训管理方案、年度安全管理方案、年度质检管理方案、年度运营费用预算方案、年度营销费用预算方案、年度人力资源成本预算方案。并将年度任务目标分解细化到月、周和日方案。

要强化质量督导的“四项举措”：督导、检查、整改和考评。每件事情都要做到任务清晰、沟通及时、理解一致和高效落地。以会议为例，就要实现常态化管理。每月召开月度会议，每周召开公司和部门周工作会，每日班前10分钟召开每日班前会。要建立考评淘汰制。通过分析近几年景区部门岗位的工作内容与游客量数据，综合考虑后按部门各岗位制定考核绩效指标与考评内容，在考评上实行部门负责人与主管领导两个渠道平行的考评方法，做到公平竞争多劳多酬，对不能完成岗位工作的员工按公司的规章制度进行淘汰。

而在景区托管过程中，专业托管人员会针对以上关键点组建托管队伍，并针对每项要点做好相关的管理和工作跟进。

制定适合的组织管理框架。根据景区资源类型、经营产品的特点制定公司组织架构，构建以总经理为首，景区营销、景区管理、商品经营三位副总经理为辅的经营管理班子，搭建核心管理层——各部门负责人队伍。在管理上实行总经理责任制，总经理对全年景区效益目标承担全部责任，营销、景区管理、商品经营三位副总经理按分管工作对总经理分解的各板块的经营指标负责。

设计科学的组织管理流程。各部门的工作紧紧围绕“计划、组织、协调、落实”的四步流程开展，让每个管理者清楚公司框架以及自己在其中的位置和职责。做到政通人和，工作安排简单、明确，责任人清晰，有效地提高管理工作的有效性。

建立健全景区的规章制度。制度是企业正常运营的根本所在，是管理规范的前提。首先对原有规章制度进行优化整理，制定好管理流程记录表。使原来靠领导管员工变革为公司制度管员工，有效杜绝人情管理，将管理过程记录在规范的表格上，做到管理不走过场，执行情况有记录。同时注重人性化管理，为员工与领导之间建立畅通对话渠道，要求管理者对员工的意见在三天内有答复函，对涉及制度方面的合理化意见每月定期召开会议，在下月对现有规章进行修改整理和汇编，并作为今后工作的标准。

强化景区财务的规范管理。在财务管理上要求做到费用开支有计划，费用使用审批有流程，合同支付有授权限定，财务收支有章可循，每月财务有分析报告。景区专业托管需要做好指导、监督和跟进。

4. 智慧化服务

上文提到的标准化管理更注重提升景区对内的管理效益。实际上，景区在对外经营中面临着另外一个痛点，即游客对游中服务的吐槽。旅游服务是旅游景区提高档次，增强吸引力的十分重要的软件要素，也是提高旅游效益的关键途径。为优化运管水平，降低运管成本，提高服务水平，提升游客满意度，旅游景区有必要通过搭建每个服务环节中的智慧化平台和途径，实现游客旅游的智慧化服务体验。

掌上智游，玩转全域，通过智能服务平台为游客提供游中的各种服务。比如智能导览/位置服务、智能定制/游玩线路、智慧营销/活动预约、智慧服务/一键求助等，满足游客搜索、阅读、攻略、购票、支付、检票、导航、导游、导览、导购、游玩、互动等各种诉求。巅峰智业正在推动和实践景区一部手机游业务，让游客开心游，顺心游。

云端智能，支撑服务，通过云管理服务平台为景区提供全方位智能服务。比如接入云端服务、聚合云端用户、汇集云端数据，促进景区业务信息互惠、营销、结算，促进景区宣传、推广、营销，协助做好景区渠道管理、活动组织、管理决策、数据统计分析，协助做好景区监控管理和应急管理等。

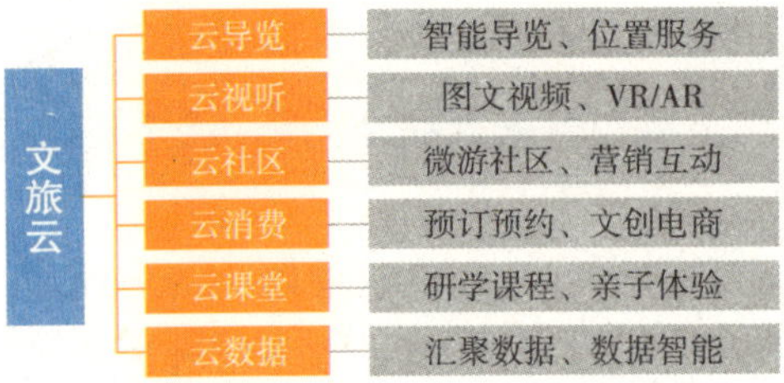

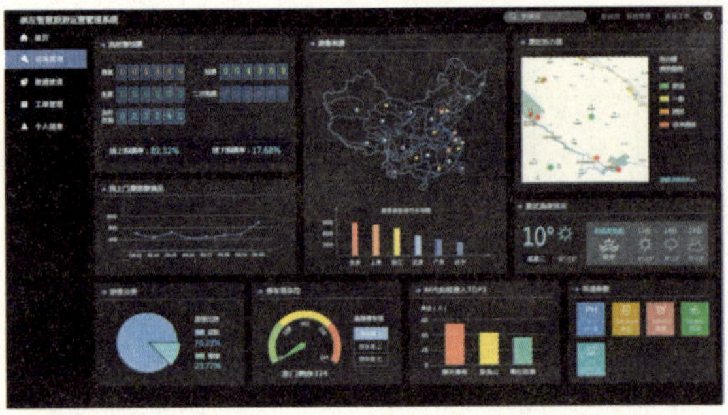

智慧旅游时代，“移动互联网＋智能科技”，让智慧旅游进入以服务游客为中心的下半场，也让智慧服务真正触手可及。

5. 专业化培训

景区发展，人才是第一位。从人员构成上，岗位技能专业人才、中高层景区管理人才都需要配备；从人员素质上，要提升景区人员的整体服务意识，真正提供打动游客的服务。

建设一批景区教育实践基地。与高校、院所人才教育培养紧密结合，精选优秀景区建设教育实习基地，拓展实习领域，做好实践内容设计和培养标准制定，让学生走向一线，实现体验式、沉浸式、现场式的教学。

搭建一个景区线上教育平台。网罗全国优秀景区教育培训资源，通过音频、视频、直播、资讯、社区、大咖互动等方式，开发多元化课程。同时为景区岗位技能人员、景区管理师、景区职业经理人等人才开发标准化与定制化相结合的课程体系，提供强有力的培训支持。

强化线下培训系统建设。从员工岗位培训入手，提高员工的服务意识，做到景区服务礼貌用语标准化；以质检为辅督导员工服务质量规范化；编制岗位工作流程，做到工作步骤统一化；加强旅游专业知识教育，提高管理人员的综合素质，在重要的或业务性强的岗位，实行持证上岗制度。

通过培训要能够提供打动人心的服务，让游客感动而归。

一是做好标准化服务，这涵盖了服务工作的所有程序，要遵循行业标准和规范做好、做到位。

二是提供品质化服务，结合消费者的需求做精、做深，可以是温暖的体验，也可以是王者的荣耀；可以是设施的高端，也可以是软性服务的升华。内外兼修，软硬兼顾。

三是要有个性化的情感服务，即使是最简单的服务也有故事可讲，要能够换位思考，从游客心理出发，关注细节，创造感动。东京迪士尼乐园用极致的服务惊艳了全世界，迪士尼的清扫人员都是“扫地僧”，能够现场用清扫工具为小朋友绘制可爱的卡通人物；游客丢失物品会不计成本找回，给人带来惊喜和温暖。

旅游景区的建设，是慢工细活，不能一蹴而就，要充分发扬匠心精神，真正死磕到底，让景区更精彩，让旅游更美好。

第十一讲

怎样做好乡村振兴

在第三届中国文旅产业巅峰大会上做《乡村振兴巅峰解决方案3.0》演讲（2018年5月11日，北京）

在国家发改委联合国家农业农村部和国家文化和旅游部组织的“全国乡村旅游经验现场交流会”上的演讲（2019年3月20日，婺源）

近些年来，我发现一件非常有趣的事情，那就是“围城”现象——城里人隔一段时间就想去村里，村里人又非常想到城里来。久居城市的人，每个人心中都会有一个田园梦；对于村里人来说，每个人心中又都有一个大都市的梦。曾几何时，我们的乡村是美丽的，但也是破败不堪的；随着经济的发展，我们的乡村越来越富裕，但却也越来越千村一面，没有灵魂；而我们心中的田园梦、乡愁情则更希望乡村既是美丽的、文明的，还是富裕的，有生活味的，这便是我们这个时代的乡村振兴梦。

乡村振兴是国家在新时期立足国情、基于乡情、顺应民情提出的具有划时代意义的关键战略。纵观世界，乡村振兴都是国家在社会经济发展到一定阶段的转型推动之举。第二次世界大战结束之后，发达国家的城市化进程得以快速提升，大城市病凸显，城市土地快速扩张，入侵乡村，而同时农业本身也遇到了传统增长和发展的瓶颈，乡愁逐渐消失，农民难以回归……由此，各个发达国家纷纷在特定的历史阶段推出了乡村振兴战略，从而实现国家整体经济社会的转型升级。目前我国的城镇化率为56%，服务业占比已经超过了50%，发达国家的城市乡村问题正在我国上演，实施乡村振兴战略，培育现代产业新形态、挖掘农民增收新空间、构建乡村治理体系、重建乡村文明、加速打造城乡融合的美好生活，开启农业农村发展新征程，可谓久旱逢甘霖、意义重大！

近十多年来，我们的国家一直在探索。无论是连续15年的中央1号文件，还是《关于推动落实休闲农业和乡村旅游发展政策的通知》《国家乡村振兴战略规划》等文件，都是在科学引导和有力推动乡村的蓬勃发展。2017年10月18日，党和国家首次提出乡村振兴国家战略，随后进行了一系列有序的战略部署，各地方从上至下，从政策到落地，从仅做基础设施改造的表面功夫到推动产业品质升级的内涵深化，乡村振兴已经是新时代三农工作的总战略、总统领和总抓手。2019年全国两会期间，国家主席习近平指出“要把实施乡村振兴战略、做好‘三农’工作放在经济社会发展全局中统筹谋划和推进”。强调实施乡村振兴战略的总目标是农业农村现代化，总方针是坚持农业农村优先发展，总要求是产业兴旺、生态宜居、乡风文明、治理有效、生活富裕，制度保障是建立健全城乡融合发展体制机制和政策体系，首要任务是确保重要农产品特别是粮食供给。

同时地方政府积极跟进，各个省都已经提出了相应的政策和举措，比如江西省提出了“培育六个千亿产业”，福建省提出了“五个留”，留白、留绿、留旧、留文、留魂，浙江省提出了“五万工程”，广东省更是在2018年为2771个村分别拨款2000万，拿出616.8亿推进乡村振兴发展。

另外交通、网络、技术等方面的快速发展也在提升乡村发展的价值。随着乡村路网的不断升级，交通可达性的大幅改善，让原来的闭塞之地变得通达，原本偏远的乡下成为经济发展新空间，乡村所承载的乡愁和绿水青山正在展现新的价值；互联网、物联网等新技术革新应用不断拓展，淘宝村、京东店、美团包等平台的出现宣示着新零售也已经开始进县下乡，乡村土特产的价值也得到了新的认知和评估；全国已涌现出如袁家村、鲁家村、丹寨村、东罗村等一批特色鲜明的成功样板。乡村振兴，可谓具备天时地利人和！

乡村振兴中产业振兴是我们首先要解决的问题，而在产业振兴、产业兴旺中旅游要先行，旅游要做先锋，其在促进城乡思想、文化、服务、设施和生活等方面是最好的纽带，是绿水青山变为金山银山的重要转换器。数据显示，近年来我国休闲农业与乡村旅游人数不断增加，已经从2012年的7.2亿人次增至2017年的28亿人次，年均复合增长率高达31.2%。据测算，2018年全国休闲农业和乡村旅游接待人次超30亿，营业收入超过8000亿元。中国要美，农村必须美，乡村要振兴，旅游有作为，乡村旅游正在成为产业振兴的新途径，旅游生活的新方向，文化游憩的新载体，发展大有可为。

乡村旅游快速发展过程中也存在着很多问题和不足。

缺理念。比如过去的新农村建设千篇一律，建筑虽然整整齐齐，规规矩矩，但也死死板板，毫无旅游的美感、生活感，乡村建设应是错落有致，更加自然生态，让人感觉非常舒服，这需要乡村建设和经营者有更前沿的理念。还有很多地方的乡村振兴就是拼命地修路种树，拼命地搞特色小镇，本质上还是搞房地产。

缺内容。我国的乡村旅游发展正处于探索阶段，缺乏能够吸引人来的引爆性产品，也缺乏多元化的盈利业态，缺乏能够让游客直接参与和体验的活动，很多时候还是旺丁不旺财。乡村的夜还是静悄悄、黑黢黢，如何点亮、激活也值得我们去考虑。

缺人才。再好的战略也需要由人去落实，人才是乡村振兴的短板。由于受教育水平和发展视野的局限，乡村人才的全面综合素质相对较弱，真正能够思考乡村发展如何做顶层架构、阶段推进、落地实践的领导管理人才不足，专业的岗位技能人才不足，外来的新生文化、创意、艺术人才不多……如何能够发掘这些人才，留住这些人才也非常关键。

缺运营。一个乡村就是一个社会，综合复杂，而旅游也是包罗万象、千头万绪，所以乡村旅游的发展要有专业运营能力的团队去综合考虑各方面主体的发展诉求和利益纠葛，要具备整合方方面面的资源和能力，探索整合思路、模式、平台和路径，开启新时代乡村振兴新征程。

在这里我提出乡村振兴战略下的乡村旅游“四找”路径，即找准魂——三生三美，找好内容——五好乡村，找对人——三人成众，找活资源——模式突破。以文化灵魂为引领，以产业产品为支撑，以人才推动为保障，以模式突破为抓手，让更多的“新知青”与“新农民”为乡村发展绘就浓重的一笔。望终有一日，我们可以打造出城乡共融共享的品质生活，将梦想放飞在乡村这“希望的田野”上。

一、找准魂——三生三美

乡村振兴不是要把乡村变为城市，而是要把城市消费引入乡村，要真正形成一种共生、共融、共享、共赢的发展格局。每个乡村都应该有植根于本土的文化灵魂，在城乡文化交流的同时，更好地保持乡土文化的独特性。从过去看未来，乡村是盛世乡愁的存放地，农业文明的复兴地，是历史文化、物质文明和精神文明的积淀；以未来的眼光看现在，乡村是传统文化的时尚艺术弘扬地和诗意栖居的心灵家园理想地。过去和未来交汇要求我们真正去挖掘乡村在地的人文、地景、产业等风土资本，打造有文化灵魂的乡村，有乡愁生活的乡村，三生三美的乡村。

（一）突出生态灵魂之美

田园山水，本就不同，不同在山水的原生质朴，不同在景观的自然纯真，不同在天然要素组成的田园画卷，这就是乡村演化发展留下的宝藏和精华。结合生态山水的自然肌理，提炼出乡村的田园灵魂，比如婺源的梦里老家，成片的油菜花田，潺潺的溪水，悠闲的牛羊，水墨的建筑，田园生态的意境尽显。云南的元阳梯田，上千年的农耕作业造就了色彩绚烂的水韵梯田，其中蕴含了村民生产生活、山区地质演变的经年积淀，造就了具有高辨识度的生态田园地标画作。

生态之美要求做好原生保护，发掘好生态元素，做好生态景观的建设和维护，

婺源的田园美景

元阳梯田

（图片来源：图虫网）

生态交通的开发和实践，生态体验的丰富和深化，建设生态美的田园诗画大景区，让生态灵魂的特质持续焕发光芒。台湾的桃米社区是生态元素发掘和利用做的比较好的村子，1999年这里发生地震，产业没落，人员流失，空心化非常严重；2008年，村子开始重视生态保护并发展乡村旅游，乡村经济得以复活。桃米蕴藏着丰富的生态资源：台湾29种蛙类，桃米就拥有23种；台湾143种蜻蛉类，在桃米就发现49种。新故乡文教基金会面向村民开设了系列生态课程，培养了许多“生态讲解员”，介绍青蛙的保育知识,村民们慢慢转变观念，接受生态发展的新思想。村民们把生态的青蛙做成了IP，到处都是青蛙的雕塑、图腾、符号，游客们可以3月份来桃米看青蛙，4月份看萤火虫，5月份看油桐花，6月份欣赏独角仙，8、9月份暑假期间，桃米还是小朋友们的生态课堂，白天在湿地看水生动植物，夜间抓蛙看蛇……桃米村还引进了海外的纸教堂，建设生态社区，既是大家震后的精神信仰，也是生态文明信仰的诠释。在纸教堂的周边生态文化见学园区，成为整个生态村的社区中心和游客中心。现在每到周末和节假日，桃米生态村日接待游客达到1500人，平时每天接待游客也在500人左右，每年仅门票收入就有200多万元人民币，综合收入可以达到3000万元人民币。

桃米社区的旅游发展

琼海的乡村建设将生态之美保留得非常到位，他们提倡不砍树、不占田、不拆房、就地城镇化，避免大拆大建破坏乡村肌理，并倡导乡村生态景区化，变生态优

琼海生态乡村旅游

势为经济优势。

（二）突出生产灵魂之美

中国自古以来就是一个农业大国，农耕文明是中华文明的根基，乡村产业是乡土中国最有生命力的社会细胞。中国史前先民早在一万多年前就缔造了农业文明，不论时代如何变迁，农业始终是中国社会得以延续与壮大的基石。

乡村产业根植于当地的自然条件，当地的口味偏好，当地的生活习惯，因而也赋予了产业以灵魂，特色的种植景观、体验内容也成为游客的向往。比如柿子产业，中国有很多地方都有柿子，但是有的村子将柿子作为特色产业，不仅可看、可食、可感，还可卖。山东省的隐士村距今已有两千多年历史，该村风景秀美，山青水碧，村内遍植柿树，可年产柿子600万斤，产出柿饼200万斤，是远近闻名的柿子村。依托隐士村山青水秀的原生态优势和柿饼生产加工集中地的传统文化底蕴，叫响了“颐养居住地，最美隐士村”的乡村旅游品牌。满山遍野的柿子不仅成为乡村旅游的核心吸引，也成为当地建筑文化的元素，更成为创收的重要手段，现在全村柿子能卖3000多万元，为老百姓增产创收。

山东柿子村

（三）突出生活灵魂之美

城里人向往乡村生活，除了乡村有不一样的山水田园环境，乡土生活气息、乡村特色民俗等也有很强的吸引力，糅合着乡土味道的乡村生活，让乡村变得不一样。有的乡村历经千百年的文化洗礼，留下了很多古民居、古街巷、传统文化、古民俗等极具价值的乡村文化遗产资源，它们就是村落的灵魂，是村落的核心吸引。

安徽的西递宏村，水墨感的徽派民居让人仿佛穿越时空，去欣赏建筑背后的文化故事，而毫无违和感的民宿、家宴也让游客更能体会乡土之魂。景德镇的三宝陶瓷村，根植当地的陶瓷文化，成为中国原味陶乡代表地，也是陶艺大师集聚地，不仅有乡土的陶艺景观，还有文创技艺的陶乡传承，艺术大师交流指导、美术馆艺术馆展览、文创青年进驻等都让新时代的乡村生活更有味道。

景德镇三宝村的陶瓷文化传承创新

乡村生活给予我们的是心灵的涤荡和灵魂的洗礼，这要求我们不仅要保护好，更要发扬好，要保护文化建筑，创新体验业态，树立乡村品牌，通过“文化+艺术+科学+经济”的融合实践，让乡村生活看得见、摸得着、进得去。

二、找好内容——五好乡村

乡村振兴有了魂的引领，还要落到产业上，落到产品上，落到内容上，真正让乡村丰满起来。

乡村产业需要经过不断的迭代升级，从初级产业到发展成为品质更好、盈利更强的特色农业产业，这是中国农业农村转型的必由之路。巅峰智业首席文创师，原台湾客家委员会副主委庄锦华老师曾经提出了农业的五级产业，大体上说明了农业产业升级的方向和路径。

在农村，我们经常会看到棉花、稻米等原材料，但这只是一级产业；当对原材料进行重复加工时，开始成为二级产业；当做成酒店用的毛巾时，已经开始进入服务业，成为三级产业；当打上品牌logo时，你感受到了品质、尊崇，可能一条毛巾就要卖到100元，这就成为四级产业。但这对旅游而言还不够，下面这幅图（左图）大家能猜到是什么吗？很多人都以为是蛋糕，其实不然，这也是毛巾，只是将毛巾观光工厂和店铺体验馆有机结合了起来，这时候就进入了五级产业，颜值、品质和产值兼具。

接下来介绍一个台湾稻米产业升级的典型案例。从农田生产出来的稻谷，是一级原材料；把它磨成了米，就成了二级产业；包装成有商标的米出售，成为三级产业；如果再赋予品牌，这时已经成为四级产业；但是如果再进一步给稻米赋予一个故事，这种稻米是听太平洋唱歌长大的海稻米，台湾当地阿美人语叫做“米粑流”，象征富足，再结合本土乡村节日做一系列大地艺术节，就能创造一种感动、一种交

乡村旅游发展的五级产业

流，那么稻米就开始向五级产业迈进。因此乡村发展需要特别关注产业的金字塔结构，把丰富、多彩、各具特色的原材料变成商品和体验，创造一种感动，无可替代，与众不同。

海稻米

在前面的旅游本质章节，我总结了旅游12头理论，要换位思考，想游客之所想，打动游客的心，也就是做好围绕游客需求的有看头、有玩头、有吃头、有住头、有买头、有行头、有学头、有说头、有拜头、有疗头、有享头，做好了这11个头，就会有回头，做好满足游客需求的多元化消费内容和体验。把12头理论与乡村旅游发展相对应，其中有五个方面是要优先关注的，也就是说我们要做到“好吃吃好、好玩玩好、好看看好、好住住好、好买买好”，即“五好乡村”。

首先是好吃吃好。要想抓住游客的心，首先就要抓住游客的胃。现在有一句话叫做：为一顿饭赴一个村！乡村旅游其实最早就是通过农家乐吃出来的，从而进一步发展起来。

像关中美食样板地陕西袁家村，从2007年发展至今，集体经济积累从1700万元发展至2017年的21亿元，农民人均纯收入从8600元到76 000元，年接待游客550万人次，旅游综合收入达到十几亿，盈利性突出。其中粉条作坊一年就销售了26万斤，辣子坊一年收入达到400多万元，酸奶一天可卖10万瓶、每年利润1000万元。充分挖掘好各地的风味、风物做成当地的特色招牌，实际上是乡村旅游可以很快速、很好起步的切入点。

主题化的美食也很有吸引力，比如具有风味特色的荞麦宴、虹鳟鱼宴、竹笋宴等。北京大兴区西柏店是全国最大的食用菊生产基地，占地800余亩，60余个菊花大棚，是集菊花种植、菊花观光、菊花销售以及休闲、体验、美食、科普教育为一体的菊花主题综合体验基地。其主打的菊花宴，食材取自自家种植的菊花，在菊花工艺和吃法上持续创新，色香味俱全，成为当地招牌。再比如临安的全竹宴、千岛湖的鱼头宴、沈阳的杀猪菜等，吃出在地的故事，在地的文化，令人流连忘返。

大兴菊花宴

对于乡村的美食，要注重采用安全、绿色、原生态食材，运用精细、极致、本土化工艺，开展特色、创新、主题化体验，还要强化人本、集约、品质化保障，这样“好吃吃好”才不是一句空话。

第二方面是好玩玩好。依托各种田园要素、乡土设施玩好、玩透。日本的Mokumoku农场，他们打造了各种各样的乡村体验、参与、互动活动，到了这里就会觉得跟城里真的很不一样，可以骑各种农田交通工具，比如马车、牛车、犁车等；可以进行各种DIY制作，如香肠、蛋糕、面包、啤酒等；可以采摘各种新鲜蔬菜，可以挤牛奶、喂羊、喂兔子等；还可以参观农场，参加主题科普游；最受欢迎的就是小猪赛跑，十几个小朋友和十几头小猪同时出栏，你追我赶，妙趣横生，200亩的园区只养了二三十头表演猪，每头猪都有名字和性格描述，表演结束可以和小猪合影，喂养饲料或牛奶；饲养猪的场所，也被聪明地设置为小猪训练园，每日饲养员都会按时把猪放出在园里活动，小朋友们可在屋外零距离接触观赏小猪。农场开张之前，青山镇是一个贫穷的小山村，人口数量只有8000人，如今每年超过50万观光客来到青山镇，仅Mokumoku农场年营业收入就达54亿日元，已经成为日本最富裕的乡村之一。

好玩的Mokumoku农场

乡村还有很多自由广阔的玩法和活动，像浑水摸鱼的项目，特别受大众欢迎，经营者在一片水田里撒上鱼和泥鳅，让大家去捞，捞到最后就开始打泥仗，不亦乐乎。还有安吉打造的亲子厨房，极受欢迎，不提前预约基本都订不着。经营者提供了一排的灶台，游客去体验的时候可以挨个灶台去看，看看别人家在怎么做菜，怎么炒肉，小朋友就围着灶台到处乱转，真是其乐融融。

像贵州的丹寨，打造了各种各样的乡土文化体验，有长桌宴、祭尤节、跨年音乐节、非遗庙会、民族歌舞会、锦鸡舞、芦笙舞、篝火晚会等等。乡村的好玩就是要把当地的民俗、非遗内容挖掘出来，活化传承，做成可体验、可互动、可参与的内容，这样整个乡村就不一样了。

贵州丹寨丰富多彩的体验活动

目前我国乡村旅游在有玩头的内容上还是比较欠缺，因为在广大农民的传统意识里，做做饭就是在搞乡村旅游了，但实际上现在的游客不仅仅要好吃，还要好玩，如何把一系列好玩的活动和内容做出来需要进行深入思考。

第三方面是好看看好。在这方面，我们可以结合乡村风貌整治，结合地域风情文化，通过创意设计做出更有魅力的乡村美景、乡村网红打卡地。比如说我们可以打造在地的田园风光，关键要找到乡村的特质，也许是樱花，也许是梅花，也许是杨梅，也许是银杏，植物的种类都没关系，不要贪多求全，要找准一个点击穿做透，做成IP，做成系列景观，你就会发现原来乡村可以用精而美的思路做成网红打卡地，可以成为一个受关注的地方。可以打造大尺度的花海，可以做小尺度的彩绘，还可以做造型独特的花样景观，还可以通过小投资、低成本、高收益打造一批网红打卡点，引爆乡村游。婺源的“晒秋”就是发掘了当地的生活习俗，通过发动农民参与，不仅容易管理，还发展成为著名的网红。

风情无限的田园网红打卡地

另一方面，我们已经很重视白天了，但往往忽略了夜晚。小时候我在农村最大的感受就是到了晚上很害怕，因为农村到了晚上就黑灯瞎火，但是现在可以用很轻巧的方式点亮我们的乡村，让乡村的夜晚更美丽。我们在江西渼陂村做了点亮，实际上投入只有几十万，但是整个乡村变得非常美；福建嵩口古镇的点亮也是非常有意境的；常德桃花源的人造月亮营造了花前月下的氛围。我们要从乡村观光升级到乡村度假进而打造乡村生活，旅居美好乡村，享受美好生活。

福建嵩口古镇

常德桃花源

第四方面是好住住好。乡村的风景美，资源多，好好加以利用和改造就可以打造让人惊喜的民宿、客栈，外面五千年、里面五星级的调性也是我一直倡导的。目前我国已经涌现出了很多精品的民宿，比如我们之前提到的桂林精品民宿云庐，被首届中国文旅产业巅峰大会评为十大最具网络人气民宿，质朴的外观，富有韵味的设计，让人醉心山水间，顿生美好感。

浙江桐庐也有一家被评为“外国人必到的中国民宿”，就是把猪栏改造成了咖啡馆的民宿，原生态，效果非常好。还有像天下第一洋家乐——裸心谷打造的野奢型洋家乐，也获得了很好的评价。民宿的做法还可以像爱尔兰乡村驿站，像在美国一号公路、澳大利亚都可以看到的乡村驿站，实际上投入也不大，就是茅草屋顶加花花草草一点缀，就能够让人心旷神怡，你就愿意在这里喝一杯、住一晚。

所以通过创意，并结合当地的历史文脉和自然环境就可以营造不一样的住宿体验。还有台湾乡村的妖怪主题酒店，每套房间一个妖怪主题，里面搭一个小帐篷或者小阁楼，小朋友就喜欢得不得了，大床不睡，非要钻到帐篷里睡，这次住这个主题，下回还要再换一个主题房。还有像星空营地、各种各样的乡村树屋、气球屋等都让乡村别有住头。

第五方面是好买买好。这是乡村旅游的重头戏，可以带动乡村农副产品销售，串联产业链条，提升农产品附加值，能够让农民腰包鼓起来的重要手段。应提升现有乡村旅游购物的品质，完善乡村旅游购物渠道，激发游客购买动力，做好乡村旅游后备厢工程。要讲好乡村的产业故事，比如我们前面提到过的桐花的故事、梅子的故事、小猪的故事等，让人从心里上有亲近感，从而增加感性的消费购物量。台湾的梅子酒庄打造了一系列非常有设计感、美学感的梅子酒，男士喝的就叫狂野男人，女士喝的就叫柔情女人，把附加值、故事感做出来，收益不可限量。

要做好产品的包装设计。我们一提起乡村的土特产都觉得很low，其实只要有一点设计感，这些质朴就都会变成宝贝。比如最简单的稻米，经过包装设计也会变得有内涵，下面的图是台湾稻米掌生谷粒的包装，既有本土特色的质朴感，也有精而美的设计感。

掌生谷粒的精美包装

要丰富乡村商品的形式和品类。婺源的美景、丹寨的刺绣、明月村的瓷器、苗家的银饰、宜兴的竹编……每一种乡村的技艺都可以设计成多种多样的商品，既经济又精美，既实惠又实用。

旅游的12个头，每一个头都可以做出对应的产品、业态、内容，所以乡村旅游不复杂也不难，关键是要梳理，谋划，从这里面选出最有优势和特色的两三个头，

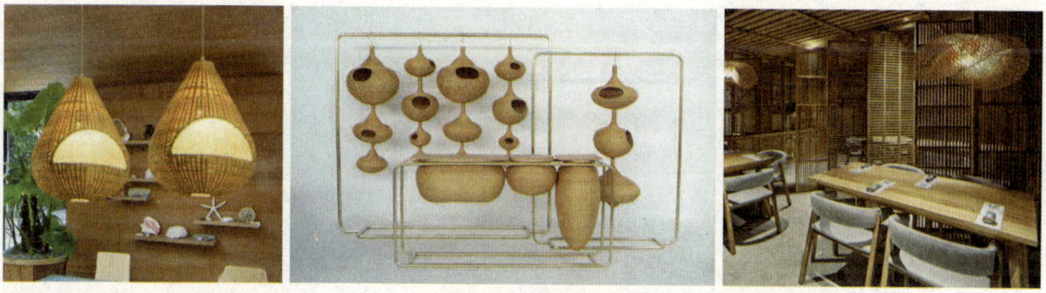

有风格的竹编产品

把它做到极致。把三头六臂做好了，乡村旅游也就有了很好的内容和产业支撑。

三、找对人——三人成众

产业振兴，没人不行。乡村振兴的终极目标，是要打造城乡共融共享的品质生活。在这里我提出一个新理念，即“新知青下乡”，就是当代文青，有情怀、有温度、有梦想的都市先锋人物走进广袤的乡村。同时，“新农民登场”，在乡村土地上演新角色，畅想新生活。那么，应该如何充分激发“新知青”和“新农民”的潜力，实现人尽其才呢？我们要做好三类人才的培育和打造，有了乡村振兴的带头人，我们便有了前进方向。所谓，三人成众，众志成城。

第一，“领头雁”，主要是乡村干部队伍。这个队伍包括县、镇、乡涉农党政班子、涉农口的单位领导及相关干部、村两委（村共产党员支部委员会和村民自治委员会）班子等。其中最关键、最核心的就是当地的村干部，他们是农民诉求的首选通道和依托对象，承担着乡村振兴的指导者、决策者、组织者和实施者的重要职责。

吸引返乡型村支书。为什么叫返乡型呢？是因为他们早年离开乡村，从事过如商人、教师、军人或公务员等职业，后来返乡做了村支书。他们见多识广，掌握很多创新理念，同时建设家乡的意愿强烈，是乡村振兴带头人的首选。对于这一类人群，我们重点举措就是吸引他们返乡，并充分发挥他们的优势，让他们将优质的资源导入到乡村，拉动乡村振兴。我们前文提到的袁家村村支书郭占武便属于这个类型。这里再为大家分享一个鲁家村村支书朱仁斌的故事。朱仁斌早年做过体育老师、武术教练，后多年经商。2011年，他回到村里，经选举当上村支部书记。这时的鲁家村非常穷，村账仅有6000元，外债却高达150万元，更糟糕的是，全县187个行政村卫生检查，鲁家村排名倒数第一。朱仁斌为了改变鲁家村的境遇，先着力改善乡村人居环境：流转土地资源、发动乡贤捐款、争取项目资金，甚至还自掏腰包来补贴建设。环境好了后，他继续奔走，发动人脉，全力对外招商，引入运营公司，最终打造18个家庭农场用来发展乡村旅游。2016年底，鲁家村家庭人均年收入达到32850元，村集体总资产超过1亿元。鲁家村也多次荣获中国十佳小康村、首批国家农村产业融合发展示范园、首批国家田园综合体示范点等荣誉。可以说鲁家村的成功离不开朱仁斌书记的奉献，也得益于他的经商头脑与商业人脉。由此可见，一个爱岗敬业又有着资源整合能力的村干部，对乡村的振兴起着至关重要的作用。

提升本地型村支书。对比返乡型村支书或者下派型村干部，他们的资源可能没有那么多，但因为常年扎根乡村，群众基础非常好，可以充分调动村民的积极性。因此应该着力补齐他们的短板，制定灵活的培养方案，如通过党委轮训、学历教育、典型外出考察、跟班学习等形式，让其学习先进的管理经验；并完善丰富多元的培训内容，强化“农村低保申报”“农房改造”“精准扶贫”等民生热点、政策热点的培训。

第二，“主力军”，主要指新型职业农民。俗话说“授人以鱼不如授人以渔”，从农民中培养新的乡村旅游人才是乡村旅游可持续发展的必然要求，必须打造一支符合新时代需求的职业农民队伍，不断增强农业农村发展活力。乡村旅游人才的培养可以从以下几方面着手：

培训是培养新型职业农民最重要的手段。充分利用相关政策资金，对乡村旅游从业人员进行各类培训，采取“学校+农户”“政府+农户”“研究机构+农户”“公司+农户”“旅游协会+农户”等多种培训模式。加强与乡村旅游相关的专业培训机构、咨询服务机构、行业协会等机构的合作，开展培训，采取课堂讲授、案例分析、现场模拟、实习观摩、专题讨论相结合的方式，对乡村旅游景区、农家乐、民宿的管理服务人员进行实用技能培训。培训内容涵盖服务礼仪、职业道德、旅游常识、民俗文化、食品卫生、安全知识、政策解读、餐厅服务、农家菜开发、景区服务规范、导游讲解技巧等实用性内容。

鼓励乡村旅游管理人才、经营人才、技能服务人才“走出去”，参加各类乡村旅游相关的培训讲座、游学体验、专业论坛等，学习前沿的管理与服务经验。

定期将乡村旅游领域的专家学者、行业领袖、模范先进等“请进来”，开展专业培训，提高地方乡村旅游从业人员的管理水平与服务技能。实行非遗传承人“名师带徒”工程，建立健全乡村旅游民俗文化传承人才培养机制。

乡校合作也可以成为培养新农民的重要途径。推动大中专旅游院校开设乡村旅游相关课程，并根据市场变化升级教学课程，深挖、拓展酒店、民宿、乡村景区、旅行社等传统业态的维度和深度，搭建、规范乡村旅游投资与规划、乡村旅游观察监测、乡村旅游公共服务、旅游+互联网等新兴业态的课程体系，丰富、完善乡村民俗文化方面和职业素养方面的基础课程。乡镇政府或旅游业的经营者可以和各大高校合作，专门培养适合乡村旅游业的人才，还可以在当地建立教学实习基地，促使学生在加强理论学习的同时提高实践能力，努力培养适应乡村生活、真正愿意在乡村发展的复合型人才。

开展农民旅游人才评优评奖活动。探索建立乡村旅游人才评价办法和初级职称评审制度，将乡村旅游人才开发培养与旅游行业评先创优、等级评定相挂钩，建立健全乡村旅游人才考评机制，定期举办优秀乡村旅游管理与服务人才的评优颁奖活动，及时给予物质奖励与精神荣誉奖励，激励乡村旅游从业人员不断优化提升管理服务技能。

第三，“智囊团”，主要指外部专家智库和外来专业人才。现在很多地方的物业持有者还是老百姓，他们并没有经营理念，想法很简单，别人卖啥好，我就卖啥，经营主要依靠复制粘贴，所以很容易同质化。因此要找到相关的、对的人，通过各种政策让他们留下来、落下来，这样他们的创意、产业、经验就可以留下来。人才引进的策略包括：

特聘专家顾问，引进战略指导人才。聘请一批乡村旅游规划发展、战略运营、投融资等方面的高端人才，授予乡村旅游发展特聘专家顾问证书，定期邀请专家进行乡村旅游发展战略方面的咨询与指导，提供前瞻性与专业化的乡村旅游发展顶层设计。

以大项目为平台，引进高端管理人才。出台各项优惠政策扶持地方乡村旅游龙头项目，并以大项目为平台，吸引和集聚一批高端管理人才，结合大学生“村官”制度，建立旅游乡镇长制度，提高乡村旅游的行政管理水平。

开展创客行动，引进创意创业人才。加大对创新创业人才的政策倾斜，持续开展“百村万人乡村旅游创客行动”，引导外籍人员、大学生、返乡农民工、专业艺术人才、青年创业团队等各类“创客”投身乡村旅游发展，建设一批乡村旅游创客示范基地，依托乡村丰富的人文资源与优良的生态资源，打造一批个性化的艺术创作工作室，以免租或免税等优惠政策，吸引各类艺术家、创意人才入驻创作。在这方面各地也有不少值得借鉴的做法，比如明月村通过土地置换，让外来创意青年可以安家，留下了一批追寻田园梦想的年轻人。再比如常德桃花源村，把已经改造好的民宿免费给有一技之长的青年创业者经营，不仅带来创意产业，也留住了人才。没有这些懂的人、对的人，文化创意就没有办法在乡村落地生根，要研究各种各样的发展方式，找到城市里各大美院、艺术系“长头发的人”，因为他们确实能够带来更多更新的文化创意理念和产品。

开展人才借调，引进新业态人才。地方政府与互联网、电商、智慧旅游等新业态领域的企业达成合作协议，提供试点建设、产品供应、政策准入等优惠条件，获取新业态领域人才借调、智力支持、资源共享的回报。

四、找活资源——模式突破

乡村振兴和乡村旅游发展是个系统工程，因此会涉及乡村建设、乡村文创、乡村运营等各个环节，也会涉及农民、村集体、政府、企业等各方利益，涉及盈利和运营模式，所以探寻科学的发展模式尤为重要。目前比较成功的乡村旅游发展运营模式主要有两种。

一是村集体主导型。这种类型是村集体对旅游资源统一开发、运营与管理。其主要特点是带头人作用巨大，易统一思想形成合力，规模效益明显，能够相对公平地保障村民利益。

村集体主导型模式中也有些细微差异，不论是村集体完全主导，还是成立公司运营等，都各有优势，乡村发展应结合自身资源特质与发展背景，探索合适的模式。如“网红乡村”袁家村，它便是村集体完全主导模式。袁家村的发展离不开郭氏父子两代的耕耘。早在20世纪80年代，当时的村支书郭裕禄便带领村民共同发展乡村工业，迎来一个致富的小热潮。然而随着可持续发展的要求，乡村工厂逐渐关停，袁家村走向了衰落。为了振兴袁家村，老书记的儿子、时任市公安局刑侦大队队长的郭占武决定辞职返乡。在最初的建设过程中，郭占武曾以“20万买一个点子”造势宣传，邀请各路专家去给袁家村出谋划策，但最后这20万并没有花出去，因为所有来的人都告诉郭占武：袁家村不适合发展旅游。

郭占武没有放弃。没有规划策划方案，那么自己设计，关中印象体验地出现了；没有精美房屋，那么乡村工匠上阵，一出手就是浓浓的关中味道；没有外来投资，那么村集体筹钱、村民入股，小吃街一点点做起来了……2015年十一“黄金周”，袁家村日接待游客18万人，超过著名景点“兵马俑”，平均每天收入200多万元，年收入约10亿。分红上，依据“全民参与、入股自愿、钱少先入、钱多少入、照顾小户、限制大户”的原则，并非按照每个农户赚钱多少进行分配，而是按照家庭分配的方式综合考虑，统筹分配。

袁家村的成功，离不开村集体的统筹协调、离不开村干部的带头引领。它的成功存在一定的不可复制性，如拥有一个备受群众信任、思想意识先进的带头人，又如袁家村传统的村集体分配方式等。在采用村集体主导模式时，应注意结合自身发展背景，不能盲目照搬袁家村的发展经验。

二是混合型。由政府、企业、农民等多方共同参与乡村旅游的开发运营管理，充分发挥各类主体的独特经营优势，以避免单一主体主导的局限性，提升乡村旅游资源利用率。

海南文昌葫芦村就是很典型的“政府+企业+合作社+农民”混合型模式。2013年，在政府的主导下，葫芦村作为试点开发乡村旅游，每户村民参与成立生态农业观光专业合作社，与海南本土企业龙泉集团进行合作，将村民闲置的22间民居按照高标准改造成客房，统一由龙泉集团旗下的龙泉乡园运营。政府主要负责管理并完善服务配套，公司负责统一配备家具电器、统一办理订房退房、统一宣传促销、统一进行客房服务，村民则以房屋和土地入股，入股的村民有三成固定收益，其他收益由合作社与公司五五分成，每个村民都有分红。在征地过程中，10个村民小组成立的经济联合社对坡地采取只租不卖、共同分红的模式，农民收入由单一的农产品收入扩展为分红、资产、农产品和经营管理收入四块，长期利益也有了保障。

万达丹寨则是很典型的“政府+企业”模式。万达充分发挥企业的资金优势和运营管理优势，通过“企业全包、旅游激活”的方式实现了丹寨的扶贫和创收。在投资方面，通过短中长期的阶段投资，实现授人以鱼+授人以渔。短期项目，万达设立丹寨扶贫专项基金，投资5亿，覆盖产业扶贫未涉及到的群体，丹寨县特殊困难人群；中期项目，投资7亿建设丹寨万达旅游小镇，活化国家非物质遗产项目，直接带动2000人直接就业，旅游综合间接拉动上万人就业；长期项目，投资3亿，建贵州万达职业技术学院，可容纳2000名学生，万达集团每年从学院毕业生中择优录取50%进入万达工作，每年可帮助丹寨2100人脱贫。在经营模式上，县政府成立城投公司/文化旅游投资公司，负责景区管理，下属商管公司，负责商业运营，主要工作人员为万达员工，后期营收、盈利都归县政府所有，万达还培训当地村民，以便于后期丹寨的自主经营。2017年7月3日丹寨万达小镇正式开业，开业10个月，

游客数量突破450万人次，单日游客最高7.9万人次，带动全县旅游综合收入达到20.93亿元。

丹寨小镇的成功得益于企业的专业运营。万达管理团队通过精准招商，引进了和当地文化相关的各类业态；通过活化非遗，做到月月有主题、周周有活动；通过线上线下联动与铺天盖地的宣传，极大地提升了丹寨的知名度和影响力，全球招募村长已达到70多届，万达好声音现场近3万观众、657万人在线围观、新浪微博话题阅读量3272万、覆盖全网1.9亿人；万人长桌宴、祭尤节等也都有近千万流量的围观。丹寨万达旅游小镇由巅峰智业为其量身编制创建国家4A级景区提升规划并现场指导实施整改，现已获评国家4A级旅游景区，成为贵州旅游冉冉升起的新星。

万人长桌宴

祭尤节

跨年音乐节

山歌、民族舞大赛

非遗民族大庙会

元宵节喜乐灯会庙会

企业在资金、渠道、管理、经营方面的专业性能够为乡村发展带来活力，这种模式的实践和推广也能够为乡村振兴注入动力，能够成为脱贫攻坚的重要手段。

华侨城集团在云南集中打造10个美丽乡村，其中包括哈尼梯田，为其82个贫困村做定制化方案，并导入集团内方方面面的产业资源，比如帮当地把红米更好地卖到外地，实现盈利；在海南投资打造了中廖村，把相关的民宿、演艺等各方面资源导入，内容活化，现在也成为海南省的样板村，很多领导和各方人士都来考察交流。

乡村振兴确实是涉及到方方面面的工作，我在大量的实践当中有一个很深的体会，就是顶层设计和运营，要和资源保护有机地结合起来，让专业的人干专业的事。

巅峰智业在长期的乡村旅游发展实践中也总结出了乡村振兴的“两个一”。

做好一系列智力扶贫服务。不管发展什么，都要做好顶层谋划设计。在全国564个国家贫困县中，巅峰智业做过82个贫困县的顶层设计及相关规划，其中有多个免费扶贫公益项目，包括凤凰县麻冲乡老洞村、巴马县那桃乡平林村、齐齐哈尔市富裕县五家子柯尔克孜族村等，扶贫效果显著，其中老洞村已经建成了游客中心，多个旅游活动的举办也极大提升了当地的人气，1800多万的专项资金也得到落实。巅峰智业参与完成的贵州省的全域旅游规划，提供了从全省、重点市到乡村的扶贫服务，使贵州的旅游人次排名从全国倒数升至全国第一方阵。

实践一套巅峰扶贫模式（5+N）。巅峰智业以专业规划咨询能力为基础，整合包括行业会议、教育培训、资本众筹、创意园区在内的专项服务商，联动自带IP、自带流量的休闲业态和设备设施供应服务商，形成一套扶贫模式。围绕五个振兴，包括产业振兴的多产业多功能复合游客中心、旅游植入的新电商新零售、本土风味餐厅和乡土文创店等，人才振兴的巅峰乡村大学教育培训与智库引进，文化振兴的村史乡贤馆，生态振兴的旅游厕所，组织振兴的村企合作模式探索等，附加N个业态，形成了如乡村亲子乐园、乡村慢咖啡、乡村夜游照明、乡村停车场等产品服务，宿集、开始吧等精品民宿酒店服务，乡村大会、乡村大学、乡村众筹、乡村双创园等特色服务。

对于乡村振兴与乡村旅游发展来说，一定需要多方保障，持续运营。包括建设运营，比如打造树蛙村的“乡伴”，陕西的袁家村，蓝城等都是可以导入的建设资源；包括营销运营，一些地方在探索旅游轮值村长，邀请选拔知名人士或文艺青年来做助理村长，还可以导入乡村音乐节、乡村艺术苑、乡村文创趴等城市特色产品，多方联动，快速激活；包括乡村的公益组织，巅峰智业构建了乡村文旅联盟和乡村文旅公益基金会，举办乡村商学院、乡村交流会、乡村文创会等，就是要把各方面的志愿者、公益人士和各方力量集成在一起，真正落到乡村里。

第十二讲

怎样做好夜游经济

咸宁市“十三五”旅游规划讲解会（2015年1月22日，咸宁）

2019北京文博会－中国文化和旅游融合发展论坛，《文化＋旅游＋科技 让夜不一样》主旨演讲（2019年5月29日，北京）

夜，自古以来就令人心生神往，令人心情昂扬澎湃。过去有很多诗词描绘了“夜＋游”的绚丽场景，从“夜市千灯照碧云，高楼红袖客纷纷”的扬州繁华，到“北堂夜夜人如月，南陌朝朝骑似云”的长安兴盛，再到“浦江两岸不夜天，广厦栉比相勾连”的上海霓虹……中国的夜经济从汉开始萌芽，到唐兴起，又到宋兴盛，到现在夜已经成为美好生活非常重要的内容。

夜游符合人民对于美好生活的向往。《国务院办公厅关于进一步激发文化和旅游消费潜力的意见》（国办发布【2019】41号文件）提出：“大力发展夜间文旅经济。鼓励有条件的旅游景区在保证安全、避免扰民的情况下开展夜间游览服务。丰富夜间文化演出市场，优化文化和旅游场所的夜间餐饮、购物、演艺等服务，鼓励建设24小时书店。到2022年，建设200个以上国家级夜间文旅消费集聚区，夜间文旅消费规模持续扩大。”从地方层面到全国多地发布夜间经济鼓励政策，夜间消费正在深入人们的美好生活。2019年6月14号我在中南海向孙春兰副总理汇报《促进文旅服务消费的几点建议》，谈了“一个判断、两个探索、三点建议”，其中特别强调了文旅夜消费。美好夜游开启美好生活新时代。

对于夜游我自己是有切身感受的，童年在农村生活的时候，觉得最恐怖的事情就是到了夜晚周围都是静悄悄、黑黢黢，而现在乡村不仅开始点亮，通过光线和氛围的营造还会变得非常美，再通过文化的植入就会变得很有灵魂，也非常有活力。夜游经济确实有很多功能和作用，可以简要概括为聚人气、提生气和揽财气三大作用。

首先，夜游经济聚人气。夜晚丰富的活动可以快速地聚集人气，夜有所乐，乐此不疲。我们已经从过去白天看庙、晚上睡觉的走马观花拉练式的旅游方式，不断升级到下马赏花、再到养马种花的深度参与式旅游。夜幕降临并不是旅游的结束，而正是夜旅游、夜生活的开始，24小时图书馆、美术馆、摄影馆、艺术馆、惬意街区、时尚音乐节……夜间有着更多元的产品、更丰富的体验、更亮眼的项目、更充沛的消费时间，据统计，游客中有过夜游体验的占比达到92.4%。

其次，夜游经济提生气。国际上经常会用夜间的灯光指数衡量一个城市或地区的繁荣程度和品牌影响力。现在也出现了一批夜游的网红打卡城市，无论是成都、西安还是重庆、青岛……都成为了其中的代表，城市活力和品牌得到了极大提升。G20峰会上惊艳亮相的“最忆是杭州”夜游产品，令中外宾客无不一唱三叹，成为最具代表性的城市名片。

第三，夜游经济揽财气。现在我们经常说，“无夜不欢”“无夜态不度假”，这里的夜就是指夜晚的夜。经过研究发现，夜间是最有价值的消费时段，过夜游客的消费是一日游消费的3倍。比如丽江夜晚的旅游消费占到了旅游总消费的65%以上，上海夜间商业营业额占白天的50%，广州服务业产值的55%是夜间消费的贡献……如此火爆的夜游经济与主流市场消费群体密切相关，现在的年轻人是上午睡觉，下午溜达闲逛，晚上疯玩，自然就会有力地拉动消费。

夜游是一种综合性的体验消费。相对于白天旅游，夜旅游是指以外来游客和当地居民为消费主体，以购物、餐饮、旅游、休闲娱乐、健身等为主要产业类型，在夜晚城市时空下进行的各种商业消费活动的总称。据统计，目前我国游客对于夜游的需求主要集中于夜间美景、夜晚活动、夜间美食、夜市消费、夜间休闲氛围等几个方面，所以想要做好夜游经济一定要联动发展，充分激活多元化消费需求。

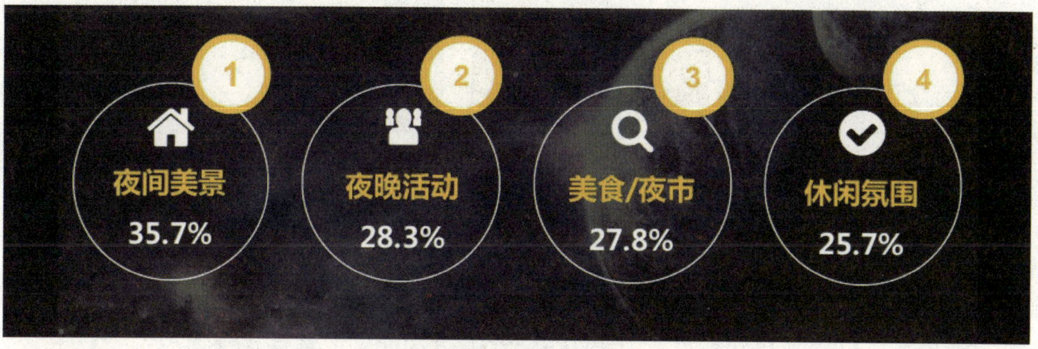

中国夜旅游需求丰富多元

数据来源：《中国夜旅游经济报告》中国旅游研究院

2014年我在咸宁旅游规划中明确提出打造“中国月光城”；2016年我在满洲里全域旅游规划项目中又首次提出了“六夜”的概念，即夜景、夜演、夜宴、夜购、夜娱、夜宿六个方面的旅游业态，实际上是把夜间最重要的活动和内容业态进行了梳理。

巅峰六夜示意

如果把晚上从6点到12点的时间进行时间图谱分解，游客观夜景的黄金时间段大概是7点到9点半，夜演是7点到9点，夜宴是6点到12点，夜购是8点到10点，酒吧等夜娱活动的黄金时间段大概是从8点到12点，甚至到凌晨2点，夜宿基本上是10点以后：它们丰满了整个夜间。

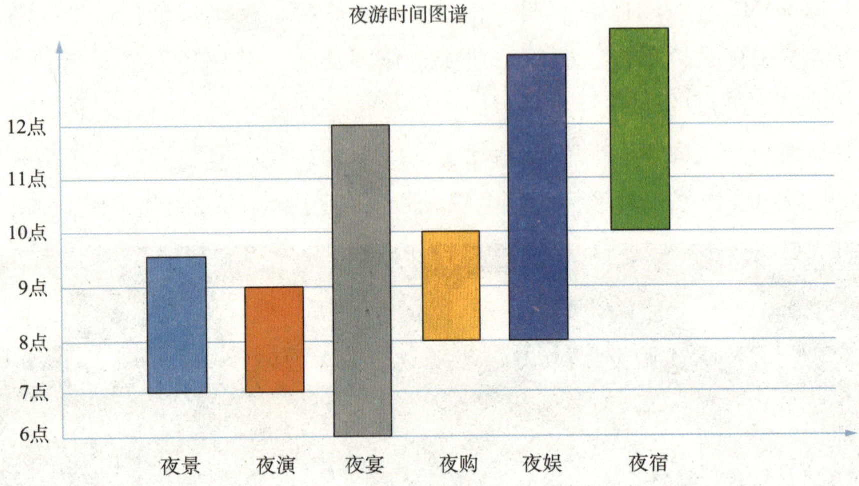

夜游时间图谱

接下来，我将围绕“六夜”，详细给大家讲讲如何做好夜旅游经济。

一、夜景

明月升起，华灯初上，城市烟火气息升腾。夜景灯光，使城市挣脱了黑夜的束缚，却提供给游客更多选择。夜景主要指在完善基础照明功能的前提下，通过对光环境中树木、亭阁、景墙、道路等载体的塑造，提升业态照明和旅游区域整体环境的匹配度和完整性，从而满足旅游者对文化氛围和艺术展现的视觉追求。依据环境、资源等情况的不同，用各色灯光、各种形式点亮不同主题场景，灯光主题化呈现，以夜晚的“光景”解读地域文化。

我国夜景塑造大体经历了亮化、美化、活化三个阶段。

1989年上海对外滩建筑群进行了区域性照明工程建设，启动全国示范性工程——“万国博览建筑”泛光照明和南京路霓虹灯一条街工程建设，灯光点亮成为主要的夜景来源，标志着国内景观照明亮化行业的开端。

随着照明亮化技术的进步及现代城市生活方式的转变，夜晚的城市也成为日常生活的重要空间，城市灯光夜景美化工作受到各城市政府的重视，“让城市亮起来，美起来”已成为各方共识，其中具有代表性的西安、重庆、杭州、成都等，因夜景的绚丽实现了客流量的引爆。这个时期的夜景在点亮的基础上增强了美感。

西安、重庆、杭州、成都等地具有代表性的城市夜景

（图片来源：视觉中国、图虫网）

2016年，杭州G20峰会夜景光影秀是我国夜景照明逐步向艺术型和智慧型过渡的标志，其特征是以智能控制技术为支撑，使光、电、声、水等艺术渲染方式相互融合，打造画卷式的视觉盛宴。2018年，上合峰会在青岛召开，青岛浮山湾的滨海夜色光影也随之成为网红，全国很多城市也都有了依托于建筑的城市个性光影，讲述着不同城市的历史变迁和文化故事。科技与艺术的融合让夜景变得更有活力。

夜景是需要设计的，只有以在地文化为核心，以光影手法为依托，营造别具风情的光氛围，才能够让人身临夜境，难以忘怀，所以现在很多夜景的塑造是融合了亮化、美化、活化等阶段特征的综合产物。

根据夜景营造的场景不同，所要表现的主题和营造的氛围也会有所不同，我们主要将夜景的打造分为四种类型。

点亮城市，美轮美奂。这种类型的夜景一般由政府主导，主要目的是让城市变亮变美，彰显城市文化个性，突出城市发展活力，增加城市休闲消费，从而实现城市流量快速提升，城市品牌品质升级，城市经济不断壮大。在打造方法上，主要通过对当地具有特色的建筑地标、主要街道、特色景观及小品等进行现代化的灯光照明，包装形成或喧闹、或时尚、或活力、或静谧的氛围，提升城市气质的辨识度。

比如西安不夜城的盛唐夜景，整个城市充满着大唐的盛世与繁华，同时与现代都市的时尚相结合，给人蓬勃向上的感觉。再比如杭州西湖夜景的雅致和韵味，秀水明山，意境悠远。

杭州西湖的雅致夜景（图片来源：视觉中国）

西安不夜城的盛唐夜景（图片来源：视觉中国）

又比如新加坡滨海湾花园创新活力的夜景，创新璀璨的生命之树，时尚亮眼的金沙酒店，环绕风情的螺旋廊桥……

新加坡的生命之树（图片来源：视觉中国）

新加坡金沙酒店（图片来源：视觉中国）

点亮小镇，唯美风情。每一个小镇都有自己独特的个性和灵魂，或风格唯美柔婉，或艺术气息浓郁，或商业业态十足。从当下比较成功的小镇夜景看，无论是拈

拈花湾的佛禅意境（图片来源：图虫网）

乌镇的水乡风情（图片来源：视觉中国）

花湾的拈花塔，古北水镇的圆通塔，还是乌镇的白莲塔，台儿庄古城的复兴楼，每一个小镇都有夜间视觉的聚焦，所以标志性建筑的风情点亮必不可少。小镇夜景重在风情与商业，要通过灯光展现鳞次栉比的建筑群落，斗拱飞檐的亭台楼阁，雕梁画栋的精致细节，灯火通明的街市人气，也能够呈现诗意栖居的静谧氛围，做到夜间小镇随处是景，随拍即景。

点亮乡村，质朴意境。乡村夜景有别于城市的活力与喧嚣，应在满足村民基本亮化的前提下保留乡村质朴、清雅和淡远的田园意境。乡村夜景要秉承“宜暖色光照射近人尺度，忌冷白光形成干扰；宜正白光照亮树木绿植，忌七彩光快速变化；宜淡彩光形成和谐空间，忌重彩光强烈刺激；宜动态光烘托趣味高潮，忌照度不足形成暗区；宜明暗光变化主次有序，忌空间杂乱形成眩光”的原则，勾勒出乡村的恬淡与宁静，用灯光赋予古村新的形象和生命。

巅峰智业的灯光顾问专家依托自身的技术优势，将福州第一个“中国历史文化名镇”嵩口古镇进行了点亮，把古镇建筑和环境载体用舞美的手法表现得淋漓尽致：用灯光捕捉构筑物等重要节点的艺术特质，重新演绎了千年古镇的历史风华；重点突出店标、店面、店门、展示窗等部位，烘托了古镇的商业气氛，营造购物商机；同时灯光色调统一，整体呈现在游客面前的是一幅既天然清新，质朴自然，又兼具丰富夜购业态的夜间古村镇新面貌。

嵩口古镇点亮效果

再比如吉安市青原区富水河畔的渼陂村，以厚重的历史、古典的明清建筑群、璀璨的明清雕刻艺术、可敬可颂的红色文化、商贸文化，受到世人的瞩目。通过对其文化风情的建筑载体进行设计点亮，营造了乡村氛围，美化了乡村景观，也给夜间的乡村活动提供了美好的场所。下图中的空间就是乡村夜间投影和娱乐的小广场，项目投资不多，但效果却很突出。

渼陂村点亮

点亮景区，诗意绚烂。景区夜景以基础照明为先导，强调灯光明暗色彩组合，由光来演绎夜晚静谧的诗意和美好，让人对景区场地产生强烈的归属感。对于自然类景区，我们要保持原生山水安静生长的静谧氛围，避免用强光或是眩光给景区增加不和谐的元素，结合地形地貌特征点亮并稍作美化即可。对于人文类的景区，则需要通过灯光呈现景区的人文特质，渲染诗意和浪漫，形成特定的夜景氛围，延长游客的停留时间。湘西凤凰古城的夜景将人文建筑等用光烘托的淋漓尽致，越夜越美丽，越夜越精彩，如果说白天的凤凰古城有着沈从文笔下的质朴与唯美，而夜的凤凰古城则更有一种活力美感。

凤凰古城点亮效果（图片来源：图虫网）

这是江西赣州郁孤台历史文化街区，我们在中秋节通过灯会、灯节的方式将景区激活，引爆，下图是为景区打造的人造月亮，虽然很简单，但是出镜率超高，引人气的作用巨大，成为当地夜晚的地标性景观。

巅峰智业在常德市桃花源景区打造的“月下秦谷”夜景项目，利用景区的原乡建筑、绿道系统、休闲设施及景观节点，塑造具有历史感、古朴感、生态感、唯美感的夜景氛围，让游客流连忘返、期待浪漫，惊喜无限。

郁孤台历史文化街区的人造月亮

桃花源月下秦谷

二、夜演

夜间演艺活动是吸引游客停留下来，引爆夜游经济最重要的抓手之一，是最容易打破旅游淡季的突破口。

夜演具有可观的“溢出效应”，桂林的“印象刘三姐”、杭州的“宋城千古情”和“最忆杭州”、西安的“大唐芙蓉园”、丽江的“丽水金沙”等对当地旅游市场都发挥了良好的拉动效应，形成了城市旅游发展的核心。以“印象西湖”为例，2006年杭州入境游客数量同比增速要低于全国增速1.42个百分点，2007年随着“印象西湖”的开演，同比增速快速上升11.87个百分点至14.35%，大幅领先全国同比增速8.81个百分点。2010年，南平推出“印象大红袍”演艺，首演后迎来游客增长高峰。

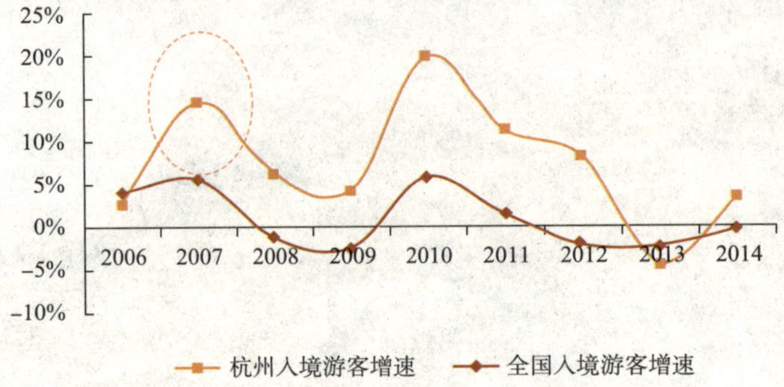

杭州与全国入境游客增速对比

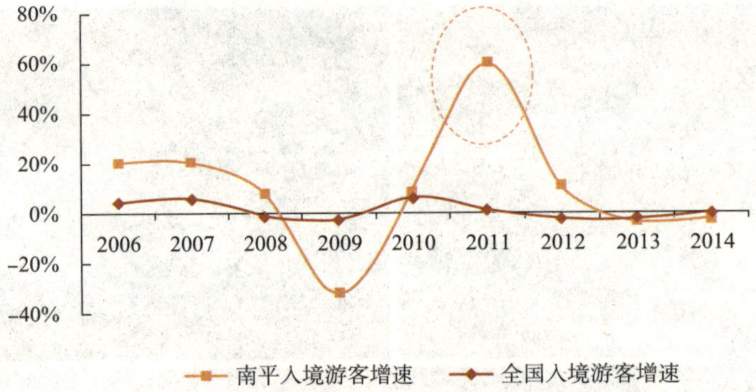

南平与全国入境游客增速对比

夜间旅游演艺因其在夜间独特的光影视觉效果、引人的故事情节、艺术的呈现手法而成为夜间客流的集聚地，如果配合夜间的其他业态形式，将为夜游经济作出重要贡献。

旅游演艺是与时俱进的，从“吸睛”到“吸金”，从大投入到小投入，从真实场景到虚拟光影场景，从门票经济到浸入式消费，从观演到沉浸式交互体验……更新迭代，迎合市场的灵活多变。旅游的演艺形式也在不断变化，当前中国夜间旅游演艺主要包括实景演艺、剧场演艺、光影演艺、空间演艺四大类，它们在夜幕来临后分别扮演着不同的角色。

（一）实景演艺

大多以自然景观或人文景观为场地和背景，有鲜明的情景主题、固定的演出场所，是一种露天或半露天的文艺演出。2018年，实景旅游演出总台数达83台，新增14台，包括内蒙古《契丹王朝》、重庆的《归来三峡》、广东的《禅宗圣域·六祖惠能》、海南的《红色娘子军》等。其中9台位于三线及以下城市，占比达64.3%。新一线新增4台演出，占比达28.6%。

从地域来看，实景演艺主要聚集中西部，其中湖南6台居全国榜首。东北三省暂时并未出现大型实景演艺。北京、上海等一线城市还没有大型实景演艺。

现今市场上以“印象”“山水”“长恨歌”三大派系为主。

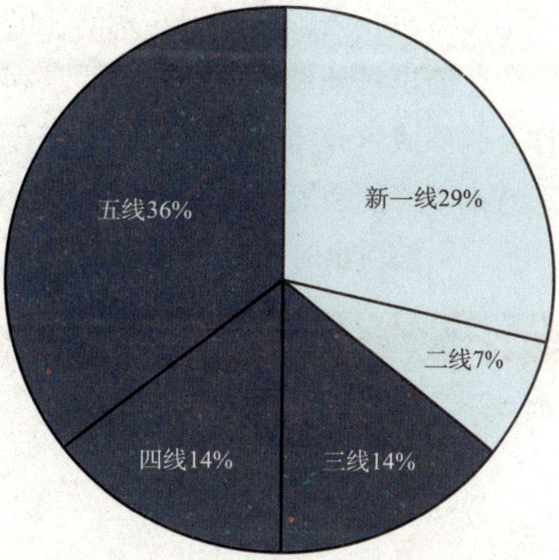

2018年各等级城市实景演出台数新增占比情况

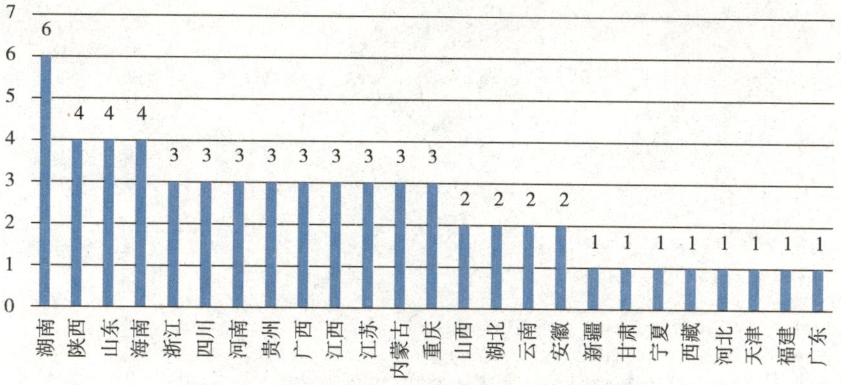

截至2018年10月各省主要实景演艺数量（家）

“印象”系列开创先河。在2004-2012年间共开演7家（目前6家在演，《印象海南岛》于2014年停演），主要由张艺谋、王潮歌、樊跃组成的铁三角组合领衔的北京印象创新艺术发展公司作主创团队完成。《印象刘三姐》是中国第一部实景演出，演出不仅给桂林旅游加分，自身也盈利可观。

“山水”系列市场份额最高。在2007-2017年间共开演20家，占全国实景演出数量的三分之一，主要由山水盛典文化产业股份有限公司董事长梅帅元及其团队完成，其创作团队是目前实景演出市场的主要贡献者。

“长恨歌”系列衍生国家标准。由陕旅集团李捍忠导演的《长恨歌》自2007年开播以来获得好评。2016年8月29日，国家发布了以《长恨歌》为蓝本编制的《实景演出服务规范》，成为首个国家层面的实景演出类标准。此外，由李捍忠导演的《中国出了个毛泽东》和《烽烟三国》也分别于2016年和2014年开演。

实景演艺大多由地方政府主推，可以打造地方名片，带动当地百姓创收，提升政绩和财政收入，但由于实景演艺的自身属性，也存在着不少问题。首先，由于实景演艺演出场地大、演员阵容要求高，灯光和音响效果等都是专门为该演出设计制作，因而成本较高，投资回收较慢；其次，专门场景和设计难以灵活调整，内容和形式都不可能在短期内变化，吸引力受到限制，难有二次回头客；第三，受气候影响大，一般演出时间约为每年8个月，北方演出季节更短。

名称		地点	依托景区	首演时间	投资（亿元）	演区面积	时长（分）	演员阵容	接待规模（人）	票价（成人）	经营情况
“印象”系列	《印象刘三姐》	广西阳朔	桂林市漓江景区（5A）	2004年3月20日	3.2亿	1654000平方米	60分钟	600多人	2200	190–320元	盈利
	《印象丽江》	云南丽江	丽江市玉龙雪山景区（5A）	2006年7月23日	2.5亿	—	60分钟	500多人		280–360元	盈利
	《印象海南岛》（已停演）	海南海口	无	2009年4月14日	1.8亿	11000平方米	70分钟	300人	1600	168–688元	亏损
	《印象西湖》	浙江杭州	西湖风景名胜区（5A）	2007年3月30日	0.7亿	—	60分钟	260人	1800	360–660元	持平
	《印象大红袍》	福建武夷山	南平市武夷山风景名胜区（5A）	2010年3月29日	1.5亿	7466.67平方米	70分钟	260余人	1988	238–688元	持平
	《印象普陀》	浙江舟山	普陀区风景名胜区（5A）	2010年12月31日	2亿	3000余平方米/105亩	70分钟	400多人	2000	238–588元	亏损
	《印象武隆》	重庆武隆	武隆喀斯特旅游区（5A）	2012年4月23日	2亿	—	70分钟	200人	2688		亏损
禅宗少林·音乐大典		河南登封	登封市嵩山少林寺景区（5A）	2007年4月27日	3.5亿（演出1.15亿）	22354平方米	75分钟	600余人	2500	199–999元	亏损
鼎盛王朝·康熙大典		河北承德	承德避暑山庄（5A）	2011年6月6日	2亿	9000平方米	80分钟	1000余人+200匹战马		238–588元	亏损
文成公主		西藏拉萨	布达拉宫（5A）	2013年8月1日	7.5亿	24611.8平方米	90分钟	700余人	4000	380–1280元	亏损
长恨歌		陕西西安	华清宫（5A）	2007年4月8日	2.8亿（0.5+每年0.8）	—	70分钟	300	2600	238–988元	盈利
天门狐仙·新刘海砍樵		湖南张家界	张家界（5A）		1.2亿	10000平方米	90分钟				亏损
春江花月夜·唯美扬州		江苏扬州	—		1.8亿	10000平方米	60分钟		1500		—
大宋·东京梦华		河南开封	清明上河园（5A）	2007年10月26日	1.35亿		70分钟				—
《中华泰山·封禅大典》		山东泰山	泰安市泰山景区（5A）	2010年4月27日	3亿	8600平方米	80分钟		2364		亏损
《龙船调》		湖北恩施	因施大峡谷景区（5A）	2014年4月28日	2.06亿	240多亩	70分钟		2580		—
《嫦娥》		湖北咸宁	无	2015年9月26日	3亿	2.59公顷			2500		—

全国实景演出基本信息及盈亏表（部分）

据大数据显示：2016年实景演出单台剧目的平均票房约为2000万元，其中，76%的剧目票房低于平均票房，55%的剧目票房收入在1000万元以下。全国实景演艺市场整体而言，2015年全国真正实现盈利的只约占9%，另外11%的项目能收支平衡，其余80%则处于亏损状态。

通过对亏损的《印象普陀》，收支持平的《印象大红袍》以及盈利的《长恨歌》《印象刘三姐》等案例的深度解析，总结出实景演艺的四大发展要点。

一是选址第一。项目区位有着明显的优势，游客可进入性强，可依托游客量大的景区或目的地（如年游客量千万以上）；避开自然灾害多发地和污染源等，有着适宜的气候以及地理安全性。

二是主体为要。实景演艺的盈利性不强，所以开发运营主体要有强烈的发展意愿；当地政府部门的配合与参与意愿强；自身优势明显，如拥有土地、人才、资源以及较强运营能力等。

三是文化为魂。深入发掘地域文化特色，树立主题并形成品牌效应，持续通过科技、美学、生活、生态、时尚等多维度设计丰富可体验的文化形式。

四是模式保障。第一种模式是单体盈利，演艺单体盈利能力强，比如《印象刘三姐》；第二种模式是运营持平，需要借助政策补贴支持等，比如《传奇龙虎山》；第三种模式是补贴经营，依托其他产业发展，如房产补贴、土地溢价和增值等。

（二）剧场演艺

剧场演艺，指以旅游景点或城市为依托，在剧场内针对旅游人群打造的驻场演出，多以展示当地文化特色，综合歌舞、戏剧、曲艺、杂技等多种演出形式的演艺产品。剧场演艺必须是在固定的室内剧场演出，必须有演员演出。2016年，剧场旅游演出和主题公园类演出共170台，共演出56 042场，接待观众3934万人次，票房收入总计达到30.57亿元。其中主题公园类演出剧目数量有21台，仅占总台数的21%，而票房收入却占到剧场演艺总票房的65%。

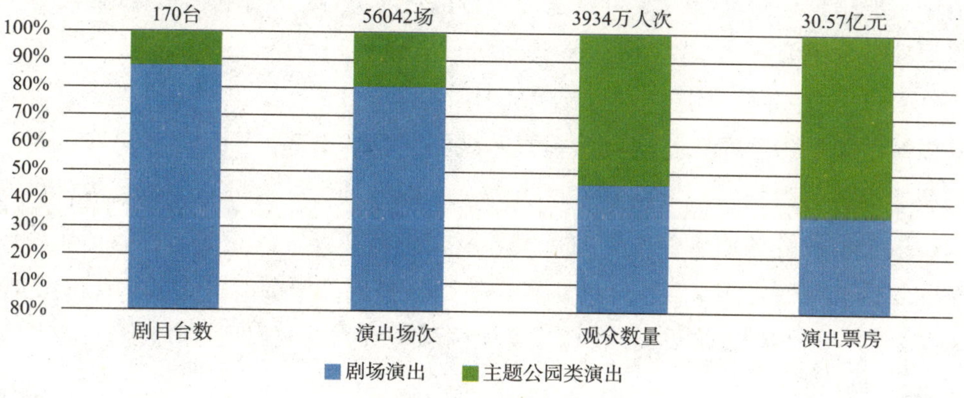

2016年全国剧场演艺细分类型的市场占比情况图

资料来源：根据公开资料整理而成

到了2018年，主题公园旅游演艺新增14台，演出票房达27.7亿元，同比增长20.5%，增速迅猛，远高于旅游演艺整体增速。主题公园旅游演艺在发展过程中逐渐形成了宋城、长隆、华夏三大演艺品牌，2018年三大品牌演出票房占比达86.6%。

宋城“千古情”系列每年演出8000多场，观众3500多万人次，“千古情”系列

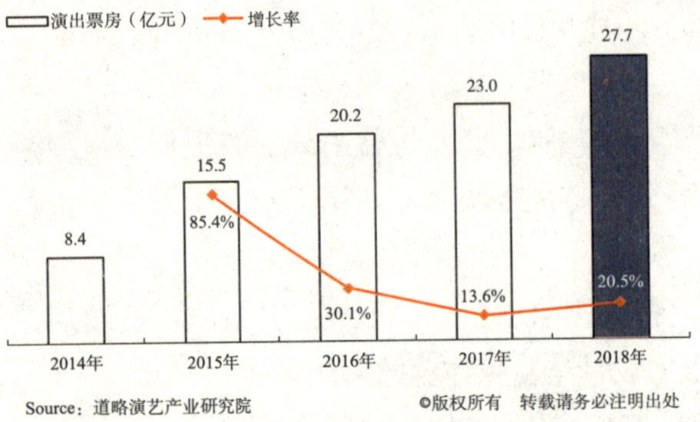

2014—2018年主题公园旅游演艺票房及增长率情况

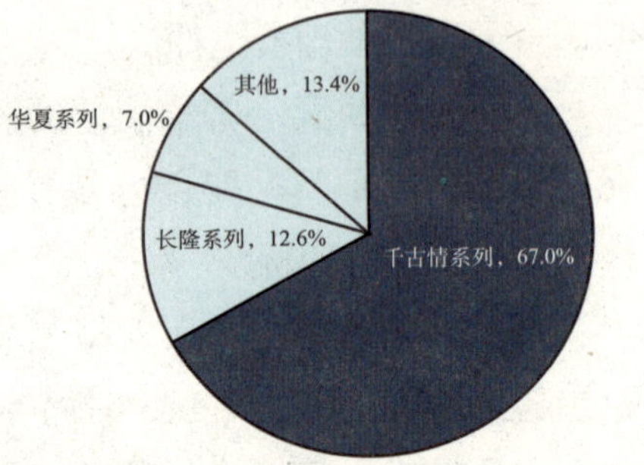

2018年主题公园旅游演艺各系列票房占比情况

数据来源：道略演艺《2018年中国演艺年报》

已经从杭州成功复制到三亚、丽江、九寨沟、桂林等地，同时还有多个异地项目在建。宋城演艺旗下拥有35个各类型剧院、75 000个座位数，超过伦敦西区全部座位数，超过美国百老汇全部座位数。业界传言宋城集团有一本“千古情系列宝典”，上面记载着近1000个指标，包括旅游人群、辐射区域、地区经济、文化底蕴等大类和演出实操的各类标准。只有达到各类指标超过700项的时候，项目才可以落地，如果只达到500个条件是很难成功的，这也保证了宋城千古情运营的持续生命力。相较于室外演出，剧场演出的开发优势在于时间更灵活，演出场次更多，可实现全年全时段演出，不受制于气候条件影响，如冷、雨雪、风暴等，也不受制于白天黑夜影响（一般借助于灯光特效等可以呈现更好的视觉效果，室内的剧场演出可利用封闭空间进行烘托）。

除了热门的主题公园演出外，剧场演出也涌现出了“又见”系列情景式剧场演出，以“情境”为手段，打造“体验式”观剧，剧场空间区别于过去已有的传统戏剧类型，为该系列的每一部剧都打造了一个专属剧场，并充分利用剧场内外的全部空间，以情境设计还原事件发生的真实环境，观众在其中游走参与，营造了生理和心理的双重真实性，洋溢着浓郁的剧场性特征。目前已经推出了《又见五台山》《又见平遥》《又见敦煌》《又见马六甲》《又见国乐》等系列演出，创新性和震撼性都得到了市场的认可。

剧场演艺大多以民营企业为主，60%高票房剧目来自于民营企业，其中房产、互联网、金融、文旅等企业投资较多。同时，互联网巨头也加入剧场演艺投资大军，2018年10月在杭州中国越·剧场开演的《三笑》，其投资者为阿里巴巴集团、绿城集团、远行地投资有限公司和浙江小百花越剧院（团）。

剧场演艺的发展要点总结为三点。一是项目选址要位于旅游消费核心区，一般是在一线旅游城市或热门5A级景区，距市区或核心景点30分钟左右车程，可有效保障客源。二是演艺情节复制但内容不雷同，从本地文化提炼演艺内容主题，定期创新剧目和形式，快速更新，保持新鲜度。三是营销推广多管齐下，针对团体游客积极与周边旅行社合作，针对散客与酒店合作投放大量宣传资料，并在旅游地主要公路两侧设立广告牌，投放网络旅游平台广告，推进综艺节目取景，与出租车司机合作通过支付报酬的形式让出租车司机为演艺做宣传。

（三）光影秀

光影秀，是介于实景与电影之间的一种光影艺术，是特色文化与专业科技结合的一场感官盛宴，不仅能够成为引爆地区消费、树立发展品牌的爆款产品，更因为其低造价、轻运营、易迭代、周期短、回报高而受到各方好评，因而不仅很多传统的演艺公司朝着光影演艺的方向升级，也有很多新兴的光影演艺公司，比如巅峰智业旗下的北京中视巅峰光影科技有限公司就开创了中国5D魔幻光影秀的先河。

光影秀产品服务商构成

光影秀是科技和文化结合的综合性产品。通过声光电、水雾火，全息投影+多维激光+威亚特技等新型舞台设备的应用，深度挖掘当地文化特色，使用最先进的5D成像等科技手段真实再现不同时代的战场风云、水火奇观、沧桑巨变，为旅游景区或其他旅游目的地量身定制光影演绎产品，更真实地激发观众的震撼点、泪点、笑点、新闻点、互动点，给游客带来无比震撼、超乎想象的感官体验。

光影秀适用于无夜游产品、游客量百万左右的景区，缺乏人气亟待解决招商问题的商业街区，位置不佳急需引流的地产、特色小镇，夜间消费匮乏的城市公园等场景。

新型的光影秀区别于传统的实景演出，具有以下六大特点：

低造价。光影秀的投入构成主要有内容创作、设备采购和安装服务，相比实景演出减少了对人的依赖，降低了人力物力的投入，一般光影秀投入成本在1000万到1个亿，是传统实景演出投资的10%。

轻运维。因省去较多人工成本，光影秀主要的运维成本只需计算其设备的折旧费用和每场演出所需的电费成本，不涉及演员的薪资、场馆的维护等费用，一般一

光影秀与传统实景演艺对比

类别	光影演艺（轻）	实景演艺（重）
投入构成	内容创作、设备采购、安装	内容创作、演出舞蹈编排、舞台道具、舞台布景搭建、舞台设备采购、安装
投入成本	一千万至一个亿	上亿至十多亿
建设周期	3个月至6个月	6个月至2年
演出内容	产出快、更新快、与当地结合度高	编排周期长、当地山水景观资源要求高
运维构成	少量运维人员、每场演出1000度电费、设备折旧	参与演员的吃、住、行及工资、演出电费、设备折旧
运维成本	5000元/晚	5万元/晚

光影演艺与实景演艺对比

场演出的费用在5000元每晚，是实景演出运维成本的十分之一。

高科技。光影秀通过文化和高科技（如全息技术、高清数字技术、光影技术、AR技术、VR技术等）的融合打造一张名片，还原一段历史，展现一段美景，也可以将技术与实景结合到一起，让游客获得一种沉浸式的人生体验。

周期短。由于光影秀的演出大多不需要演员编排，对于场地搭建的要求比实景演出简单，因此产出快、更新快，与场地结合度高。光影秀制作的常规周期一般是3–6个月。

回报高。当下高科技打造的沉浸体验愈发受到市场欢迎，其对目的地经济的拉动起到显著作用。光影秀能够带动游客量、餐饮、住宿、零售消费的成倍增长，打破旅游淡旺季，放缓旅游节奏，延长旅游时间。以年游客量100万的景区为例，通过光影秀拉动的过夜率至少可达10%，年夜间游客量10万人。如果光影秀票价100元，直接年收入可达1000万元，假设人均花费300元，则还间接带动景区餐饮、住宿与其他消费约3000万元。

易迭代。光影秀基本不涉及演员更换、场次的排练等问题，其内容可以快速随市场需求更新，定制时下最火的IP主题，一秀千面，持续吸引游客重复消费。

光影秀依据项目所在地现场地势、资源等不同情况，分为六大类型：

水墨光影秀。主要依托城市、广场、景区的水体作为载体，根据场地位置，结合水幕环境投放光影，由于无演员参与，其运维费用主要为电费。可以延伸开发

“水、火”不同主题表现形式，打造奇幻、震撼的水火奇景。

四川省米易县的《光都米易》项目即为室外公共大型空间水幕光影秀，利用240米长80米高的水幕做背景，通过不同场景的灯光、音乐渲染，营造出高品质的视觉效果。演出收益很大，每天来现场观看的游客达到10万人次，演出15天即为当地带来了3个亿的旅游综合收入。

楼体光影秀。主要适用于景区、小镇、商业街区等场景，其介质可为废弃楼体，也可为商业大厦等，植根当地文化创意故事，结合墙体的原有形态，打造效果震撼的创意光影，运维费用主要为水、电费。

江苏省连云港的《连云港天海传奇》墙体光影秀项目，巧妙地将现有的建筑作为投影幕布，运用当前顶尖的4D成像、全息技术、建筑投影和激光造型等声光电技术手段，讲述了人鱼公主和海盗船长不畏重重艰险，勇战黑巫师，最终让海洋重现和平与光明的故事，同时将海上云台山、连岛、法起寺等连云港知名的旅游名片巧妙融入其中。《连云港天海传奇》产生的效益对当地影响极大，光影秀盘活了整条连云港老街，带动了周边的业态，同期效益增长达到400%，商铺更是从无人问津到租金上涨争抢签订协议。演出在6月下旬至9月上旬旺季期间，可做到每天放映，主要针对客源是外地团队和散客。《连云港天海传奇》也是“2017连云港之夏”旅游节的重要组成部分，结合民国风啤酒节、1933摄影SHOW、复古黄包车和特色小吃等夜游项目，形成再次营收高峰。

崖壁光影秀。大多运用在自然山水景区，灯光与山体结合在一起成为整体，游客欣赏到的不仅是山体本身的造型，还有光影带来的历史变迁的恢弘画面。可以有部分演员参与，共同演绎当地文化故事。

大型实景光影秀《梦回仡佬》位于中国贵州务川县洪渡河仡佬文化主题风景区。游客全程坐在船上体验洪渡河上下五千年历史文明，通过高科技全息技术呈现出来的历史人物，仿佛又重新复活，演绎着“蛮王仡佬，开荒辟草”的故事。全长5公

连云港老街啤酒节

里的水域游览用一个个故事串联，使路程不再乏味，让观众变得无比期待。《梦回仡佬》做到了让历史人物说话，让历史智慧流传。

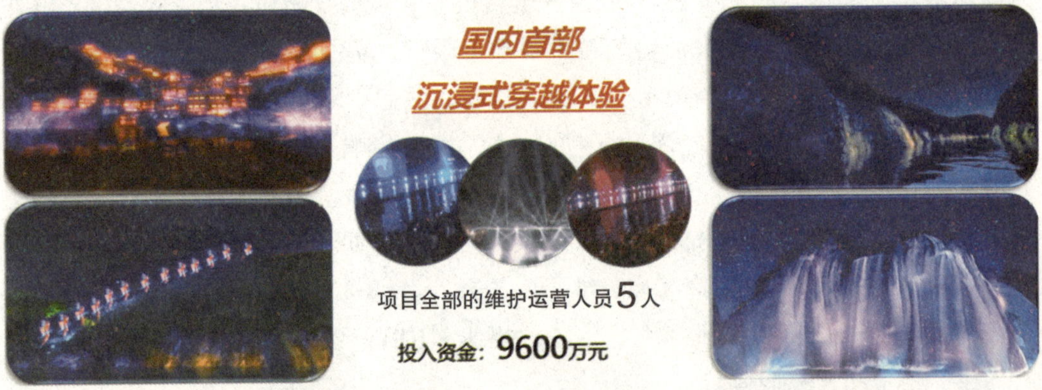

《梦回仡佬》光影演艺示意

高塔光影秀。适用于城市或景区特定资源环境，利用特殊形态介质，打造另类光影秀，表演形式多样，可有演员参与。

世界首部实景高塔激光秀《西游归来》项目位于张家口市下花园区，中视巅峰以下花园发电厂3座巨型冷却塔为背景，以当地故事传说为载体，结合《西游后记》进行情景化包装，使得高塔激光秀与幻彩水面舞台高度融合。3座近百米的高塔，投射光影面积达15000平方米。从技术层面看，项目按照场地条件进行量身定制，主要运用了全息、建筑投影、水火特效和舞台机械等先进技术。从体验角度看，项目将缤纷艳丽画面与极致音效相结合，打造全方位、多角度、沉浸式的梦幻体验，再复往昔繁华尽现之倾城大观，为现场观众演绎了一场震撼力十足的光影盛宴，使下花园重新焕发勃勃生机，也成为了张家口市的全新地标之一，颇为亮眼。

巅峰震撼——西游归来

剧场光影秀。主要适用于景区、文旅商综合体，大多有演员参与，室内、室外场馆结合应用，运维成本相对较高。

大型实景民族史诗剧场光影秀《满秀》位于河北承德，集声、光、电多种技术相融合，打造了迄今为止涉及历史跨度最长、范围最广的首部沉浸式5D历史光影秀，它真实呈现了一个古老东方民族的发展秘史，再现了中国北方民族融合的壮丽史诗。将满族的人文文化、民族风情以及神秘的萨满宗教仪式充分展示给观众。游客纷纷感叹“不管是火山、洪水，还是水下长城，不用带3D眼镜都仿佛置身其中，能够真实地感受到岩浆与洪水袭来的效果。”项目的成功之处在于表演过程中设计了多个技术亮点——在16米高的跳台处设立专人跳水；设置20米长的特斯拉线圈实现真人发电；3D威亚整合30面天鼓、45匹战马、喷火点。这样的技术操作既增强了光影秀吸引力，也降低了人力成本、运营成本。

作为承德首个光影秀演出，它不仅填补了当地夜间旅游领域的空白、拉动了夜间消费潜能、激活夜间旅游经济、创造出独具承德特色的城市夜间休闲生活新范本，还在第十三届“中照照明奖”评选中，《满秀》荣获中照照明奖工程设计奖一等奖。中照学会的理事长邴树奎等专家从专业角度也给出了中肯点评和高度赞誉。

《巅峰震撼——满秀》

洞穴光影秀。主要适用于景区等自然山体中，无演员参与，运维成本相对较低。《云南九乡旅游区溶洞灯光秀》位于云南省昆明市宜良县九乡彝族、回族乡境内。景区内有大小溶洞百余座，体量宏大，被专家们誉为“溶洞博物馆”。洞穴灯光秀分为九大主题区域进行光影与自然的融合，将灯光之美和当地彝族文化以独特的方式向世界展示。

光影秀有如此多类型，但在实际的应用中并非单一存在，组合牌的打法也是非

云南九乡旅游区溶洞灯光秀示意

常有市场需求的。以安徽省安庆市的文博园景区为例，当地政府为了扭转当地景区二期流量少、知名度不高的问题，决定通过夜演、夜游进行突破，安徽出版集团邀请巅峰智业旗下中视巅峰根据经典剧目天仙配进行重新创作光影演艺《天仙配新传》，将传统剧目黄梅戏的表演形式和现代舞蹈进行结合，将经典曲调与流行乐、交响乐进行交融，通过“一景、一秀、一剧”的模式，展现一段美景，还原一段历史。

“一景”指的是用“光影技术”和“景区实物”相结合形成的“光影景点”，即依靠状元楼和榜眼楼之间的水池、石船打造的《四季夜泊》，通过光影技术呈现湖面景观唯美浪漫的四季变化。

四季夜泊现场图

“一秀”是在状元楼上进行的一场楼体光影秀《梦回安庆》，内容为“戏、禅”，灵感来自中华传统文化中的代表性元素戏曲、禅宗，并充分融入安徽当地特色地域文化。

《梦回安庆》现场图

“一剧”指的是依托烟雨亭、清明上河图古街、湖面、三处场地，以黄梅戏经典剧目《天仙配》为故事来源，而打造的一场“实景光影剧”，名为《天仙配新传》。

《天仙配新传》实景光影剧现场图

（四）空间秀

空间秀，是将当地文化、创作主题通过灯光变幻、音乐演绎形成具有灵动感和活力感的空间氛围，从而达到渲染空间，提振人气，激活消费的目的。这里的空间可以是主题公园，也可以是特色小镇，还可以是商业街区。

具有代表性的顺德华侨城欢乐海岸PLUS项目位于广东省佛山市顺德新城区中心地带，致力打造“粤港澳大湾区最佳都市休闲娱乐目的地”和“顺德城市文化客厅”。该项目由巅峰智业和创一佳参与设计，将建筑与灯光、喷泉等完美结合，灯塔如交响乐的指挥家，指挥不同建筑发出和谐美妙的旋律，周围建筑幻化成乐队跟随灯塔的指挥表达深情、快乐、伤感或激动澎湃的心情，让人仿佛置身于一场可以随意游走的音乐盛会。通过技术性和艺术性的创新，带给游客感官、行为、思维和情感的不同体验。该项目的音乐设计主要采用国际知名交响乐与当地中国风的民乐融合，呈现平日与新春跨年、情人节、七夕节、中秋节、国庆节、万圣节、圣诞节等十多个节日氛围。

在文旅创新融合的大背景下，多样化的演艺如雨后春笋般涌现，这正说明市场在呼唤多元化的产品内容，更有跃动的活力感召，未来秀演产品需要注意与时俱进融入科技，匠心发掘寻找灵魂，创意创新时尚艺术，让产品的市场收益可以得到持续释放。

顺德华侨城空间秀

扫一扫可以观看各类夜演产品，亲感震撼！

三、夜娱

夜间娱乐是夜游中最具体验性、最具消费能力的方式，也是延伸时间最长的夜游组成。据统计，城市居民已有三分之一的时间，三分之一的收入用于休闲，而60%以上的休闲活动在夜间，各种酒吧、歌厅、节庆不仅能够点燃年轻人越夜越嗨的热情，同时图书馆、博物馆、展览馆、美术馆、动物园、影视厅、体育馆等一些文化活动场所和项目也被激活，重新释放出新的活力。

具体来看，夜间的文化节事活动内容所占的比例最高，夜间的文化体验已成为夜间旅游的重要组成部分。书店、茶社、剧院是夜间消费市场的文化亮点，诚品书店、国家大剧院、保利剧院等文化场所夜间消费热度高涨。自2014年起，以三联韬奋书店为代表的国内24小时书店不断涌现，成为流行文化中一种特立独行的存在。

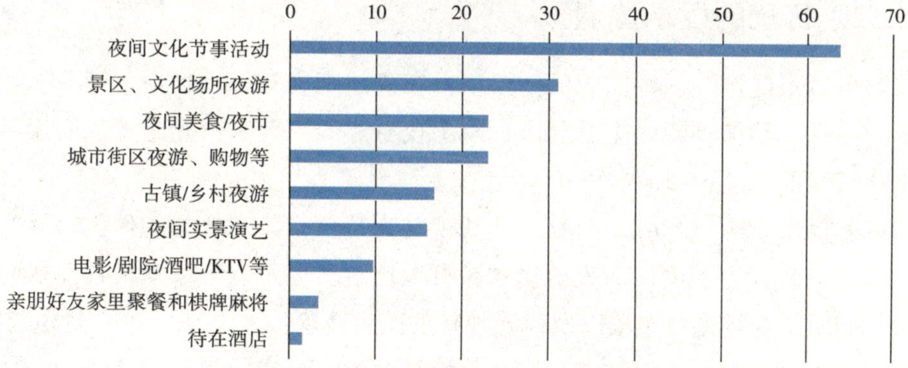

数据来源：中国旅游研究院《中国夜游经济报告》

（一）好嗨的娱乐激情

年轻一代已成为旅游消费的主力军，80后已有2.19亿人，90后也已经有1.88亿的人群。据统计，80后和90后在夜间旅游消费中的占比分别达到了40%和19.8%。传统酒吧、KTV、小型演唱会等传统消费业态依然受欢迎，但是对于场景的选择则更加重要，古镇、商街等传统夜娱消费备受青睐，成为时下年轻人聚会、放飞自我的重要选择，他们愿意在夜间的激情当中寻找另一个不一样的自己。

过去被称为洋人第一街的阳朔西街，现在一年到头都是旺季，每个夜晚都是人，阳朔西街出名的不仅是它的咖啡厅、西餐厅或者酒吧，更迷人的是夜晚的娱乐氛围，这里的夜舞、夜唱、夜醉激活着每个人的娱乐细胞，释放着每个人的娱乐激情。到阳朔必去西街喝啤酒，在夜晚的风情和月光下，喝啤酒会喝嗨，因为那里有一系列的娱乐活动、互动内容，一会有人吹着萨克斯风走过来，一会有人扮演着小丑给你表演一段小魔术，一会又有人扮演着卓别林跟你互动一下，给大家一种完全放松、完全感受生活的美好的状态，这样有氛围又迷人的夜晚娱乐，怎么能让人控制住消费，又怎能不拉动当地的GDP。

越夜越嗨的阳朔西街（图片来源：图虫网）

（二）好玩的娱乐体验

夜娱可以很好玩，一些白天的体验项目在夜间则别有一番味道，带给大家不一样的新奇感受，动植物园、主题公园、水上夜游、微乐园、荧光跑等夜间娱乐体验活动都让夜娱更精彩。

传统的动植物园以野生动植物放养和观赏为特色，集动植物的保护、研究、旅游观赏、科普教育为一体。而夜游动物园可以让游客近距离观察动植物在夜间的神奇表现，同时结合灯光、布景以及夜晚独特的感官体验，去发现自然的美妙与神奇。新加坡的夜间动物园号称亚洲唯一，也是世界上第一个专门为夜间活动的动物而建造的动物园，声光幻影融合自然之美、当地文化，打造了一个身临其境的魔幻乐园，带来了一个神奇的多媒体动物世界。

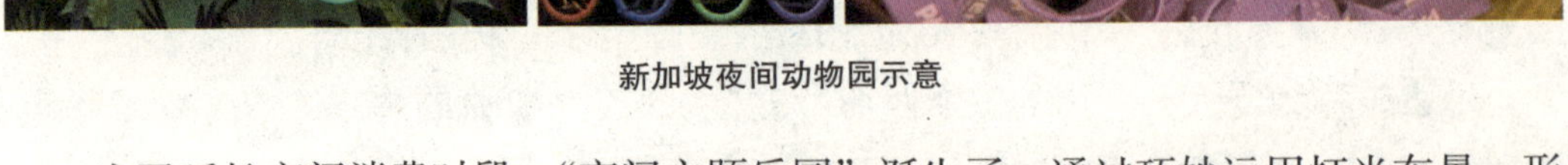

新加坡夜间动物园示意

为了延长夜间消费时段，“夜间主题乐园”诞生了，通过巧妙运用灯光布景，形成白天、黑夜不一样的风情，带给游客加倍诱惑。VR技术、人机交互技术、人工智能技术、全息投影技术等突破了原有的主题乐园白天旅游体验局限，设计新的生活场景，跨界混搭“科学+”智娱体验。迪士尼最新打造的《潘多拉：阿凡达世界》，

迪士尼《潘多拉：阿凡达世界》

通过灯光渲染营造特色影视氛围，让人置身其中，恍如梦境。

水上夜游一般通过乘坐游船，沿着夜晚的水流欣赏两岸灯光璀璨的动人美景以及当地说不尽的文化风情。20世纪90年代末，广州市率先开展“珠江日夜游”水上观光项目，将“最广州”的一面一一展现。成都锦江的夜游项目也非常受欢迎，不仅有夜间风情游船，大型的河岸光影也成为网红。

广州珠江夜游（图片来源：图虫网）

成都锦江夜游（图片来源：图虫网）

光乐园是光互动体验科技得到快速发展后的产物，通过科技手段，从听觉、视觉、嗅觉、触觉等方面营造幻妙炫美的空间氛围，最大限度地把场景和故事交给游客，形成交互式体验场景，让观众置身其中体验虚拟现实的幻变。如日本新媒体艺术团体TeamLab的“花舞森林与未来游乐园”和全息投影的Circus Roncalli马戏团等。

荧光夜跑被称为“地球上最闪亮的赛跑”。参与跑步的人们拿到T恤之后，都可

幻妙炫美的夜娱沉浸体验
（图片来源：图虫网）

以发挥自己的创意，用荧光装饰把衣服改变成自己的Style，大会现场也有设置荧光夜跑装扮区供参与者使用。高度的互动参与性能够激活每个人的兴奋血液，人们只要高兴，可以在遇到的任何人脸上涂抹红、黄、绿、蓝等各种颜色的荧光涂料，谁被涂得越多，越表示对方尊重自己，谁身上最五颜六色谁最受欢迎！

The Light Run——世界上最亮的夜跑

夜娱还有很多创新好玩的娱乐体验方式，比如夜间文化场馆体验利用。都市里的上班族通常只有下班以后才有点时间陪小孩去逛博物馆、逛逛书店，而传统的博物馆这个时候早就关门了，这跟市场需求相背离。为什么不能打造夜间书店、夜间博物馆、夜间艺术馆、夜间体育馆等系列具有文化气息的载体，还可以搭个帐篷在里头过一夜，真正徜徉在知识的海洋当中，丰富夜娱体验。尤其是夜间博物馆，在2018年国际博物馆日，全国各地多家博物馆延长开放时间，举办多种文化活动，带领游客一览博物馆夜晚风情，为游客提供了优质高效的文化服务，获得了较高口碑。

广州：博物馆奇妙夜

四川：博物馆错时延时开放

上海：博物馆之夜主题活动

图书馆、书店等知识型场馆可不可以延长开放时间到深夜？甚至是24小时营业？从国际经验上看是可行的，国民大众非常需要精神文化的“深夜食堂”。纵观全国夜间延长开放时间的知识型场馆，最先引爆的莫过于24小时书店的概念。成都第一家24小时不打烊书店、深圳24小时书吧及上海市大众书局福州路店等相继开放，国家博物馆也顺应公众需要，2019年暑假期间开启延时开放，每周日延长至晚21点闭馆，为有需求的游客提供公共文化服务，成为大众深度参与夜娱体验的方式之一。

夜间开放的体育场馆功能越来越多样化，不仅为健身者提供场地和器材，还拓展夜间游乐体验，比如鸟巢夜晚的灯光秀非常震撼，青海省体育场馆夜间定制化的锻炼康养服务也很受欢迎。

夜晚书店、图书馆是人们的精神食堂

为夜间读者提供休息场所

24小时书店获众多读者点赞

（三）好靓的欢乐节庆

夜间节事活动以夜间的文艺活动、灯光、灯会、音乐、色彩、烟花、民俗等元素为核心吸引力，形成各具特色的灯光节、音乐节、电音节、火把节、烟火节等节事活动，非常红火。在对游客的夜游体验需求调查中，文化节事活动、文化场所参观等占比位居前列，可见夜间节事活动已成为夜游的重要组成部分，也对旅游地的发展具有积极意义。

法国里昂灯光节是世界上三大灯光节之一，每年12月8日开始，一般持续4天。每晚8点开始，12点结束，每年有来自世界各地超过400万的游客来到里昂观赏灯光节。2014年灯光节投资额为200万欧元，其中政府投资占50%，企业（照明厂商、品牌赞助商）与非营利机构研究所承担另50%。灯光节采取“灯招客、客促商、商养灯”的盈利模式，政府不直接收取门票。灯光节期间人流高峰可达400万人次（平日20万），餐饮消费额可达平日4倍，住宿、餐饮、交通及所有相关行业的税收间接收益大于直接收益。灯光节采取“灯光节+论坛+推介会+慈善活动+周边售卖+其他活动”的形式，多种类型体验相结合，形成引爆效应。

滨水景观节点——索恩河两岸（雷步奎拍摄）

城市广场节点——路易普拉戴尔广场（雷步奎拍摄）

“理想音乐节”作为中国首个互联网音乐节，致力于打造一个充满音乐温暖的全新音乐旅行产品，为不同年龄的音乐爱好者提供属于自己时代的舞台。在“互联网+”的大趋势下，跨界合作是种潮流所趋，为乐迷提供了更多的观演模式，实现线上线下相结合，并开发出线上付费观看功能，足不出户让你享受音乐的饕餮盛宴。

短短几年之间，中国电音市场开始崛起，本土电子音乐节层出不穷，国际性电音节品牌也在不断入局，众多海外大牌DJ纷纷来华。知乎上有关电音的讨论中，一位用户曾说："如果说摇滚是一群人的呐喊，嘻哈是一群人的狂欢，那么电音就是一个人的释放。"电音节开始时间大多为晚上8点，夜幕降临，在城市的一边真正的夜生活刚刚开始。相关数据显示，2017年国内各大电音节的举办数量超过100场，是2016年的2倍多，可以称之为电音元年。电音节的受众群体集中在18–30岁之间，这类群体个性张扬、乐观阳光、注重品质，身上带有"潮人""爱分享"等标签。热烈的氛围燃动激情，塑造知名度，极有力地拉动消费。

电音节示意（图片来源：视觉中国）

赣州郁孤台历史文化街区也通过举办中秋灯会以及一系列的夜间娱乐节目，高峰时期一晚上游客可以达到10万人次，这都说明了人民的需求并没有得到有效满足，发展潜力巨大。

郁孤台历史文化街区中秋灯光节

四、夜购

购物一直是游客出游消费的重要组成部分，而夜间的非理性、冲动消费则更容易激发消费者的购物欲望，从24小时便利店到24小时购物中心再到各地热闹非凡的夜市……夜间购物市场正在被不断挖掘。

对于夜购来说，不仅商品重要，空间和场景也更为重要，需要在规划设计之初就有全天候运营的思维，科学规划布局夜间消费场所和设施。从空间格局上，或布局于景区周边，或布局于城市核心，保证夜间购物的流量；从发展类型上，特色夜市、休闲步行街、综合型商场等都是很好的方式，保证多元化和层次化，满足不同类型的消费需求；从购物内容看，个性化的特色、本土化的风情、丰富化的内容、亲身化的体验，大众化的价格才能更吸引游客，并保持长久的生命力。

昼夜对比	白天	夜间
营业时间	8小时	16小时
消费占比	24%	76%
游客理智程度	高、谨慎	低、易冲动
游客情感	偏理性	偏感性、易产生共鸣

白天与夜晚消费特征对比

（一）购物夜市

夜市作为夜购的主要场景之一，最早出现于东汉，盛于唐代，于北宋时期被国家明文允许。从“去年元夜时，花市灯如昼”“夜市卖菱藕，春船载绮罗”……的描述中，可以感受到历代文人墨客笔下的夜市繁华场景。

夜市具有与生俱来的特质与标签，极富地域特色，是游客们吃喝玩乐和市民们烟火人生的地方。纵观全球夜市的经营与分布，东亚和东南亚受众最广，并已逐渐盛行全球，为我们所熟知的夜市有曼谷考山路夜市、日本Ameyoko夜市、摩洛哥马拉喀什夜市、秘鲁首都利马的Barranco夜市、老挝Luang Prabang（琅勃拉邦）夜市、越南芽庄夜市、吉隆坡夜市、台湾士林夜市、越南胡志明市范五老街夜市、美国圣弗朗西斯科地下市场、洛杉矶“山城农夫市场”、法国Audrix（阿基坦）夜市、澳大利亚墨尔本铃木夜市等。这些夜市让世界各地的人趋之若鹜，流连忘返。它们大多都具有共同的特征：极富地域特色的购物场景与内容，在这里买的是当地的文化和故事，买的是一种心情与满足，越是民族的越是世界的，文化的魅力通过这种接地气的方式让

曼谷拉差达火车夜市的东南亚风情

人难以拒绝。

当然，无论什么时候，高性价比依然是第一原则，“得屌丝者得天下”，所以夜市货品样式丰富且物美价廉是必须要考虑的，曼谷考山路的夜市，有各种各样的手工艺品、纪念品、衣服、饰品、零食、香料、香熏、精油等种类繁多，价格便宜，特色突出，夜市非常热闹。

曼谷考山路夜市（图片来源：视觉中国）

（二）文创集市

江西景德镇的陶溪川，由国营宇宙瓷厂改造而来，以年轻艺术家和设计师的创意作品为核心，为景漂创业青年提供免费的展示和销售平台。借助具有文化创意感的工业建筑，依托暖色的夜市灯光和接地气的陶瓷创意作品吸引了大量本地、外地游人，与城市景观相得益彰，与经济特色有效联动。

陶溪川文创集市

随着体验经济的流行，夜市也需要让消费者在购物的同时得到体验，比如在购物的场地中间开辟让游客亲手烹制美食的环节，开设美食节，融合各种文娱体验活动等，可以更加充分调动游客的购物激情。

人声鼎沸的夜市里呈现的是人类最原始的消费激情与生命形态，要充分发动好本土的百姓，做好价格的引导和适度调节，顺应市场自发行为。“疏堵结合严管理”才能使夜购形态得以延续，并保持市场的生命活力。

（三）休闲步行街

大多数国际化大都市都有一条知名休闲步行街区，主要承担城市形象、文化展示、商贸休闲、旅游观光等功能，因此步行街的开发和建设一般都与城市的规划和发展紧密结合，需要充分考虑城市的空间格局和文化本底。

休闲步行街一般是人流聚集的核心区。据商务部调查显示：北京王府井全天候客流高峰在夜间达100万人次以上，成都锦里夜间人数与白天持平，消费是白天的2倍。休闲步行街具有代表性的南京夫子庙、上海南京路、北京前门、北京什刹海、上海新天地、成都宽窄巷子、南京1912、杭州南宋御街、广州北京路商业街、美国City Walk、丹麦斯托里耶、丽江古城、阳朔古街、乌镇商街等均是融地域文化与休闲游憩于一体的著名休闲商业夜街，熙熙攘攘，热闹非凡，消费爆棚，网红频出是大多数休闲街区的写照，促进休闲步行街的夜间消费可谓是一举多得。

对于休闲步行街来说，**首先要做好夜购的主题场景建设和空间营造**。充分利用好已有的历史文化建筑和宝贵人文资源，通过灯光设计和店铺设计展现街区的魂，逛一条街就是逛一种生活，能够充分感受到城市或景区的人文魅力，“文化为魂、历

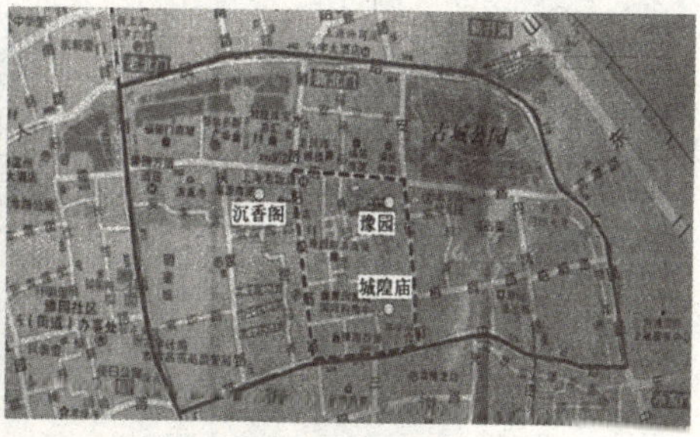

上海城隍庙江南园林特色的庙、园、市建筑风格

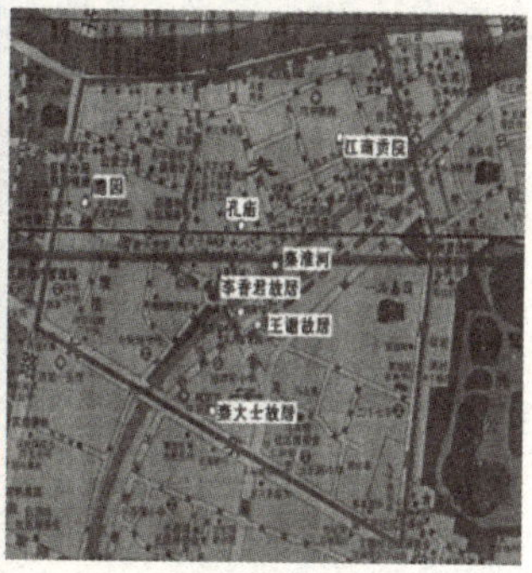

南京夫子庙独树一帜的庙、学、市空间形式（图片来源：视觉中国）

史为线、商业为基”是休闲步行街打造的关键。如上海城隍庙街区和南京夫子庙街区，本身依托具有深厚文化底蕴的建筑形态和人文故事，徜徉其中购物是一种打动心灵的享受。

其次注意用暖光营造主题化的购物氛围。夜购场景一般采用彩色暖光，照明之外还能吸引消费者注意，营造舒适热闹的气氛，如果需要迎合某些主题强化购物消费，则需要突出主题灯光氛围营造。比如日本那须花园奥特莱斯购物中心街区（Nasu Garden Outlet）在2015年到2016年冬季举行了灯光音乐会，以大量梦幻灯泡照明营造出浪漫气氛，让游客、尤其是情侣游客产生了强烈的购物欲望。

五、夜宴

“为了一顿饭远赴一座城”越来越成为一种潮流。据统计，重庆三分之二的餐饮营业额是在夜间实现；2018年美团平台夜间餐饮消费交易额较2017年度增长47%，高于日间；北京王府井、三里屯等区域18时至次日早6时夜间餐饮消费同比增长达51.3%[①]……民以食为天，游以食为先，夜间美食是仅次于文化节事、文化场馆的第三大夜间消费。通过研究发现，旅游过程中白天多以“游”为中心，“吃（食）、购、娱”穿插其中，即“游中小吃，游后大吃”；而夜晚时段，“吃”则成为夜游的重点，作为对白天快节奏旅游的调整和补充，多表现为以“吃”为中心，“游、购、娱”穿插其中。这实际上也成为了一种很重要的消费形态组合。

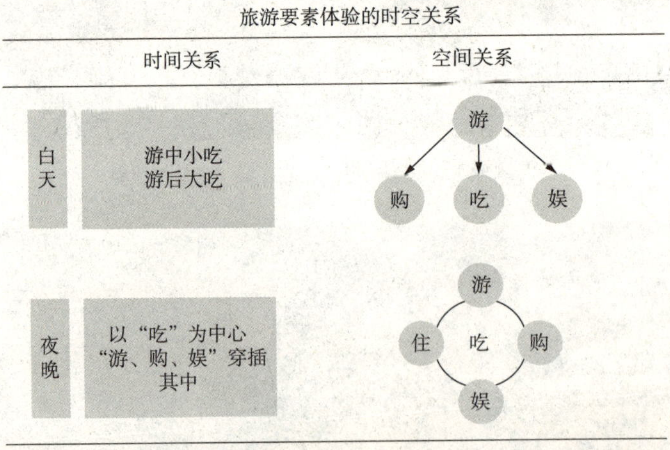

旅游要素体验的时空关系

① 数据来源于美团点评发布的《2018夜间餐饮消费大数据报告》。

由于上述旅游要素体验的时空关系，随着餐饮的聚集和品牌的延伸，可形成一定规模和影响力的美食夜市、美食街区、美食节庆以及一些个性化的美食餐厅等产品。种种夜间餐饮业态的延展，成就了形式多样的“夜宴”。

（一）美食夜市，体验最地道的市井味道

美食夜市相较美食街区或一般餐饮店而言，在消费内容上聚集风味独特、种类多样、便宜实惠的当地特色小吃，能够满足消费者多样化的需求；在经营形态上多由小吃摊的聚集而逐渐聚市，经营灵活度更强，以人气形成规模。

美食夜市是居民和游客夜晚活动的重要空间载体，但其持续的生命力离不开科学有效的经营管理。一是多管齐下，强化规范管理与服务配套。美食夜市是一个包容度非常高的地方文化与创意展现场域，相关部门及各方力量需加强监管，综合考虑环境卫生、交通组织、服务设施、产业及文化、水电供应、消防安全等因素，保障安全，服务跟进。二是营销做靓，打造夜市品牌与爆款美食。延续夜市的持久吸引力与经营力，需要从单一业态中挖出有深度、可体验、带话题的文化味道，放大夜市背后的传说故事、制作工艺、传承人故事等，让人不仅有味蕾上的体验，更有视觉与听觉上的文化盛宴体验。如2016年11月开业的成都夜猫子传统夜市，除具有丰富的成都传统小吃外，手工达人、文艺歌手、COSPLAY等多个活动交织穿插其中，芝士榴莲饼尤为火爆，商家联合抖音宣传，将其打造成为刷爆抖音的网红美食。

（二）美食街区，融合最历史的重要载体

美食街区是由多条相邻街道组成，以区域文化建筑为基底，以“吃”为主题，以“住、行、游、购、娱”为配套，形成具有生活气息与旅游意义的社会交往空间。美食街区超越了观光旅游，是对体验式旅游需求的回应，具有文化性、便捷性、休闲娱乐性等特征。中国闻名遐迩的十大美食街区有广西南宁的中山路、湖北武汉的户部巷、北京的簋街、南京夫子庙、四川成都锦里、厦门中山路步行街、山东青岛中山路劈柴院、上海城隍庙、云南丽江古城四方街以及西安回民小吃街等等，无一不是在夜晚形成的一席盛宴，去吃、去逛，逛吃，逛吃，逛吃，享受地域风情。

做好美食街区，需把握好以下两大要点。一是结合时空布局美食街区旅游要素。傍晚是美食街区在旅游产品开发上重点把握的特殊时间段，傍晚时段人的理性让位于感性，游客开始进入放松体验状态，这个时间段是美食街区旅游开发的重点，可以通过浓郁的生活情调让游客留下来。

通过加强美食街区与周边景区、商业街区、酒店、娱乐会所的商业合作，为美食街区“住、游、购、娱”等要素的组合提供基本保障，进而使商业功能复合化，

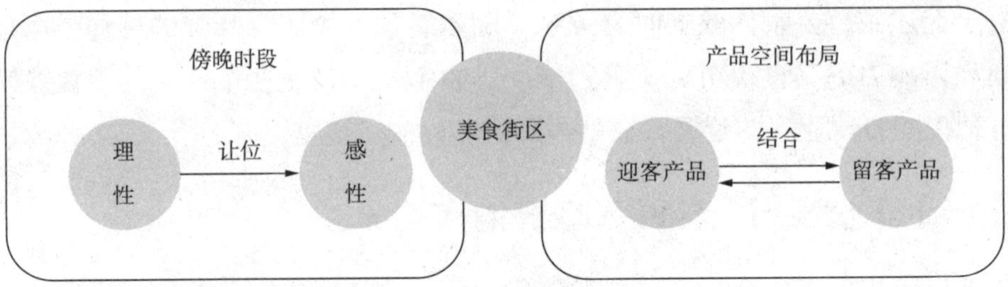

美食街区要点

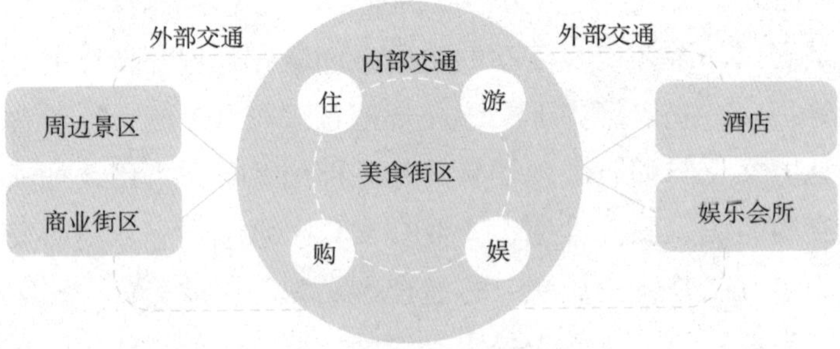

美食街区与周边联动模式

提升区域核心地位，发挥商业带动作用。

二是加强与特色文化的联结。美食街区既可以是历史文化街区，也可以是新创时尚街区，但无论何种类型都需要在经营主题、空间环境、美食种类、招商思路、功能布局方面做好精心的规划设计。如成都锦里商业街区，打造以传统川西古镇为特色创意化主题空间情境体验，形成独特的亮点和记忆点；做到动静结合，在街区中设置典型文化表演区、生活体验场所，烘托川西文化氛围；美食种类丰富多元，契合当下的流量热潮，聚集好玩又好吃的餐饮品牌，创造出吸客又吸睛的"热潮美食主题街区"。

（三）美食节，感受最地道的美食激情

美食节在明清两代隶属厨师节，是进行食品味道评比展示的活动，现在的美食节已成为夜宴中的重要组成，是很多地方文化生活中的一部分。美食节的存在形式多种多样，可以独立存在进行美食展销，也可同其他活动相结合，如啤酒节、庙会、食神体验活动或直接和节日一同举办。我国比较成功的美食节是成都美食节，从2004年开始已经连续举办15届，每年活动内容独具特色，成为夜间美食经济带动城市经济的典范。焰火音乐晚会、特色街区美食周、国际美食展、美食题材电影周、美食狂欢大游行、城市记忆摄影展、巴蜀民间工艺展等文化展览演出活动非常丰富，

川菜争霸赛、超级辣王争霸赛、街头艺术挑战赛等比赛项目也受到欢迎。当然还有很多景区或乡村具有民族风情的夜间长街宴等，灯火通明下各族人民觥筹交错，享受不一样的风情体验。

一个成功的美食节受诸多因素的影响，需要在坚持规范化、地方性、文化性、创新性、整体性和可持续发展原则的基础上，强化政府引导、企业主体、专业协会监督协调、全民参与，重点**抓好办节理念、活动内容、运营机制、营销宣传、全方位合作**等环节。

当然很多夜间的网红餐厅也是夜宴的重要组成部分，比如各地的电视塔旋转餐厅，食客在享受美食的同时可以欣赏到绝美夜色；还有很多光影互动餐厅通过主题+光影的结合营造沉浸式的5D效果；也有很多夜间的主题餐厅，比如星座餐厅、书画餐厅、演唱餐厅等都是吸引人流的重要手段。

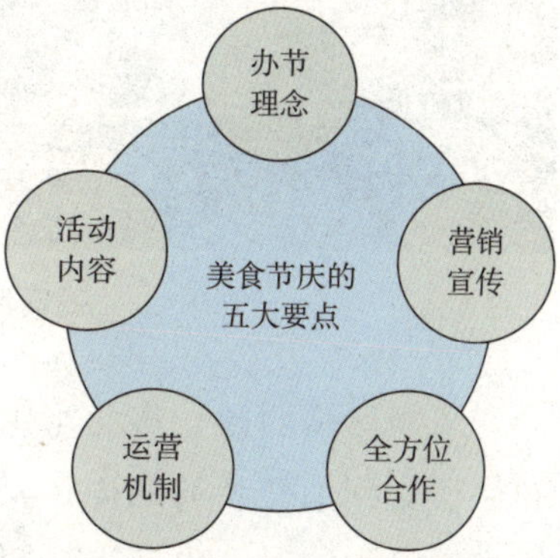

办好美食节庆的五大要点

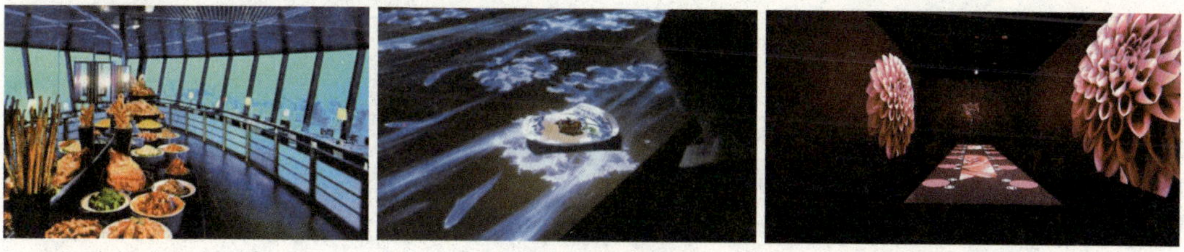
光影互动餐厅

六、夜宿

夜宿是有效延长夜间旅游消费时间的重要方式，我们不仅需要有常规的住宿，与其他五夜更好地联动和配合，我们也需要有个性化、特色化、品质化的夜宿，融入夜的欢乐愉悦和独特景致，充分放大夜间经济，因夜景而宿，因夜宿而享。

（一）借势极致夜景，因夜景而宿

通过与夜景的交相辉映，让游客享受独一无二的住宿体验。例如天津泛太平洋大酒店坐落于风光秀丽的海河河畔，邻近天津之眼摩天轮、古文化街、天后宫、大悲院、环球秀购物中心和意式风情区。夜幕降临，酒店四周尽是璀璨炫目的都市夜景，海河迷人的景致在心头挥之不去，入住酒店贵宾套房，还可观赏天津之眼摩天轮美轮美奂的风景。

夜宿天津泛太平洋大酒店俯瞰全城迷人景致

又如乌镇西栅、古北水镇、西江千户苗寨、告庄西双景、迪士尼酒店等景区内的住宿受到消费者的热捧，其原因在于景区空间与住宿空间合二为一，消费者在为住宿买单的同时，也获得了对夜景消费的权利，游客躺在自己的房间就能看到美妙的夜景，自然觉得不虚此住、不枉此行！

（二）打造夜间活动，因夜宿享欢愉

随着人们生活方式的转变，旅游者的社交需求、在群体中的存在感等因素也成为需要关注的内容。白天旅游活动结束后，游客的活动空间开始转向夜宿的酒店，希望在旅途中结识更多朋友，更深入地感受本土生活方式。因此一些互动参与性的夜间娱乐活动可以提升酒店的入住率。比如：篝火晚会、BBQ、节庆活动等能带动起浓厚的娱乐气氛，也往往能相识好友。

例如亚朵酒店，便会不定期举办或书或茶或摄影或电影相关的人文讲座，有着共同偏好的陌生人在此喝喝咖啡、聊聊天，也许一些奇妙的点子、双赢的合作就此产生。美国田纳西州纳什维尔的哈顿酒店（The Hutton Hotel）重装开业之后，多了一间音乐酒吧。其主要目的就是要把纳什维尔的音乐搬进大堂。这间音乐酒吧可容纳300位旅客，荣获2017年格莱美最佳乡村歌手的Maren Morris也在此开过小型音乐会，Allen Stone和the Shadow Boxers组合也在此演出过。哈顿酒店便成为了纳什维尔在地音乐的对外窗口，也成为游客在夜间独享纳什维尔音乐之美的途径。

夜宿经济效益实现最大化的典范当属美国的不夜城——拉斯维加斯。白天的拉斯维加斯很平静，但当夜色降临，金银岛酒店外的海盗船表演，硝烟弥漫，甚为壮观，妖娆的美女和造型夸张的强盗展开了一场闹剧，炮击火焰、灯光、船只、烟雾、声音，让你沉迷其中；Bellagio Las Vegas酒店的灯光和音乐表演、喷泉秀闻名遐迩；纽约酒店本身就像是一座城市，它把纽约曼哈顿完整地搬到了拉斯维加斯，帝

哈顿酒店的百老汇音乐剧（图片来源：视觉中国）

音乐酒吧（图片来源：图虫网）

国大厦、时代广场以及中心公园，每个细节都无可挑剔，还有一架云霄飞车——曼哈顿快车能以67英里的时速将客人们送上大苹果娱乐城；梦幻金殿酒店门前的人造火山每隔15分钟喷发一次，亮黄色的火焰直冲天际，高达100英尺，将夜空照得通亮，散落下的火焰掉落在火山四周的水池内，水与火和谐地交融在一起，甚为壮观；住在赌城最高点的云霄塔酒店，俯瞰拉斯维加斯夜景，享受不夜城带来的视觉盛宴；神剑赌场大酒店中世纪古堡造型下，丰富的儿童娱乐设施满足了每个大孩子和小孩子的梦想。

拉斯维加斯大道上缤纷的酒店、绚丽的夜景、无处不火红的欢乐氛围

第十三讲

怎样做好旅游智业

在巅峰智业金鹰班培训上的演讲

（2012年7月24日，北京）

在巅峰智业2018年初心日的演讲

（2018年10月26日，北京）

旅游智业就是用思想为旅游业发展引路、用智慧为旅游业发展谋划、用技术为旅游业发展给力、用创新实践为旅游业发展加速。旅游智业肩负着为旅游业发展提供全程智力支持的伟大使命，是将旅游产业的智囊组团与旅游业态的运行实践有机融合的智慧型旅游服务行业，前景广阔，大有可为。

传统旅游时代对旅游业的投入是以资源、资金、设备为主，有形资产起决定性作用；而在新经济时代的现代旅游业，知识、智力、管理、创新、品牌等无形资产起着越来越重要的作用，甚至决定着市场竞争的胜负。因而旅游业也被形象地称为“创意”产业和“创新”产业。

美丽中国呼唤一流的旅游智业者，需要好的策划师智点山河，需要好的规划师智绘风景，需要感知历史的厚度、提升思想的深度、拓展文化的广度、明确愿景的高度……这也是我从未放弃的一个梦想：做一个时代的旅游创想家，为旅游而创意，为文化而呼吸，为生态而守望。

那么讲到这里，何谓旅游智业？我国旅游智业发展状况如何？我们又怎样才能做好旅游智业呢？

一、旅游智业，横空出世

旅游智业是在由《旅游学刊》2001年举办的首届中国旅游规划高峰论坛上提出的。旅游智业的实质就是通过智力来贯穿旅游业策划、规划、设计、投资、开发、运营、营销、管理等各个环节，以智力贯穿来实现旅游产业各环节真正意义上的无缝衔接。旅游智业专注于旅游业及其关联产业，以咨询成果、规划设计成果、技术研发成果和管理顾问成果等为业务领域，贯穿于整个旅游产业链的全程式智力服务型行业，是旅游业转型升级的“助推器”和旅游产业发展的“整合剂”，是在知识经济、资本经济和智慧经济发展导向下，旅游业中的新兴行业。经过优秀专业人士的精心策划与有效运作，智慧就会变成一种“核能”，释放出巨大的经济、社会和生态效益。

旅游智业的服务领域包括文旅规划设计、文旅咨询服务、文旅营销推广、文旅投融资服务、文旅企业管理、文旅项目运营等。旅游智业总体上属于面向旅游业的生产性服务业，提供的是一种“精神化”而非“物质化”的专门服务，往往会通过客户载体，直接转化为面向终端旅游消费者的产品，例如旅游规划咨询、旅游建筑空间设计、旅游景区和酒店管理、旅游网络营销等。

（一）旅游智业的业务核心

资源、市场、运营，三足鼎立，构成坚不可摧的旅游智业体系。

资源，是旅游智业的前提和基础。旅游资源体系包括狭义的旅游资源、旅游资源所依托的自然与人文环境，以及建立在资源基础上的旅游产品。对旅游资源体系投智的目的，是通过梳理、整合与创新，最终将旅游资源转化为满足市场需求的旅游产品。

市场，是旅游智业的目标和归属。旅游市场体系包括潜在客源市场、现实的客源市场以及旅游市场的开拓。对旅游市场体系投智的目的，是通过营销的途径和手段，将潜在的客源市场转化为现实的消费市场，将旅游市场各方的期待变为现实的效益。

运营，是旅游智业的手段和保障。旅游运营体系包括旅游区域、旅游城市、旅游企业等所涉及的管理、体制、政策、法规、服务、资本、信息等方面。对旅游运营体系投智的目的，是通过营造良好的环境，提升效率，最终实现旅游产业内部、旅游与其他产业之间的和谐发展。

讲到这里大家可能还是有点不太理解，那么下面我们通过图解的方式一同来看一下。

如果将旅游智业比作一座高塔，那么，资源、市场、运营，就是塔的基座。只有三大体系牢固连接，旅游智业之塔才能成为千古不朽的金字塔；也只有旅游智业不断地输出智慧给养，才能使三大体系固不可摧，牢不可摇。

俯视旅游智业架构图，并进一步分解，可将其比作一个车轮。那么，资源、市场、运营，就是车轮上的三个关节。资源通过投智变为产品，市场通过投智产生效益，运营通过投智提高效率。只有三大体系互动与联动，旅游智业之轮才能灵活有效地运转；也只有以旅游智业为轴心，才能使三大体系向同一个中心凝聚力量。

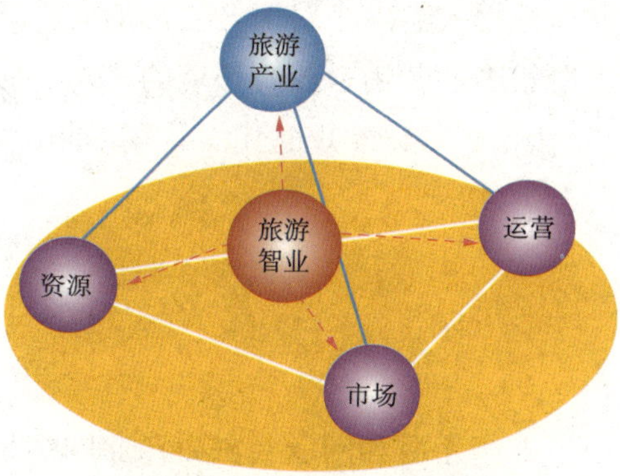

旅游智业体系架构图解

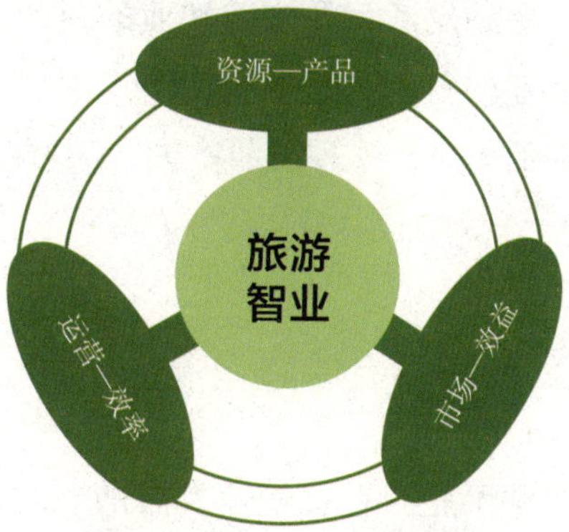

旅游智业体系架构图解俯视图

将旅游智业体系形象化，则可视其为一只雄鹰。那么，资源和市场，就是一双有力的双翅；运营，就是雄鹰坚实的躯体；而“智”，则是雄鹰之头。只有资源、运营、市场三大体系分进合击，旅游智业之鹰才能自由翱翔于蓝天；也只有具备睿智头脑的雄鹰，才能搏击长空，鹏程万里。

旅游智业体系的形象化诠释

（二）旅游智业的目标导向

旅游智业承担着为旅游业发展提供全程智力支持的伟大使命，是旅游产业的智囊组团与旅游业态的运行实践有机融合的智慧型旅游服务行业，前景广阔，大有可为。达成这一使命，意味着旅游智业要着重完成以下三项目标。

整合，是旅游智业的手段。旅游业的发展取决于多种因素相互影响、综合作用：既不仅仅决定于投资，也不仅仅决定于消费；既不仅仅决定于自然资源，也不仅仅决定于人文资源；既不仅仅决定于物质资本，也不仅仅决定于社会资本。整合，就是将旅游发展所涉及的错综复杂的因素，依据其相互关系以及各因素对整体作用的大小，进行系统梳理、统筹兼顾，形成重点突出、结构优化、运行高效的有机整体。

创新，是旅游智业的灵魂。为旅游业投智，无时无刻不需要“创新”。从资源的角度看，旅游规划与设计，既是对旅游所依托的空间和形体的规划与设计，更是对蕴含于空间形体之中的精神、意念、情趣、文化的深入挖掘和大胆再造。从市场的角度看，在旅游市场竞争日趋激烈的当今时代，唯有不断地创新，才能做到“人无我有”“人有我优”“人优我特”，才能在变化中求得生存，在生存后获得发展。

美好生活，是旅游智业的目的。旅游就是挖掘人们内心对美好生活的向往，旅游智业的目的，是通过旅游产品的打造、旅游氛围的营销、旅游环境的改善、旅游服务的提升，实现美丽中国，美好旅游，美好生活，最终实现时代的共赢和谐。

二、旅游智业，任重道远

中国旅游业在快速发展的同时，也出现了不少矛盾和问题，旅游产业的结构性供给短缺，旅游企业的素质能力整体不高，旅游人才供给不足，人民群众快速增长的旅游消费需求难以满足等问题并没有得到有效解决。旅游智业理应发挥更重要的作用，以科学规划引领，创新智力支持，实现文旅强国，美丽中国，美好生活。

（一）旅游智业百家争鸣

旅游业是一个资本密集型、资源密集型、文化密集型、人力密集型以及创意密集型的“五密产业”，是一个综合性、复杂性、季节性、创意性超强的行业，与消费者的食、住、行、游、购、娱、康、养、学等需求紧密关联，与健康、体育、研学、娱乐、金融、农业、林业、通航、房地产、商业等产业也密切相关，产业链非常长。同时文旅自身运营也是一个庞杂的体系，这意味着文旅发展需要整合多元化的诉求，积聚多方面的能力，实现系统的综合运营，并在此基础上持续创新。因此文旅智业的参与者众多，参与类型多元化，不仅有专注于顶层设计和谋划的旅游规划设计领域主体，也有专注于旅游开发运营领域的主体。

首先来看旅游规划设计领域，按照起源背景不同大致分为五大类。

第一类是市场化专业旅游规划设计公司。大部分于2000年以后成立，采用市场化的经营方式，成为旅游市场中最为活跃的主力军。早期成立的公司制规划企业有达沃斯巅峰（巅峰智业前身），其后有绿维创景、大地风景、来也旅游等。

第二类是学校及科研院所。包括中国科学院地理所、清华大学、北京大学、中国社科院等，早期是规划设计行业主要组织形式之一，但近年来受体制机制影响，总体影响力逐渐减弱。

第三类是传统的城市规划设计院。大型的设计院优势主要在城市规划和建筑领域，并且拥有较好的市场资源，因此在旅游规划设计业务方面投入往往不高。

第四类是国外旅游规划机构。早些年一些外资机构开始关注并进入国内旅游市场，但是由于文化差异等原因，目前此类企业整体表现并不抢眼，但其经验和技术还是很强的，如AECOM（大型国际工程咨询服务集团）、ATKINS（阿特金斯）等。

第五类是深入某细分领域的规划设计机构。比如主题公园的设计企业、旅游演艺的设计企业、旅游综合体的设计企业、夜游产品的设计企业、博物馆的设计企业等，不同行业都有细分的智业主体。比如华创咨询，专注于主题公园的规划设计，也已经成为具有一定规模的企业。

尤为重要的是，规划本身也要与时俱进，要能够跟随时代需求深化服务。过去的规划更多在说概念，说思想，而现在的规划则更多要落地，要解决问题，最终要满足14亿人民群众的需求，这也就是我在前面《如何做好旅游规划》章节中提到的落地导向的规划、运营导向的规划。因此巅峰智业等一批企业也在探索做规划的升级，规划的延伸，规划平台的建设，以更好地提升企业的竞争力。

其次来看旅游开发运营领域主体。

一类是在旅游开发、建设、运营、管理等业务领域中保持优势、处于行业领先地位的传统旅游集团，如华侨城、宋城和华强方特等，不断深耕，适度拓展。

另一类开发运营企业是从房地产、航空、影视、生态园林等领域转型进入旅游行业的跨界企业，如万达、海航、万科、恒大、华谊兄弟等，它们作为各自领域的领军企业，凭借资本及开发建设优势，探寻长期盈利资产或引爆性资产。目前经营得比较成功的还不多，但是失败的典型却是比比皆是，比如万达的文旅城、海航的文旅、东方园林的文旅集团等，因为不了解旅游行业的发展规律，都有一些急功近利。文旅不好干，更需要匠心经营，跨界需谨慎。

（二）旅游智业需求升级倒逼变革

第一，市场竞争加剧，业务落地性要求提高。

行业发展初期，旅游规划设计业务的服务对象以政府部门为主，多为旅游业发展规划。近些年，随着旅游业的发展，以盈利为目的的投资性行为的旅游目的地类规划设计项目业务增长明显。客户更加注重规划设计的可行性，希望旅游规划设计机构能够提供一站式的服务。由同一旅游规划设计机构完成全部服务，能够最大限度地保证项目所作的创意和策划得以贯通实现。行业内具有一定实力的旅游规划企业也正在尝试从规划延伸到开发运营的整个产业链条，强化落地理念和经营深度。巅峰智业作为中国文旅产业的创新引领者，也从单纯做规划的企业在行业率先提出要打造中国文旅产业的巅峰平台，形成了以规划为引领，以运营为中枢，以营销和落地产品为双引擎的发展战略。

经过多年的优胜劣汰和推陈出新，市场化的旅游规划设计企业格局并未有大的变化。据PRI商业调查机构2014–2017年数据显示，国内旅游策划规划设计院排名中，巅峰智业仍处于旅游规划咨询的龙头，绿维、海森文旅、大地、奇创、来也等处于旅游规划第二梯队，其他众多中小规划公司则处于第三梯队，当然也淘汰掉了一批竞争力不足的企业，整个文旅规划市场的规模并未见大的增长。国家文化和旅游部出台的《文化和旅游规划管理办法》，进一步强调规划体系的统一监管，对文旅规划提出了更高要求。

同时最近几年中国文旅行业宏观报喜，微观报忧。网红项目持续不断；精品民宿数量陡增；特色小镇经过狂飙猛进后整体遇冷；全域旅游和乡村振兴缺少落地样板；OTA依然在红海厮杀，二三线企业随时面临被并购和被颠覆危机。

但寒冬之下仍有热点。传统文旅行业龙头企业华侨城集团也在锐意进取，变革创新，提出了“文化+旅游+城镇化”“旅游+互联网+金融”的两大创新发展模式，不断探索和打造全域旅游、文旅小镇、美丽乡村等文旅新样板和新业态。云南全域旅游布局加速深化，将成为中国全域旅游落地的标杆示范；深圳甘坑新镇、光明小镇、四川安仁古镇、黄龙溪古镇、洛带古镇等正引领文旅小镇创新变革，海南中廖村则已成为乡村振兴、文旅融合、民生互惠的代表。2018年，宋城集团不仅在异地复制扩张上四处开花结果，同时跨界城市演艺、进军海外、增加景区业态等，实现了轻资产的运营输出。

第二，游客需求转型，产品的创意、文化、科技内涵至关重要。

随着游客旅游行为习惯及需求的不断改变，随着观光旅游向休闲度假旅游的转换，旅游产品开发对于资源的依托性越来越弱，滑雪、登山、探险、温泉、漂流、海钓、自驾车营地、游轮游艇等休闲度假型旅游产品开始蓬勃发展，旅游开发正在从资源导向转向市场导向进而到生活导向，旅游资源本身对产品的影响力正在逐渐下降，如何通过创意无中生有，如何利用文化提升内涵，如何利用科学丰富体验，如何利用技术强化形式，如何让14亿消费群体满意，这就对产品项目的规划设计提出了更高要求，只有更具创意性、文化品位、科技含量、体验性的智业方式，才能更好满足市场的需求。

三、六条准则，做精做强

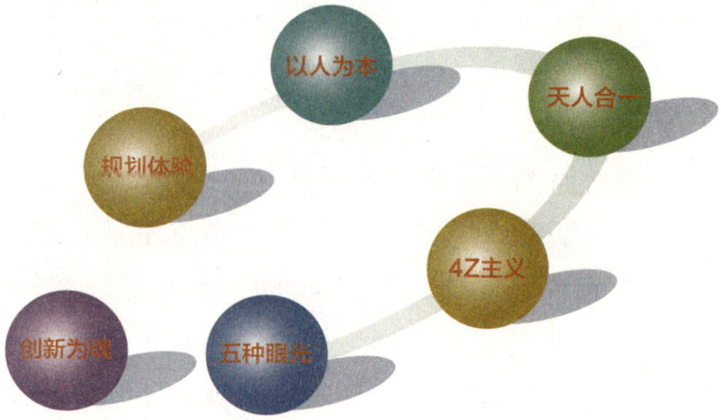

做好旅游智业要遵守六条准则：

第一准则就是“以人为本”。

习近平总书记在庆祝改革开放40周年大会指出：必须坚持以人民为中心，不断实现人民对美好生活的向往……要着力解决人民群众所需所急所盼，让人民共享经济、政治、文化、社会、生态等各方面发展成果，有更多、更直接、更实在的获得感、幸福感、安全感，不断促进人的全面发展、全体人民共同富裕。

“以人为本”是旅游发展的落脚点。旅游发展首先应该研究人、关注人，然后才是物质设施。旅游智业应把“以人为本”作为第一要义，以满足人的精神和文化需求为目标，注重人的生命质量、生活质量的提高，既要为旅游者提供审美价值、愉悦价值、健康价值、文化价值、知识价值、精神价值、道德价值等，也要为当地人带来相应的福利。旅游需求是一种高级的需求，它是基础物质需求满足后才产生出来的。通过有效的规划和导引，将消费者的消费融入情景设计中，以服务为舞台，产品为道具，环境为布景，使游客在亲近自然、欣赏山水、接触社会、感受人文、体验风情、享受休闲与美食购物的旅游过程中体验到身心愉悦。总体来说，就是要为游客着想，满足游客的需求，即看什么、玩什么、吃什么、买什么、住哪里等。事实上，真正抓住了这些要素，也就是抓住了消费的卖点，就能产生经济效益、社会效益和生态效益。

2018年，中国人均GDP已经超过9000美元，发达地区人均GDP更是已过2万美元，游、康、乐等体验型消费升级趋势愈发明显，旅游作为美好生活的重要内容也在发生快速变化。品质化、个性化、分层化、享受化的体验性产品需求旺盛，用户体验至上的时代正在到来。

我曾说过旅游的本质是差异化体验，所以要在这个过程中满足游客的各种诉求，那么基于第一性原理，我们就是要能够打动游客的心。要能够真正做到内容为王、体验至上、整合为要，真正提供解决方案，提供优质产品和服务，这就是旅游的本元。面对新时代，聚焦市场，苦练内功，强化能力，提质发展，创造价值，才是立身之本。

第二准则就是“天人合一”。

有一本伟人的书总是打开着，它就是大自然——高迪。

“天人合一”是中国旅游发展创新的根本和哲学理论基础。“天人合一”的实质，就是要求把旅游开发建立在环境承载力之上，要强调与自然环境和社会文化的融合、和谐。为此，就要正确处理资源开发与环境保护的关系，在旅游与生态环境和社会文化和谐统一的前提下开展旅游活动，全面、协调地发展旅游业，从而实现经济发展目标与社会发展目标的统一；要实现旅游可持续发展的目标，还必须对旅游的社会文化效应予以高度重视，坚持“经济—文化”二元统一论和“资源—市场—文化”的综合导向；多搞“软开发”，少搞“硬开发”，走内涵集约式发展的道路。

第三准则就是“4Z主义”。

“4Z主义”也就是“资源、资本、制度、智慧”的结合，发挥智慧在资源、资本之间的桥梁作用，最有效地使旅游资源资本化，同时依靠制度创新来保障和推进旅游业的发展。例如在一些旅游开发过程中，我们提出了以旅游详规为基础，运用投资—融资、资本—负债结构的设计，整合旅游资源、土地资源、人力资源、资金资源，通过构建有机结构关系，设计项目主体资本构架与管理构架、投融资结构与程序模式，制定招商引资模式与程序的设计与规划，全面系统地制作分项目、子项目的商业计划书、招商说明书，以及区域或整体开发的可行性研究报告，以使业主获得实际开发运作的操作性程序及操作方法，从而少走弯路。“4Z 主义”是在明确的理念和程序指导下，迅速而高效地立项、获取土地、启动人气、融通资金、招商引资并完成项目建设的全新模式。在2002 年“中国首届旅游扶贫论坛”上，我们率先推出了旅游规划扶贫的智力扶贫新模式，受到了众多边穷地区的热烈欢迎。我们也在乡村振兴中做了很多探索，提供了从顶层设计、专题培训、旅游大学、创意产品到招商落地等一站式、一条龙的乡村振兴服务。

第四准则就是“五种眼光”。

我们从实践中总结出来的“五眼六出”，得到了业界的认可。“五眼”也就是多学科专家、政府官员、投资者、媒体和旅游者五种眼光的结合。专家的眼光可以保证科学的开发，避免走弯路；政府官员的眼光可以体现出很强的运作实感；投资者的眼光可以更好地把握效益，把握投入产出；媒体的眼光通常对市场比较敏锐，能把握住卖点；旅游者是最终的买单者，因此必须关注和引导旅游者的需求。“六出”，即出发展旅游统一认识，出旅游核心竞争力，出独特性卖点，出旅游龙头项目，出旅游精品成果，出旅游投资吸引力。如此，全程智力支持地方旅游产业发展，提供一站式解决方案。

第五准则就是“创新为魂”。

创新是旅游业的灵魂，是旅游业实现从制造到智造的关键，为旅游开发注入新的文化要素，提供新的价值元素，开辟新的市场领域，满足新的发展需求。创新广泛涉及科学、艺术、文化等多种学科，是理性思考和感性思维的碰撞与融合。创意是创新的核心，是创新支撑，是推动创新激发旅游业发展潜力关键。迪拜，凭借创新创意，艺术与科学并举，化平凡为非凡，化腐朽为神奇，从一个沙漠戈壁里的小镇一跃成为世界的旅游胜地和创意之都；科罗拉多大峡谷天行者项目，突破常人所想，建造罕见的峡谷观景台，变不可能为可能，创意师功不可没。旅游业的发展需要创新创意来加快升级，将同质化的资源，通过异质化的创意，错位的开发，焕发新活力。我们要登峰造极，见人所未见，想人所未想；我们要因地制宜，要出乎意料之外，但又在情理之中；我们要处处留心，时时思考，创意无处不在，创意可大可小；我们要守正出新，无中生有，出奇制胜；我们要以人为本，倡导天人合一，在创新创意中回归文化、回归自然、回归真我；我们要与时俱进，让创新创意与市场对接，让创新创意真正落地。创新为魂、创意打造，让创新创意成为旅游智业最为强大的助推器。

第六准则就是“规划体验”。

艺术、通感与旅游规划设计交融一体。艺术关注灵性与捕捉质朴的元素，通感在于将所有的感官要素融会贯通，以至将艺术的审美与生活的情趣贯穿其间，以达至丰盈的瑰奇。如何将艺术的包容与通感的玄妙贯注到旅游规划设计之中呢？旅游作为一种体验经济，更是要让游客充分体验其中的风情与艺术的质朴美雅，由此使得艺术与通感真正实现充分的演绎和互动。

有人曾问一位日本的景观设计师，为什么你设计的景观与当地的环境可以那么自然的融合呢？他的回答是：我在这里看日出日落，朝晖夕阳，看人们的劳动作息，捕捉光与影的和谐旋律，看水中的倒影与漂浮的落叶，几个月下来，我创作的景观自然就与当地环境融为一体了。这种敬业精神和师法自然的极致作法让人击节赞叹。

做旅游规划设计要随时随处有发现美的眼睛，一粒沙里看世界，半片花瓣说人情，重视细节，很多看似平凡琐碎的细节，可能蕴含着曼妙的艺术感悟与审美逸趣，画家会因为墙上斑驳的肌理效果而找到光与影的和谐，产生创作的灵感，会因为河水里五色斑斓的鹅卵石而萌发创作的动机。服务的悉心与周到正是通过很多的细节来展现的，经营管理是否成功，也很大程度上取决于管理者是否对细节与微妙处有足够的重视，同样，做旅游规划设计要有艺术的敏锐和独到的眼光，以及孩子般的好奇心与审美情趣，要有通感的文艺素养，可以将视觉、听觉、味觉、触觉、嗅觉的审美体验综合融贯，最终形成心觉。

四、执著追梦，美丽中国

（一）空杯心态

人生是一张白纸，我们既可以用污浊的笔墨令其黯然失色，也可以用亮丽的色彩描绘最新最美的图画，学习就是亮丽人生、描绘美景的画笔。我们要调整心态，珍惜每一次学习的机会，安心学习。举个例子，如果一个杯子是满的，再加水也是溢出；但若是一个空杯，则可以盛入更多的水。对于学习而言，如果我们的心是自满的状态，是什么也学不进去的。所以我们要将杯子里的水倒出去，把过去清零，用空无的心态重新学习。用一种既来之则安之的心态，把我们学习的时间充分利用起来，把握好、珍惜好，多学一些，用心一些，相信我们一定会得到更大、更多的收获。

人最大的敌人一定是自己,因为自满，因为骄傲，往往会止步发展，难以突破，要明白古人的老话“三人行必有我师”，每个人都可以在某个方面成为我的导师。坚持空杯心态，虚怀若谷，虚心学习，谦虚吸纳，才能持续精进。

旅游发展看似浅显，因为贴近生活，大家都喜欢，也都有直观感受，谁都可以品头论足、说三道四；但它又很“博大”，也很“精深”，博在它的综合性，深在它的复杂性，一个人很难具有如此全面的知识和经验，去穷尽它的真谛。虽然我觉得自己不断在进步，但还是有许多新的知识需要学习，有许多新的经验需要体会。我们必须活到老、学到老。学习就当有好心态、巧方法、笨工夫，方能做到活学活用，知行合一，心中光明。

（二）转变思维

思路决定出路，智慧创造未来。思路为先，理念先行，然后务实为本，操作为要。因为如果思路方向不对，再努力都是在曲折的路上走，所以我们要找出正确的事，先做正确的事，再正确地做事。

惯性思维是我们很常见的思维方式，这也导致我们容易陷在自己的舒适区中难以突破，表现出来的往往是比较固执、偏执、顽固，比较喜欢钻牛角尖，喜欢用老的观点和思维看问题，喜欢用老的方式去处理问题。

我们身处快速变化的时代，唯一不变的就是变化。比如在新时期的旅游规划要求我们摒弃“教科书”式的传统老套路，实践“操作手册”式的新思维；比如文旅时代下如何才能实现项目盈利和落地；比如新科技如何融入到文旅产品的开发应用；比如互联网等新商业模式如何应用……这些都需要我们必须转变思维，摆脱惯性，让我们的思维有更强的弹性，更好的调适性和灵活性，拥抱变化，持续学习，不断更新我们的思想、知识、经验。在掌握知识和经验方面并没有灵丹妙药，没有速成的方法，但是如果能够把你的思想、思维、眼界真正打开的话，这个意义是很大的，是让人受益一生的。

（三）自我提升

学习实际上最主要是要靠自我的，俗话说得好，“师傅领进门，修行在个人”。专业的人才其实更多的还是要靠自己不断修炼，不断修养，反思自省，不忘初心，更好地认识自己，更好地提升自己。

首先要明确个人定位、优势及发展目标，每个人都要成为各自领域的行家里手，要么图画得很好，要么确实很有创意，我们应该给自己锁定一个目标，在多长时间内一定要在某一方面做得更好。

其次要高度重视学习，把学习的渴盼性、迫切性转变为自己的内在要求，而不是说领导要求、组织要求才去学的。一个会学习、有知识、能创新的人能够改变命运、掌握命运、把握自己；一群会学习、有知识、善创新的人可以改变一个公司、一个行业，甚至一个城市的命运。所以学习的重要性是不言而喻的，尤其是在竞争越来越激烈、知识更新越来越快的时代，我们越来越需要学习。

另外我们要对自己的要求更高一些，严格一些。要以敬心、专心和匠心，做到对产品精雕细琢，对技术精益求精，对市场精耕细作，对成本精打细算，团队要精诚合作。最强的对手就是我们自己。一旦战胜了自己，如同跳出三界外、不在五行中。宠辱不惊，看庭前花开花落；去留无意，望天上云卷云舒。要想明天取得成功，就要今天多付出一些。努力到无能为力，拼搏到感动自己。越是难的事，你坚持下去，做到了，做好了，你就成功了。

（四）尊重平台

“山巅人为峰、智深业成海”。在大众旅游时代的背后，在全国每个旅游目的地、每个景点的背后，无不凝聚着旅游策划师和旅游规划师的智慧。巅峰以开放的心态为业界发展提供了强大的人才队伍和理论支持。当前，巅峰已拥有近千名行业专业人才，百余名业界资深专家资源，同时也为行业各个领域不断输送了众多人才，被称为旅游行业的“黄埔军校”。

巅峰是一个特别有理想和使命感的企业。巅峰历经18年岁月依然傲然屹立，靠的是不忘初心，方得始终。巅峰是有理想有情怀有实干的企业。巅峰的理想是美丽中国。旅游业天生就是崇尚真善美、创造真善美、传播真善美的伟大事业。巅峰的情怀是为旅游而创意，为文化而呼吸，为生态而守望。八千里云月，五千年家国。保持那凡事必求美满的理想，心之所向，力之所及，无问西东。巅峰的实干，是遵循“资源有限 智慧无穷”的理念,巅峰秉承“美丽中国，巅峰智造”的使命，怀揣“中国文旅产业巅峰平台”的愿景，以“创新，创意，创造”为基因，以“目标必达，使命必胜”为要求，规划山河，剪裁风景，行走于山河之中，创意于天地之间，为山河增美，为旅游添彩。巅峰将以美丽中国、乡村振兴的价值初心，变绿水青山为金山银山，助推旅游精准扶贫，携手广大旅游企业继续为国家文旅产业发展投智投力，用创意点亮世界，让旅游不一样，用脚步丈量大好河山，用智慧助力美丽中国，做到最好，创造极致芳华。巅峰一直在路上。

巅峰是一个以人为本的公司。巅峰力求成为一个伟大的企业，坚守“以人为本”的用人理念，心怀“成功客户、成就员工”的价值主张，给想干事的人机会、给能干事的人舞台、给干成事的人位置。为了帮助员工快速成长，公司构建立体化培训体系；研发“巅峰宝典”；开创英才培养计划；与海内外多所大学合作建立旅游人才教育基地；打造钻石福利体系，成立“大爱巅峰”互助基金，组织丰富多彩的游学考察及交流活动。巅峰为广大员工营造一个温情暖心的大家庭，让每一位员工找到归属感，充分激发工作热情和创造。

巅峰人是一个了不起的群体，他们正能量满满，最拼也最牛。巅峰的销售有六最，最有才华、最有颜值、最有情商、最具闯劲、最能喝酒、最能签单；巅峰的生产六最，最有智慧、最能创意、最能吃苦、最能成长、最能汇报、最能回款；巅峰职能六最，最有原则、最够细心、最能任劳、最甘任怨、最有耐性、最有专攻。他们创意创造，用心用情，快乐地下苦工夫，努力到无能为力，拼搏到感动自己。为客户创造价值、为公司实现价值，进而实现自己的价值。工作巅峰，玩乐峰巅！巅峰一直有着乐观精神，拼搏精神，务实精神，怀揣希望去努力，静待美好的出现。

巅峰是一个特别尊重文化的企业。巅峰的文化，核心精髓就是上善若水、厚德载物。大道至简，巅峰之道实乃水之道。水养德，德聚才，才成业，业生财，财为善。水的本质是滋润万物，水的性质是清洁澄静、无定形、无成见。心性如水，方可随物而变，随景而化，或大或小，或圆或方，或急或缓，或深或浅；心性如水，至柔至软，至久至刚，而能容万物、处万事、应万变；心性如水，自可包容万物，滋养万物，善利万物，造福万物。巅峰若水，“赴千仞之壑而不疑”，不畏挑战，勇于创新；巅峰若水，“泉源溃溃，不释昼夜”，水滴石穿，坚韧执著；巅峰若水，“海纳百川、有容乃大”，四海为家，胸怀天下。巅峰人有着一个很好的传统，就是“工作起来是巅峰，玩乐起来很疯癫”。我们像疯子一样创想、像傻子一样投入，“我们似“颠”般的创想、似“疯”般的投入，力求做到真正的文旅思维“巅峰”：即做最有趣的旅游项目，做令人尖叫的产品，做超乎想象的体验，以互动思维创造无与伦比的感动。我们要继续快乐，继续正能量，继续传奇，要活好当下并创造更美好的未来。

巅峰更是一个事业发展的大平台。近年来发展很快，已成长为中国规模最大、最具影响力的旅游创意咨询公司，先后完成 2700 余项高品质项目，累计运管景区100余家，800余项国际、国内项目竞标中拔得头筹，打造了多彩贵州、大美青海、清新福建、浪漫之都等一批知名旅游目的地。业界还有一个说法是：巅峰智业是中国旅游智业的金种子和风向标，不仅引领和促进了旅游智业这样一个全新行业的发育和壮大，还倡导和推动了若干全新商业模式，第一家提出“美丽中国”的企业、第一家获得“中国知名旅游品牌”的旅游规划设计企业、第一家实现产业化经营的旅游规划企业、第一家开展景区专业化连锁经营的企业、第一家建立景区标准化管理手册的企业、第一家提出“智慧旅游”和全域旅游的企业、第一家建立国内景区线上门票分销网的企业和第一家实践“投—建—管—卖”四位一体战略的企业，第一家推出光影秀的企业……我们也在规划企业中，率先被评为国家文化产业示范基地，多次被评为最佳旅游规划服务商，所做的成果被文化和旅游部评为优秀研究成果。多个行业第一的引领代表了我们始终以无比的热忱、不懈的钻研和与时俱进的自我更新，始终立于行业潮头。

每一次客户需求的满足和客户价值的创造也都是在不断地自我颠覆和创意创造的过程中产生的，巅峰智业一直认为创新就是我们的空气，不能满足于已经取得的成绩和进步。创新不是无源之水、无本之木，创新是企业和行业根据市场新变化、新需求，将原有的生产关系、发展模式或产品思路，进行重新梳理、优化和组合，推出更先进的模式和产品以适应新的局面。

在市场倒逼下，传统的旅游规划已越来越难以适应当下旅游发展的节奏。“有规划缺运营，有运营缺内容，有内容缺落地”，是旅游开发普遍面临的难题。面对这一难题，巅峰智业提出用产业链的思路做业务延展和资源整合。面对旅游产业链上的诸多短板和痛点，巅峰智业以创新为驱动力不断创造更多可能，推动整个文旅产业的发展。

在战略上不断地颠覆和创新。从单纯旅游规划到“一体两翼”到“四位一体”，再到“以规划为引领，以运营为支撑，以营销执行和产品落地为双引擎”的“新四位一体”一站式全程服务，希望能够推进行业发展更落地。巅峰智业的愿景是打造中国文旅产业的巅峰平台，相继牵手华侨城、云锋基金、中视光影等进行深度战略合作，催生了华侨城旅投、巅峰文旅、中视巅峰等一批创新突破型公司，连续四届举办中国文旅产业巅峰大会，以产业导入、资源匹配作为发展核心，希望能够为旅游行业主体提供与资源对接、碰撞、融通的平台。

在业务上不断地精耕和创新。巅峰智业已经成为中国规模最大的旅游规划咨询企业，致力于成为旅游规划界的麦肯锡。巅峰已夺得800余项国际国内竞标第一，打造出一大批国内知名旅游目的地的口号，如大家耳熟能详的“大美青海”“清新福建”“山地公园省，多彩贵州风”，助推安吉云上草原景区、云阳龙缸5A景区、台州大陈岛等一大批经典项目的落地。累计运管景区近百家，其中有10多家5A级景区，是国内管理景区数量领先的公司。我们也是最懂旅游的营销专家，已经完成了180多个整合营销的案例，为各地旅游产业提供营销赋能。

在研发上不断地颠覆和创新。注重行业思想库的建设，提出了旅游12头、营销36计、规划真经“降龙十八掌”、文旅融合“六脉神剑”、“五好”乡村、景区“三板斧”、夜经济“六夜”、全域旅游“六全”、旅游型城镇化等一系列理论和模式，出版了《大转型》《全域旅游理论与实践》等20余本“书香巅峰”系列丛书，承接了中国旅游法、景区最大承载量、乡村旅游标准、世界旅游发展大会等国家级科研课题。

在产品上不断地颠覆和创新。提出规划产品要从过去的教科书式的旅游规划转变为操作手册式的旅游规划，要做落地导向的规划、营销导向的规划、投资导向的规划、运营导向的规划，规划再也不能是提一个口号、做一个文本、讲一套概念，而是真正解决文旅发展所存在的问题。**针对文旅行业精品内容不足，**巅峰智业也推出了一系列内容产品，创新落地一批夜游IP产品，国内首创的5D光影秀，已经成功落地了巅峰震撼系列光影秀产品，如承德《满秀》、连云港《天海传奇》、张家口《西游归来》、安庆文博园《天仙配新传》等，其中《满秀》荣获中照照明奖工程设计奖一等奖，《天仙配新传》获中央电视台新闻联播点赞；也落地了一批创新空间秀和灯光秀产品，如顺德华侨城空间秀《声光电水舞》在2019年国庆期间游客量超40万，福建闽侯民俗园灯光秀成为国庆闽侯最潮打卡点。创新落地一批亲子IP产品，如河南老乐山松鼠森林绿野星球十一期间欢乐开园，湖南东江湖VR欢乐星球让孩子欢乐尖叫，湖南郴州绿心童乡二期开园依然火爆。创新落地一批文创IP商品，如北京欢乐谷香格里拉五期文创商品系列热卖。另外还落地了旅豆学堂等在线教育产品，落地了初到文旅云等智慧旅游产品。

在资源整合上不断颠覆和创新。文旅产业的发展，离不开各行业资源的导入和协同。为了各方面的资源无缝对接，实现价值最大化，巅峰智业在2017年正式提出打造“中国文旅产业巅峰平台”，是一个链接行业上游到下游，从顶层设计到落地运营，汇聚各类行业资源、跨界资源的内容供应大平台。

基于对产业现实需求的深刻把握，巅峰延展出全产业链服务模式的新能力；面对产业发展趋势的领先视野，催生了华侨城旅投、巅峰文旅、中视巅峰等一批锐意创新、开创新局面的突破型公司；与云锋基金的携手，重塑旅游行业的服务流程和品质，为消费者、客户及整个产业链提供不可替代的价值，云锋基金背后有海量的旅游跨界资源，如蚂蚁金服、分众传媒、巨人网络、开始吧等，这些都将成为巅峰资源平台的重要资源。巅峰奋力整合产业资源的坚定毅力，最终汇聚成突破传统旅游业格局、推动全行业合作共赢的开放型资源共享平台。连续四届的中国文旅产业巅峰大会为广大文旅企业提供了与资源对接、碰撞、融通的平台，推进文旅产业不断创新发展和多元变革。

我们身处事业发展的大平台，这一平台中汇聚了行业精英，优质资源，让我们可以站在巅峰，不断获得接触一流甲方、一流项目的机会，不断接触最优秀的专家、最优秀的团队以及最好的共事伙伴，大家一起互相学习、交流切磋、探讨、印证，从而实现个人的快速成长。所以我们愿意去尊重这个平台，舍得为这个平台的建设做出自己的贡献和努力。希望大家利用好这个平台，尊重、感恩这个平台，共同建设好这个平台。

时代新发展，文旅新探索！巅峰智业将在“美丽中国、巅峰智造”的道路上持续前行。

在巅峰智业会议室有一副对联：上联为“通达高天沃土斯志能成因智业”，下联为“遍行秀水名山此心可托是巅峰”，横批“美丽中国”。

后 记

"为一件事疯狂，总有一天会找到答案"。旅游人生，创意极致，做到最好！这是我如此热爱，如此痴迷的事情。

把喜欢当作梦想，努力去实现，就是美好人生。

人的一生，最大的失败就是没有梦想和轻言放弃！其实，人生的种种都是一个经历的过程。每个人的选择都会不一样，所以我的经验并不一定适合别人。但我认为梦想对于每个人都非常重要，"它是我们生命的氧气"，我很认同这句话。我们每个人一生都会有一个梦，或大或小，或远或近，都应该勇敢地去追求和实现自己的梦想。要敢梦会梦实现梦！其实我也不知道明天会怎么样，未来会怎么样，我觉得这并不是最重要的事情，而是我们正在朝着这个方向、朝着这个目标，不断创造更美的风景，遇见更好的自己。挫折和困难是一定会遇到的，但也是暂时的，而且这个过程中还会有各种各样的诱惑袭来，梦想的实现需要时间、学习、机遇和汗水，但只要自己坚定、执著地走下去，肯定就会有收获！我们要不失匠心，方为作品；不拒众流，方成湖海；不忘初心，方得始终！

本书是作者精心编撰而成，但仍期待进一步完善，也希望能够与各位读者有进一步的交流互动，大家有任何想法和建议可以扫描右侧的二维码交流。让我们一起为中国文旅的光荣绽放而努力吧。

微信二维码

刘锋